高等学校交通运输与工程类专业教材建设委员会规划教材
范立础优秀桥梁图书奖

钢 桥

周绪红　刘永健　主编

人民交通出版社股份有限公司
北京

内 容 提 要

本书为高等学校交通运输与工程类专业教材建设委员会规划教材，2022 年获"范立础优秀桥梁图书奖"。本书在介绍钢桥的特点与总体设计方法的基础上，以桥型为主线，重点介绍了钢板组合梁桥、钢箱梁桥、钢箱组合梁桥和钢桁梁桥的结构形式与特点、布置与构造、简化计算、设计与验算以及计算示例等内容，并简要介绍了大跨钢桥的布置与构造以及钢桥的制造与安装等内容。本书着力于从钢材材料特性的角度来阐述钢桥不同于混凝土桥梁的设计、施工以及维修养护等，着力于将钢结构基本原理与钢桥设计方法紧密结合，强化系统掌握和运用钢桥相关技术标准。

本书可作为高等学校土建类或相关专业桥梁方向课程的教材，也可供公路、铁路和城市道路等领域从事桥梁设计、施工、检测、养护及管理的专业技术人员参考。

图书在版编目(CIP)数据

钢桥／周绪红，刘永健主编. — 北京：人民交通出版社股份有限公司，2020.9
ISBN 978-7-114-16528-3

Ⅰ.①钢… Ⅱ.①周… ②刘… Ⅲ.①钢桥—教材 Ⅳ.①U448.36

中国版本图书馆 CIP 数据核字(2020)第 082124 号

高等学校交通运输与工程类专业教材建设委员会规划教材
范立础优秀桥梁图书奖
Gangqiao

书　　名：	钢桥
著 作 者：	周绪红　刘永健
责任编辑：	卢俊丽
责任校对：	刘　芹
责任印制：	张　凯
出版发行：	人民交通出版社股份有限公司
地　　址：	(100011)北京市朝阳区安定门外外馆斜街 3 号
网　　址：	http://www.ccpcl.com.cn
销售电话：	(010)59757973
总 经 销：	人民交通出版社股份有限公司发行部
经　　销：	各地新华书店
印　　刷：	北京市密东印刷有限公司
开　　本：	787 × 1092　1/16
印　　张：	22.25
字　　数：	514 千
版　　次：	2020 年 9 月　第 1 版
印　　次：	2023 年 12 月　第 1 版　第 3 次印刷
书　　号：	ISBN 978-7-114-16528-3
定　　价：	66.00 元

(有印刷、装订质量问题的图书由本公司负责调换)

前 言

钢桥是一门理论性很强的专业课,涉及材料学、工程力学、结构设计原理等基础知识;同时又是一门实践性很强的专业课,涉及结构体系、设计、制造和施工安装。为了适应本科生的培养目标,在有限的课时内使学生比较系统地掌握钢桥专门知识,本教材在编写过程中注重培养学生综合运用基本理论能力和实际操作能力,体现了以下特点:

(1)着力于从钢材材料特性的角度来阐述钢桥不同于混凝土桥梁的设计、施工以及维修养护等特点。从钢材拉压同性、轻质高强的角度出发,强调钢桥不同于混凝土桥梁的设计、施工以强度和裂缝控制为主,而以稳定和刚度控制为主的特点,突出联结系、支撑布置和加劲肋设计等问题的重要性;强调钢桥疲劳计算、断裂控制以及构造设计的重要性。

(2)着力于将钢结构基本原理与钢结构设计方法紧密结合,强化系统掌握和运用钢桥相关技术标准。不要求先学习钢结构基本理论后再学习钢桥设计,而是按照各种桥型介绍桥梁钢结构的基本体系、结构布置、受力分析、构件计算、结构设计方法以及桥梁钢结构的制作、安装与防护等,将公路钢桥和铁路钢桥国内外相关设计标准贯穿其中,并通过计算实例或工程设计实例说明基本理论、设计方法、规范条文的应用,辅助学生理解课程内容。标准引用以《公路钢结构桥梁设计规范》(JTG D64—2015)、《公路钢混组合桥梁设计与施工规范》(JTG/T D64-01—2015)等为主,同时介绍《铁路桥梁钢结构设计规范》(TB 10091—2017)的有关规定;必要处还介绍了美国AASHTO、欧洲Eurocode等规范的内容。

本教材共7章,第1章是绪论,主要介绍钢桥的特点、适用范围以及历史与发展;第2章是钢桥设计总论,从钢桥的设计方法、结构选型与选材、作用与作用效应、结构分析与验算、设计准则与设计流程等方面提纲挈领地阐述了钢桥设计计算相关的基本概念和方法;第3~5章,分别阐述了钢板组合梁桥、钢箱梁桥、钢箱组合梁桥和钢桁梁桥的结构形式与特点、布置与构造、简化计算以及设计与验算等内容,并给出了计算示例;第6章是大跨径钢桥,阐述了钢拱桥、钢斜拉桥和钢悬索桥等大跨径钢桥的组成与特点、结构体系、总体布置与一般构造等内容,并给出了相应的实桥案例;第7章是钢桥的制造与安装,从钢桥的零件制造组装和现场架设安装等方面对钢桥施工进行了系统详细的阐述,并给出了相应的实桥示例。

本教材第1~2章由周绪红编写,第3~7章由刘永健编写,全书由周绪红、刘永健统稿定稿。此外,长安大学博士研究生也参与了本教材的编写,其中刘江参编了第2、4章,孙立鹏参编了第2、6章,封博文参编了第3、4章,张国靖参编了第5~7章。

"人民交通出版社-长安大学精品教材建设与专著出版基金"对本教材的出版进行了资助,中铁大桥勘测设计院集团有限公司的徐恭义、中铁二院工程集团有限责任公司的王应良、中交公路规划设计院有限公司的吴明远、中交第二公路勘察设计研究院有限公司的彭元诚和国家林业局昆明勘察设计院的邓淑飞为本教材提供了部分实桥案例,并对本教材的编写提出了宝贵意见。教材中参考了诸多同行的文献资料,无法将作者姓名一一列出,在此一并表示衷心的感谢。

由于编者水平有限,书中难免有不足之处,敬请读者指正(读者可将意见发至邮箱 liuyongjian@chd.edu.cn)。

编 者
2019年11月

目 录

第1章 绪论 ·· 1
  1.1 钢桥的特点及适用范围 ·· 1
    1.1.1 材料特点 ·· 1
    1.1.2 结构特点 ·· 2
    1.1.3 施工特点 ·· 2
    1.1.4 运营维护特点 ·· 3
    1.1.5 钢桥的适用范围 ··· 3
  1.2 钢桥的历史与发展 ·· 5
    1.2.1 材料与结构体系的发展 ·· 5
    1.2.2 设计理论的发展 ·· 17
    1.2.3 连接技术的发展 ·· 18
  思考题 ·· 18
  参考文献 ··· 19

第2章 钢桥设计总论 ·· 20
  2.1 设计方法 ·· 20
    2.1.1 容许应力设计法 ·· 21
    2.1.2 以概率理论为基础的极限状态设计法 ··· 22
  2.2 结构体系与选材 ·· 27
    2.2.1 结构体系 ··· 27
    2.2.2 桥梁用钢 ··· 30
  2.3 作用和作用组合 ·· 37
    2.3.1 作用分类 ··· 37
    2.3.2 作用组合 ··· 45
  2.4 结构分析 ·· 47
    2.4.1 简化分析 ··· 48

  2.4.2 精细化分析 ··· 50
 2.5 结构验算 ··· 52
  2.5.1 结构整体验算 ··· 53
  2.5.2 桥面系验算 ·· 57
  2.5.3 钢构件验算 ·· 57
  2.5.4 疲劳验算 ··· 58
 2.6 钢桥设计准则与设计流程 ··· 63
  2.6.1 设计准则 ··· 63
  2.6.2 设计流程 ··· 67
 思考题 ··· 68
 参考文献 ·· 68

第3章 钢板组合梁桥 ·· 70
 3.1 结构组成与特点 ··· 70
  3.1.1 结构组成 ··· 70
  3.1.2 特点及适用跨径 ··· 71
 3.2 结构布置与构造 ··· 72
  3.2.1 总体布置 ··· 72
  3.2.2 钢板梁构造 ·· 74
  3.2.3 混凝土桥面板构造 ··· 78
  3.2.4 联结系构造 ·· 83
  3.2.5 剪力连接件构造 ··· 86
 3.3 结构简化计算 ··· 87
  3.3.1 主梁简化计算 ··· 87
  3.3.2 桥面板简化计算 ··· 88
  3.3.3 横向联结系简化计算 ·· 90
 3.4 结构设计与验算 ··· 94
  3.4.1 设计流程 ··· 94
  3.4.2 结构计算 ··· 94
  3.4.3 钢板梁设计与验算 ··· 100
  3.4.4 桥面板设计与验算 ··· 110
  3.4.5 联结系设计与验算 ··· 112
  3.4.6 焊钉连接件设计与验算 ·· 112
 3.5 公路30m简支钢板组合梁桥算例 ··· 115
  3.5.1 设计基本资料 ··· 115
  3.5.2 结构设计 ··· 116
  3.5.3 截面几何特性 ··· 117
  3.5.4 作用效应 ··· 118
  3.5.5 组合梁验算 ·· 124
  3.5.6 桥面板验算 ·· 128

  3.5.7 焊钉验算 ······ 135
  3.5.8 构造验算 ······ 139
 思考题 ······ 141
 参考文献 ······ 142

第4章 钢箱梁桥与钢箱组合梁桥 ······ 143
 4.1 结构组成与特点 ······ 143
  4.1.1 结构组成 ······ 143
  4.1.2 特点及适用跨径 ······ 143
 4.2 结构布置与构造 ······ 144
  4.2.1 总体布置 ······ 144
  4.2.2 主梁构造 ······ 148
  4.2.3 钢桥面板构造 ······ 150
  4.2.4 横隔板构造 ······ 153
 4.3 钢箱梁简化计算 ······ 155
  4.3.1 钢箱梁受力分析 ······ 155
  4.3.2 弯剪计算 ······ 155
  4.3.3 自由扭转计算 ······ 160
  4.3.4 约束扭转计算 ······ 163
  4.3.5 畸变计算 ······ 166
 4.4 正交异性钢桥面板简化计算 ······ 167
  4.4.1 正交异性钢桥面板受力分析 ······ 167
  4.4.2 正交异性钢桥面板计算方法 ······ 169
 4.5 结构设计与验算 ······ 172
  4.5.1 设计流程 ······ 172
  4.5.2 翼缘板有效宽度计算 ······ 172
  4.5.3 正交异性钢桥面板设计与验算 ······ 178
  4.5.4 横隔板设计与验算 ······ 181
 4.6 公路50m简支钢箱梁算例 ······ 185
  4.6.1 设计基本资料 ······ 185
  4.6.2 结构设计 ······ 185
  4.6.3 截面几何特性 ······ 188
  4.6.4 作用效应 ······ 190
  4.6.5 钢主梁验算（第一体系验算） ······ 194
  4.6.6 正交异性钢桥面板验算 ······ 198
  4.6.7 横隔板验算 ······ 201
  4.6.8 构造验算 ······ 204
 思考题 ······ 206
 参考文献 ······ 206

第5章 钢桁梁桥 · 207
5.1 结构组成与特点 · 207
5.1.1 结构组成 · 207
5.1.2 结构分类 · 208
5.1.3 特点及适用范围 · 209
5.2 结构布置与构造 · 210
5.2.1 总体布置 · 210
5.2.2 主桁构造 · 215
5.2.3 联结系构造 · 218
5.2.4 桥面系构造 · 219
5.3 结构简化计算 · 221
5.3.1 简化计算方法 · 221
5.3.2 主桁简化计算 · 222
5.3.3 联结系简化计算 · 224
5.3.4 桥面系简化计算 · 227
5.4 结构设计与验算 · 229
5.4.1 设计流程 · 229
5.4.2 主桁设计与验算 · 229
5.4.3 联结系设计与验算 · 237
5.4.4 桥面系设计与验算 · 237
5.5 公路 64m 简支钢桁梁桥算例 · 238
5.5.1 设计基本资料 · 238
5.5.2 结构概况 · 238
5.5.3 主桁计算 · 240
5.5.4 联结系计算 · 251
5.5.5 桥面系计算 · 253
思考题 · 256
参考文献 · 257

第6章 大跨钢桥 · 258
6.1 钢拱桥 · 258
6.1.1 组成与特点 · 258
6.1.2 结构体系 · 259
6.1.3 总体布置 · 261
6.1.4 主要构造 · 266
6.1.5 实桥示例——犀牛大桥 · 269
6.2 钢斜拉桥 · 276
6.2.1 组成与特点 · 276
6.2.2 结构体系 · 276
6.2.3 总体布置 · 279

		6.2.4 主要构造	283
		6.2.5 实桥示例——海黄大桥	288
	6.3	钢悬索桥	293
		6.3.1 组成与特点	293
		6.3.2 结构体系	294
		6.3.3 总体布置	295
		6.3.4 主要构造	299
		6.3.5 实桥示例——南沙大桥坭洲水道桥(虎门二桥)	306
	思考题		313
	参考文献		313

第7章 钢桥的制造与安装 315

7.1 零件的制造与组装 315
7.1.1 零件制造 315
7.1.2 组装 318
7.1.3 焊接与焊接检验 321
7.1.4 杆件矫正 323
7.1.5 试拼装 324
7.1.6 涂装、验收、包装、存放与运输 325
7.1.7 制造与组装实例 327

7.2 工地架设安装 331
7.2.1 支承架设法 331
7.2.2 悬臂拼装法 332
7.2.3 顶推施工法 333
7.2.4 大型构件整体安装法 334
7.2.5 工地架设安装实例 335

7.3 混凝土桥面板施工 337
7.3.1 现浇施工 337
7.3.2 预制安装施工 338
7.3.3 混凝土桥面板施工实例 340

7.4 防腐涂装 340
7.4.1 涂装分类 341
7.4.2 防腐涂装体系 341
7.4.3 涂装工艺及方法 342
7.4.4 维修涂装和重新涂装 343
7.4.5 防腐涂装实例 344

思考题 345

参考文献 346

第1章 绪论

1.1 钢桥的特点及适用范围

钢桥是指上部承重结构采用钢结构的桥梁,与之对应的有木桥、圬工桥、钢筋混凝土桥、预应力混凝土桥等。对于钢-混凝土组合结构桥梁、钢-混凝土混合结构桥梁,根据其施工和计算的特点,也可归类为钢桥。

1.1.1 材料特点

钢材材质均匀,塑性与韧性良好,接近理想弹塑性体,比较符合力学假定,结构计算可靠。为进一步说明钢材的特点,表1-1对比了Q345钢与C50混凝土的部分力学性能。

钢材、混凝土材料的力学性能对比　　　　表1-1

材料类型	重度 (kN/m^3)	弹性模量 (MPa)	抗拉(屈服)强度标准值(MPa)	抗压(屈服)强度标准值(MPa)	强重比 [$MPa/(kN/m^3)$]
Q345钢	78	2.06×10^5	345	345	4.42
C50混凝土	24	3.45×10^4	2.64	32.4	1.35(0.11)

从表1.1中可以看出：

①钢材拉压同性，同时具有更高的抗拉、抗压强度和弹性模量。Q345钢屈服强度标准值约为C50混凝土抗压强度标准值的10.6倍和抗拉强度标准值的130.7倍，其弹性模量约为后者的6.0倍。

②钢材有较高的强重比（强度与重度的比值）。钢材的重度虽然大于混凝土，但是强重比约为混凝土的3.3（抗压强度与重度的比值）倍和40.2（抗拉强度与重度的比值）倍。

因此，与混凝土材料相比，钢材属于拉压同性、轻质高强材料。钢材这种拉压同性、轻质高强的特点为钢桥的结构设计和施工带来相应的优势，使得钢桥具有下述结构、施工和运营维护特点。

1.1.2 结构特点

结构的材料特性决定了其可适用的结构体系。钢材作为一种各向同性、轻质高强的材料，抗拉、抗压和抗剪强度均较高，可以承受拉、压、弯、剪以及组合受力，因此，钢桥在梁桥、拱桥、缆索承重桥梁以及各种组合体系桥梁中均具有良好的适应性和跨越能力。

以梁的抗剪设计为例，说明钢结构与混凝土结构的特点。如图1-1a) 所示，混凝土梁的抗剪设计是通过设置箍筋或弯起钢筋，以承担剪力引起的斜向主拉应力，从而防止斜截面的开裂。与混凝土梁中的箍筋相对应，钢梁的抗剪设计则通过设置横向加劲肋，以防止剪力引起的斜向主压应力导致腹板发生剪切失稳，如图1-1b) 所示。因此，混凝土桥设计的重点是解决好拉应力引起的混凝土开裂问题，即配置普通钢筋或预应力钢筋的问题，而钢桥设计的重点是解决好结构、构件和板件的稳定问题。

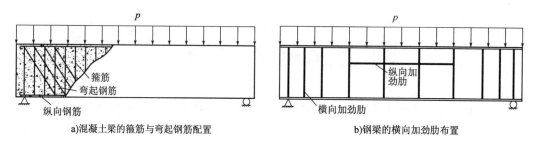

图1-1 混凝土梁与钢梁的结构特点

与混凝土桥相比，钢桥活载所占比重较大，且局部构造较为复杂，由此，钢桥的受拉问题主要是解决活载或其他反复荷载作用下的疲劳问题，以及低温断裂问题。

1.1.3 施工特点

钢桥施工包括制造、运输、二次拼装与桥位现场安装等工序，其中零部件、构件或节段一般在专业化的钢结构工厂制造。构件节段的划分一般取决于桥位与钢结构制造厂之间的运输和吊装能力，大节段一般采用水路运输，在交通不便的山区通常采用公路运输。钢桥构件运抵桥位现场后，可以直接吊装，也可以在桥位附近拼装成大节段或整孔再进行吊装。钢桥的架设安装方法通常根据桥位现场的施工条件和运输条件而定，主要包括支承架设法、悬臂拼装法、顶推施工法和大型构件整体安装法等。钢桥具有以下施工特点：

①工业化程度高，构件制造精度高，质量易于控制，施工速度快，工期短。

②由于钢材拉压同性、轻质高强，钢桥可以灵活地适应各种施工方法，节约大量的施工临时措施费。以顶推施工为例，因梁受正、负弯矩交替作用，对于混凝土梁需要配置施工临时预应力钢筋、临时墩等措施，而同等跨径钢梁甚至可以不设临时墩。

1.1.4 运营维护特点

混凝土桥梁的养护重点是裂缝，而钢桥的养护重点是锈蚀。混凝土桥梁一旦裂缝宽度超限，进一步出现钢筋锈蚀及锈胀开裂，其养护加固的难度较大；相比而言，钢桥锈蚀后，可除锈后再涂装，其养护更易处理和控制。此外，钢桥构件在受到损伤后易于修复、更换和回收（图1-2）。

a)修复更换前

b)修复更换后

图 1-2　钢桥构件修复更换实例

1.1.5 钢桥的适用范围

桥梁按照承重结构受力的不同可分为最基本的三类，即以受拉为主的索桥、以受压为主的拱桥和以受弯为主的梁桥。由这三类基本体系进行组合，可以派生出具有组合受力特点的其他桥型。钢桥的上述特点使其在大、中、小跨径的各种桥型中都可采用，以下通过与圬工桥和配筋混凝土桥的对比进行说明。

圬工材料（如素混凝土、砖、石等）的抗压性能远好于抗拉性能，因此，多用于以受压为主的拱桥。但由于其强重比较低，跨越能力有限。目前世界上最大跨径的圬工拱桥为主跨146m的山西丹河大桥。

钢筋混凝土结构能充分利用混凝土抗压性能好、钢筋抗拉性能好的优势，故多用于梁桥。由于桥梁结构处于复杂的室外环境中，对抗裂性能的要求使得钢筋混凝土梁桥的跨越能力有限。通常，当跨径大于40m时，需在受拉区配置预应力钢筋，并通过张拉预应力钢筋给混凝土施加压应力，从而使桥梁在正常使用阶段能够满足裂缝宽度或者应力的要求。预应力混凝土梁桥的跨越能力可达到300m左右。

钢材轻质高强和拉压同性的优点，使其不但适用于以受压为主的拱桥，也适用于以受拉为主的索桥和以受弯为主的梁桥。钢材较高的强重比使得钢桥的跨越能力在各种结构体系中均最强。表1-2~表1-4所列分别为目前世界范围内主要的大跨径钢悬索桥、钢斜拉桥和钢拱桥（统计时间截至2020年7月）。

世界范围内主要的大跨径钢悬索桥

表1-2

序号	桥 名	主跨(m)	桥塔与加劲梁结构形式	国 家	建成时间(年)
1	明石海峡大桥	1991	钢塔+钢桁梁	日本	1998
2	杨泗港长江大桥	1700	混凝土塔+钢桁梁	中国	2019
3	南沙大桥坭洲水道桥	1688	混凝土塔+钢箱梁	中国	2019
4	西堠门大桥	1650	混凝土塔+钢箱梁	中国	2009
5	大贝尔特桥	1624	混凝土塔+钢箱梁	丹麦	1998
6	奥斯曼一世大桥	1550	钢塔+钢箱梁	土耳其	2016
7	李舜臣大桥	1545	混凝土塔+钢箱梁	韩国	2012
8	润扬长江大桥	1490	混凝土塔+钢箱梁	中国	2005
9	杭瑞洞庭大桥	1480	混凝土塔+钢桁梁	中国	2018
10	南京长江四桥	1418	混合塔+钢箱梁	中国	2012

世界范围内主要的大跨径钢斜拉桥

表1-3

序号	桥 名	主跨(m)	加劲梁结构形式	国 家	建成时间(年)
1	常泰长江大桥	1176	钢桁梁	中国	在建
2	俄罗斯岛大桥	1104	钢箱梁	俄罗斯	2012
3	沪苏通长江公铁大桥	1092	钢桁梁	中国	2020
4	苏通长江大桥	1088	钢箱梁	中国	2008
5	昂船洲大桥	1018	钢箱梁	中国	2009
6	青山长江大桥	938	钢箱梁	中国	2019
7	鄂东长江大桥	926	钢箱梁	中国	2010
8	嘉鱼长江大桥	920	钢箱梁	中国	2019
9	多多罗大桥	890	钢箱梁	日本	1999
10	诺曼底大桥	856	钢箱梁	法国	1995

世界范围内主要的大跨径钢拱桥

表1-4

序号	桥 名	主跨(m)	拱肋结构形式	国 家	建成时间(年)
1	平南三桥	575	钢管混凝土桁架拱	中国	在建
2	朝天门长江大桥	552	钢桁拱	中国	2009
3	卢浦大桥	550	钢箱拱	中国	2003
4	合江长江一桥	530	钢管混凝土桁架拱	中国	2013
5	新河谷桥	518	钢桁拱	美国	1977
6	贝永大桥	510	钢桁拱	美国	1931
7	悉尼港湾大桥	503	钢桁拱	澳大利亚	1932
8	巫山长江大桥	460	钢管混凝土桁架拱	中国	2005
9	明州大桥	450	钢箱拱	中国	2011
10	肇庆西江大桥	450	钢箱拱	中国	2014

对于各种受力复杂的空间结构和应力状态复杂的局部受力构件(如锚箱、索鞍等),采用钢结构也是最佳的选择。

钢桥在工业化制造和装配化施工等方面具有的突出优势,使其更加适用于有快速建造要求的中、小跨径桥梁。此外,钢桥能够为造型新颖、受力复杂、净空受限的桥梁提供最佳解决方案。

1.2 钢桥的历史与发展

材料、结构体系、设计理论与连接技术的更新与发展,推动了钢桥设计理论和建造技术的发展。

1.2.1 材料与结构体系的发展

1) 木桥与石桥

原始人类为了生存需要不断地扩大活动空间,虽然不知道如何建造桥梁,但会利用自然界的物体来跨越溪流、山涧和峡谷。倾倒并横卧在山涧或溪流上的树木、散布在河流中的乱石、横跨在溪流或者山沟两侧的石拱和粗藤,都可能成为原始人类跨越障碍的"天然桥"(图1-3)。直到人类逐渐聚居并进入农耕和畜牧社会,对桥梁的需求开始凸显出来。钢材出现以前,建造桥梁的材料以木材和圬工材料为主。

a)天然木梁桥

b)天然石拱桥

c)天然藤索桥

图1-3 原始人类跨越障碍的"天然桥"

木材只能用于修建跨径较小的桥梁。将树干两端搁置在两岸或桥墩上便形成简支木梁桥,跨径通常不超过10m。如果在桥墩两侧设置斜撑木杆,就能使木梁桥的跨径增大一倍以上。随后又出现了层层相叠、向江心挑出的木伸臂梁桥,使木桥的跨径增加到30~50m。木伸臂梁桥的实例如甘肃文县的阴平古道桥(图1-4),建于清代光绪年间。将单向伸臂发展为双向伸臂,便可建成多孔的长桥。我国广西、湖南还有很多修复完整的多孔木伸臂梁桥,如广西三江程阳桥(图1-5)。

以石材为代表的圬工材料资源广泛,可就地取材,也是古代修建桥梁常用的材料。由于圬工材料抗压能力强、耐久性好而抗拉能力差,古代的圬工桥均以拱桥和跨径很小的梁桥为主。我国古代人建造石拱桥的造诣颇深,现存很多名桥佳作,如北京的卢沟桥、扬州的五亭桥和河北的赵州桥(图1-6)。我国还保存有规模比较大的石梁桥,如福建地区的安平桥、虎渡桥和洛阳桥(图1-7)。

图1-4　阴平古道桥

图1-5　三江程阳桥

图1-6　赵州桥

图1-7　洛阳桥

2）铸铁桥

大约在公元前2000年，人类便学会了冶炼铁器，但或许是因为铁的产量很低、成本高、制造加工能力不足、施工技术水平低等，直到17世纪晚期仍然很少采用铁来建造桥梁。18世纪，欧洲工业革命初期生产了大量的铸铁，人们开始利用铸铁修建桥梁。由于铸铁受压性能明显优于受拉性能，故大多被用于建造拱桥。

1777—1779年，托马斯·普里查德(Thomas Pritchard)在英国什罗普郡设计并建造了世界上第一座现代铸铁桥——科尔布鲁克戴尔桥(Coalbrookdale Bridge，图1-8)，跨径为30.5m，消耗了400t铸铁。该桥拱肋由三层半径不同的同心半圆拱肋组成，其中底层拱肋为贯通的半圆形，上两层拱肋不贯通而在桥面处断开。从结构上可以看出，该桥仍模仿以前的圬工拱桥进行设计。由于铸铁耐腐蚀性较强，这座桥至今已经存在了200多年。此后，英国工程师托马斯·特尔福德(Thomas Telford)认识到，铸铁可以用来建造更大跨径、更平坦的拱桥。1796年，他设计的跨径达40m的比尔德沃斯桥(Buildwas Bridge)建成。19世纪上半叶，英国和法国修建了大量的铸铁拱桥，其中较为著名的有跨越伦敦泰晤士河的沃克斯霍尔桥(Vauxhall Bridge)和南华克桥(Southwark Bridge)、跨越巴黎塞纳河的卡鲁塞尔桥(Carrousel Bridge)和奥斯特利茨桥(Austerlitz Bridge)。在铸铁桥发展的早期阶段，由于螺栓还未出现，铸铁构件的连接形式大多采用与木结构相似的榫接。

铸铁也被用于梁桥的建造。文献记载的最早的铸铁梁桥是1796年建成于英国什罗普郡的特恩隆登水道桥(Longdon-on-Tern Aqueduct,图1-9),同样由特尔福德设计。该桥共4跨,全长57m;主梁高0.91m、宽2.7m,采用铸铁槽型梁,板件之间采用锻铁螺栓连接。

图1-8 科尔布鲁克戴尔桥(Coalbrookdale Bridge)

图1-9 特恩隆登水道桥(Longdon-on-Tern Aqueduct)

1825年,乔治·史蒂芬生(George Stephenson)主持建造了一座铸铁梁桥(图1-10),最大跨径仅为3.78m。该桥位于世界上第一条蒸汽机车铁路上,由上下两条"曲梁"及立柱组成,立柱顶上铺设木板形成桥面。此后,乔治·史蒂芬生之子罗伯特·史蒂芬生(Robert Stephenson)设计了跨径布置为3×29.9m的迪河桥(River Dee Bridge,建成于1846年)。该桥位于一条双线铁路上,每跨设置三片并列的铸铁板梁,每片板梁均由三段榫接而成。1847年5月,列车过桥时一片板梁突然断裂,造成5死9伤的事故。铸铁的抗拉性能和抗冲击韧性均较差,并不适用于修建较大跨径的梁桥。

图1-10 乔治·史蒂芬生主持建造的铸铁梁桥

3) 锻铁桥

进入19世纪,由于生产高质量锻铁的成本大幅降低,与铸铁相比,锻铁抗拉强度更高、延性和可加工性能更好,而且可以采用铆钉连接,逐渐取代铸铁成为修建桥梁的主要材料,使索桥、梁桥和拱桥的跨越能力得到了突破。

1814年,托马斯·特尔福德(Thomas Telford)通过试验发现,由锻铁眼杆链制作的主缆工作应力可达到77MPa,是铸铁的4倍。随后,他设计了主跨99.7m的锻铁眼杆悬索桥——康威悬索桥(Conwy Suspension Bridge)。该桥建成于1826年,横跨康威河,直通中世纪的康威城堡,桥塔造型与康威城堡相呼应,现在是威尔士北部著名的景观。特尔福德设计的另一座锻铁眼杆悬索桥——梅奈海峡大桥(Menai Bridge,图1-11),于1819年开始建设、1826年建成,主跨176.6m,共用了2000t锻铁。该桥成为世界上首座通行车辆的悬索桥,也是世界上第一座跨海大桥。

图1-11　梅奈海峡大桥(Menai Bridge)

锻铁的应用使得梁桥的跨径大幅增加。罗伯特·史蒂芬生采用锻铁设计并建造了两座铆接箱管梁桥,其中康威铁路桥(Conwy Railway Bridge,图1-12)建成于1848年,跨度为125m,位于康威悬索桥旁,火车从锻铁箱中穿过,至今仍在服役。另一座跨越梅奈海峡的铁路桥——不列颠尼亚桥(Britannia Bridge)建成于1850年,孔跨布置为(70+140+140+70)m。其箱梁由两根大型箱管组成,上、下行列车各走一管,断面形状如图1-13所示,箱内净空宽4.3m,高7.6m。不幸的是,该桥在1970年毁于一场火灾。由于箱管梁桥过于笨重,在材料利用率更高的桁梁桥发展起来后,这种桥便很少采用了。

图1-12　康威铁路桥(Conwy Railway Bridge)

图1-13　不列颠尼亚桥(Britannia Bridge)断面形状

锻铁的应用曾使拱桥成为大跨铁路桥的首选桥型。1877年,由古斯塔夫·埃菲尔(Gustave Eiffel)设计的马里亚·皮亚桥(Maria Pia Bridge,图1-14)建成通车。该桥位于葡萄牙波尔图,跨越杜罗河,是一座单线铁路桥,跨径160.13m。其特点是采用了新月形双铰拱,具有很好的视觉效果,是拱肋结构形式的一次重要创新。该桥采用悬臂拼装法施工,引领了当时大跨径拱桥施工技术的发展。

1885年,同样由埃菲尔设计的加拉比特高架桥(Garabit Viaduc,图1-15)建成通车。该桥位于法国,跨特鲁埃里河,跨径165m,桥型与马里亚·皮亚桥相似,采用新月形双铰拱。两端1/8跨径拱肋在支架上安装,其余用悬臂拼装法施工。

图1-14 马里亚·皮亚桥（Maria Pia Bridge）

图1-15 加拉比特高架桥（Garabit Viaduc）

1885年,在葡萄牙建成了跨径为172.6m的锻铁拱桥——路易一世大桥（Dom Luís I Bridge,图1-16）。该桥跨越杜罗河,采用双铰拱体系,布置双层桥面,上层桥面供有轨电车通行,下层桥面供汽车通行,该桥一直沿用至今。

4）钢桥

19世纪后半叶,转炉炼钢法和平炉炼钢法的应用使钢材工业制造方法获得了巨大的进步,钢材的抗拉、压强度等力学性能大幅提高,逐渐取代了铸铁和锻铁。钢材的出现促进

图1-16 路易一世大桥（Dom Luís I Bridge）

了桥梁工程技术的发展和结构形式的创新,使得桥梁工程真正进入了大跨时代。

世界上第一座跨径突破500m的钢桥是建成于1890年的英国福斯铁路桥（Forth Bridge,图1-17）,由约翰·富劳尔（John Fowler）和本杰明·贝克（Benjamin Baker）设计,它开启了大跨径钢桁梁桥建设的序幕。福斯铁路桥主跨521m,全长1625m,支承处桁梁高达110m,全桥共消耗54000t钢材和800万只铆钉。其杆件内力通过计算得出,荷载及材料强度由规范给出,采用平衡悬臂法施工。这一整套的设计和施工方法,表明钢桥的设计、建造技术逐步走向成熟。

图1-17 福斯铁路桥（Forth Bridge）

此后,世界各地建设了大量的钢桁梁桥,例如:

①1909年,在美国纽约建成的跨越东河的皇后区大桥(Queensboro Bridge),跨径布置为(143+360+192+300+140)m。

②1917年,在加拿大建成的主跨549m的魁北克桥(Quebec Bridge)。

③1936年,在美国旧金山建成的主跨427m的旧金山-奥克兰海湾东桥(Eastern Span of the San Francisco-Oakland Bay Bridge)。

④1958年,在美国路易斯安那州建成的主跨480m的新奥尔良大桥(Greater New Orleans Bridge)。

⑤1974年,在美国宾夕法尼亚州建成的主跨501m的巴里司令大桥(Commodore Barry Bridge)。

第二次世界大战后,为修复战争损坏的桥梁,解决材料短缺的问题,德国桥梁专家弗里兹·莱昂哈特(Fritz Leonhardt)首先提出正交异性钢桥面板的概念。正交异性钢桥面板既可作为钢箱梁的上翼缘参与整体受力,又兼作行车道板,使钢箱梁桥的总用钢量较同跨径钢桁梁桥减少。

1951年,在德国建成的约瑟夫弗林斯桥(Josef Kardinal Frings Bridge,图1-18)是世界上第一座跨径超过200m、采用正交异性钢桥面板的连续钢箱梁桥。该桥在诺伊斯和杜塞尔多夫之间跨越莱茵河,是一座改建桥梁,跨径布置与原桥相同,为(103+206+103)m。原桥建成于1930年,是一座下承式悬臂钢桁梁桥,用钢8464t。新桥用钢量为6335t,仅为原桥的75%。此后,德国、巴西和日本等国家建造了一些跨径为200~300m的大跨径钢箱梁桥,如主跨259m的德国科隆动物园大桥(Zoo Bridge),主跨300m的巴西里约-尼泰罗伊大桥(Rio-Niterói Bridge),主跨250m的日本海田大桥等。

图1-18　约瑟夫弗林斯桥(Josef Kardinal Frings Bridge)

1874年,世界上第一座现代钢拱桥——伊兹桥(Eads Bridge,图1-19)诞生于美国,它也是世界上首座采用结构钢修建的大型桥梁。伊兹桥跨越密西西比河,是一座多跨钢拱桥,宽14m,全桥长1964m,单孔最大跨径158m。此后,钢拱桥的跨径不断取得突破。1898年建成的德国波恩波易尔桥(Bonn Beue Bridge),主跨188m。1902年建成的法国维欧尔高架桥(Viaur Viaduct)是法国第一座钢拱桥,主跨220m。1916年,美国狱门大桥(Hell Gate Bridge,图1-20)建成通车,该桥采用高碳钢,为主跨298m的双铰桁架拱桥。借鉴狱门大桥的成功经验,1931年,由瑞士工程师奥斯马·安曼(Othmar Ammann)设计的美国贝永大桥(Bayonne Bridge,图1-21)建成,使钢拱桥的跨径突破500m大关,其主跨达510m。1932年,澳大利亚又建成了主跨503m的悉尼港湾大桥(Sydney Harbour Bridge,图1-22)。1977年,美国建成的新河谷桥(New

River Gorge Bridge,图 1-23)主跨达到 518m。与之前的大跨径拱桥相比,新河谷桥显得更加纤细,材料利用率更高。目前,世界上已建成的最大跨钢拱桥是 2009 年在中国重庆建成的朝天门长江大桥(图 1-24),它是一座钢桁架拱桥,主跨达 552m。

图 1-19　伊兹桥(Eads Bridge)

图 1-20　狱门大桥(Hell Gate Bridge)

图 1-21　贝永大桥(Bayonne Bridge)

图 1-22　悉尼港湾大桥(Sydney Harbour Bridge)

图 1-23　新河谷桥(New River Gorge Bridge)

图 1-24　朝天门长江大桥

随着经济技术的发展,人们对大跨径桥梁的需求越来越迫切,而钢材的出现以及"悬索桥挠度理论"的建立使大跨径悬索桥得到了快速的发展。

1883 年,世界上第一座现代悬索桥——布鲁克林桥(Brooklyn Bridge,图 1-25)建成通车,为悬索桥向大跨径发展开创了先河。该桥跨越纽约东河,由约翰·罗布林(John Roebling)设计,跨径布置为(284+486+284)m。首次采用高强钢丝作为主缆,4根主缆直径均为390mm。除主缆对加劲梁提供支承外,还布置有斜拉索,可以提高体系刚度,抵抗更大的风荷载。布鲁克林桥的加劲梁则采用钢桁梁,梁高5.2m,桥塔仍采用传统的圬工结构。

继布鲁克林桥之后,里昂·所罗门·莫伊塞弗(Leon Solomon Moisseiff)等工程师设计的曼哈顿桥(Manhattan Bridge,图1-26)是第一座采用挠度理论设计的悬索桥。该桥建成于1909年,跨径布置为(221+448+221)m,为城市轻轨和公路两用桥。曼哈顿桥首次采用钢桥塔,与布鲁克林桥高耸厚重的圬工桥塔相比显得更加轻巧。

图1-25　布鲁克林桥(Brooklyn Bridge)　　　　图1-26　曼哈顿桥(Manhattan Bridge)

由奥斯马·安曼主持修建的横跨纽约哈德逊河的乔治·华盛顿桥(George Washington Bridge,图1-27),是世界上第一座主跨突破1000m的大桥,建成于1931年,其1067m的跨径是之前世界纪录的2倍之多。安曼认识到,随着悬索桥跨径的增大,主缆的"重力刚度"越来越明显,即体系大部分竖向刚度由主缆提供,而由加劲梁提供的刚度贡献是有限的。因此,随着跨径的增大,加劲梁的高度不必随之增大。不过,华盛顿桥仍保留着圬工桥塔的特征,使桥塔的用钢量明显增加。

1937年,在美国西海岸的旧金山,金门大桥(Golden Gate Bridge,图1-28)建成通车,其主跨达1280m,加劲梁高7.6m,钢桥塔高度达229m,加劲梁及桥塔都显得更加轻巧、纤细。

图1-27　乔治·华盛顿桥(George Washington Bridge)　　　　图1-28　金门大桥(Golden Gate Bridge)

1940年,里昂·所罗门·莫伊塞弗作为主要设计人员设计的塔科马桥(Tacoma Bridge,图1-29)建成通车,该桥主跨853m,加劲梁采用下承式钢板梁,梁高仅2.44m,高跨比达1/350。由于加劲梁抗扭刚度过小,该桥在通车后仅4个多月便毁于一场阵风。此次事故推动了桥梁抗风理论和风洞试验技术的迅速发展，也促使美国对其他抗风性能较差的悬索桥进行了加固改造。塔科马桥于 1950 年重建时，其主梁不再采用钢板梁，而改用气动性能更优的钢桁梁（图 1-30），梁高 10m。

图 1-29　风毁前的塔科马桥（Tacoma Bridge）

图 1-30　重建后的塔科马桥（Tacoma Bridge）

塔科马桥风毁后，悬索桥大都采用抗弯、抗扭刚度大的桁梁，以提高空气动力稳定性。1966 年，英国建成了塞汶桥（Severn Bridge，图 1-31），跨径布置为（305+988+305）m，第一次使用流线型扁平钢箱梁作为加劲梁。虽然梁高仅 3m，高跨比只有 1/324，但良好的气动外形和较大的抗扭刚度使其仍能抵抗风致振动。流线型钢箱梁相比钢桁梁节约了大量材料，具有很好的经济性。此外，为了减小加劲梁的振动，塞汶桥的吊杆倾斜布置，但同时带来了斜吊杆的疲劳问题。1973 年建成的博斯普鲁斯海峡一桥（Bosphorus Bridge）和 1981 年建成的亨伯尔桥（Humber Bridge）均采用了流线型扁平钢箱梁。亨伯尔桥首次在大跨悬索桥中采用混凝土桥塔，充分发挥了混凝土受压性能好的优点，使悬索桥更加经济。以上三座桥均由英国工程师吉尔伯特·罗伯茨（Gilbert Roberts）主持设计。

目前，世界最大跨悬索桥是日本本州—四国联络线上的明石海峡大桥（图 1-32），建成于 1998 年，主跨达 1991m，采用钢桁梁作为加劲梁。该桥第一次采用 1860MPa 超强钢丝，并安装了多层减震阻尼器。

图 1-31　塞汶桥（Severn Bridge）

图 1-32　明石海峡大桥

进入 21 世纪，我国交通基础设施的建设推动了悬索桥的发展。浙江舟山连岛工程的西堠门大桥（图 1-33）为主跨 1650m 的悬索桥，为确保大桥的抗风稳定性，加劲梁首次采用分体式钢箱梁。高速铁路的建设促进了铁路悬索桥的发展，五峰山公铁两用长江大桥是世界首座高速公铁两用悬索桥,设计4线高速铁路和8车道高速公路。多塔多跨悬索桥体系也不断涌现,如泰州长江大桥、鹦鹉洲长江大桥(图1-34)、瓯江北口大桥等。

图1-33　西堠门大桥　　　　　　　　　　图1-34　鹦鹉洲长江大桥

第二次世界大战后,欧洲面临着繁重的战毁桥梁重建工作。不同于悬索桥的主缆,斜拉桥的拉索几乎是笔直的,它们的张力沿其长度是均匀的,受力更为高效,斜拉桥多采用自锚体系,也不需要修建体积庞大的锚碇。德国工程师弗朗茨·迪辛格(Franz Dischinger)针对斜拉桥做了大量的研究后发现,采用高强钢丝制作的斜拉索经充分张拉后,可以为大桥提供足够的刚度和气动稳定性,并可以有效降低加劲梁高度以达到节省材料的目的,但是需要精确地控制斜拉索的张拉力来获得在恒载作用下理想的加劲梁线形。1956年,由迪辛格设计的世界上第一座现代意义上的斜拉桥——斯特罗姆桑德桥(Strömsund Bridge,图1-35)建成通车。该桥位于瑞典,跨径布置为(75+183+75)m,结构体系为塔墩铰接、塔梁分离,类似于连续梁体系。加劲梁为钢板梁,梁高3.25m,混凝土桥面板置于钢板梁上,不参与加劲梁整体受力。斜拉索由塔顶辐射与加劲梁连接,在每个索面的主塔两侧均布置两根斜拉索。作为平面体系,该桥是8次超静定结构,但将荷载分成对称荷载和反对称荷载后,超静定次数减少到4,对于当时的计算水平来说可以接受。

图1-35　斯特罗姆桑德桥(Strömsund Bridge)

1957年,位于德国杜塞尔多夫,跨越莱茵河的西奥多—豪斯大桥(Theodor—Heuss Bridge,图1-36)建成通车。该桥是德国首座斜拉桥,跨径布置为(108+260+108)m,斜拉索采用竖琴式布置,美学效果很好。1969年建成的河湾桥(Knie Bridge)和1973年建成的奥博卡瑟尔桥(Oberkassel Bridge)均采用了竖琴式稀索体系。

1960年,位于德国科隆、跨越莱茵河的塞弗林大桥(Severins Bridge,图1-37)建成通车。不同于以往的独柱钢塔,该桥首次使用A形桥塔,并采用(302+151)m的不等跨布置。A形桥塔配合空间倾斜索面布置可以为加劲梁提供额外的扭转约束,对大跨径斜拉桥抗风稳定性十分有利。

图1-36　西奥多—豪斯大桥(Theodor Heuss Bridge)

图1-37　塞弗林大桥(Severins Bridge)

20世纪60年代以后,随着计算机超静定结构分析技术的发展,斜拉桥开始采用密索体系。1967年,位于德国波恩、跨越莱茵河的弗里德里希—埃伯特大桥(Friedrich Ebert Bridge,图1-38)建成通车,跨径布置为(120+280+120)m。该桥是第一座由计算机辅助分析设计的密索体系斜拉桥,也是第一座单索面斜拉桥,加劲梁采用钢箱梁,以保证足够的抗扭刚度。密索体系不仅使得每根斜拉索的施工与更换更容易,而且简化了锚固构造。斜拉桥的加劲梁实际上成为一根具有多点弹性支承的梁,从而提高了斜拉桥的跨越能力。此外,较小的梁上索距非常适合于加劲梁的悬臂拼装施工。密索体系斜拉桥优势诸多,逐渐替代了稀索体系斜拉桥。

20世纪80年代后,斜拉桥获得了巨大的发展,主要体现在:

①钢加劲梁斜拉桥向着特大跨方向发展,与千米级悬索桥展开了有力的竞争。目前,世界上已建成多座跨径超过1000m的斜拉桥,其中主跨1088m的苏通长江大桥为首次突破1000m的斜拉桥,主跨1104m的俄罗斯岛大桥(Russky Island Bridge,图1-39)为目前世界上最大跨径的斜拉桥。此外,主跨超过1000m的斜拉桥还包括昂船洲大桥(主跨1018m)、沪苏通长江公铁大桥(主跨1092m)和在建的常泰长江大桥(主跨1176m)。

图1-38　弗里德里希—埃伯特大桥(Friedrich Ebert Bridge)

图1-39　俄罗斯岛大桥(Russky Island Bridge)

②斜拉桥向着重载方向发展。分别于2009年和2020年建成通车的武汉天兴洲长江大桥（图1-40）和沪苏通长江公铁大桥均为公铁两用斜拉桥，两座桥均采用了三索面布置及三主桁加劲梁，桥面上层为六车道高速公路，下层为四线铁路。

③斜拉桥向着多塔多跨方向发展。2004年在法国建成的米约大桥（Millau Viaduct，图1-41）是7塔8跨钢箱梁斜拉桥，跨径布置为$(180+6\times320+180)$m。同年，在希腊建成的瑞翁·安提利翁大桥（Rion Antirion Bridge）为全飘浮体系多塔斜拉桥，跨径布置为$(286+3\times560+286)$m。我国武汉二七长江大桥（图1-42）、浙江嘉绍大桥均为多塔斜拉桥。

图1-40　天兴洲长江大桥

图1-41　米约大桥（Millau Viaduct）

④组合梁在斜拉桥中得到推广应用。采用混凝土桥面板代替造价昂贵的正交异性钢桥面板，既可以充分发挥混凝土受压性能好的优势，又避免了钢桥面板的疲劳问题和桥面铺装易损坏的问题，具有很好的经济性。近些年，其在650m以内跨径的斜拉桥中得到了应用，如英国的昆斯费里大桥（Queensferry Crossing Bridge），丹麦的厄勒海峡大桥（Oresund Bridge），中国的青州闽江大桥、望东长江大桥、台州湾跨海大桥（图1-43）等。

图1-42　二七长江大桥

图1-43　台州湾跨海大桥

5）高性能钢材的出现

从20世纪80年代起，强度高、可焊性好、耐腐蚀的高性能钢材（High Performance Steel，HPS）逐渐被推广应用到钢桥的建设中。

从结构设计角度来看，高强度钢材（High Strength Steel，HSS）具有明显优势，可以减小结构尺寸，降低自重以提高钢桥跨越能力。高强度钢材早在第二次世界大战后就被尝试用于桥梁建设。日本从20世纪50年代开始采用屈服强度500MPa和600MPa的钢材建造桥梁，20世纪 60 年代开始使用屈服强度为 800MPa 的钢材。明石海峡大桥的加劲梁采用了 800MPa 级钢材,显著降低了加劲梁自重。欧洲桥梁用 HSS 的屈服强度通常在 460～490MPa,经过热处理的 16mm 厚的 S960QL 钢板,名义屈服强度可达 960MPa。中国《桥梁用结构钢》(GB/T 714—2015)中给出了 Q345q、Q370q、Q420q、Q460q、Q500q、Q550q、Q620q、Q690q 等系列钢材。

20 世纪 90 年代,随着冶炼技术的发展,对结构钢材要求高强度的同时,还要求具有良好的可焊性。欧、美、日等先后发展了在轧钢过程中的精细化热处理控制技术,使生产出来的细晶粒结构钢可以同时保持高强度、高韧性和良好的可焊性。欧、美、日分别制定了高性能结构钢材的标准,对焊接预热温度要求一般均在 50℃ 以下,如美国的 HPS485W 钢材要求:60mm 以下板厚焊接预热温度只需要 20℃,60mm 以上需要 50℃。而普通的钢材焊接预热温度为 100～120℃。可焊性好的钢材还体现在不同牌号钢材之间的焊接性能,满足结构的混杂设计要求,即在同一构件中可以采用不同牌号钢材。2000 年 7 月建成的美国宾夕法尼亚州福特城桥(Ford City Bridge),为(98.1+126.8+98.1)m 三跨连续梁桥,横向布置 4 片主梁,主梁在负弯矩区域采用 HPS485W,其余部位采用 345W。这样的主梁混杂设计使得钢梁自重减轻 20%,且在较大跨度内仍采用等高梁,减少了制造费用。

20 世纪 30 年代,美国首先研制成功了含铜高强度耐候钢,而后用于桥梁建设。此后,美国又开发出了耐候性符合要求且焊接性能良好的 HPS250W、HPS270W 和 HPS2100W 系列高性能钢。目前,HPS 系列钢已经在宾夕法尼亚州福特城大桥(Ford City Bridge)、田纳西州马丁河桥(Martin Creek Bridge)等桥梁中得到应用。日本是一个典型的海洋大气环境的国家,日本研制的含镍 3% 的耐候桥梁钢,在海洋大气环境中生成的锈层可以有效抑制氯离子向锈层内部的渗透,提高了钢在海洋大气环境中的耐腐蚀性能。随着国外耐候钢的广泛使用,中国对钢桥耐腐蚀开始重视,《桥梁用结构钢》(GB/T 714—2015)中出了 Q345qNH 到 Q550qNH 共 6 种牌号的耐候钢。

除以上特性外,钢材的高性能还体现为耐火性、纵向可变厚等其他特性。高性能钢材的应用将直接影响到钢桥的设计理念。

1.2.2 设计理论的发展

钢桥的发展历程中出现过各种工程事故,典型的工程事故促使工程师不断地探求事故背后的原因,也不断地推动着设计理论的完善与发展。

钢桥因材料强度高,构件往往比较细长,组成构件的板件也比较纤薄,在强度破坏前容易发生整体失稳或局部失稳。起初人们对钢结构稳定问题认识不足,导致多次出现钢桥失稳倒塌的事故。例如,1875 年,俄罗斯的克夫达敞开式桥(Kebfa Bridge),因上弦杆受压失稳而引起全桥倒塌;1907 年,加拿大的魁北克桥(Quebec Bridge)在架设过程中,由于悬臂段下弦杆的失稳而导致悬臂跨坠入河中,当时桥上工作的 86 人中只有 11 人幸免于难。失稳事故的发生促使人们对构件、板件的稳定问题进行深入研究,并形成了较为成熟的钢结构稳定设计理论。

随着焊接结构的大量应用、桥梁用钢强度等级的提高和钢板厚度的增加,钢桥低温断裂的事故时有发生。1938 年 3 月,比利时哈瑟尔特桥(Hasselt Bridge)在交付使用一年后,突然断裂为三段坠入阿尔贝特运河。该桥钢板最大厚度为 56mm,节点板为钢铸件,当时桥面荷载很小,环境温度为 -20℃。钢桥低温脆断事故的发生,使得工程师们逐渐认识到低温、焊接缺陷、钢板厚度过大、应力状态复杂等不利因素容易导致钢桥的脆性断裂。防止钢桥在低温环境下发生脆性断裂的设计方法与理论也不断完善和发展。

反复荷载作用于钢桥或其复杂多样的连接构造上,使钢桥的疲劳问题尤为突出。正交异性钢桥面板直接承受车轮荷载的反复作用,加上其构造复杂、焊缝众多、应力集中现象严重,极易产生疲劳裂纹。例如,英国1966年建成的塞汶桥,在1971年发现了正交异性钢桥面板的疲劳裂纹;德国的哈塞尔桥(Haseltal Bridge)和辛塔尔桥(Sinntal Bridge)桥分别于1960年和1968年投入使用后不久,钢桥面板出现疲劳裂纹。自20世纪70年代起,世界各国投入了大量精力进行正交异性钢桥面板疲劳机理研究和抗疲劳设计研究,相关研究成果已应用到钢桥设计中。

随着钢桥向特大跨方向发展,结构柔性更加凸显,非线性和大挠度理论、抗风理论、抗震理论及振动控制理论等设计理论逐步形成并不断发展,使钢桥的设计水平得到了极大的提高。

1.2.3 连接技术的发展

钢(铁)桥连接工艺最早采用的是与木结构相似的榫卯连接,随后出现了螺栓连接和铆钉连接,现代钢桥多采用焊接连接和高强度螺栓连接。

螺栓连接与铸铁结构同时于18世纪出现,对工业革命起到了巨大推动作用。由于螺栓连接紧密性差,滑移大,维护费用高,从19世纪20年代开始,随着锻铁结构的应用,螺栓连接逐渐被铆钉连接所取代。在此后近100年间,铆钉连接成为钢(铁)桥中最主要的连接方法。1846—1850年在英国威尔士修建的不列颠尼亚桥,是锻铁结构与铆钉连接技术应用的典型代表。这座桥的箱管梁由锻铁型板和角铁经铆钉连接而成。

古代焊接技术长期停留在铸焊、锻焊和钎焊的水平上,使用的热源都是炉火,温度低、热量不集中,难以应用到钢桥的连接中。19世纪下半叶,现代焊接技术开始出现,随着电弧焊、气体保护焊、电阻焊等焊接技术的逐渐发展和成熟,焊接技术成为钢桥的主要连接方法之一。

高强度螺栓连接是20世纪发展起来的钢结构连接技术。美国是最早开始研究高强度螺栓连接的国家,20世纪50年代起,德国、日本等国相继开始研发,并分别制定了本国的高强度螺栓标准。由于高强度螺栓连接在刚度、疲劳强度、施工等方面的优点,20世纪60年代以后逐渐取代铆钉连接,成为一种主要的现场连接手段。美国首次应用高强度螺栓连接是在金门大桥的加固中。日本首次使用高强度螺栓连接是在1954年某铁路桥建造时,随后在铁路桥上大量使用。我国铁路钢桥自20世纪60年代初期开始用高强度螺栓连接代替铆钉连接,至今已有60年的历史。焊接连接技术与高强度螺栓连接技术的成熟与应用极大地推动了钢桥的发展,目前的钢桥已普遍采用这两种连接技术。

思考题

1. 与混凝土桥相比,钢桥具有哪些特点?
2. 结合实桥案例对钢桥的适用性进行分析。
3. 铸铁、锻铁和钢这三种材料的力学性能有什么区别?简述铁桥和钢桥的历史与发展。
4. 钢材的"高性能"体现在哪些方面?高性能钢材未来会如何影响钢桥的发展?

5. 为什么钢桥的稳定和疲劳问题更突出？混凝土桥存在稳定或疲劳问题吗？
6. 推动钢桥发展的因素有哪些？是如何推动的？
7. 结合钢桥发展历史，简述目前我国钢桥建设中存在的和急需解决的问题。

参 考 文 献

［1］ Sukhen Chatterjee. The design of modern steel bridges［M］. Blackwell Scientific Publications Ltd.，1991.
［2］ 刘永健,刘士林.现代木结构桥梁［M］.北京:人民交通出版社,2012.
［3］ 万明坤,项海帆,秦顺全,等.桥梁漫笔［M］.北京:中国铁道出版社,2015.
［4］ 王应良,高宗余.欧美桥梁设计思想［M］.北京:中国铁道出版社,2008.
［5］ 伊藤学,川田忠树.超长大桥梁建设的序幕:技术者的新挑战［M］.刘健新,和丕壮,译.北京:人民交通出版社,2002.
［6］ 滕佳俊,沈平.现代桥梁建筑设计［M］.北京:人民交通出版社,2008.
［7］ 《中国公路学报》编辑部.中国桥梁工程学术研究综述·2014［J］.中国公路学报,2014,27(5).
［8］ http://Wikipedia.org/
［9］ https://structurae.net/

第 2 章
钢桥设计总论

2.1 设 计 方 法

　　桥梁结构设计是在路线与桥位选定之后,选择桥梁的孔跨布置、结构体系、构件尺寸、截面形式和材料,保证结构在规定的时间内,在自重、车辆荷载、环境因素等作用下具有足够的可靠性,以完成全部预定功能。然而,桥梁的设计计算所采用的作用标准值和结构实际承受的作用之间、材料力学性能设计值和实际值之间、构件的计算截面和实际尺寸之间、计算所得效应与实际效应之间都存在一定的差异。为了保证结构安全,在设计计算时应该使结构具有一定的安全度或安全储备。

　　钢桥的安全储备与钢桥设计方法有关。随着生产实践经验的积累和科学研究的不断深入,钢桥的设计方法也在不断地完善和发展。自 19 世纪 50 年代以来,钢桥设计方法经历了从容许应力设计法到以概率理论为基础的极限状态设计法的演变过程。容许应力设计法形式简单,目前我国《铁路桥梁钢结构设计规范》(TB 10091—2017)采用该方法进行铁路钢桥的设计计算;而公路钢桥的设计已由《公路桥涵钢结构及木结构设计规范》(JTJ 025—86)中的容许应力设计法发展为《公路钢结构桥梁设计规范》(JTG D64—2015)中的以概率理论为基础、以分项系数表达的极限状态设计法。

2.1.1 容许应力设计法

以弹性理论为基础的容许应力设计法,要求在规定的荷载标准值作用下,按弹性理论计算得到的构件截面任一点的应力不应大于规定的容许应力,而容许应力由材料强度除以综合安全系数得到。容许应力法的一般表达式为

$$\sigma = \frac{\sum N_i}{S} \leqslant \gamma \frac{f_y(\text{或}f_u)}{K} = \gamma[\sigma] \tag{2-1}$$

式中:N_i——根据荷载标准值求得的内力;
$\quad\quad f_y$——钢材的屈服强度;
$\quad\quad f_u$——钢材的抗拉强度;
$\quad\quad S$——构件截面的几何特性;
$\quad\quad K$——综合安全系数,$K = K_1 \cdot K_2 \cdot K_3$;
$\quad\quad K_1$——荷载系数;
$\quad\quad K_2$——材料系数;
$\quad\quad K_3$——调整系数,一般结构取 $K_3 = 1$;
$\quad\quad \gamma$——不同荷载组合的容许应力提高系数;
$\quad\quad [\sigma]$——钢材的基本容许应力。

1)荷载系数、材料系数与调整系数

荷载系数 K_1 是考虑实际荷载可能有变动而与设计荷载存在偏差,并留有一定安全储备的系数。

材料系数 K_2 是考虑了钢材强度变异的系数。结构计算取钢材生产废品限值作为钢材的标准强度。但是钢铁厂产品质量不均匀,且产品的质量验收是采取抽样检验的方式,不可避免地存在屈服强度低于标准强度的钢材,作为正式产品供应。根据对有代表性的大、中、小钢铁厂的钢材强度统计分析结果,并考虑设计经验确定了钢材材料系数 K_2。

结构设计计算中,仅考虑单一的荷载系数和材料系数还不够完备。例如,汽车荷载所占比重较大的构件或施工条件较差的连接构造等,若都与一般构件采用同一标准设计,其安全度就显得偏低。调整系数 K_3 就是用来考虑荷载的特殊变异、结构受力状况和工作条件等特殊变异因素的系数。

荷载系数 K_1 包括了恒载超载系数和活载超载系数;恒载超载系数考虑到了钢桥的自重变异性,一般取 1.1 ~ 1.5,活载超载系数取 1.4,两者综合取值为 1.35。对于常用的低合金钢,材料系数 K_2 一般取 1.25。调整系数 K_3 一般取 1,则综合安全系数 $K = 1.35 \times 1.25 \times 1 \approx 1.7$。以 Q345 钢为例,当屈服强度 $f_y = 345\text{MPa}$ 时,则基本容许应力 $[\sigma] = f_y/K = 345/1.7 \approx 200(\text{MPa})$。

《铁路桥梁钢结构设计规范》(TB 10091—2017)中规定,对于以控轧状态(CR)交货的钢,按照对屈服强度的综合安全系数取 1.7、对抗拉强度的综合安全系数取 2.5 的原则计算钢材基本容许应力;对于以控轧控冷(热机械工艺控制 TMCP)状态或 TMCP + 回火状态交货的高强度钢,由于没有明显的屈服平台,故按照对抗拉强度的综合安全系数取 2.2 的原则确定钢材基本容许应力值,能够满足铁路桥梁的安全储备要求。

容许剪应力根据试验以及最大能量的强度理论,取基本容许应力的 $1/\sqrt{3}$。

端部承压容许应力(刨平顶紧)取基本容许应力的 1.5 倍。

当钢材承受弯曲作用时,边缘纤维较其他部位较早达到屈服强度,出现局部塑性变形,而中间纤维则处于弹性变形阶段。由于钢材的塑性变形,承载能力得到提高,相应的容许应力亦得到提高,因此弯曲容许应力取基本容许应力的1.05倍。

拉索的破坏形式为脆性破坏,危害严重,因此,综合安全系数取值较高,运营阶段不小于2.5,施工阶段不小于2.0。

2)容许应力提高系数

仅采用单一安全系数难以考虑桥梁上不同荷载出现的概率不同的情况,因此,对各种荷载组合应有不同的安全储备,采用的安全系数也应有所区别。反映在设计上,即考虑不同荷载组合的容许应力提高系数$\gamma(\geq 1)$。对于主力组合,出现概率最高,γ取1;而对于主力+附加力+特殊荷载的组合,出现概率小于主力组合,γ取大于1的数。《铁路桥梁钢结构设计规范》(TB 10091—2017)中的各外力组合容许应力提高系数见表2-1。

《铁路桥梁钢结构设计规范》(TB 10091—2017)中的容许应力提高系数　　表2-1

外力组合		容许应力提高系数
主力		1.00
主力+附加力		1.30
主力+面内次应力(或面外次应力)		1.20
主力+面内次应力+面外次应力		1.40
主力+面内次应力(或面外次应力)+制动力(或风力)		1.45
主力+地震力		1.50
钢梁安装	恒载+施工荷载	1.20
	恒载+施工荷载+风力	1.40
	恒载+施工荷载+风力+面内次应力(或面外次应力)	1.50

注:表中主力包括恒载和活载,恒载主要包括结构构件及附属设备自重等,活载主要包括列车竖向静活载、列车竖向动力作用等。附加力包括制动力或牵引力、支座摩阻力、风力、温度变化的作用等。次应力指由节点刚性在主桁杆件中引起的次应力。

容许应力法的优点是形式简单、工程设计应用方便。但由于采用单一安全系数,无法有效地反映抗力和荷载变异的独立性,致使承受不同类型荷载的结构或构件安全水平相差较大。

2.1.2　以概率理论为基础的极限状态设计法

以概率理论为基础的极限状态设计法基于可靠度理论,把荷载、抗力等参数作为随机变量,运用基于概率分析的分项系数来考虑其变异性并确定设计值,所以也称为荷载抗力分项系数设计法。我国《公路钢结构桥梁设计规范》(JTG D64—2015)、美国规范 AASHTO LRFD 和欧洲规范 Eurocode 均采用该设计方法。

1)可靠度与极限状态

结构的可靠度是对可靠性的定量描述,即结构在规定的时间内和规定的条件下,完成预定功能的概率。

对于新建结构,"规定的时间"是指设计使用年限,即在正常设计、正常施工、正常使用和正常养护条件下,结构或结构构件不需进行大修或更换,即可按其预定目的使用的年限。设计使用年限是体现结构耐久性的重要指标。当结构的使用年限超过设计使用年限后,结构的可靠度将降低。《公路钢结构桥梁设计规范》(JTG D64—2015)规定:特大桥、大桥、中桥主体结构及高速公路、一级公路、二级公路上的小桥主体结构应按不小于100年的设计使用年限进行设计。《铁路桥梁钢结构设计规范》(TB 10091—2017)规定:铁路桥梁主体结构设计使用年限应为100年。

桥梁结构可靠或失效的标志用"极限状态"来衡量。当整个结构或结构的一部分超过某一特定状态而不能满足设计规定的某一功能要求时,则此特定状态称为该功能的极限状态。《公路工程结构可靠性设计统一标准》(JTG 2120—2020)将结构的极限状态分为承载能力极限状态和正常使用极限状态两类。

承载能力极限状态指对应于结构或结构构件达到最大承载能力,或出现不适于继续承载的变形时的状态。当结构或结构构件出现下列状态之一时,应认为超过了承载能力极限状态:

①结构构件或连接因超过材料强度而破坏,或因过度变形而不适于继续承载;
②整个结构或其一部分作为刚体失去平衡;
③结构转变为机动体系;
④结构或结构构件丧失稳定;
⑤结构因局部破坏而发生连续倒塌;
⑥地基丧失承载力而破坏;
⑦结构构件或连接发生疲劳破坏。

正常使用极限状态指对应于结构或结构构件达到正常使用或耐久性能的某项规定限值的状态。当结构或结构构件出现下列状态之一时,应认为超过了正常使用极限状态:

①影响正常使用或外观的变形;
②影响正常使用或耐久性的局部损坏;
③影响正常使用的振动;
④影响正常使用的其他特定状态。

桥梁结构的可靠度受到各种作用效应、材料性能、结构几何参数、计算模式准确程度等诸多因素的影响。在进行可靠度分析和设计时,应针对结构所要求的各种功能,把这些有关因素作为基本变量 $X_1, X_2, \cdots, X_n$ 来考虑,形成结构功能函数 $Z = g(X_1, X_2, \cdots, X_n)$。

对于所有结构,这些因素可以分为对立的两类,即作用效应 S 和结构抗力 R。

作用是指使结构产生内力、变形或应力、应变的原因,分为直接作用和间接作用两种。直接作用(也称荷载)指施加在结构上的集中力或分布力,如汽车、人群、结构自重等,间接作用是指引起结构外加变形或约束变形的原因,如地震、基础不均匀沉降、温度变化等。

作用效应是指由作用引起的结构或结构构件的反应,如结构产生的内力(如轴力、弯矩、剪力等)、变形(如挠度、转角等)或应力、应变等。

结构抗力是指结构或结构构件承受作用效应的能力,如构件的承载能力、结构刚度或材料的强度等,它是结构体系、材料性能和构件几何参数等的函数。

若将结构功能函数中作用效应方面的基本变量组合成综合作用效应 S,抗力方面的变量组合成综合抗力 R,则结构的功能函数为 $Z = R - S$。如果对功能函数作一次观测,可能出现如下3种情况(图2-1):

$Z = R - S > 0$,结构处于可靠状态;
$Z = R - S < 0$,结构已失效或破坏;

$Z = R - S = 0$,结构处于极限状态。

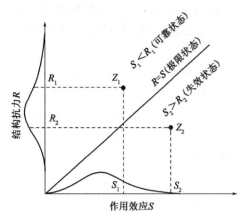

图 2-1 结构所处的状态

图 2-1 中的 $R = S$ 直线表示结构处于极限状态。图中位于直线上方的区域表示结构可靠,此时 $S_1 < R_1$;位于直线下方的区域表示结构失效,此时 $S_2 > R_2$。

结构可靠性设计的目的就是使结构处于可靠状态。用功能函数表示为:$Z = g(S,R) = R - S \geq 0$。

2)结构的失效概率与可靠指标

作用效应 S 和结构抗力 R 都可理解为随机变量,因此,结构是否满足功能要求的事件也是随机的。一般把结构不满足功能要求这一事件的概率称为结构失效概率,记为 P_f;把结构满足功能要求的概率称为结构可靠概率,记为 P_r;这两者互补,即 $P_f + P_r = 1$。

结构的极限状态可用极限状态方程式(2-2)来描述,它是判断结构是否失效和进行可靠度分析的重要依据。

$$Z = g(S,R) = R - S = 0 \tag{2-2}$$

为方便说明问题,设 R 和 S 都服从正态分布,且其平均值和标准差分别为 m_R、m_S 和 σ_R、σ_S,则两者的差值 Z 也是正态随机变量,并具有平均值 $m_Z = m_R - m_S$,标准差 $\sigma_Z = \sqrt{\sigma_R^2 + \sigma_S^2}$。$Z$ 的概率密度函数为

$$f_Z(z) = \frac{1}{\sqrt{2\pi}\sigma_Z}\exp\left[-\frac{1}{2}\left(\frac{z-m_Z}{\sigma_Z}\right)^2\right] \quad (-\infty < z < \infty) \tag{2-3}$$

其分布如图 2-2 所示。结构的失效概率 P_f 就是图 2-2a)中阴影面积 $P(Z < 0)$,用公式表示为

$$P_f = P(Z < 0) = \int_{-\infty}^{0} \frac{1}{\sqrt{2\pi}\sigma_Z}\exp\left[-\frac{1}{2}\left(\frac{z-m_Z}{\sigma_Z}\right)^2\right]dz \tag{2-4}$$

现将 Z 的正态分布 $N(m_Z,\sigma_Z)$ 转换为标准正态分布 $N(0,1)$,引入标准化变量 t($m_t = 0$,$\sigma_t = 1$),如图 2-2b)所示,现取

$$t = \frac{z - m_Z}{\sigma_Z},\ dz = \sigma_Z dt \tag{2-5}$$

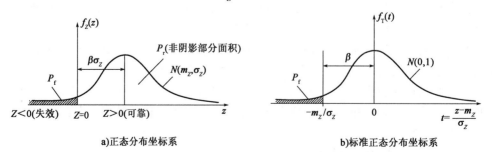

a)正态分布坐标系　　　　　　　　b)标准正态分布坐标系

图 2-2 正态分布坐标系和标准正态分布坐标系

当 $z\to -\infty$ 时,$t\to -\infty$;当 $z=0$ 时,$t=-m_Z/\sigma_Z$。

将以上结果代入式(2-4)后得到

$$P_f = \int_{-\infty}^{-\frac{m_Z}{\sigma_Z}} \frac{1}{\sqrt{2\pi}} \exp\left(-\frac{t^2}{2}\right) dt = 1 - \Phi\left(\frac{m_Z}{\sigma_Z}\right) = \Phi\left(-\frac{m_Z}{\sigma_Z}\right) \quad (2-6)$$

式中:$\Phi(\ )$——标准化正态分布函数。

现引入符号 β,并令

$$\beta = \frac{m_Z}{\sigma_Z} \quad (2-7)$$

由式(2-6)可得到

$$P_f = \Phi(-\beta) \quad (2-8)$$

式中:β——无量纲系数,称为结构可靠指标。

式(2-8)反映了失效概率与可靠指标之间的关系。由 $P_f + P_r = 1$ 还可导出可靠指标 β 与可靠概率 P_r 的一一对应关系为

$$P_r = 1 - P_f = 1 - \Phi(-\beta) = \Phi(\beta) \quad (2-9)$$

式中,结构可靠指标 β 的表达式为

$$\beta = \frac{m_R - m_S}{\sqrt{\sigma_R^2 + \sigma_S^2}} \quad (2-10)$$

根据《公路工程结构可靠度设计统一标准》(JTG 2120—2020)的规定,按持久状况进行承载能力极限状态设计时,公路桥梁结构构件的目标可靠指标不应小于表2-2的规定。

公路桥梁结构的承载能力极限状态目标可靠指标　　　　表2-2

构件破坏类型	结构安全等级		
	一级	二级	三级
延性破坏	4.7	4.2	3.7
脆性破坏	5.2	4.7	4.2

注:公路桥涵结构的整体倾覆破坏模式应具有不低于脆性破坏的可靠指标。

3)极限状态设计法的表达形式

从理论上讲,只要已知抗力及作用效应的有关条件参数,即可按指定的可靠指标进行设计计算或进行可靠度校核,但是,β 的计算过程十分复杂,直接按表2-2的目标可靠指标来进行设计很不方便。《公路钢结构桥梁设计规范》(JTG D64—2015)采用基于近似概率极限状态设计法的实用设计计算方法,是在以近似概率理论确定可靠指标 β 后,采用分离系数的方法求得各作用分项系数和抗力分项系数(分项系数是以概率计算得到的系数,已包括随机变量的平均值和离散性,不同于传统的安全系数),方便了实际使用。这样,设计人员不必计算可靠指标 β 值,而只要采用结构上作用组合的效应设计值及结构或结构构件的抗力设计值、按实用设计表达式对结构及构件进行设计计算,则认为设计的结构或构件所隐含的 β 值满足规定的目标可靠指标。极限状态设计法的实用设计表达式如下。

(1)承载能力极限状态计算表达式

桥梁承载能力极限状态的计算要求作用最不利组合(基本组合)的效应设计值小于或等于结构抗力的设计值。采用的极限状态设计表达式为

$$\gamma_0 S_d \leqslant R_d \tag{2-11}$$

$$R_d = R\left(\frac{f_k}{\gamma_R}, a_d\right) \tag{2-12}$$

式中：γ_0——结构重要性系数，按结构设计安全等级采用，对应于设计安全等级一级、二级和三级分别取 1.1、1.0 和 0.9；

S_d——作用组合的效应(如轴力、弯矩或表示几个轴力、弯矩的向量)设计值；

R_d——结构或结构构件的抗力设计值；

f_k——材料性能的标准值；

γ_R——材料抗力分项系数；

a_d——几何参数设计值，可采用几何参数标准值 a_k，即设计文件规定值。

(2)正常使用极限状态计算表达式

桥梁正常使用极限状态的计算要求采用标准组合、频遇组合或准永久组合对结构或结构构件的变形、裂缝等进行计算，并使各项计算值不超过规范规定的限值。采用的极限状态设计表达式为

$$S_d \leqslant C \tag{2-13}$$

式中：S_d——作用组合的效应(如变形、裂缝等)设计值；

C——规范对变形、裂缝等规定的相应限值。

4)分项系数

公路钢桥设计采用的作用分项系数详见 2.3.2 节，以下介绍材料抗力分项系数及材料强度的取值。

《公路钢结构桥梁设计规范》(JTG D64—2015)中钢材抗拉、抗压和抗弯强度设计值 f_d 以钢材的屈服强度 f_y 为基础除以材料抗力分项系数并取 5 的整数倍而得，材料抗力分项系数取 $\gamma_R = 1.25$。钢材抗剪强度设计值以 f_d 为基础，$f_{vd} = f_d/\sqrt{3}$。钢材端面承压(刨平顶紧)设计值以抗拉强度最小值 f_u 为基础，抗力分项系数取 $\gamma_R = 1.322$。例如，对于屈服强度 $f_y = 345$MPa、抗拉强度 $f_u = 470$MPa 的 Q345 钢，其抗拉、抗压和抗弯强度设计值 $f_d = 345/1.25 \approx 275$(MPa)，抗剪强度设计值 $f_{vd} = (345/\sqrt{3})/1.25 \approx 160$(MPa)，端面承压(刨平顶紧)设计值 $f_{cd} = 470/1.322 \approx 355$(MPa)。

斜拉桥和悬索桥的缆索系统采用的钢丝、钢绞线无明显的屈服点，其强度设计值应按其抗拉强度标准值除以材料抗力分项系数 γ_R 得出。《公路斜拉桥设计细则》(JTG/T D65-01—2007)中规定，无论是钢丝或钢绞线，用作拉索时其安全系数取为 2.5。该安全系数是按容许应力法确定的综合安全系数 K，除以荷载系数 K_l(= 1.35)后，换算为材料抗力分项系数 $\gamma_R = 1.85$。如抗拉强度标准值 $f_k = 1770$MPa 的高强钢丝，其抗拉强度设计值 $f_d = 1770/1.85 \approx 955$(MPa)。根据《公路悬索桥设计规范》(JTG/T D65-05—2015)，悬索桥主缆的材料抗力分项系数 $\gamma_R = 1.85$，其安全系数与斜拉桥拉索相同。

当高强度钢丝、钢丝绳用作悬索桥吊索时，由于存在一定疲劳及弯折问题，其安全系数应高于主缆。《公路悬索桥设计规范》(JTG/T D65-05—2015)中规定，无论是镀锌高强钢丝还是钢丝绳，用作销接式吊索时，材料抗力分项系数 $\gamma_R = 2.20$；钢丝绳用作骑跨式吊索时，由于存在弯折问题，其材料抗力分项系数 γ_R 提高至 2.95。

2.2 结构体系与选材

2.2.1 结构体系

按竖向承重结构受弯、受压和受拉的受力特点,桥梁结构体系可以分为梁桥体系、拱桥体系和缆索承重桥梁体系。其中,缆索承重桥梁体系又可以分为斜拉桥体系和悬索桥体系。除以上桥梁体系外,还有不同体系组合形成的组合体系桥梁。

1)梁桥体系

梁桥以受弯为主的梁作为承重构件。荷载作用方向一般与主梁的轴线垂直,主梁产生竖向弯曲变形,截面中性轴一侧受拉、一侧受压,如图 2-3 所示。在偏载作用下会产生扭矩,引起主梁扭转变形。梁桥的荷载传递路径一般为:桥面系(主梁)→墩台→基础。

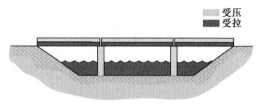

图 2-3 梁式桥受力模式

钢梁桥的截面形式可分为实腹式截面和桁架式截面。实腹式截面钢梁桥主要包括钢板梁桥和钢箱梁桥[图 2-4c)],主要由上翼缘(顶板)和下翼缘(底板)承担弯矩,由腹板承担剪力。其中,钢板梁桥又可分为轧制钢板梁桥[图 2-4a)]和焊接钢板梁桥[图 2-4b)];桁架式截面钢梁桥主要为钢桁梁桥,主要由上、下弦杆承担弯矩,由腹杆承担剪力。钢桁梁的各杆件主要承受轴力作用,在正弯矩作用下,上弦杆轴向受压,下弦杆轴向受拉,如图 2-4d)所示。

a)轧制钢板梁桥

b)焊接钢板梁桥

c)钢箱梁桥

d)钢桁梁桥

图 2-4 钢梁桥

钢板梁适用于中、小跨径桥梁,跨度一般不超过125m,其中,轧制钢板梁桥由于截面尺寸的限制跨径一般不超过30m。钢箱梁和钢桁梁适用于中等跨度和大跨度桥梁,钢箱梁桥的经济跨径范围为40~300m,钢桁梁桥的经济跨径范围为60~280m。

2) 拱桥体系

拱桥的主要承重构件是拱肋。传统推力拱桥在竖向荷载作用下拱座承受水平推力,其作用于拱脚的反力在拱肋产生弯矩,基本可以与竖向荷载产生的弯矩相互抵消,从而使拱肋主要承受压力[图2-5a)]。在地基条件不适合修建推力拱桥的情况下,可通过设置系杆来承担水平推力,形成系杆拱桥,系杆承受轴向拉力,拱肋主要承受压力[图2-5b)]。与同等跨径的梁桥相比,拱桥的弯矩、剪力和变形要小得多。拱桥的荷载传递路径一般为:桥面系→吊杆或立柱→拱肋→拱座或系杆(系杆拱)→墩台→基础。

已建成的钢拱桥的跨径范围为60~550m,跨径300m以上时用钢桁拱桥更经济。

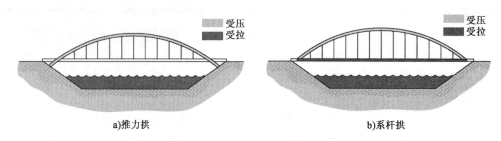

图2-5 拱桥受力模式

3) 斜拉桥体系

斜拉桥是将斜拉索两端分别锚固在塔和梁上,形成塔、梁、索共同承载的结构体系。受拉的斜拉索对主梁提供多点弹性支承,并将主梁承受的部分荷载传递至塔柱。无论是施工阶段还是成桥运营阶段均可以通过索力调整,使索塔和主梁处于合理的受力状态。主梁不仅直接承受车辆荷载的作用,还承受斜拉索的水平分力,在拉索支承范围内表现为压弯受力状态,在拉索支承范围外则主要承受弯矩作用。索塔除了承受自重引起的轴力外,还要承受斜拉索传递的竖向分力和水平分力。斜拉索的不平衡水平分力使索塔受弯,因此,索塔属于以受压为主的压弯构件。斜拉桥的受力模式如图2-6所示。斜拉桥的荷载传递路径一般为:主梁→斜拉索→索塔→墩台→基础。

斜拉桥适用的跨径范围很广,跨径在400~600m时,主梁采用钢-混凝土组合梁较为经济;主跨超过600m时,钢桁梁和钢箱梁均可作为主梁。

4) 悬索桥体系

悬索桥是以悬挂于索塔顶并锚固于锚碇的主缆作为主要承重构件的桥梁。在竖向荷载作用下,加劲梁通过吊索将荷载传递到主缆上,主缆承受很大的拉力,通过索塔和锚碇将荷载传递至基础(图2-7)。主缆也可以直接锚固在加劲梁上,形成自锚式悬索体系。悬索桥的荷载传递路径一般为:加劲梁→吊索→主缆→索塔和锚碇(或加劲梁)→基础。

当跨径大于900m时,悬索桥的经济性逐渐超越斜拉桥。

5) 组合体系桥梁

为了充分发挥各结构体系的优势,可对两种或两种以上基本体系桥梁进行组合,形成组合体系桥梁(图2-8),其受力特点继承了基本体系的受力特点。

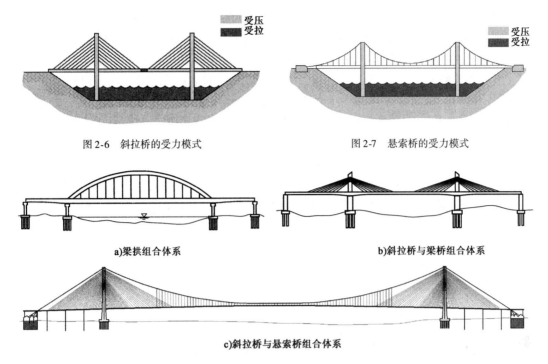

图2-6 斜拉桥的受力模式 图2-7 悬索桥的受力模式

a)梁拱组合体系 b)斜拉桥与梁桥组合体系

c)斜拉桥与悬索桥组合体系

图2-8 组合体系桥梁

梁拱组合体系[图2-8a)]充分发挥了拱桥和梁桥的结构特点。拱结构以受压为主,材料利用率高且刚度较大;梁结构既可以作为系梁平衡拱的水平推力,又可以直接承担汽车荷载。将两者结合起来,形成梁拱组合体系,构件受力以拉、压为主,刚度较大,材料利用率高。

矮塔斜拉桥[图2-8b)]是一种斜拉桥与梁桥的组合体系。当连续梁跨径增加时,需增加梁高,使材料用量增加。若采用辅助的索塔与主梁在墩顶固结,用斜拉索来承担部分竖向荷载,并给主梁提供预压应力,则可以减小主梁尺寸,经济性更好,同时具有较好的景观效果。斜拉索类似于体外预应力,而索塔则类似于转向块,因而矮塔斜拉桥在受力上类似于体外预应力连续梁桥。

斜拉-悬索组合体系[图2-8c)]是斜拉桥体系与悬索桥体系互相协作的一种结构体系,在结构的不同部分仍然呈现出相应斜拉桥和悬索桥的受力特点。与悬索桥相比,可以减小锚碇规模,提高体系刚度和抗风性能。与斜拉桥相比,可以减小索塔高度、主梁轴力,减小施工最大悬臂,增加抗风稳定性。

组合体系中需要处理的重点是如何实现不同体系的"有机结合",即在不同体系的交界区,因受力性能具有一定的特殊性,需通过构造措施保证传力合理和可靠。

6)关于桥梁结构体系的其他要求

桥梁结构体系除了桥型的选择之外,还需要考虑桥梁的分联长度、支座布置方式、桥梁内部约束和各部件之间的刚度分配等问题。

桥梁的分联长度主要根据上部结构在整体温度作用下的变形大小来确定,并综合考虑伸缩缝数量、伸缩装置类型、行车舒适性等因素。分联长度较小时,伸缩缝宽度小,伸缩装置构造简单,但伸缩缝数量较多,影响行车舒适性;分联长度较大时,伸缩缝数量少,但伸缩缝宽度大,伸缩装置构造复杂。因为钢材的导热系数及线膨胀系数均较混凝土材料大,所以钢桥在温度作用下的变形量更大,其合理的分联长度也不同于混凝土桥,需要通过计算确定。

支座的布置方式对桥梁结构体系的内力和变形影响很大。根据桥型的不同,支座在纵、横桥向的布置方式也不同。对于装配式中、小跨径梁桥,通常选用板式橡胶支座;对于采用盆式橡胶支座的中等跨径梁桥,一般在每一联的一个中间墩上设置一个固定支座,在横桥向与该固定支座同一列的支座均为单向(横桥向)活动支座,在顺桥向与该固定支座同一列的支座也为单向(顺桥向)活动支座,其他支座均为双向活动支座,如图2-9所示;对于坡桥,宜将固定支座布置在高程低的墩台上;对于斜桥,应使支座位移的方向平行于行车道中心线;对于弯桥,可根据结构朝一固定点沿径向位移或结构沿曲线半径的切线方向定向位移的概念确定支座布置;对于斜拉桥或悬索桥,通常不设固定支座,而通过阻尼限位装置来约束主梁(加劲梁)的纵桥向位移,并通过在索塔处设置横向支座来限制主梁(加劲梁)的横桥向位移。

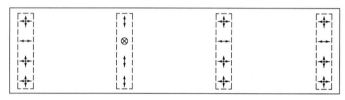

图2-9 连续梁桥支座布置示意

结构体系内部约束是指构件之间的相互约束关系。体系内部约束对构件受力状态、结构体系刚度、动力特性等均有影响。以大跨径斜拉桥中的塔梁连接形式为例:地震与温度作用效应较大时宜采用塔梁分离的飘浮体系以减小索塔和主梁的内力;为了提高多塔(三塔及以上)斜拉桥的体系刚度,可将中间塔柱与主梁固结。

桥梁的结构体系刚度及各构件的受力状态与构件间的刚度分配密切相关。通过各构件刚度的合理搭配,可使结构内力更合理。例如,梁拱组合体系中的强梁弱拱和强拱弱梁、常规斜拉桥和矮塔斜拉桥等,都是通过不同构件刚度的配置来提高桥梁力学性能和经济性的示例。

2.2.2 桥梁用钢

桥梁相比其他结构,需要承受较大的活荷载,并且长期暴露于自然环境之中,受气候、温度的影响较大。因此,钢桥需要根据桥梁本身的特点合理地选用钢材。

1)桥梁用钢材类型

钢材可按不同的条件进行分类。按应用对象不同,可分为普通钢筋、预应力钢筋等混凝土构件用钢,主缆索股、斜拉索、吊索的高强钢丝及钢丝绳用钢,桥梁钢索塔、钢梁等主体结构用钢。按工作环境和所承受的荷载不同,钢桥结构用钢可以分为铁路桥梁用钢、公路桥梁用钢及跨海大桥用钢。按化学成分,钢材可分为碳素钢和合金钢,其中碳素钢又可按含碳量分为低碳钢($C \leqslant 0.25\%$)、中碳钢($0.25\% < C \leqslant 0.6\%$)、高碳钢($C > 0.6\%$);合金钢又可按合金元素的含量分为低合金钢(总含量$\leqslant 5\%$)、中合金钢($5\% <$ 总含量$\leqslant 10\%$)、高合金钢(总含量$> 10\%$)。

桥梁所用钢材应严格执行《桥梁用结构钢》(GB/T 714—2015)、《低合金高强度结构钢》(GB/T 1591—2018)和《碳素结构钢》(GB/T 700—2006)等的规定。

《桥梁用结构钢》(GB/T 714—2015)中的钢材牌号由代表屈服强度的汉语拼音字母、屈

服强度数值、"桥"字的汉语拼音字母、质量等级符号等部分组成。例如,Q345qD,其中:

Q——钢材屈服强度中"屈"字汉语拼音的首字母;

345——屈服强度数值,单位为MPa;

q——"桥"字汉语拼音的首字母;

D——质量等级为D级。

桥梁用结构钢的质量高低主要是按冲击韧性的要求区分的。《桥梁用结构钢》(GB/T 714—2015)将桥梁用结构钢分为C、D、E、F四种质量等级,表示质量级别由低到高。各牌号钢材的力学性能见表2-3。

桥梁用结构钢的力学性能(GB/T 714—2015) 表2-3

牌号	质量等级	拉伸试验					冲击试验	
		屈服强度(MPa)			抗拉强度(MPa)	断后伸长率(%)	温度(℃)	冲击韧性(J)
		厚度≤50mm	50mm<厚度≤100mm	100mm<厚度≤150mm				
		不小于						不小于
Q345q	C	345	335	305	490	20	0	120
	D						−20	
	E						−40	
Q370q	C	370	360	—	510	20	0	120
	D						−20	
	E						−40	
Q420q	D	420	410	—	540	19	−20	120
	E						−40	
	F						−60	47
Q460q	D	460	450	—	570	18	−20	120
	E						−40	
	F						−60	47
Q500q	D	500	480	—	630	18	−20	120
	E						−40	
	F						−60	47
Q550q	D	550	530	—	660	16	−20	120
	E						−40	
	F						−60	47
Q620q	D	620	580	—	720	15	−20	120
	E						−40	
	F						−60	47
Q690q	D	690	650	—	770	14	−20	120
	E						−40	
	F						−60	47

为便于与国际钢材规范接轨,《低合金高强度结构钢》(GB/T 1591—2018)用 Q355 牌号钢替代了 Q345 牌号钢。

钢材的厚度方向(通称 Z 向)性能是指钢材沿厚度方向拉伸时抗层状撕裂的性能(通常称为 Z 向性能),以硫元素含量的高低进行控制(表 2-4),并采用厚度方向拉伸试验的断面收缩率来评定。表中的 Z15、Z25、Z35 表示钢材厚度方向性能级别,其数值为沿厚度方向拉伸时断面收缩率的平均值。当设计要求钢材厚度方向性能时,则在上述规定的牌号后分别加上代表厚度方向性能级别的符号,如 Q345qDZ15,表示屈服强度为 345MPa,质量等级为 D 级,厚度方向断面收缩率平均值为 15% 的钢材。

不同厚度方向性能级别的硫含量　　　　　　表 2-4

厚度方向性能级别	Z15	Z25	Z35
硫含量(%)	≤0.010	≤0.007	≤0.005

2)钢材基本力学性能指标

钢材单向均匀拉力作用下的力学性能通过钢材拉伸试验进行测试,试验结果可采用试件拉伸应力-应变关系曲线说明。可以将钢材的应力-应变曲线分为两大类,即有明显流幅(图 2-10)和没有明显流幅(图 2-11)的应力-应变曲线。

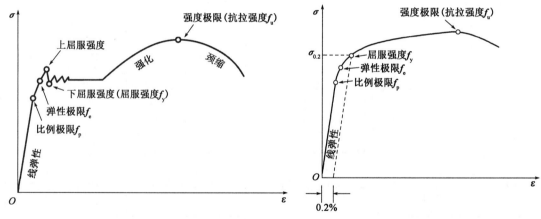

图 2-10　有明显流幅的钢材应力-应变曲线　　　　图 2-11　无明显流幅的钢材应力-应变曲线

有流幅的钢材通过拉伸试验可以得到钢材的屈服强度 f_y、抗拉强度 f_u 和伸长率 δ 三项基本性能指标。由于钢材的弹性极限 f_e 与屈服强度 f_y 的值非常接近,因而常把屈服强度 f_y 作为钢材单向均匀受力时弹性与塑性工作的分界点。在钢桥设计中,通常把钢材应力达到屈服强度 f_y 作为结构达到承载能力极限状态的标志之一,使钢材工作应力不超过屈服强度 f_y。钢材的抗拉强度 f_u 是钢材抗破断能力的极限。钢材屈服强度 f_y 与抗拉强度 f_u 的比值 f_y/f_u 称为屈强比,它是钢材设计强度储备的反映。屈强比 f_y/f_u 越大,强度储备越小,安全性越低;而屈强比 f_y/f_u 过小,钢材强度的利用率低、不经济。因此,应要求钢材具有适当的屈强比。伸长率 δ 是反映钢材塑性变形能力的一项指标。伸长率越大,表示钢材破断前产生塑性变形和吸收能量的能力越强,有利于调整结构中塑性内力重分布及减少结构脆性破坏的危险。

对于没有明显流幅的钢材,通常以产生 0.2% 残余应变时的应力值作为屈服强度(图 2-11),用 $\sigma_{0.2}$ 表示。

3)钢材冲击韧性指标

钢材冲击韧性是指钢材在冲击荷载作用下吸收机械能的一种能力,是钢材抵抗脆性断裂能力的主要指标,反映钢材抵抗低温、应力集中、多向拉应力、荷载冲击和重复疲劳等因素导致脆性断裂的能力。

钢材脆性断裂是指钢材在应力很低的情况下突然发生的断裂破坏。对于质量较差的钢材,其有害杂质元素含量过高,缺陷较为严重,发生脆性断裂的可能性也较大;厚钢板加工质量相对薄板较差,更易于发生脆性断裂;处理不当的构件构造细节会产生较大的应力集中,或使构件处于三向拉应力状态时,构件脆性增强,脆性断裂更易发生;对于焊接连接的构件,因焊接残余应力过大的影响,往往较螺栓连接更易发生脆性断裂;处于冲击荷载作用或低温工作环境的钢构件更易发生脆性断裂。因此,钢材的脆性断裂与钢材化学成分、板厚、构件的应力状态和应力水平、构造形式、连接方式、荷载形式以及工作温度均有关系。

钢材的冲击韧性通常采用有特定缺口的标准试件在试验机上进行冲击荷载试验,使构件断裂来测定(图2-12)。常用标准试件的形式有夏比"V"形缺口试件和梅式"U"形缺口试件,中国规范采用前者。V形缺口试件的冲击韧性指标用试件被冲击破坏时断面单位面积上所吸收的能量表示,其单位为J(焦耳)。

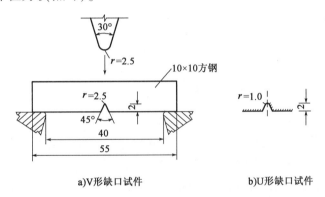

a)V形缺口试件　　　　　　b)U形缺口试件

图2-12　钢材冲击韧性试验(尺寸单位:mm)

钢材的冲击韧性随温度变化而变化。当温度降低时,钢材的冲击韧性将显著降低,脆性断裂的可能性大大增加。因此,钢桥防断裂设计时,应根据环境温度选择相应冲击韧性等级的钢材。此外,钢桥对钢材冲击韧性指标的要求还与钢板厚度、连接方式、应力水平等有关。一般情况下,钢桥设计选用厚钢板、焊接连接方式时,应提高冲击韧性等级,较高牌号钢材也要求有较高的冲击韧性指标。

在进行钢桥防断裂设计时,《公路钢结构桥梁设计规范》(JTG D64—2015)对有关牌号钢材的冲击韧性要求有:

①对于需要验算疲劳的焊接构件,当桥梁的工作温度 T 处于 $0℃ \geq T > -20℃$ 范围内时,Q235和Q345的冲击韧性应满足表2-5中质量等级C的要求,Q390和Q420的冲击韧性应满足表2-5中质量等级D的要求;当桥梁工作温度 $T \leq -20℃$ 时,Q235和Q345的冲击韧性应满足表2-5中质量等级D的要求,Q390和Q420的冲击韧性应满足表2-5中质量等级E的要求。

②对于需要验算疲劳的非焊接构件,当桥梁工作温度 $T \leq -20℃$ 时,Q235和Q345的冲击韧性应满足表2-5中质量等级C的要求,而Q390和Q420的冲击韧性应满足表2-5中质量等级D的要求。

钢材的冲击韧性 表2-5

钢材牌号	Q235		Q345		Q390		Q420	
质量等级	C	D	C	D	D	E	D	E
试验温度(℃)	0	−20	0	−20	−20	−40	−20	−40
冲击韧性(J)	27	27	34	34	34	27	34	27

《公路钢结构桥梁设计规范》(JTG D64—2015)暂未对钢板厚度限值作出直接规定。

《铁路桥梁钢结构设计规范》(TB 10091—2017)中规定,铁路钢桥焊接接头(包括焊缝金属和热影响区)根据桥址处的最低设计温度取得的冲击韧性数值不应低于表2-6的规定。

焊接接头冲击韧性 表2-6

	钢材牌号	Q345q	Q370q	Q420q	Q500q
	试验温度				
		当最低设计温度≥−10℃时,取−10℃;当−10℃>最低设计温度≥−20℃时,取−20℃;当−20℃>最低设计温度≥−30℃时,取−30℃;当−30℃>最低设计温度≥−40℃时,取−40℃			
冲击韧性(J)	整体节点的焊接接头	34	41	47	54
	散装节点垂直于应力方向的熔透对接焊、T形角、棱角焊焊接接头	34	41	47	54
	散装节点顺应力方向的未熔透的T形角焊缝、棱角焊缝	29	35	40	45

《铁路桥梁钢结构设计规范》(TB 10091—2017)除了对焊接接头在不同温度下的冲击韧性进行要求外,在条文说明中还规定了焊接构件最大使用厚度(表2-7)。以 E 级钢材顺应力和垂直应力方向均有焊缝的构件为例进行说明:对于设计拉应力水平为 100MPa 的 Q345qE 级钢,设计温度为 −20℃ 时的钢板最大使用厚度为 40mm。

顺应力和垂直应力方向均有焊缝的构件最大使用厚度 表2-7

构件序号	设计拉应力(MPa)（按毛截面计算）			钢材质量等级	最低设计温度(℃)										
	钢材牌号				0	−5	−10	−15	−20	−25	−30	−35	−40	−45	−50
	Q345q	Q370q	Q420q		使用的钢板的最大厚度(mm)										
1	—	105	105	E	50	50	50	50	50	50	50	50	50	50	50
	100	—	—	E	40	40	40	40	40	40	40	40	40	40	40
2	—	140	135	E	50	50	50	50	50	50	50	50	50	44	36
	135	—	—	E	40	40	40	40	40	40	40	40	40	40	36
3	—	175	190	E	50	50	50	50	50	50	46	38	32	25	20
	165	—	—	E	40	40	40	40	40	40	40	38	32	25	20
4	—	190	210	E	50	50	50	50	50	44	36	30	24	18	14
	185	—	—	E	40	40	40	40	40	36	30	24	18	14	

续上表

构件序号	设计拉应力(MPa)(按毛截面计算)			钢材质量等级	最低设计温度(℃)										
	钢材牌号				0	-5	-10	-15	-20	-25	-30	-35	-40	-45	-50
	Q345q	Q370q	Q420q		使用的钢板的最大厚度(mm)										
5	—	210	230	E	50	50	50	48	42	36	28	22	18	14	—
	200	—	—	E	40	40	40	40	40	36	28	22	18	14	—

注：1. 表中可根据设计拉应力数值采用内插法推算出板件的最大使用厚度。
　　2. 最低设计温度为桥址处历年极端最低气温减5℃。
　　3. 经过研究和科学试验并得到批准，板厚可不受此表的限制。

4）钢材工艺性能指标

钢材工艺性能包括冷弯性能和可焊性。

(1) 钢材冷弯性能

钢材冷弯性能是衡量钢材在常温下弯曲加工产生塑性变形时对出现裂纹的抵抗能力的一项指标。如图2-13所示，用具有弯心直径 d 的冲头对标准试件中部施加荷载，使之弯曲180°，要求弯曲部位不出现裂纹或分层现象。钢材的冷弯性能取决于钢材的质量和弯心直径 d 对钢材厚度 a 的比值。

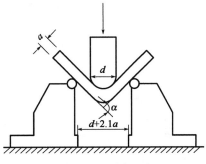

图2-13　钢材冷弯试验

钢材的冷弯试验可以检验钢材能否适应构件制作中的冷加工工艺过程，另外，通过试验还能暴露出钢材的内部冶金和轧制缺陷。由于冷弯试验时试件中部受到冲头挤压以及弯曲和剪切的复杂作用，因此冷弯性能也是反映钢材在复杂应力状态下塑性变形能力和质量的一项综合指标。

《桥梁用结构钢》(GB/T 714—2015)要求钢材的弯曲试验应符合表2-8的规定。

180°弯曲试验要求　　　　　　　　　　　　　　　　表2-8

厚度 $a \leq 16$mm	厚度 $a > 16$mm	弯曲结果
$d = 2a$	$d = 3a$	在试样外表面不应有肉眼可见的裂纹

(2) 钢材可焊性

钢材可焊性好是指在一定的工艺和构造条件下，钢材经过焊接后能够获得良好的性能，主要表现为焊接安全、可靠，不产生焊接裂缝，焊接接头和焊缝的冲击韧性以及热影响区的力学性能都不低于母材。钢材焊接性能的优劣除了与钢材的含碳量或碳当量有直接关系外，还与母材的厚度、焊接方法、焊接工艺参数以及结构形式有关。钢材的可焊性可以采用可焊性试验方法获得，也可以通过焊接接头的冷弯试验衡量。

5）耐候钢

耐候钢即耐大气腐蚀钢，是介于普通钢和不锈钢之间的低合金钢系列，由普碳钢添加少量铜、铬、镍等耐腐蚀元素而成。耐候钢在使用阶段初期与普通钢材一样产生锈蚀。随着锈蚀的发展，普通钢材的锈层膨胀变厚，随后发生剥离，从而进一步加剧锈蚀，向内部发展。而耐候钢在干燥与潮湿的环境交替变化中，钢材表面上形成由铜、铬、镍等元素浓缩后的致密且连续的安定锈层，阻碍腐蚀介质的进入，从而保护了基体，极大延缓了锈蚀在耐候钢中的发展速率。

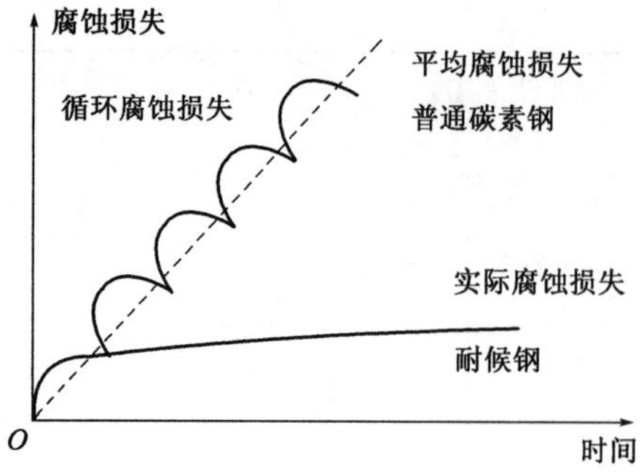

图 2-14 为普通钢与耐候钢腐蚀过程示意。

由于冶炼程序的增加,耐候钢的材料价格高于同等级普通低合金钢。但在工厂和现场减少了部件的表面处理和涂装,采用耐候钢可以有效降低钢桥运营期间的养护维修成本。因此,从桥梁的全寿命周期成本来看,耐候钢可能比普通钢更经济。

《耐候结构钢》(GB/T 4171—2008)中给出了耐候钢的牌号(表 2-9)。耐候钢的基本力学性能和冲击韧性,见表 2-10 和表 2-11。

图 2-14 普通钢与耐候钢腐蚀过程示意

耐候钢的牌号   表 2-9

类 别	牌 号	生产方式
高耐候钢	Q295GNH、Q355GNH	热轧
	Q265GNH、Q310GNH	冷轧
焊接耐候钢	Q235NH、Q295NH、Q355NH、Q415NH、Q460NH、Q500NH、Q550NH	热轧

注:NH 为耐候,GNH 为高耐候。

耐候钢的力学性能   表 2-10

牌号	下屈服强度(MPa)				抗拉强度(MPa)	伸长率(%)				180°弯曲试验弯心直径(mm)		
	≤16	16~40	40~60	>60		≤16	16~40	40~60	>60	≤6	6~16	>16
Q235NH	235	225	215	215	360~510	25	25	24	23	a	a	$2a$
Q295NH	295	285	275	255	430~560	24	24	23	22	a	$2a$	$3a$
Q295GNH	295	285	—	—	430~560	24	24	—	—	a	$2a$	$3a$
Q355NH	355	345	335	325	490~630	22	22	21	20	a	$2a$	$3a$
Q355GNH	355	345	—	—	490~630	22	22	—	—	a	$2a$	$3a$
Q415NH	415	405	395	—	520~680	22	22	20	—	a	$2a$	$3a$
Q460NH	460	450	440	—	570~730	20	20	19	—	a	$2a$	$3a$
Q500NH	500	490	480	—	600~760	18	16	15	—	a	$2a$	$3a$
Q550NH	550	540	530	—	620~780	16	16	15	—	a	$2a$	$3a$
Q265GNH	265	—	—	—	≥410	27	—	—	—	a	—	—
Q310GNH	310	—	—	—	≥450	26	—	—	—	a	—	—

耐候钢的冲击韧性   表 2-11

质量等级	V 形缺口冲击试验		
	试样方向	温度(℃)	冲击吸收能量(J)
A	纵向	—	—
B		+20	≥47
C		0	≥34
D		-20	≥34
E		-40	≥27

注:冲击试样尺寸为 10mm×10mm×55mm。

6) 钢桥选材原则

钢桥选材的原则是保证结构安全可靠,满足使用要求,节省钢材,降低造价。钢桥选材应综合考虑下列因素:

(1) 结构重要性

由于使用要求不同、结构所处部位不同,结构及其构件破坏可能产生的后果的严重性也不同,设计时应根据不同情况有区别地选用钢材,并对材质提出不同的要求。例如,《铁路桥梁钢结构设计规范》(TB 10091—2017)中规定,钢梁主体结构应采用桥梁用结构钢,桥梁辅助结构可采用碳素结构钢。

(2) 荷载性质

钢桥所承受的荷载分为静力荷载、动力荷载。对直接承受动力荷载的构件,应选择质量和韧性较好的钢材,对承受静力和间接动力荷载的构件,可采用一般质量的钢材;根据不同的荷载性质对钢材可提出不同的项目要求。

(3) 应力状态

结构的脆性断裂事故多发生在构件内部有局部缺陷(如缺口刻痕、裂纹、夹渣等)的部位。同样的缺陷下,拉应力比压应力产生的影响更大。应力水平较高的受拉构件或处于三向受拉复杂应力状态的构件,应该选用质量等级更高的钢材。

(4) 连接方法

对于焊接结构,由于在焊接过程中的不均匀加热和冷却使构件内产生焊接残余应力、残余变形以及其他焊接缺陷(如咬边、气孔、裂纹和夹渣等),可能导致结构产生裂纹和发生脆性断裂。此外,碳和硫的含量过高会严重影响钢材的焊接性能。因此,焊接结构的钢材质量等级应高于同样情况下的非焊接结构,同时应严格控制碳、硫、磷的含量。

(5) 钢材厚度

厚度大的钢材由于轧制时压缩比小,钢材中的气孔和夹渣比薄板多,存在较多缺陷,不但强度较低,冲击韧性和焊接性能也较差,并且容易产生三向残余应力。因此,厚度大的焊接结构应采用质量等级较高的钢材,并对钢板厚度方向性能作出要求。

(6) 环境温度

钢材的塑性和韧性随温度的降低而降低,低温下更容易发生脆性断裂。因此,对经常处于或可能处于低温环境下工作的钢桥,特别是焊接结构,应选择冲击韧性好的钢材,并尽量避免使用厚钢板。

2.3 作用和作用组合

2.3.1 作用分类

根据随时间的变异性和出现的可能性,通常将桥梁受到的作用分为三类,即永久作用、可变作用和偶然作用。地震作用是一种特殊的偶然作用,《公路桥涵设计通用规范》(JTG D60—2015)将其单列为一类。作用分类见表2-12。下文主要介绍公路桥梁作用和作用组合,铁路桥梁可参考《铁路桥涵设计规范》（TB 10002—2017）。

作用分类 表2-12

序　号	分　类	名　称
1	永久作用	结构重力（包括结构附加重力）
2		预加力
3		土的重力
4		土侧压力
5		混凝土收缩、徐变作用
6		水浮力
7		基础变位作用
8	可变作用	汽车荷载
9		汽车冲击力
10		汽车离心力
11		汽车引起的土侧压力
12		汽车制动力
13		人群荷载
14		疲劳荷载
15		风荷载
16		流水压力
17		冰压力
18		波浪力
19		温度（均匀温度和温度梯度）作用
20		支座摩阻力
21	偶然作用	船舶的撞击作用
22		漂流物的撞击作用
23		汽车撞击作用
24	地震作用	地震作用

桥梁上的可变作用或偶然作用是随时间变化的，所以它们的统计分析要用随机过程概率模型来描述，随机过程所选择的时间域即为基准期。因此，设计基准期是确定可变作用或偶然作用取值而选用的时间域。《公路工程结构可靠性设计统一标准》（JTG 2120—2020）规定：公路桥涵结构的设计基准期取100年。

1）永久作用

永久作用是指在设计基准期内，始终存在且其量值变化与平均值相比可忽略不计的作用，或其变化是单调的并趋于某个限值的作用。

（1）结构重力

结构重力包括结构自重及结构附加重力。桥梁的结构附加重力主要是非承重结构的重力,包括桥面铺装、人行道板、栏杆、防撞护栏、孔道或管线、声障或照明、信号系统等重量。结构重力标准值 G_k 通过常用材料的重度按式(2-14)计算:

$$G_k = \gamma V \qquad (2-14)$$

式中:G_k——结构重力标准值(kN);

γ——材料的重度(kN/m³);

V——体积(m³)。

钢桥自重的计算应考虑焊缝、螺栓、加劲肋和开孔等对自重的影响。《铁路桥涵设计规范》(TB 10002—2017)中规定:焊接桥梁焊缝、栓焊桥梁焊缝的自重取轧制钢材的1.5%,高强度螺栓按实际数量计算。

(2)预应力

对于钢-混凝土组合梁桥,为限制负弯矩区混凝土开裂,可以在桥面板布置预应力。在结构进行正常使用极限状态设计和使用阶段构件应力计算时,预应力应作为永久作用计算其主效应和次效应,并计入相应阶段的预应力损失,但不计由于预应力偏心距增大引起的附加效应。

(3)其他

对于钢桥中的混凝土构件,还应考虑混凝土收缩及徐变的作用。

下部结构计算需要考虑土的重力、土侧压力和水浮力,其计算可参照《公路桥涵设计通用规范》(JTG D60—2015)执行。

超静定结构当考虑由于地基压密等引起的长期变形影响时,应根据基础的最终位移量计算构件的效应。

2)可变作用

可变作用是指在设计基准期内其量值随时间而变化,且变化值与平均值相比不可忽略不计的作用。

(1)汽车荷载

汽车荷载不仅包括汽车自重,还包括汽车行驶过程中对桥梁产生的冲击力、离心力和制动力。

①汽车荷载的标准值。

汽车荷载由车道荷载和车辆荷载组成,可分为公路—Ⅰ级和公路—Ⅱ级两个等级。汽车荷载等级应根据桥梁所在公路的等级确定,见表2-13。其中,二级公路作为集散公路且交通量小、重型车辆少时,其桥涵的设计可采用公路—Ⅱ级汽车荷载。对交通组成中重载交通比重较大的公路桥涵,宜采用与该公路交通组成相适应的汽车荷载模式进行结构整体和局部验算。

各级公路桥涵的汽车荷载等级　　　　表2-13

公路等级	高速公路	一级公路	二级公路	三级公路	四级公路
汽车荷载等级	公路—Ⅰ级	公路—Ⅰ级	公路—Ⅰ级	公路—Ⅱ级	公路—Ⅱ级

桥梁的整体计算采用车道荷载,其计算图式如图2-15所示。公路—Ⅰ级车道荷载均布荷载标准值 $q_k = 10.5 \text{kN/m}$;集中荷载标准值 P_k 取值见表2-14,计算剪力效应时,上述集中荷载

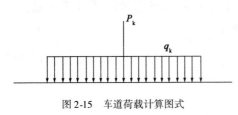

图 2-15 车道荷载计算图式

标准值应乘以系数 1.2。公路—Ⅱ级车道荷载的均布荷载标准值 q_k 和集中荷载标准值 P_k 按公路—Ⅰ级车道荷载的 0.75 倍采用。车道荷载的均布荷载标准值应满布于使结构产生最不利效应的同号影响线上;集中荷载标准值只作用于相应影响线中一个影响线峰值处。

集中荷载标准值 P_k 取值　　　　　　　　　表 2-14

计算跨径 L_0(m)	$L_0 \leqslant 5$	$5 < L_0 < 50$	$L_0 \geqslant 50$
P_k(kN)	270	$2(L_0+130)$	360

注:计算跨径 L_0,设支座的为相邻两支座中心的水平距离;不设支座的为上、下部结构相交面中心间的水平距离。

桥梁的局部加载、涵洞、桥台和挡土墙土压力等的计算采用车辆荷载,其立面、平面尺寸如图 2-16 所示,主要技术指标见表 2-15。在桥梁计算中,车道荷载与车辆荷载的作用不得叠加。

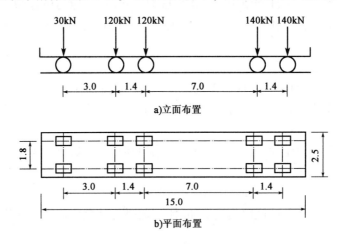

图 2-16 车辆荷载的立面及平面尺寸(尺寸单位:m)

车辆荷载的主要技术指标　　　　　　　　　表 2-15

项目	单位	技术指标	项目	单位	技术指标
车辆重力标准值	kN	550	轮距	m	1.8
前轴重力标准值	kN	30	前轮着地宽度及长度	m	0.3×0.2
中轴重力标准值	kN	2×120	中、后轮着地宽度及长度	m	0.6×0.2
后轴重力标准值	kN	2×120	车辆外形尺寸(长×宽)	m	15.0×2.5
轴距	m	3.0+1.4+7.0+1.4	—	—	—

对于多主梁结构,计算荷载横向分布系数(详见《桥梁工程》教材)时可按图 2-17 所示进行车辆的横向布置。桥涵设计车道数应符合表 2-16 的规定。

在桥梁多车道上行驶的汽车荷载,使桥梁构件的某一截面产生最大效应时,其同时处于最不利位置的可能性显然随车道数的增加而减小,而桥梁设计时各个车道上的汽车荷载都是按最不利位置布置的,因此,计算结果应根据上述可能性的大小进行折减,规范通过横向车道布载系数(表2-17)考虑。多车道布载的荷载效应不得小于两条车道布载的荷载效应。

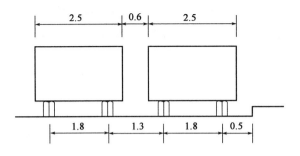

图2-17 车辆荷载横向布置(尺寸单位:m)

桥涵设计车道数 表2-16

单向行车车道宽度 W_c(m)	双向行车车道宽度 W_c(m)	设计车道数 n
$W_c<7.0$	—	1
$7.0≤W_c<10.5$	$6.0≤W_c<14.0$	2
$10.5≤W_c<14.0$	—	3
$14.0≤W_c<17.5$	$14.0≤W_c<21.0$	4
$17.5≤W_c<21.0$	—	5
$21.0≤W_c<24.5$	$21.0≤W_c<28.0$	6
$24.5≤W_c<28.0$	—	7
$28.0≤W_c<31.5$	$28.0≤W_c<35.0$	8

横向车道布载系数 表2-17

横向布载车道数	1	2	3	4	5	6	7	8
横向车道布载系数	1.20	1.00	0.78	0.67	0.60	0.55	0.52	0.50

规范规定的汽车荷载标准值是在特定的条件下确定的。例如,在汽车荷载的可靠性分析中,车队采用了自然堵塞时的车辆间距;汽车的重力也采用了重车居多的调查资料来确定。但是,在实际桥梁上通行的车辆不一定都能达到上述条件,特别是大跨径桥梁,汽车荷载应考虑纵向折减。当桥梁计算跨径大于150m时,应按表2-18规定的纵向折减系数进行折减。当为多跨连续结构时,整个结构应按最大的计算跨径考虑汽车荷载效应的纵向折减。

纵向折减系数 表2-18

计算跨径 l(m)	$150≤l<400$	$400≤l<600$	$600≤l<800$	$800≤l<1000$	$l≥1000$
纵向折减系数	0.97	0.96	0.95	0.94	0.93

②汽车荷载的冲击力。

汽车荷载的冲击力标准值为汽车荷载标准值乘以冲击系数 μ。冲击系数是汽车过桥时对桥梁产生的竖向动力效应的增大系数,可按式(2-15)计算。

$$\mu = \begin{cases} 0.05 & f < 1.5\text{Hz} \\ 0.1767\ln f - 0.0157 & 1.5\text{Hz} ≤ f ≤ 14\text{Hz} \\ 0.45 & f > 14\text{Hz} \end{cases} \quad (2\text{-}15)$$

式中:f——结构基频(Hz)。它反映了结构的尺寸、类型、建筑材料等动力特性内容,也直接反映了冲击系数与结构之间的关系。结构的基频一般采用有限元方法计算,对于常规结构,可按《公路桥涵设计通用规范》(JTG D60—2015)条文说明第4.3.2条进行估算。

③汽车荷载的离心力。

汽车荷载对桥梁的离心力是一种伴随着车辆在弯道行驶时所产生的惯性力,其以水平力的形式作用于桥梁,是弯桥横向受力与抗扭计算所考虑的主要因素。汽车荷载离心力标准值为车辆荷载(不考虑冲击力)标准值乘以离心力系数 C。离心力系数可按式(2-16)计算:

$$C = \frac{v^2}{127R} \tag{2-16}$$

式中:v——设计速度(km/h),应按桥梁所在路线设计速度采用;

R——曲线半径(m)。

计算多车道桥梁的汽车荷载离心力时,应考虑横向车道布载系数,按表2-17采用,离心力作用点在桥面以上1.2m处,为计算方便也可移至桥面上,可不计由此引起的作用效应。

④汽车荷载的制动力。

汽车荷载制动力按同向行驶的汽车荷载(不计冲击力)计算,以使桥梁墩台产生最不利纵向力的加载长度进行纵向折减。一个设计车道上由汽车荷载产生的制动力标准值按车道荷载标准值在加载长度上计算的总重力的10%计算,但公路—Ⅰ级汽车荷载的制动力标准值不小于165kN,公路—Ⅱ级不小于90kN。

同向行驶的多车道汽车荷载制动力标准值还应在一个车道的基础上乘以多车道系数,双车道取2,三车道取2.34,四车道取2.68。制动力的作用点在桥面以上1.2m处,计算墩台时,可移动至支座铰中心或支座底座面上;计算刚构桥、拱桥时,制动力作用点可移至桥面,并不计由此引起的竖向力和力矩。

制动力在支座或墩台上的分配按刚度进行。对于刚性墩台,制动力全部由固定支座传递,但考虑活动支座有摩阻力的存在,仍可以传递一部分制动力。但对于设有板式橡胶支座的刚性墩台,制动力按跨径两端板式橡胶支座的抗推刚度进行分配;当两端支座相同时,各分配50%。对设有板式橡胶支座的柔性墩台,制动力采用支座与墩台刚度集成的方法进行传递和分配。

(2)人群荷载

《公路桥涵设计通用规范》(JTG D60—2015)规定,人群荷载标准值按表2-19进行取值,对跨径不等的连续结构按最大的计算跨径选取。

人群荷载标准值 表2-19

计算跨径 L_0(m)	$L_0 \leq 50$	$50 < L_0 < 150$	$L_0 \geq 150$
人群荷载(kN/m²)	3.0	$3.25 - 0.005L_0$	2.5

对于非机动车、行人密集的公路桥梁,人群荷载标准值应取上述标准值的1.15倍;对于专用的人行桥梁,人群荷载标准值为3.5kN/m²。

人群荷载在横向应布置在人行道的净宽度内,在纵向应施加于结构产生最不利荷载效应的区段内。人行道板(局部构件)在分析时可以一块板为单元,按标准值4.0kN/m²的局部荷载计算。在计算人行道栏杆时,作用在栏杆立柱顶上的水平推力标准值取0.75kN/m,作用在栏杆扶手上的竖向力标准值取1.0kN/m。

(3)温度作用

桥梁处于自然环境中,将受到温度作用的影响。一方面,常年气温变化导致桥梁沿纵向均匀地变形,对于静定结构不产生内力,对于超静定结构则会引起温度次内力。另一方面,太阳辐射使结构沿高度或宽度方向形成非线性的温度梯度,导致结构产生次应力。这里前者称为均匀温度作用,后者称为温度梯度作用。

《公路桥涵设计通用规范》(JTG D60—2015)在温度作用方面给出了均匀温度、竖向温度梯度、横向温度梯度的相关规定。

①均匀温度。计算桥梁因均匀温度作用引起的外加变形或约束变形时,应从受到约束时的结构温度开始,考虑最高和最低有效温度的作用效应。当缺乏实际调查资料时,最高和最低有效温度标准值可按表2-20取用。表中的气候分区可查阅《公路桥涵设计通用规范》(JTG D60—2015)附录A。

公路桥梁的有效温度标准值(℃)　　　　表2-20

气温分区	钢桥面板钢桥		混凝土桥面板钢桥	
	最　高	最　低	最　高	最　低
严寒地区	46	-43	39	-32
寒冷地区	46	-21	39	-15
温热地区	46	-9(-3)	39	-6(-1)

注:表中括号内数值适用于昆明、南宁、广州和福州地区。

②竖向温度梯度。计算桥梁由竖向温度梯度引起的效应时,采用如图2-18所示的温度曲线,T_1取值见表2-21的规定。对于混凝土结构,当梁高$H<400mm$时,$A=H-100(mm)$;当梁高$H\geq400mm$时,$A=300mm$;带混凝土桥面板的钢结构$A=300mm$;t为混凝土桥面板的厚度(mm)。混凝土上部结构和带混凝土桥面板的钢结构的竖向日照反温差为正温差乘以-0.5。

需要注意的是,《公路桥涵设计通用规范》(JTG D60—2015)中给出的竖向温度梯度仅适用于带混凝土桥面板的钢桥,采用正交异性钢桥面板的钢桥的竖向温度梯度可参考欧洲规范Eurocode。

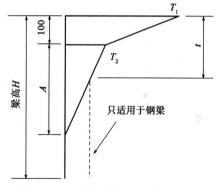

图2-18　竖向温度梯度(尺寸单位:mm)

竖向日照正温差计算的温度基数　　　　表2-21

结　构　类　型	T_1(℃)	T_2(℃)
水泥混凝土铺装	25	6.7
50mm沥青混凝土铺装层	20	6.7
100mm沥青混凝土铺装层	14	5.5

③横向温度梯度。对于无悬臂的宽幅钢箱梁,宜考虑横向温度梯度引起的效应。横向温度梯度作用一般根据桥梁的地理位置、环境条件等因素确定,无实测温度数据时,可采用图2-19所示的横向温度梯度曲线,钢箱梁取$T_1=3.0℃$,$T_2=-1.5℃$。B_1为边箱宽度、B为箱梁半宽。

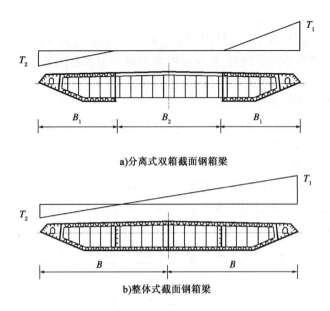

图2-19 横向温度梯度计算模式

(4) 风荷载

风荷载的计算方法,可参考《公路桥梁抗风设计规范》(JTG/T 3360-01—2018)。

3) 偶然作用

偶然作用是指在设计基准期内不一定出现,而一旦出现其量值很大,且持续时间很短的作用。偶然作用主要包括船舶撞击作用、漂流物撞击作用、汽车撞击作用等。

(1) 船舶撞击作用

通航水域中的桥梁墩台,设计时应考虑船舶的撞击作用。鉴于一、二、三级内河航道桥梁防撞及结构安全等级的重要性,其船舶的撞击作用设计值宜按专题研究确定。规划航道内可能遭受大型船舶撞击作用的桥墩,应根据桥墩的自身抗撞击能力、桥墩的位置和外形、水流流速、水位变化、通航船舶类型和碰撞速度等因素进行桥墩防撞设施的设计。当设有与墩台分开的防护结构时,桥墩可不计船舶的撞击作用。

(2) 漂流物撞击作用

有漂流物的水域中的桥梁墩台,设计时应考虑漂流物的撞击作用,撞击作用点假定在计算通航水位线上桥墩宽度的中点,其横桥向撞击力设计值根据漂流物重力、水流速度和撞击时间(一般为1s)等参数计算。

(3) 汽车撞击作用

桥梁必要时可考虑汽车的撞击作用。汽车撞击力设计值在车辆行驶方向应取1000kN,在车辆行驶垂直方向应取500kN,两个方向的撞击力不同时考虑。撞击力假定作用于行车道以上1.2m处,直接分布于撞击设计的构件上。

对设有防撞设施的结构构件,可视防撞设施的防撞能力,对汽车撞击力设计值予以折减,但折减后的汽车撞击力设计值不应低于上述规定值的1/6。

4) 地震作用

公路桥梁地震作用应符合《公路工程抗震规范》(JTG B02—2013)和《公路桥梁抗震设计

规范》(JTG/T 2231-01—2020)的规定。

2.3.2 作用组合

公路桥梁结构设计应考虑结构上可能同时出现的作用,按承载能力极限状态、正常使用极限状态并结合不同设计状况进行作用组合,取最不利组合效应进行验算。需要注意的是,只有在结构上可能同时出现的作用才能进行组合,当可变作用对结构或结构构件产生有利影响时,不参与组合。施工阶段,结构上的施工人员与机具设备应按可变作用考虑;对于组合梁桥,当把钢梁作为施工支承时,作用组合效应分两个阶段计算,钢梁受荷为第一个阶段,组合梁受荷为第二个阶段。多个偶然作用不应同时参与组合,地震作用也不与偶然作用同时组合。

1)承载能力极限状态计算时的作用组合

对于持久设计状况和短暂设计状况应采用作用的基本组合,对偶然设计状况应采用作用的偶然组合,对地震设计状况应采用作用的地震组合。当作用与作用效应可按线性关系考虑时,作用组合的效应设计值可通过作用效应代数相加计算。

(1)基本组合

作用的基本组合为永久作用设计值与可变作用设计值相组合,其效应设计值可按式(2-17)或式(2-18)进行计算。

$$S_{ud} = \gamma_0 S \left(\sum_{i=1}^{m} \gamma_{G_i} G_{ik}, \gamma_{L1} \gamma_{Q_1} Q_{1k}, \psi_c \sum_{j=2}^{n} \gamma_{Lj} \gamma_{Q_j} Q_{jk} \right) \tag{2-17}$$

或

$$S_{ud} = \gamma_0 S \left(\sum_{i=1}^{m} G_{id}, Q_{1d}, \sum_{j=2}^{n} Q_{jd} \right) \tag{2-18}$$

式中:S_{ud}——承载能力极限状态下作用基本组合的效应设计值;

$S(\ )$——作用组合的效应函数;

γ_0——结构重要性系数,按结构设计安全等级采用;

γ_{G_i}——第 i 个永久作用的分项系数,应按表2-22的规定采用;

G_{ik}、G_{id}——第 i 个永久作用的标准值和设计值;

γ_{Q_1}——汽车荷载(含汽车冲击力、离心力)的分项系数。采用车道荷载计算时取 γ_{Q_1} = 1.4;采用车辆荷载计算时,取 γ_{Q_1} = 1.8。当某个可变作用在组合中其效应值超过汽车荷载效应时,则该作用取代汽车荷载,其分项系数取 γ_{Q_1} = 1.4;对专为承受某作用而设置的结构或装置,设计时该作用的分项系数取 γ_{Q_1} = 1.4;计算人行道板和人行道栏杆的局部荷载,其分项系数也取 γ_{Q_1} = 1.4;

Q_{1k}、Q_{1d}——汽车荷载(含汽车冲击力、离心力)的标准值和设计值;

γ_{Q_j}——在作用组合中除汽车荷载(含汽车冲击力、离心力)、风荷载外的其他第 j 个可变作用的分项系数,取 γ_{Q_j} = 1.4,但风荷载的分项系数取 γ_{Q_j} = 1.1;

Q_{jk}、Q_{jd}——在作用组合中除汽车荷载(含汽车冲击力、离心力)外的其他第 j 个可变作用的标准值和设计值;

ψ_c——在作用组合中除汽车荷载(含汽车冲击力、离心力)外的其他可变作用的组合值系数,取 ψ_c = 0.75;

$\psi_c Q_{jk}$——在作用组合中除汽车荷载(含汽车冲击力、离心力)外的其他第j个可变作用的组合值;

γ_{Lj}——第j个可变作用的结构设计使用年限荷载调整系数。公路桥涵结构的设计使用年限按《公路工程技术标准》(JTG B01—2014)取值时,可变作用的设计使用年限荷载调整系数取$\gamma_{Lj}=1.0$;否则,γ_{Lj}取值应按专题研究确定。

作用的设计值应为作用的标准值或组合值乘以相应的作用分项系数,见表2-22。

永久作用的分项系数　　　　　表2-22

编号	作用类别		永久作用分项系数	
			对结构的承载能力不利时	对结构的承载能力有利时
1	混凝土和圬工结构重力(包括结构附加重力)		1.2	1.0
	钢结构重力(包括结构附加重力)		1.1 或 1.2	
2	预应力		1.2	1.0
3	土的重力		1.2	1.0
4	混凝土收缩及徐变作用		1.0	1.0
5	土侧压力		1.4	1.0
6	水的浮力		1.0	1.0
7	基础变位作用	混凝土和圬工结构	0.5	0.5
		钢结构	1.0	1.0

(2)偶然组合

偶然组合为永久作用标准值与可变作用某种代表值、一种偶然作用设计值相组合;与偶然作用同时出现的可变作用,可根据观测资料和工程经验取用频遇值或准永久值。作用偶然组合的效应设计值可按式(2-19)计算。

$$S_{ad} = S\left(\sum_{i=1}^{m} G_{ik}, A_d, (\psi_{f1} 或 \psi_{q1})Q_{1k}, \sum_{j=2}^{n} \psi_{qj} Q_{jk}\right) \quad (2\text{-}19)$$

式中:　S_{ad}——承载能力极限状态下作用偶然组合的效应设计值;

A_d——偶然作用的设计值;

ψ_{f1}——汽车荷载(含汽车冲击力、离心力)的频遇值系数,取$\psi_{f1}=0.7$;当某个可变作用在组合中其效应值超过汽车荷载效应时,则该作用取代汽车荷载,人群荷载$\psi_f=1.0$,风荷载$\psi_f=0.75$,温度梯度作用$\psi_f=0.8$,其他作用$\psi_f=1.0$;

$\psi_{f1}Q_{1k}$——汽车荷载的频遇值;

ψ_{q1}、ψ_{qj}——第1个和第j个可变作用的准永久值系数,汽车荷载(含汽车冲击力、离心力)$\psi_q=0.4$,人群荷载$\psi_q=0.4$,风荷载$\psi_q=0.75$,温度梯度作用$\psi_q=0.8$,其他作用$\psi_q=1.0$;

$\psi_{q1}Q_{1k}$、$\psi_{qj}Q_{jk}$——第1个和第j个可变作用的准永久值。

(3)地震组合

地震组合的效应值设计值,应按《公路工程抗震规范》(JTG B02—2013)和《公路桥梁抗震设计规范》(JTG/T 2231-01—2020)的有关规定计算。

2)正常使用极限状态计算时的作用组合

公路桥涵结构按正常使用极限状态设计时,应根据不同的设计要求,采用作用的频遇组合或准永久组合。对于采用混凝土桥面板的钢桥,作用的频遇组合或准永久组合仅用于桥面板抗裂或裂缝宽度验算。

当作用与作用效应可按线性关系考虑时,作用组合的效应设计值可通过作用效应代数相加计算。

(1)频遇组合

频遇组合为永久作用标准值与汽车荷载频遇值、其他可变作用准永久值相组合,其组合效应设计值可按式(2-20)计算。

$$S_{\mathrm{fd}} = S\left(\sum_{i=1}^{m} G_{ik}, \psi_{\mathrm{f1}} Q_{1k}, \sum_{j=2}^{n} \psi_{qj} Q_{jk}\right) \quad (2\text{-}20)$$

式中:S_{fd}——作用频遇组合的效应设计值;

ψ_{f1}——汽车荷载(不计汽车冲击力)的频遇值系数,取$\psi_{\mathrm{f1}}=0.7$。

(2)准永久组合

准永久组合为永久作用标准值与可变作用准永久值相组合,其组合效应设计值可按式(2-21)计算。

$$S_{\mathrm{qd}} = S\left(\sum_{i=1}^{m} G_{ik}, \sum_{j=2}^{n} \psi_{qj} Q_{jk}\right) \quad (2\text{-}21)$$

式中:S_{qd}——作用准永久组合的效应设计值;

ψ_{qj}——汽车荷载(不计汽车冲击力)准永久值系数,取0.4。

3)其他情况

在进行钢结构构件抗疲劳设计时,除特别指明外,各作用应采用标准值,作用分项系数应取值为1.0。

构件在吊装、运输时,构件重力应乘以动力系数,对结构不利时取1.2,对结构有利时取0.85,可视构件的具体情况进行适当增减。

2.4 结构分析

结构分析包括结构效应分析和结构抗力分析。结构效应分析通过将确定的作用施加于结构计算模型中,得到验算截面内力(如轴力、弯矩、剪力、扭矩等)、应力(如正应力、剪应力等)、变形(如挠度、转角等)、屈曲模态和动力特性等结构响应,用于结构的安全验算与优化设计。结构效应分析通常按线弹性理论进行。结构抗力分析是基于确定的结构体系、材料和截面形式,通过破坏模式的评估来分析桥梁的极限承载能力,通常需要进行弹塑性分析,本书不作介绍。

根据分析方法的精细程度,结构分析可分为简化分析和精细化分析。简化分析主要采用一维杆系分析方法,精细化分析则主要基于二维板壳或三维实体单元进行分析。在进行桥梁设计计算时,应根据计算目的和结构的复杂程度,选择合适的分析模型。

2.4.1 简化分析

尽管精细化分析技术发展迅速,但目前仍广泛采用简化分析方法进行桥梁设计计算。简化分析方法相对简单,在初步设计阶段使用方便,也可与精细化分析方法相互验证。

一维杆系分析是典型的简化分析方法,结构效应仅为空间一维坐标的函数,因此,可以把结构按其几何形状简化为一系列的线单元,对于曲线桥梁,这个空间坐标指曲线轴向坐标。美国规范 AASHTO LRFD 规定,当桥梁上部结构的跨度与宽度之比大于 2.5 时,其横向扭曲与纵向变形相比较小,对荷载横向分布的影响相对较小,此时的上部结构可以简化为一维单梁杆系模型,如图 2-20 所示。

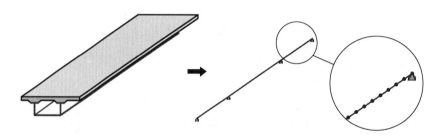

图 2-20 一维单梁杆系模型

1)内力分析

以两跨连续单箱单室钢箱桥[图 2-21a)]为例进行结构效应简化分析。结构效应分析按线弹性理论进行,作用效应满足线性叠加原理。结构所受的荷载为 1/2 桥面上的竖向(z 轴方向)均布面荷载 q_z 和梁高范围内的水平(y 轴方向)均布面荷载 q_y。首先进行横向分析[图 2-21b)]:作用于结构的均布面荷载可简化为均布线荷载 $q_z \times b$ 和 $q_y \times h$,将这两个线荷载平移,使其通过截面剪心 C_T,则截面将产生扭矩 m_T。然后进行纵向分析[图 2-21c)]:将主梁简化为一维杆系模型,则它所受的作用包括 x-y 平面内的均布线荷载 $q_y \times h$、x-z 平面内的均布线荷载 $q_z \times b$ 和绕 x 轴的均布扭矩 m_T,利用结构力学即可求解主梁的内力。以上分析结果亦可通过建立杆系有限元模型进行内力分析得到。

2)简化方法

采用一维杆系分析方法简化分析钢桥,需要针对荷载横向分布、箱梁薄壁效应和剪力滞效应三个钢桥空间效应进行近似处理,从而适应现行规范中的设计、计算和验算体系。

(1)荷载横向分布

对于多主梁结构,当桥面作用汽车荷载时,各片主梁共同参与受力,但各自分配内力不同。因此,考虑荷载的空间分布与传递,需按影响线在横桥向最不利加载位置进行车辆布载,求得各片主梁荷载横向分布系数,然后采用一维杆系模型对各片主梁单独进行分析。根据基本假定和计算位置的不同,荷载横向分布系数可采用杠杆法、偏心压力法、刚性横梁法、铰接板(梁)法等进行计算,详见本章参考文献《桥梁工程》或相关参考书。

(2)箱梁薄壁效应

钢箱梁由薄壁板件组合而成,因约束扭转而产生的翘曲与畸变影响较混凝土箱梁大得多。尤其对于小半径弯桥或受偏心荷载作用的箱梁桥,约束扭转占总扭转效应的比重较大,在进行简化分析时,必须考虑结构的约束扭转效应。在没有精确计算的情况下,可采用一个"放大系数"来计入该影响。但由于荷载、桥宽等差异,采用统一的"放大系数"不甚合理。目前,部分有限元程序通过增加梁单元的第七自由度"约束扭转系数"来考虑总扭矩中约束扭转所占比例,从而计算自由扭转与约束扭转扭矩。

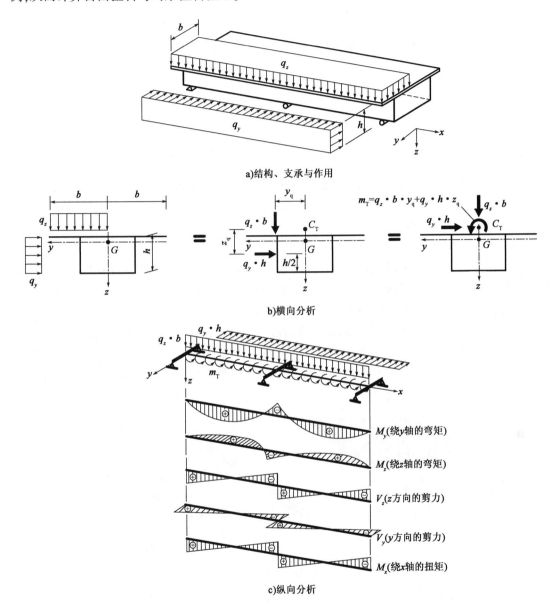

图 2-21 两跨连续钢板梁桥的结构效应简化分析

(3) 剪力滞效应

按照初等梁理论,钢梁弯曲时翼缘板和底板正应力分布均匀。但实际上,薄壁钢梁弯曲时,翼缘板在靠近腹板处的正应力要大些,而远离腹板处的正应力逐渐减小,这种由于翼缘板剪切变形不均匀造成弯曲正应力沿宽度方向不均匀分布的现象称为剪力滞效应,如图 2-22 所示。采用单梁模型简化分析时,一般采用翼缘有效分布宽度或剪力滞系数(翼缘实际应力与初等梁理论计算出的应力比值)2 种方法考虑剪力滞效应的影响。现行规范普遍采用初等梁理论并考虑翼缘有效分布宽度进行截面应力计算。

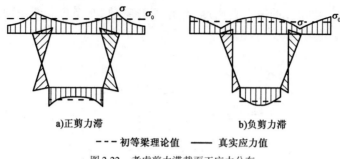

图 2-22 考虑剪力滞截面正应力分布

2.4.2 精细化分析

在施工图设计阶段，需要详细地分析每一个构件或连接的受力特性、应力状态，须建立比较精细的有限元计算模型进行精细化分析。以下简要介绍基于有限元技术的二维板壳模型、三维实体模型和多尺度模型。

1) 二维板壳模型

对于钢板组合梁桥，可以采用 PEB(Plate with Eccentric Beam)模型进行分析。PEB 模型是指主梁采用梁单元，桥面板采用板单元的模型(图 2-23)。主梁和桥面板都建立在其各自的几何中心，之间的偏心距等于桥面板与钢梁截面形心的距离。桥面板和钢梁在全长范围内都通过刚臂有效连接。这种模型对桥面板不进行假设简化，从而能更精确地描述桥面板的刚度，不需要考虑荷载横向分布系数，而直接通过影响面分析进行确定。但因为桥面板和钢梁是两种单元，而设计弯矩是针对整个组合截面而言的，所以这种二维板壳模型提取设计弯矩比较困难，不便于采用规范进行组合梁验算。

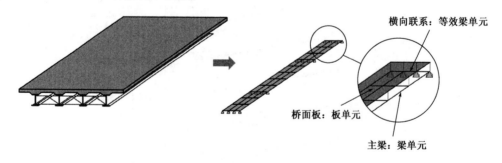

图 2-23 PEB 模型

2) 三维实体模型

三维实体模型较少对结构进行简化，而是更为准确地呈现结构本身的特性。在三维实体模型中，桥面板、钢梁等都可以采用板单元或实体单元精确地模拟，横向联结系也可以采用梁单元或板单元模拟，如图 2-24 所示。在此基础上，结构的翘曲和扭转刚度可以准确计算，活载内力计算直接通过影响面进行分析。

一维杆系模型难以准确模拟的局部位置或连接细节(如斜拉桥的锚拉板、钢箱梁的正交异性钢桥面板等)，均可采用板壳单元或实体单元来进行局部精细化模拟，通过在整体模型中提取的力学边界条件或直接施加荷载来进行结构"二次分析"，如图 2-25 所示。这种局部精细化模拟的结果是否准确取决于边界条件的准确性,同时还应考虑圣维南原理,以避免边界条件的施加对结构关注部位的计算结果产生影响。

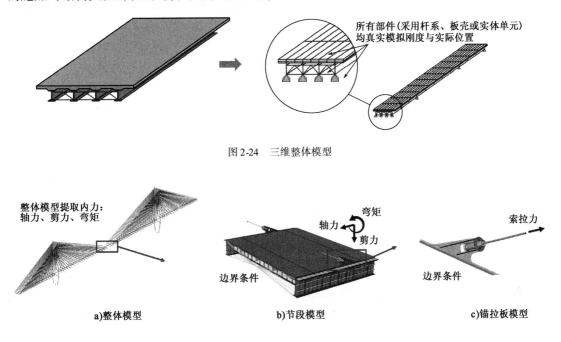

图 2-24　三维整体模型

图 2-25　三维局部模型

三维实体模型可以实现结构精细化模拟,虽然比一维杆系模型和二维板壳模型计算效率低,但随着计算机技术的快速发展,结构计算效率也在大幅提高。然而,通过三维实体模型的计算结果来指导设计还存在一定障碍,主要表现在:现行规范大多采用极限状态法对构件进行设计,构件验算需要提取内力,对于大多数通用有限元程序,从三维实体模型中提取构件的内力并不方便。

3) 多尺度模型

多尺度模型是对结构的不同部位采用不同尺度的单元来模拟的有限元模型,即对重点研究部位采用三维板壳、实体单元精细模拟,其他部位采用一维杆系单元模拟,交界处采用自由度耦合的方式连接,如图 2-26 所示。多尺度模型既避免了整桥实体模型计算量大、效率低的问题,又避免了局部模型边界条件选取困难的问题。

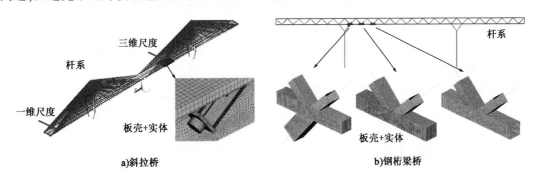

图 2-26　多尺度模型

2.5 结构验算

钢桥结构验算应满足现行规范的要求,以避免施工及运营阶段钢桥发生强度、稳定、疲劳破坏,并保证钢桥正常使用阶段的功能性。

按照《公路工程结构可靠性设计统一标准》(JTG 2120—2020)的规定,桥涵结构应根据破坏后果的严重程度,按表 2-23 分为三个安全等级进行设计,以体现不同情况的桥涵可靠度差异,在结构验算时,不同安全等级通过结构重要性系数 γ_0 来体现。

公路桥涵结构的安全等级及结构重要性系数 表 2-23

安全等级	破坏后果	结构重要性系数 γ_0	桥涵类型
一级	很严重	1.1	1. 各等级公路上的特大桥、大桥、中桥; 2. 高速公路、一、二级公路、国防公路及城市附近交通繁忙公路上的小桥
二级	严重	1.0	1. 三、四级公路上的小桥; 2. 高速公路、一、二级公路、国防公路及城市附近交通繁忙公路上的涵洞
三级	不严重	0.9	三、四级公路上的涵洞

《公路桥涵设计通用规范》(JTG D60—2015)根据桥梁在施工和使用中面临的不同情况,规定了结构设计的四种状况:持久状况、短暂状况、偶然状况和地震状况。

持久状况指桥梁的使用阶段,这个阶段持续时间很长,要对结构的所有预定功能进行设计。持久状况需要进行承载能力极限状态验算和正常使用极限状态验算。

短暂状况对应桥梁的施工阶段和维修阶段,这个阶段的持续时间相对短暂,结构体系和所承受的荷载与使用阶段也不同,设计要根据具体情况而定。在这个阶段,要对结构进行承载能力极限状态验算,必要时才进行正常使用极限状态验算。

偶然状况对应的是桥梁可能遇到撞击等状况,这种状况出现概率极小,持续时间极短。偶然状况的设计原则是:主要承重构件不致因非主要承重结构发生破坏而导致丧失承载能力;允许主要承重结构发生局部破坏而剩余部分在一段时间内不发生连续倒塌。偶然状况一般只进行承载能力极限状态验算。

地震状况是一种特殊的偶然状况,与碰撞等偶然状况相比,地震波能够统计并确定其标准值,而其他偶然作用不行,因此,两者的验算表达式不同。地震状况需要进行承载能力极限状态验算。

对不同设计状况验算需要采用不同的作用组合,具体见 2.3.2 节。

表 2-24 汇总了钢桥结构验算的主要内容。下文着重讲述钢桥整体验算,并简要介绍构件验算等内容。

钢桥结构验算的主要内容　　　　表 2-24

验算部位		承载能力极限状态	正常使用极限状态
结构整体验算		结构整体稳定性验算 结构倾覆稳定性验算 支座脱空验算	结构挠度验算 梁端转角验算 结构振动验算
构件与连接验算	混凝土桥面板	纵向承载力验算 横向承载力验算 纵向抗剪验算	纵向抗裂验算 横向抗裂验算
	正交异性钢桥面板	强度验算 疲劳验算	刚度验算
	钢构件	强度验算 构件稳定性验算 局部稳定性验算 疲劳验算	刚度验算
	连接	强度验算 疲劳验算	—

2.5.1 结构整体验算

1) 结构整体稳定性

(1) 钢梁桥的整体稳定性

钢梁桥应按受弯构件进行整体稳定性验算。

公路钢梁桥的宽度较大(即宽跨比较大),梁式桥一般不易发生面外的整体失稳,故对宽度和宽跨比没有强制性要求。对于铁路钢桥,为保证列车不脱轨和桥梁整体不丧失面外稳定性,《铁路桥涵设计规范》(TB 10002—2017)对梁桥的宽度及宽跨比进行了限制:①下承式简支和连续桁梁边跨的宽跨比不应小于 1/20;②简支板梁宽跨比不应小于 1/15,横向宽度不应小于 2.2m;③连续桁梁除边跨外,其余各跨宽跨比不应小于 1/25。

(2) 拱桥的整体稳定性

拱桥是以受压为主的结构,随着高强度钢材的使用,拱肋更加纤细,拱肋面内和面外稳定性的问题均比较突出。

《公路钢管混凝土拱桥设计规范》(JTG/T D65-06—2015)规定,在施工和使用阶段,主拱弹性稳定安全系数不应小于 4.0,局部构件的弹性稳定安全系数不应小于主拱整体弹性稳定安全系数。对于跨径大于 300m 的钢管混凝土拱桥,使用阶段的整体稳定性分析应计入几何、材料非线性的影响。几何非线性通过初始缺陷考虑,最大横向偏位值取净跨径的 1/5000;材料非线性的影响采用钢管混凝土主拱轴压刚度的方式计入,取修正后的轴压刚度 $EA = 0.85E_{sc}A_{sc}$,E_{sc} 和 A_{sc} 分别为根据统一理论得到的钢管混凝土组合弹性轴压模量和组合截面面积。计入非线性影响的主拱的非线性稳定安全系数不应小于 1.75。

《铁路桥涵设计规范》(TB 10002—2017)规定:板拱拱圈的宽度不宜小于计算跨度的 1/20,且不宜小于 3m;肋拱两外肋中心线之间的最小距离不宜小于计算跨度的 1/20,其外缘的距离也不宜小于3m。

(3)斜拉桥的整体稳定性

《公路斜拉桥设计规范》(JTG/T 3365-01—2020)中规定,在方案设计和初步设计阶段,可用常规的稳定分析方法估算索塔和主梁的面内稳定和面外稳定;在技术设计和施工图设计阶段,应根据不同的桥型结构和不同的工况状态,详细计算整体稳定。斜拉桥结构体系第一类稳定,即弹性屈曲的结构稳定安全系数不应小于4;第二类稳定,即计入材料非线性影响的弹塑性稳定安全系数,混凝土主梁应不小于2.50,钢主梁应不小于1.75。

2)结构倾覆稳定性

对于结构倾覆稳定性,应保证抵抗结构倾覆的稳定作用大于诱使结构发生倾覆的不稳定作用,通过二者的比较进行验算,当上部结构整联只采用单向受压支座支承时,应按式(2-22)进行倾覆稳定性验算。

$$\frac{\sum S_{\mathrm{bk},i}}{\sum S_{\mathrm{sk},i}} \geqslant k_{\mathrm{qf}} \tag{2-22}$$

式中:k_{qf}——横向倾覆稳定系数,取 $k_{\mathrm{qf}} = 2.5$;

$\sum S_{\mathrm{bk},i}$——抵抗上部结构倾覆的稳定作用基本组合(分项系数均为1.0)的效应设计值;

$\sum S_{\mathrm{sk},i}$——使上部结构发生倾覆的不稳定作用基本组合(分项系数均为1.0)的效应设计值。

桥梁倾覆的旋转轴一般选定在任意一列支座。如图2-27所示的钢箱梁桥,使结构稳定的作用[图2-27a)]主要包括:①永久荷载g,结构自重及非结构部件的自重(如桥面铺装);②绕旋转轴产生稳定效应的移动荷载q_t。使结构不稳定的作用[图2-27b)]主要包括:①绕旋转轴产生不稳定效应的荷载q_t和Q_t;②横向和可能出现的竖直方向上的风荷载q_w(一般计算中不考虑竖直方向的风荷载);③横向或竖直方向的地震力q_{acc}(图中未画出)。

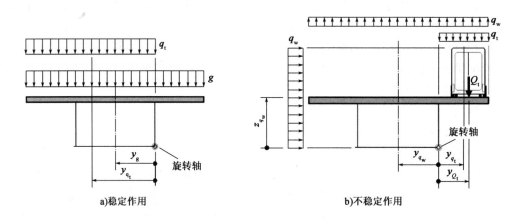

图2-27 抗倾覆稳定性验算时需要考虑的作用

3)支座脱空

与结构倾覆引起的横向支座脱空不同,此处所述支座脱空主要由桥梁在纵桥向的受力引起。这种形式的脱空主要发生在以下情况:①当连续梁桥梁仅次边跨承受汽车荷载时,边跨桥台处的支座可能会出现脱空的情况[图2-28a)];②斜桥的斜交角较大时,锐角处的支点会有脱空的趋势[图2-28b)];③弯桥的支座布置不合理,在汽车荷载、温度作用下内弧支座出现脱空。支座脱空可能会造成支座偏位或损坏,引起桥面和桥台结合处的不连续,危害行车安全,也会因车辆冲击作用损坏桥梁本身。因此,规范要求在作用基本组合下,单向受压支座始终保持受压状态,不能出现负反力。

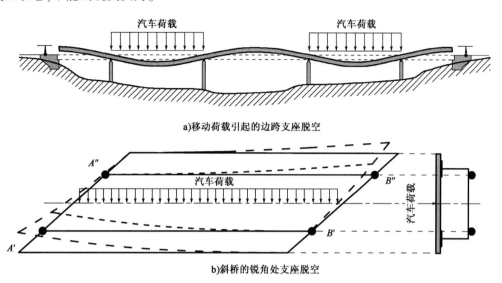

图 2-28 易发生支座脱空的情况

4)结构振动

桥梁受到车辆、人群或风荷载等作用会振动,可能影响乘客的舒适性或行车安全性。对于公路桥梁的振动和舒适度,我国规范并无明确规定。在铁路钢桥设计中,为了避免桥梁出现激烈的振动,保证列车高速运行的安全性和乘坐的舒适性,对桥梁的最小自振频率进行了限制。《铁路桥涵设计规范》(TB 10002—2017)规定,设计速度 200km/h 及以上时,简支梁竖向自振频率不应低于表 2-25 规定的限值;对于跨径 $L=16m$ 的简支梁,竖向自振频率不应低于 6.25Hz。高速铁路上运行车长 24~26m 动车组且采用跨径不大于 32m 的混凝土双线简支箱梁,当梁体竖向自振频率不低于表 2-26 的要求时,梁体结构设计可不进行车桥耦合动力响应分析。

简支梁竖向自振频率限值 表 2-25

跨径(m)	限值(Hz)
$L \leq 20$	$80/L$
$20 < L \leq 128$	$23.58L^{-0.592}$

常用跨径双线简支箱梁不需进行动力验算的竖向自振频率限值 表 2-26

跨径(m)	设计速度(km/h)		
	250	300	350
20	$100/L$	$100/L$	$120/L$
24	$100/L$	$120/L$	$140/L$
32	$120/L$	$130/L$	$150/L$

5）结构挠度

（1）竖向挠度

当钢桥发生过大的竖向变形时，影响乘客的舒适性，以及车辆行驶的安全性和平稳性，甚至造成有轨交通的列车脱轨。因此，必须限制钢桥在活载作用下的竖向挠度。

《公路钢结构桥梁设计规范》（JTG D64—2015）规定，计算竖向挠度时，应按结构力学的方法并应采用不计冲击系数的汽车车道荷载频遇值，频遇值系数为1.0。当荷载有可能引起跨径正负挠度时，计算挠度应为正负挠度绝对值之和，挠度计算应采用毛截面特性。由汽车荷载所引起的竖向挠度，不应超过表2-27所列的容许值。

公路桥梁竖向挠度限值　　　　　　　　　　表2-27

结构形式	简支或连续桁梁	简支或连续板梁	梁的悬臂端部	斜拉桥主桥	悬索桥加劲梁
限值	$L/500$	$L/500$	$L_1/300$	$L/400$	$L/250$

注：L为计算跨径，L_1为悬臂长度。

对于铁路桥梁，容许挠度的限值与设计速度和跨径均有关系，《铁路桥涵设计规范》（TB 10002—2017）规定，列车静活载作用下梁体的竖向挠度不应大于表2-28中的限值。表2-28中限值适用于三跨及以上的双线简支梁，三跨及以上一联的连续梁，竖向挠度限值按表中数值的1.1倍取用；两跨一联的连续梁，两跨及以下的双线简支梁，竖向挠度限值按表中数值的1.4倍取用；单线简支或连续梁，梁体竖向挠度限值按双线桥限值的0.6倍取用。

铁路桥梁梁体竖向挠度限值　　　　　　　　表2-28

铁路标准	设计速度（km/h）	跨径范围(m)		
		$L\leqslant 40$	$40<L\leqslant 80$	$L>80$
高速铁路	350	$L/1600$	$L/1900$	$L/1500$
	300	$L/1500$	$L/1600$	$L/1100$
	250	$L/1400$	$L/1400$	$L/1000$
城际铁路	200	$L/1750$	$L/1600$	$L/1200$
	160	$L/1600$	$L/1350$	$L/1100$
	120	$L/1350$	$L/1100$	$L/1100$
客货共线铁路	200	$L/1200$	$L/1000$	$L/900$
	160	$L/1000$	$L/900$	$L/800$
重载铁路	120及以下	$L/900$	$L/800$	$L/700$

注：L为简支梁或连续梁的计算跨径。

为了抵消恒载挠度，使桥梁建成后具有平顺行车的条件，桥跨结构应设预拱度。预拱度曲线宜与恒载和半个静活载产生的挠度曲线形状基本相同，但方向相反，并考虑施工方法和顺序的影响。由恒载和静活载引起的竖向挠度不大于桥梁跨度的1/1600时，可不设置预拱度。

（2）横向挠度

对于铁路钢桥，如果横向水平位移过大，会使轨道不平顺，影响车辆运行的安全性和乘坐的舒适性。为了给列车运行提供平直的轨道，《铁路桥涵设计规范》（TB 10002—2017）规定：在列车横向摇摆力、离心力、风力和温度的作用下，梁体的水平挠度不应大于梁体计算跨度的1/4000。

6) 梁端转角

由于公路桥梁活荷载较小,在限制支座不脱空的情况下,梁端转角通常不大,故可以不作要求。对于活荷载较大的铁路桥梁,需要限制梁端转角来保证列车运行的安全性和轨道结构的稳定性。铁路桥梁梁端竖向转角限值详见《铁路桥涵设计规范》(TB 10002—2017)。

2.5.2 桥面系验算

桥面系直接承受车轮荷载并且将它传递到主梁,其设计荷载中活载占的比重往往大于恒载,是钢桥各部件中工作状态最为不利的部件。因此,桥面系的验算也是钢桥设计验算的重点。

按组成材料不同,桥面系可以分为混凝土桥面板和钢桥面板;按受力特点不同,可以分为结合桥面和非结合桥面。其中结合桥面参与主梁整体受力,钢-混凝土组合梁中的混凝土桥面板和钢箱梁的正交异性钢桥面板均属于结合桥面,以下主要介绍这两种桥面系的验算要点。

1) 混凝土桥面板

混凝土桥面板不仅与钢梁形成组合截面共同受力,还需承担车轮荷载、温度作用、收缩徐变、预应力等引起的局部效应。混凝土桥面板支承于主梁、横梁和纵梁上,根据支承条件和受力不同,可以分为单向板、双向板和悬臂板。对混凝土桥面板,主要进行抗弯承载力验算、纵向抗剪验算、抗裂验算,具体验算方法在第3章中介绍。

2) 正交异性钢桥面板

正交异性钢桥面板不仅作为桥面系直接承受车轮荷载作用,而且作为主梁的一部分参与主梁共同受力。为了能够清楚地描述正交异性钢桥面板复杂的结构行为,传统方法是根据车轮荷载的传力途径将整体结构系统分解为三个基本结构体系(主梁体系、桥面体系、盖板体系),假设各个结构体系在荷载作用下的线性响应不相互影响,分别计算出各体系应力后,根据不同的设计极限状态,按照线性叠加原理进行验算。对正交异性钢桥面板,主要进行强度验算、疲劳验算和刚度验算(局部挠度验算),具体受力分析与验算方法在第4章中介绍。

2.5.3 钢构件验算

钢桥的钢构件,按其受力特点不同主要分为轴心受力构件、受弯构件和拉弯、压弯构件。

轴心受力构件是截面只承受轴向拉力或压力的构件,钢桁架桥的二力杆(压杆和拉杆)可近似简化为轴心受力构件,拱桥的吊杆、斜拉桥的拉索、悬索桥的主缆等均为轴心受拉构件。受弯构件是截面承受弯矩和剪力共同作用的构件,以受弯为主,但在不同结构中又有弯剪、弯扭等组合受力形式,如梁桥的主梁,桥面系纵、横梁等均为受弯构件。拉弯、压弯构件为截面同时承受较大轴力和弯矩的构件。构件的整体和局部稳定性是控制压弯构件承载力的主要因素,在设计时应特别重视。拉弯构件同样存在稳定问题,当拉力较小时,其稳定计算可按受弯构件考虑。在钢桥中,节点偏心较大的桁架拉杆、负弯矩区桥面板和拱桥刚度较大的短吊杆均可视为拉弯构件;而桥梁的墩柱和索塔、节点偏心较大的桁架压杆、拱桥的拱肋、自锚式斜拉桥的主梁等均表现出压弯的受力特性。

无论是轴心受力构件、受弯构件还是拉弯、压弯构件,必须要同时满足承载能力极限状态和正常使用极限状态的验算要求。构件承载能力极限状态验算包括强度、整体稳定性和局部稳定性三个方面；正常使用极限状态下的验算主要指刚度验算,对于以受弯为主的构件要进行挠度验算,其他构件则验算长细比。各类钢构件的验算内容见表2-29,具体验算方法将针对不同桥型分别在第3章、第4章和第5章中讲述。

各类钢构件的验算内容　　　　　　　　　　　　　表2-29

验算内容		轴拉构件	轴压构件	受弯构件	拉弯构件	压弯构件
承载能力极限状态	强度验算	抗拉承载力验算	抗压承载力验算	抗弯强度验算,抗剪强度验算,局部承压强度验算,复杂应力作用下的强度验算		
	整体稳定验算	—	整体稳定验算	整体稳定验算	—	弯矩作用面内稳定验算、弯矩作用面外稳定验算、弯矩作用在两个平面内稳定验算
	局部稳定验算	—		加劲肋的布置,翼缘宽厚比限值,腹板高厚比限值		
正常使用极限状态	刚度验算	长细比限值	长细比限值	挠度验算	长细比限值	

2.5.4　疲劳验算

钢桥的疲劳是指钢结构在循环荷载反复作用下,应力低于钢材强度时发生损伤甚至断裂的现象。由于构造复杂,焊缝众多,且受到车辆荷载的反复作用,疲劳问题突出,严重地影响了钢桥的使用寿命。

1)疲劳验算流程

钢桥的疲劳验算一般采用基于名义应力幅的验算方法。基于 Miner 线性累积损伤准则,采用疲劳细节类别及相应疲劳强度曲线(S-N 曲线)进行抗疲劳验算时,基本过程如下:

①确定疲劳验算的部位。

②计算在疲劳荷载作用下该部位的应力历程。

③将应力历程转化成不同的应力幅 $\Delta\sigma_i$ 和相应的循环次数 n_i。

④按求得的应力幅 $\Delta\sigma_i$ 和相应的应力循环次数 n_i 确定疲劳应力谱,并按照 Miner 线性累积损伤准则求算等效常幅应力幅 $\Delta\sigma_{eq}$ 及相应的应力循环次数 N。

⑤确定该部位的疲劳细节类别及相应的 S-N 曲线。

⑥根据对应于疲劳细节类别的 S-N 曲线和等效常值应力幅,判定各部位的疲劳性能是否满足要求。

⑦如果疲劳性能不能满足设计要求,可以进一步做如下选择:

a. 重新设计以减小应力水平。

b. 改变细部构造,选用等级较高的构造细节。

2)《公路钢结构桥梁设计规范》(JTG D64—2015)的疲劳验算方法

《公路钢结构桥梁设计规范》(JTG D64—2015)规定,承受汽车荷载的钢桥结构构件与连接,应按结构疲劳细节类别进行抗疲劳验算。计算的基本原则是:

①公路桥梁钢结构抗疲劳设计计算按承载能力极限状态要求进行,作用组合的分项系数为1.0。

②公路桥梁钢结构抗疲劳设计计算应根据计算要求采用规定的疲劳荷载计算模型。

③结构疲劳细节计算的疲劳作用效应和疲劳抗力均按应力幅表示。

结构疲劳细节指的是钢构件本身、构件的连接和节点,在设计上或制作上可能会出现应力集中与残余应力情况,进而可能导致在疲劳荷载作用下出现疲劳裂纹甚至疲劳破坏的典型结构构造细节。《公路钢结构桥梁设计规范》(JTG D64—2015)附录C列出了基材构件和机械紧固接头、焊接截面、横向对接焊缝、焊接附连件与加劲肋等9种情况的结构疲劳细节。

《公路钢结构桥梁设计规范》(JTG D64—2015)中规定的疲劳荷载计算模型分为Ⅰ、Ⅱ、Ⅲ三类,下面结合这三类疲劳荷载计算模型介绍抗疲劳验算要求。

(1)疲劳荷载模型Ⅰ及抗疲劳验算

疲劳荷载模型Ⅰ(图2-29)采用等效的车道荷载,集中荷载取$0.7P_k$,均布荷载取$0.3q_k$。P_k和q_k均为公路—Ⅰ级车道荷载的标准值,考虑多车道的影响时,应计入横向车道布载系数。

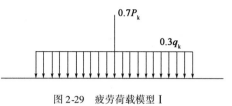

图2-29 疲劳荷载模型Ⅰ

疲劳荷载模型Ⅰ对应于无限寿命设计方法,这种方法考虑的是构件永不出现疲劳破坏的情况。疲劳荷载模型Ⅰ与其他计算模型相比较为保守。采用疲劳荷载模型Ⅰ时,应按式(2-23)~式(2-26)进行抗疲劳验算。

$$\gamma_{Ff}\Delta\sigma_p \leqslant \frac{k_s \Delta\sigma_D}{\gamma_{Mf}} \tag{2-23}$$

$$\gamma_{Ff}\Delta\tau_p \leqslant \frac{\Delta\tau_L}{\gamma_{Mf}} \tag{2-24}$$

$$\Delta\sigma_p = (1+\Delta\phi)(\sigma_{p\,max} - \sigma_{p\,min}) \tag{2-25}$$

$$\Delta\tau_p = (1+\Delta\phi)(\tau_{p\,max} - \tau_{p\,min}) \tag{2-26}$$

式中:γ_{Ff}——疲劳荷载分项系数,取1.0;

γ_{Mf}——疲劳抗力分项系数,对重要构件取1.35,对次要构件取1.15;

k_s——尺寸效应折减系数,按疲劳细节表[详见《公路钢结构桥梁设计规范》(JTG D64—2015)附录C]中给出的公式计算,未说明时,取$k_s=1.0$;

$\Delta\sigma_p$、$\Delta\tau_p$——按疲劳荷载模型Ⅰ计算得到的正应力幅与剪应力幅(MPa);

$\Delta\sigma_D$——正应力常幅疲劳极限(MPa),根据疲劳细节表查得疲劳细节类别$\Delta\sigma_C$,按图2-31取用;

$\Delta\tau_L$——剪应力常幅疲劳截止限(MPa),根据疲劳细节表查得疲劳细节类别$\Delta\tau_C$,按图2-32取用;

$\Delta\phi$——放大系数,对桥梁伸缩缝附近的构件,用于考虑额外动力作用影响的系数,验算截面到伸缩缝的距离为$D(m)$,当$D\leqslant 6m$时,$\Delta\phi=0.3(1-D/6)$;当$D>6m$时,$\Delta\phi=0$;

$\sigma_{p\,max}$、$\sigma_{p\,min}$——将疲劳荷载模型按最不利情况加载于影响线得出的最大和最小正应力(MPa);

$\tau_{p\,max}$、$\tau_{p\,min}$——将疲劳荷载模型按最不利情况加载于影响线得出的最大和最小剪应力(MPa)。

《公路钢结构桥梁设计规范》(JTG D64—2015)规定的疲劳强度曲线如图2-30和图2-31所示。

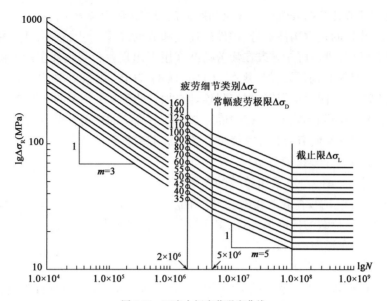

图2-30 正应力幅疲劳强度曲线

注:标识细节类别的数字代表2×10^6次循环疲劳强度的参考值$\Delta\sigma_R$(MPa)。

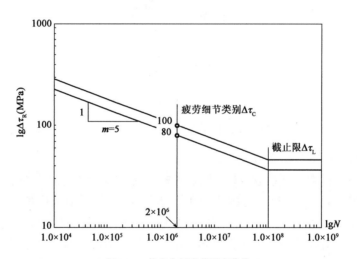

图2-31 剪应力幅疲劳强度曲线

注:标识细节类别的数字代表2×10^6次循环疲劳强度的参考值$\Delta\tau_R$(MPa)。

①在双对数坐标系下,对应每个疲劳细节类别$\Delta\sigma_C$的正应力幅疲劳强度曲线由两段斜直线和水平直线组成,各直线的斜率$1/m$中的m值分别为$m=3$,$m=5$,$m=\infty$,转折点分别在$N=5\times10^6$次处(对应于正应力常幅疲劳极限$\Delta\sigma_D$)和$N=1\times10^8$次处(对应于截止限$\Delta\sigma_L$)。

当由《公路钢结构桥梁设计规范》(JTG D64—2015)附录C的疲劳细节表查到结构疲劳细节类别$\Delta\sigma_C$后,在疲劳强度曲线上找到相应的常幅疲劳极限$\Delta\sigma_D$点,其纵坐标即为式(2-23)要求的正应力常幅疲劳极限$\Delta\sigma_D$值。

②在双对数坐标系下,对应每个疲劳细节类别$\Delta\tau_C$的剪应力幅疲劳强度曲线由一段斜直线和水平直线组成,各直线的斜率$1/m$中的m值分别为$m=5$和$m=\infty$,转折点在$N=1\times10^8$次处(对应于截止限$\Delta\tau_L$)。

(2)疲劳荷载模型Ⅱ及抗疲劳验算

疲劳荷载模型Ⅱ为双车模型,两辆模型车轴距与轴重相同,其单车的轴重与轴距布置如图2-32所示。加载时,两模型车的中心距离不得小于40m。

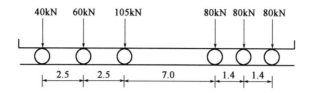

图2-32 疲劳荷载模型Ⅱ(尺寸单位:m)

当构件和连接不满足疲劳荷载模型Ⅰ的验算要求时,应根据疲劳荷载模型Ⅱ,按式(2-27)~式(2-30)进行抗疲劳验算。

$$\gamma_{Ff}\Delta\sigma_{E2} \leqslant \frac{k_s\Delta\sigma_C}{\gamma_{Mf}} \qquad (2\text{-}27)$$

$$\gamma_{Ff}\Delta\tau_{E2} \leqslant \frac{\Delta\tau_C}{\gamma_{Mf}} \qquad (2\text{-}28)$$

$$\Delta\sigma_{E2} = (1+\Delta\phi)\gamma(\sigma_{p\,max} - \sigma_{p\,min}) \qquad (2\text{-}29)$$

$$\Delta\tau_{E2} = (1+\Delta\phi)\gamma(\tau_{p\,max} - \tau_{p\,min}) \qquad (2\text{-}30)$$

式中:$\Delta\sigma_C$、$\Delta\tau_C$——疲劳细节类别(MPa),为对应于2.0×10^6次常幅疲劳循环的疲劳强度,按疲劳细节表中的疲劳细节类别取用;

$\Delta\sigma_{E2}$、$\Delta\tau_{E2}$——按2.0×10^6次常幅疲劳循环换算得到的等效常值应力幅(MPa);

γ——损伤等效系数,由验算构件、交通流量、设计寿命以及多车道效应综合确定,计算方法详见《公路钢结构桥梁设计规范》(JTG D64—2015)附录D。

疲劳荷载模型Ⅰ和疲劳荷载模型Ⅱ均可采用杆系模型,通过影响线最不利加载计算最大应力幅。

(3)疲劳荷载模型Ⅲ及抗疲劳验算

疲劳荷载模型Ⅲ为单车模型,是在欧洲规范疲劳荷载模型3的基础上修改车轮着地面积得到的。疲劳荷载模型Ⅲ适用于正交异性钢桥面板、横隔板、纵梁等桥面系构件的疲劳验算。考虑到这些构件对车轮位置更加敏感,故需要给出疲劳模型的横向轮距以及轮胎接地面积,如图2-33所示。

采用疲劳荷载模型Ⅲ时,应按式(2-31)~式(2-35)进行抗疲劳验算。

$$\gamma_{Ff}\Delta\sigma_{E2} \leqslant \frac{k_s\Delta\sigma_C}{\gamma_{Mf}} \qquad (2\text{-}31)$$

$$\gamma_{Ff}\Delta\tau_{E2} \leqslant \frac{\Delta\tau_C}{\gamma_{Mf}} \qquad (2\text{-}32)$$

$$\left(\frac{\gamma_{Ff}\Delta\sigma_{E2}}{k_s\Delta\sigma_C/\gamma_{Mf}}\right)^3 + \left(\frac{\gamma_{Ff}\Delta\tau_{E2}}{\Delta\tau_C/\gamma_{Mf}}\right)^5 \leqslant 1.0 \qquad (2\text{-}33)$$

$$\Delta\sigma_{E2} = (1 + \Delta\phi)\gamma(\sigma_{p\,max} - \sigma_{p\,min}) \quad (2\text{-}34)$$

$$\Delta\tau_{E2} = (1 + \Delta\phi)\gamma(\tau_{p\,max} - \tau_{p\,min}) \quad (2\text{-}35)$$

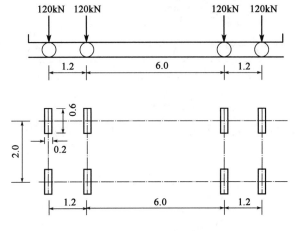

图 2-33 疲劳荷载模型Ⅲ（尺寸单位：m）

正交异性钢桥面板各疲劳细节有效影响面积范围狭小，变化幅度大，故对轮载的横向位置十分敏感。因此，采用疲劳荷载模型Ⅲ计算正交异性钢桥面板疲劳应力时，应考虑车轮在车道上的横向位置概率，如图2-34所示，加载区域1应布置在横向最不利位置。

采用疲劳荷载模型Ⅲ进行加载的具体步骤如下：

①建立正交异性钢桥面板的局部有限元模型，计算各疲劳细节的影响面。

②找出疲劳影响面上应力数值最大的点，该点所对应的影响线为加载区域1，加载区域1向两侧横向偏位0.1m对应的影响线分别为加载区域2和加载区域3，加载区域1向两侧横向偏移0.2m对应的影响线分别为加载区域4和加载区域5。

③将疲劳荷载模型Ⅲ的轮载分别加载于加载区域1~5，并分别计算出对应的 $\sigma_{p\,max,i}$ 和 $\sigma_{p\,min,i}$，其中 i 为区域编号。考虑轮载落入各区域的概率，可按式(2-36)、式(2-37)算得 $\Delta\sigma_{E2}$。

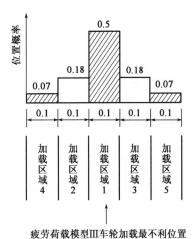

图 2-34 车轮横向位置概率（尺寸单位：m）

$$\Delta\sigma_{E2} = (1 + \Delta\phi)\gamma^3 \sqrt{0.5w_1^3 + 0.18w_2^3 + 0.18w_3^3 + 0.07w_4^3 + 0.07w_5^3} \quad (2\text{-}36)$$

$$w_i = \sigma_{p\,max,i} - \sigma_{p\,min,i} \quad (i = 1,2,3,4,5) \quad (2\text{-}37)$$

由于焊缝处残余应力很高，应力比对焊缝疲劳的影响不大。但对于栓接、铆接连接以及消除残余应力的焊接接头，应力比对疲劳寿命有明显影响，应考虑修正。这种影响在构件承受拉压循环应力时较为明显。为简化计算，当疲劳荷载产生的正应力循环为拉-压循环时，$\sigma_{p\,min}$ 应按0.6倍折减，其正应力幅按式(2-38)计算。

$$\Delta\sigma_p = \sigma_{p\max} + 0.6|\sigma_{p\min}| \tag{2-38}$$

2.6 钢桥设计准则与设计流程

2.6.1 设计准则

公路桥梁应满足安全、耐久、适用、环保、经济和美观的要求。其中,安全、耐久是最基本的要求,在保证安全和耐久的前提下,桥梁设计要优先考虑满足功能需求,即要满足适用的要求,再根据具体情况考虑环保、经济和美观的要求。环境、资源对公路桥梁建设的约束不断强化,环保问题关系到社会的可持续发展,须给予高度重视。

公路桥梁设计尚应考虑因地制宜、就地取材、便于施工和养护等因素。对于钢桥而言,设计应提出对制作、运输、安装、养护、管理等的要求,选择经济合理的结构形式,宜采用标准化、通用化的结构单元和构件,构造与连接应便于制作、安装、检查和维护,以提高施工高效性和耐久性。应充分利用钢材轻质高强、拉压同性的优势,使设计的钢桥结构轻盈,造型美观,节省钢材。

1)施工高效性设计

为提高施工高效性,钢桥设计要结合制造工艺和设备,考虑结构形式及结构细节便于制造;要结合运输条件、施工安装方案、起吊设备的最大吊重和最大吊距,考虑构件长度及重量,便于运输和架设。因此,钢桥在设计阶段就应充分考虑钢桥构件节段的划分与拼装细节和连接构造设计,以便于控制钢桥的安装精度与质量,提高施工效率和施工安全性,降低桥梁施工对交通和环境的影响。

钢桥构件节段的划分通常取决于其运输方式、吊装能力、施工架设方法和结构形式等。公路运输方式灵活便捷,但构件节段尺寸受运输线路超宽、超高和超重限制;水路运输的构件节段划分较为灵活,一般根据吊装能力和施工架设方法采用大节段或整孔节段。就结构形式而言,钢板梁、钢桁梁易于化整为零,便于公路运输;钢箱梁适合大节段水路运输。

为提高施工高效性,减少桥位处拼装连接数量和现场焊接工作量,钢桥零部件及其拼接细节与连接构造宜标准化,构件节段划分宜大型化。受运输条件限制,可在桥位附近进行二次拼装,将零部件或小节段拼装为组合节段、大节段或整孔节段,实现快速高效安装,如图2-35所示。

a)钢板组合梁组合节段

b)钢桁梁整孔节段

c)钢箱梁整孔节段

图2-35 钢桥节段划分

2）耐久性设计

钢桥耐久性设计主要是防腐设计。对既有钢桥的检查发现,腐蚀经常发生在长期暴露于湿气或者有积水、积泥的区域,这些区域通常缺少有效的自然通风,如图 2-36 所示。钢桥的防腐设计主要考虑以下两方面:一方面,选择合适的涂装材料和工艺,以阻止大气中的氧气、水分和其他腐蚀性离子对钢材的侵蚀,或者选择合适的耐候钢;另一方面,在钢桥构造设计和局部细节设计时,应减少雨水的侵入,保证足够的通风空间,避免积水、积灰,避免钢结构长期处于潮湿状态。表 2-30 给出了有利于提高钢桥耐久性的构造细节示例。对于特大钢桥的重要受力构件(如悬索桥的主缆、加劲梁等),需设计除湿设备,以保证钢桥构件处于干燥状态。

a)桥台附近通风差、易积水

b)钢板梁间距过小

c)支座处水平翼缘板和支承加劲肋附近易积水、积灰

d)水平翼缘板易积水

e)伸缩缝漏水

f)排水孔堵塞

图 2-36　钢桥易腐蚀构造细节

钢桥耐久性构造细节示例　　　　　　　　　　　表2-30

序号	构造细节	不合理	合理	说明
1	通风空间			保证钢结构有足够的通风空间
2	避免雨水滴入			避免雨水流入相邻的构件或桥墩
3	焊缝细节处理			单面焊缝容易产生间隙，易保留潮气，油漆防护难以保证，且自然通风不畅
4	翼缘防积水			竖向加劲肋在下翼缘处的切角越大越好，避免在加劲肋处积水；钢箱梁腹板延伸以避免下翼缘顶部积水
5	箱室内防积水			桥梁表面的雨水通过位于钢箱梁内部的管道进行疏散
6	悬臂板长度			适当提高桥面板悬挑长度以遮挡主梁，使其免受雨水侵蚀
7	桥面板边缘处理			在桥面板边缘处理形成泄水构造

续上表

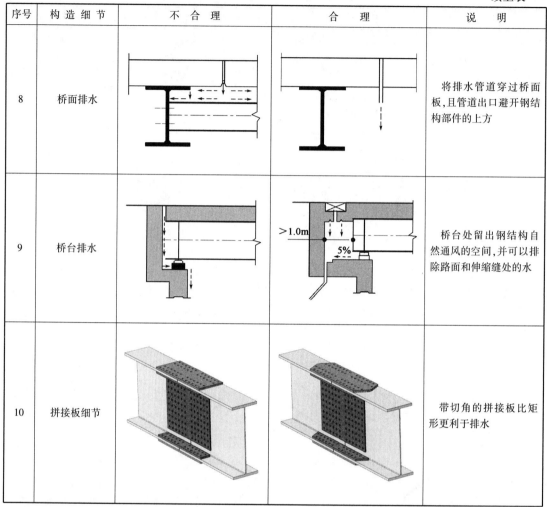

序号	构造细节	不合理	合理	说明
8	桥面排水			将排水管道穿过桥面板,且管道出口避开钢结构部件的上方
9	桥台排水			桥台处留出钢结构自然通风的空间,并可以排除路面和伸缩缝处的水
10	拼接板细节			带切角的拼接板比矩形更利于排水

3)美观性设计

根据钢桥的材料和结构特点,钢桥的美观性设计应以桥梁自身的美观及其与环境的协调为原则,其美观性应能体现结构纤细轻盈、简洁明快、流畅协调等特点。

桥梁景观设计一般按照先原则后具体、先整体后局部的顺序进行。设计过程主要包括环境调查与分析、总体景观设计、主体造型设计、构件造型设计、附属设施造型设计及景观设计评价,并注意各个设计阶段、设计内容间的关联和衔接。桥梁总体景观设计主要处理桥梁与环境的关系;桥梁主体造型设计主要处理桥梁形态与桥梁构件的关系;桥梁构件造型设计主要处理构件受力合理与截面形式的关系;附属设施设计主要处理附属设施的形态及其与桥梁主体造型的关系。不同桥型的总体景观设计、主体和构件造型设计、附属设施造型设计可参考《公路桥梁景观设计规范》(JTG/T 3360-03—2018)。

桥梁的美观性无法通过条例或计算进行评判,依赖于设计人员根据个人的创造力、审美观和对环境的理解来进行选择。下面给出的一些准则,有助于避免在进行桥梁景观设计时犯下明显的错误:

①桥梁应该适当地融入周边环境,成为周边环境的从属并产生对环境的装饰效果,而不

能只注重桥梁的自身造型,破坏周围景观。

②选择合适的构件比例会使桥梁轻巧通透,避免视觉上的笨重感。桥梁应该同时表现出次序性和规则性,避免构件次序的大量改变、停顿、中断,避免线形的不连续、横截面或跨径的突然变化。

③应注意细节的处理,尤其是附属设施对美观性的影响。例如,防排水系统的损坏会产生水渍和污渍,从而破坏桥梁的美观性;隔音屏障、人行道或管线布设不当会影响桥梁的轻盈感。

④桥梁钢结构的涂装色彩需要综合考虑所在自然环境、人文环境及桥梁主体造型的景观需求。

2.6.2 设计流程

在进行设计之前,应收集桥梁设计相关的基本资料,主要包括设计标准、线形资料、地质资料及水文资料等。

1) 设计标准

收集应遵循的主管部门批复文件、国家标准、控制性规范及条例等设计标准资料,确定桥梁采用的规范体系和设计方法,以此作为设计的总指导纲领。根据选定的规范体系确定设计活载要求、桥宽要求、净空要求等。

2) 线形资料

桥梁的线形资料一般来源于桥梁所在路线的总体设计,对于中、小跨径桥梁,平面线形一般由路线设计决定;对于大跨、特大跨径桥梁,应作为选线的控制点,桥梁的平面线形需要单独设计。大跨、特大跨桥梁的线形一般为直线,当受到地形限制且允许修建曲线桥或斜桥时,应满足相应等级路线线形的规定,斜桥斜交角度一般不大于45°,通航河流上不宜大于5°。桥梁的竖曲线一般由所在路线的竖曲线确定,并应满足桥下净空的要求。

3) 地质资料

桥位地质资料一般通过在桥位处勘探获得,主要包括地形地貌、地层岩性、水文地质条件、地质构造、不良地质区域及特殊岩性土等。地质资料不仅决定了下部结构的基本形式与最佳位置,而且影响到桥梁的结构形式。地质资料也是地基承载力、容许沉降值、基础承载力等的计算依据。

4) 水文资料

当桥梁跨越河流时,需要了解河流等级、洪水位、高低水位的周期、河床断面、河床及两岸的冲刷和淤积、河道的自然变迁等。若在河道中设置桥墩,还需要掌握河水流速、冲刷等资料。设计跨海大桥时,应掌握海洋水文资料。

此外,还需要收集桥位处气象及地震活动等相关资料,以确定风荷载、雪荷载、温度作用及地震作用。

获得桥梁设计基本资料之后,要进行钢桥结构体系及材料的选择。然后进行结构的总体布置(包括桥跨布置、横断面布置、主梁布置、联结系布置等)、结构与构件设计、结构整体验算、构件与连接的验算等。钢桥各组成部分的具体设计计算在第3章、第4章和第5章中针对不同桥型进行详细介绍。本书主要关注钢桥上部结构,不涉及支座与下部结构的设计计算等问题。

思考题

1. 容许应力法中,荷载、材料与调整系数如何确定?概率极限状态设计法中的作用分项系数和抗力分项系数如何确定?与容许应力法中各系数的确定方法有何区别?
2. 桥梁用钢选材与建筑用钢选材原则有何不同?
3. 设计基准期、设计使用年限与结构寿命有何不同?
4. 作用组合应该遵循哪些原则?哪些可变作用不同时参与组合?
5. 钢桥结构整体验算包括哪些验算内容?公路钢桥和铁路钢桥的结构整体验算有何区别?
6. 验算钢桥的竖向挠度时,若活载可能引起某跨的正负挠度,计算挠度取正负挠度的绝对值之和是否合理?能否取挠度绝对值的最大值进行验算?
7. 如何在设计阶段保证钢桥的施工高效性和耐久性?

参 考 文 献

[1] 中华人民共和国国家标准.公路工程结构可靠性设计统一标准:JTG 2120—2020[S].北京:中国建筑工业出版社,2008.

[2] 中华人民共和国国家标准.桥梁用结构钢:GB/T 714—2015[S].北京:中国标准出版社,2015.

[3] 中华人民共和国国家标准.耐候结构钢:GB/T 4171—2008[S].北京:中国标准出版社,2008.

[4] 中华人民共和国行业标准.公路桥涵设计通用规范:JTG D60—2015[S].北京:人民交通出版社股份有限公司,2015.

[5] 中华人民共和国行业标准.公路钢结构桥梁设计规范:JTG D64—2015[S].北京:人民交通出版社股份有限公司,2015.

[6] 中华人民共和国行业标准.公路桥梁景观设计规范:JTG/T 3360-03—2018[S].北京:人民交通出版社股份有限公司,2018.

[7] 中华人民共和国行业标准.铁路桥涵设计规范:TB 10002—2017[S].北京:中国铁道出版社,2017.

[8] 中华人民共和国行业标准.铁路桥梁钢结构设计规范:TB 10091—2017[S].北京:中国铁道出版社,2017.

[9] U. S. Department of Transportation. AASHTO. LRFD Bridge Design Specification[S]. Washington, 2017.

[10] U. S. Department of Transportation. Steel Bridge Design Handbook[M]. Washington, 2015.

[11] European Committee for Standardisation. Eurocode 1: Actions on structures[S]. The European Standard EN. 1991.

[12] 叶见曙.结构设计原理[M].4版.北京:人民交通出版社股份有限公司,2018.

[13] 张耀春,周绪红.钢结构设计原理[M].北京:高等教育出版社,2011.

[14] 吉伯海,傅中秋.钢桥[M].北京:人民交通出版社股份有限公司,2016.

[15] 徐君兰,孙椒红.钢桥[M].2版.北京:人民交通出版社股份有限公司,2017.
[16] 刘龄嘉.桥梁工程[M].北京:人民交通出版社股份有限公司,2017.
[17] 拉伯特,赫特.钢桥 钢与钢—混组合桥梁概念和结构设计[M].葛耀君,苏庆田,译.北京:人民交通出版社,2014.

第 3 章
钢板组合梁桥

3.1 结构组成与特点

3.1.1 结构组成

钢板组合梁是由焊接或轧制工字形截面钢梁与混凝土桥面板通过剪力连接件形成共同受力的梁式结构,以钢板组合梁为主要承重结构的梁桥称为钢板组合梁桥。钢板组合梁桥的上部结构由混凝土桥面板、钢板梁、横向联结系及纵向联结系组成,如图 3-1 所示。其中,混凝土桥面板除作为主要承重结构外,同时提供行车空间和承受车轮局部荷载。

横向联结系布置于桥梁横向平面内,一般与腹板的横向加劲肋相连,根据结构形式分为桁架式和框架式横向联结系,前者简称横联,后者简称横梁,布置在支承位置时称为端横联(端横梁),布置在跨内时称为中横联(中横梁)。横向联结系的主要作用是提高钢板梁的抗扭性能及横桥向的整体性,端横联(端横梁)还起到将水平荷载和扭矩传递到支座、为钢板梁提供转动约束的作用。

纵向联结系简称纵联,布置于钢板梁上、下翼缘平面内,与腹板连接。靠近上翼缘位置的称为上部水平纵向联结系(简称上平纵联),靠近下翼缘位置的称为下部水平纵向联结系(简称下平纵联)。纵向联结系能够承担水平荷载,并给钢板梁提供有效的侧向支撑,提高其稳定性。

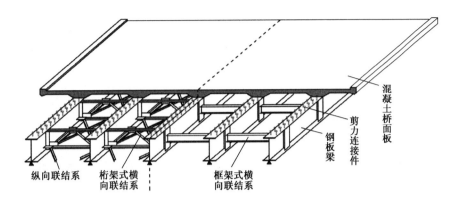

图 3-1 钢板组合梁桥的组成

3.1.2 特点及适用跨径

1)结构特点

简支钢板组合梁的混凝土桥面板受压、钢板梁主要受拉,能够有效发挥混凝土桥面板和钢板梁各自的材料特性;钢板组合梁桥为开口截面,单片钢梁抗扭能力较弱,但其构造简单、维养方便。

2)施工特点

钢板组合梁桥预制单元划分和组装方式灵活。施工架设时,可采用先钢梁后桥面板的分步施工方法,即先架设钢板梁和联结系,后利用钢板梁为作业平台现浇桥面板或安装预制桥面板,如图 3-2a)所示;也可将钢梁与桥面板整体预制后架设,以提高施工效率,如图 3-2b)所示。

a)先钢梁后桥面板分步施工　　　　b)钢梁与桥面板整体预制后架设

图 3-2 钢板组合梁桥施工

3)适用跨径

简支钢板组合梁桥的经济跨径一般在 45m 以下,等截面连续钢板组合梁桥跨径不宜大于 80m,变截面连续钢板组合梁桥跨径不宜大于 125m。

3.2 结构布置与构造

3.2.1 总体布置

钢板组合梁桥的总体布置,是在满足净空和路线线形要求的前提下,确定结构体系与分孔布置、钢板梁的间距与数量、横向联结系和纵向联结系的位置与数量等。

1) 结构体系与分孔布置

简支钢板组合梁桥一般采用等梁高布置,适用于跨径较小的情况。为减少伸缩缝数量,提高行车舒适性,可采用桥面连续的构造。

为了标准化设计、制作,连续钢板组合梁桥宜采用等跨、等梁高布置,如图 3-3a) 所示,适用于桥梁跨数较多、跨径较大的情况,这样亦便于顶推法施工。当跨径大于 50m 时,应根据结构受力需要,综合桥位地形、地质条件和施工方法等因素,研究合适的边中跨比和梁高变化方式,采用不等跨、变梁高布置如图 3-3b) 所示。

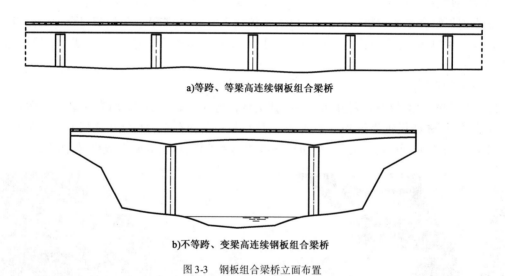

a) 等跨、等梁高连续钢板组合梁桥

b) 不等跨、变梁高连续钢板组合梁桥

图 3-3 钢板组合梁桥立面布置

2) 钢板梁的间距与数量

钢板梁的间距与数量将影响主梁截面高度、桥面板跨径及板厚等设计参数。根据钢板梁的横向布置数量,钢板组合梁桥的主梁形式可分为双主梁与多主梁。

双主梁形式多用于 2~3 车道的桥梁,横向布置两片钢板梁,间距一般为桥面宽度的 0.5~0.55 倍,截面布置如图 3-4 所示。双主梁构造简单,能够减少钢结构工厂制作、现场安装的作业量,可有效提高桥梁的施工效率。

在桥面较宽、桥梁净空受限或结构运输、施工装备能力受限的情况下,可采用多主梁形式,如图 3-5 所示。根据需要,钢板梁可按奇数或偶数布置。当采用偶数布置时,可将两片钢板梁连接形成整体施工,以增强钢板梁稳定性,同时可以减少吊装次数、提高施工效率。

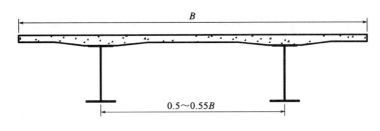

图 3-4　双主梁钢板组合梁截面布置

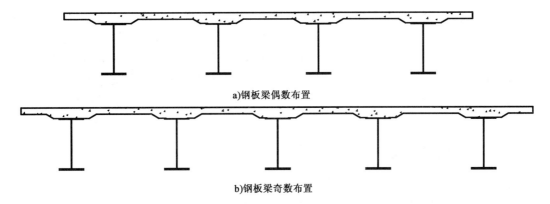

a)钢板梁偶数布置

b)钢板梁奇数布置

图 3-5　多主梁钢板组合梁

3)联结系布置

(1)横向联结系

《公路钢结构桥梁设计规范》(JTG D64—2015)规定,钢板组合梁桥在支承处必须设置端横联(端横梁),支承间通常需要设置 1~3 道中横联(中横梁)。

横联及横梁的构造形式如图 3-6a)、图 3-6b)所示。横联为桁架式结构,杆件以轴向受力为主;横梁为框架式结构,杆件则以受弯为主。横向联结系的具体形式可根据横向联结系钢材用量、节点连接构造的现场安装效率等因素来选择。

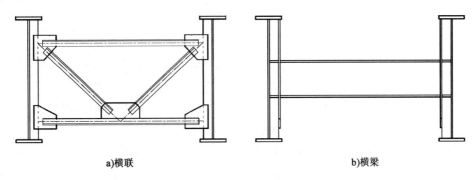

a)横联　　　　　　　　　　　　　　b)横梁

图 3-6　横向联结系

在双主梁钢板组合梁桥中,当钢板梁间距较大时,为减小桥面板的跨度和厚度,可增加横梁尺寸,并将横梁上置支撑桥面板,如图 3-7 所示。此时,桥面板可视为支撑在横梁上的单向板或支撑在纵、横梁格上的双向板,上置的横梁兼做横向联结系和支撑桥面板的梁格,横梁间距一般根据桥面板支撑间距的需要确定。

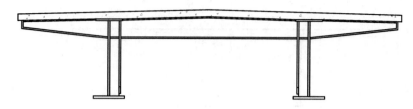

图 3-7 横梁支撑桥面板

（2）纵向联结系

纵向联结系可以将地震、风荷载等水平力传递至支座，并提高钢板梁抵抗侧向弯扭失稳的性能。对于跨径较大的钢板组合梁，应通过计算确定是否在钢板梁受压翼缘平面设置纵向联结系，以保证钢梁架设过程中的稳定性。对于曲线桥或结构承受较大横向荷载时，同样应根据计算确定是否设置上、下平纵联。由于桥面板能够为钢板梁提供很大的侧向刚度，在桥面板安装完成后，可取消钢板组合梁的上平纵联。对于跨径较小且有强大的横向联结系时，下平纵联也可省略。

3.2.2 钢板梁构造

1）翼缘

钢板梁翼缘尺寸可以根据竖向弯矩分布进行调整，以节省钢材。翼缘尺寸的调整通常采用变厚的方式，为方便顶推施工和桥面板模板搭设，一般翼缘外侧保持对齐并向腹板方向变厚，如图 3-8a)所示。应综合考虑用钢量及连接成本确定翼缘变厚的次数，可参考图 3-8b)。当所需的翼缘板厚超过钢板的最大允许厚度时，可以采用翼缘变宽或外贴翼缘钢板的方式来调整翼缘尺寸。

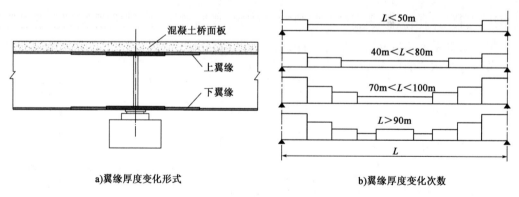

a)翼缘厚度变化形式　　　　　　　　b)翼缘厚度变化次数

图 3-8 钢板梁翼缘厚度变化示意

钢板梁翼缘尺寸应满足《公路钢结构桥梁设计规范》(JTG D64—2015)的规定：焊接钢板梁受压翼缘的伸出肢宽不宜大于 40cm，也不应大于其厚度的 $12\sqrt{345/f_y}$ 倍；受拉翼缘的伸出肢宽不应大于其厚度的 $16\sqrt{345/f_y}$ 倍，其中，f_y 为钢材屈服强度。同时，翼缘板的面外惯性矩宜满足下式要求：

$$0.1 \leqslant \frac{I_{zc}}{I_{zt}} \leqslant 10 \tag{3-1}$$

式中：I_{zc}、I_{zt}——受压翼缘和受拉翼缘对竖轴的惯性矩。

2) 腹板及加劲肋

腹板的最小厚度应根据截面抗剪需要确定,一般不小于12mm。腹板高度根据抗弯设计需要确定,提高腹板高度可以提高截面抗弯能力,但会使腹板高厚比增大,降低腹板稳定性。为防止腹板失稳,可根据构造和计算要求确定腹板纵、横向加劲肋的设置。

《公路钢结构桥梁设计规范》(JTG D64—2015)规定,对于Q235和Q345钢,腹板厚度分别大于$\eta h_w/70$和$\eta h_w/60$时,腹板可不设置加劲肋,当不满足条件时,应根据表3-1的要求设置腹板加劲肋。

腹板最小厚度　　　　　表3-1

构造形式	钢材品种	
	Q235	Q345
不设横向加劲肋及纵向加劲肋时	$\dfrac{\eta h_w}{70}$	$\dfrac{\eta h_w}{60}$
仅设横向加劲肋,但不设纵向加劲肋时	$\dfrac{\eta h_w}{160}$	$\dfrac{\eta h_w}{140}$
设横向加劲肋和一道纵向加劲肋时	$\dfrac{\eta h_w}{280}$	$\dfrac{\eta h_w}{240}$
设横向加劲肋和两道纵向加劲肋时	$\dfrac{\eta h_w}{310}$	$\dfrac{\eta h_w}{310}$

注:1. h_w为腹板计算高度,对焊接梁为腹板的全高,对铆接梁为上、下翼缘角钢内排铆钉线的间距。

2. η为折减系数,$\eta = \sqrt{\tau/f_{vd}}$,但不得小于0.85。$\tau$为基本组合下的腹板剪应力。

腹板加劲肋包括横向加劲肋和纵向加劲肋,如图3-9所示。

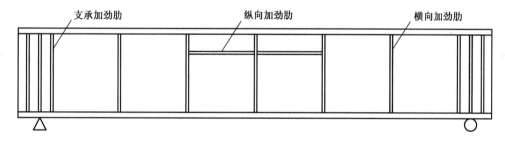

图3-9 腹板加劲肋

横向加劲肋可以防止腹板因主压应力过大发生剪切失稳,同时可作为横向联结系与钢板梁的连接板。根据布置位置,横向加劲肋可以分为支承加劲肋和支承间的横向加劲肋,支承加劲肋还能提高钢板梁支点处的局部承压能力,防止支点处发生局部屈曲。横向加劲肋布置间距需要满足《公路钢结构桥梁设计规范》(JTG D64—2015)第5.3.3-2条规定,设计方法见3.4.3节。

纵向加劲肋可以防止腹板在弯曲压应力作用下发生局部失稳。腹板高厚比较大时,应在腹板受压区布置纵向加劲肋。《公路钢结构桥梁设计规范》(JTG D64—2015)规定了腹板纵向加劲肋的布置方式,如图3-10所示。当腹板仅设置一道纵向加劲肋时,宜布置在距受压翼缘$0.2h_w$处(h_w为腹板净高度);当设置两道纵向加劲肋时,分别布置在距受压翼缘$0.14h_w$处和$0.36h_w$处最为有效。

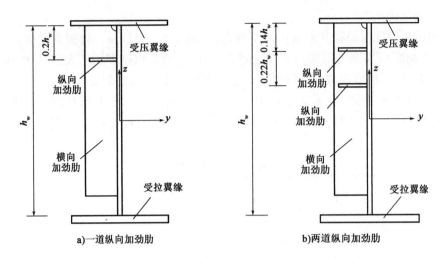

图 3-10 腹板纵向加劲肋布置

腹板加劲肋尺寸应满足《公路钢结构桥梁设计规范》(JTG D64—2015)的规定,当加劲肋在腹板单侧布置尺寸受限时,可以双侧布置。

①腹板横向加劲肋惯性矩应满足下式要求:

$$I_t \geqslant 3h_w t_w^3 \tag{3-2}$$

式中:I_t——腹板两侧对称设置横向加劲肋时,为横向加劲肋截面对腹板中线的惯性矩;腹板单侧设置横向加劲肋时,为横向加劲肋截面对腹板与加劲肋的连接线的惯性矩,如图3-11所示;

t_w——腹板的厚度;

h_w——腹板的净高度。

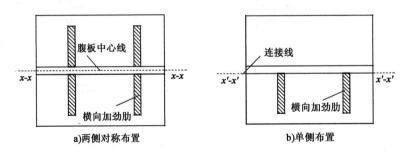

图 3-11 横向加劲肋

②腹板纵向加劲肋惯性矩应满足下式要求:

$$I_l = \xi_1 h_w t_w^3 \tag{3-3}$$

$$\xi_1 = \left(\frac{a}{h_w}\right)^2 \left[2.5 - 0.45\left(\frac{a}{h_w}\right)\right] \geqslant 1.5 \tag{3-4}$$

式中:I_l——腹板对称设置纵向加劲肋时,为纵向加劲肋截面对腹板中线的惯性矩;腹板单侧设置纵向加劲肋时,为纵向加劲肋截面对腹板与加劲肋的连接线的惯性矩,如图3-12所示;

ξ_1——小于1.5时取1.5;

a——腹板横向加劲肋的间距。

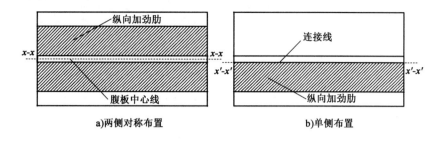

图 3-12　纵向加劲肋

腹板加劲肋构造还需满足以下要求：①横向加劲肋与纵向加劲肋相交时，横向加劲肋宜连续通过；②横向加劲肋应设在距腹板拼接焊缝不小于 $10t_w$ 或不小于 100mm 的位置；③纵向加劲肋及其焊缝应连续通过腹板拼接焊缝；④横向加劲肋与钢梁的翼缘焊接时，应将加劲肋切出不大于 5 倍腹板厚度的倒角。

3）钢板梁的拼接

钢板梁需要根据运输条件、施工要求划分节段，节段间拼接可采用焊接或螺栓连接的方式，拼接位置应避开应力水平较高的截面。

（1）焊接

钢板梁焊接拼接构造如图 3-13 所示。《公路钢结构桥梁设计规范》（JTG D64—2015）规定：①翼缘板拼接焊缝与腹板拼接焊缝错开距离不宜小于 10 倍腹板厚度，以避免焊缝集中；②若拼接截面板件变宽或变厚，为避免应力集中，当尺寸相差 4mm 以上时，应在宽度方向或厚度方向一侧或两侧做成坡度不大于 1∶5 的倾角进行焊接过渡；当尺寸相差 4mm 以内时，可以采用焊缝表面斜坡过渡。

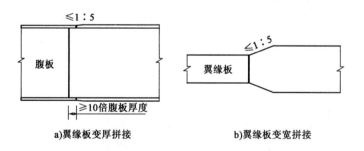

图 3-13　钢板梁焊接拼接构造

（2）螺栓连接

翼缘板采用螺栓拼接时，应在翼缘板外表面设置一块拼接板，在翼缘板内表面腹板两侧各设置一块拼接板，拼接板应与翼缘板外边线平齐。螺栓应在满足受力和构造等要求下尽可能布置得紧凑，以减小拼接板的尺寸。翼缘板拼接螺栓布置形式如图 3-14 所示，其中图 3-14a）～图 3-14b）为螺栓平行布置，图 3-14c）为端部螺栓交错布置、其余平行布置。

采用螺栓进行腹板拼接时，应在腹板两侧均设置拼接板，螺栓平行布置，如图 3-15 所示。腹板的连接螺栓直接承担竖向剪力，靠近翼缘板位置的螺栓还需承担弯矩产生的水平剪力。

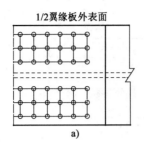 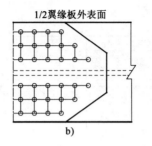 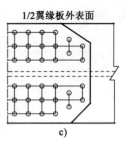

图 3-14 翼缘板拼接螺栓布置形式

3.2.3 混凝土桥面板构造

1）一般构造

(1) 承托构造

当钢板梁间距较大时,可通过设置承托来满足桥面板的受力需要。承托的设置可以在桥面板自重增加较小的情况下调整桥面横坡和超高的变化,同时可以适应钢板梁翼缘板顶面不等高的情况。桥面板承托如图 3-16 所示,外形尺寸及构造可参照《公路钢混组合桥梁设计与施工规范》(JTG/T D64-01—2015)的规定:

①当承托高度在 80mm 以上时,应在承托底侧布置横向加强钢筋。

②承托边缘距剪力连接件外侧的距离不得小于 40mm,承托外形轮廓应在由最外侧连接件根部起的 45°角线的界限以外。

③下层横向钢筋距钢板梁上翼缘不应大于 50mm,连接件抗掀起端底面高出下层横向钢筋的距离 h_{e0} 不得小于 30mm,下层横向钢筋间距不应大于 $4h_{e0}$ 且不应大于 300mm(不设承托桥面板构造也需满足此条)。

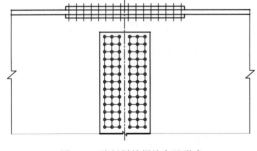

图 3-15 腹板拼接螺栓布置形式　　图 3-16 承托构造(尺寸单位:mm)

(2) 梁端板构造

梁端桥面板厚度一般为 35~40cm,以满足伸缩缝安装的需要。对于横向变厚设计的桥面板,一般在梁端约 1m 范围内加厚至承托厚度,如图 3-17a)所示。若厚度仍不满足要求,可将梁端钢板梁高度适当降低,如图 3-17b)所示。对于横向等厚设计的桥面板,若厚度不满足要求,可将桥面板伸出梁端外侧加厚,如图 3-17c)所示。另外,梁端桥面板还需伸出钢板梁 20~30cm,用于安装排水设备。

(3) 桥面板钢筋

钢板组合梁桥面板既参与结构整体受力,也承受车轮局部荷载,因此,桥面板配筋需同时满足上述两种承载需求。

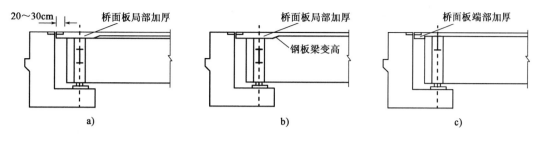

图 3-17 梁端伸缩缝处桥面板构造

桥面板按局部承载要求配筋时,对于支承于钢板梁上的桥面板,一般横向钢筋为主筋,布置于纵向钢筋外侧,如图 3-18 所示。当钢板梁间距较大时,桥面板可根据需要设置横向预应力钢筋。对于支承于横梁的桥面板,一般纵向钢筋为主筋,为使主筋有更长的力臂,纵向钢筋可以布置在横向钢筋外侧,如图 3-19 所示。

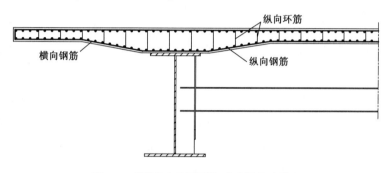

图 3-18 无横梁支承桥面板一般钢筋构造形式

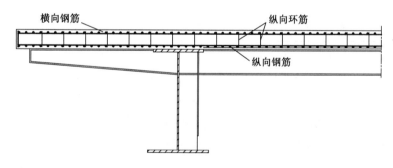

图 3-19 横梁支承桥面板一般钢筋构造形式

桥面板按整体受力要求配筋时,在组合梁正弯矩区,纵向钢筋一般为受压钢筋,通常根据构造要求设计。在负弯矩区,上缘纵向钢筋对桥面板抗裂作用较大,应按抗裂要求配筋。桥面板上缘纵向钢筋应伸过主梁的正负弯矩的交界处,并满足《公路钢筋混凝土及预应力混凝土桥涵设计规范》(JTG 3362—2018)规定的锚固长度要求。桥面板下缘纵向钢筋应在支座处连续配置,不得中断。

桥面板还同时承担钢-混组合界面剪力连接件引起的纵向剪力,其抗剪承载能力很大程度上受到横向钢筋的影响,为保证组合梁在达到承载能力极限状态之前不发生纵向剪切破坏,并考虑到长期效应和混凝土收缩徐变等不利因素的影响,《公路钢混组合桥梁设计与施工规范》(JTG/T D64-01—2015)规定,桥面板横向钢筋需要满足最小配筋率要求,同时,单位长度桥面板内横向钢筋总面积还需满足下式要求：

$$A_e > \frac{\eta b_f}{f_{sd}} \quad (3-5)$$

式中：A_e——单位长度内垂直于主梁方向上的钢筋截面面积（mm^2/mm），按图 3-20 和表 3-2 取值；

η——系数，$\eta = 0.8 N/mm^2$；

b_f——纵向抗剪界面在垂直于主梁方向上的长度，按图 3-20 所示的 a-a、b-b、c-c 和 d-d 连线在剪力连接件以外的最短长度取值（mm）；

f_{sd}——普通钢筋强度设计值（MPa）。

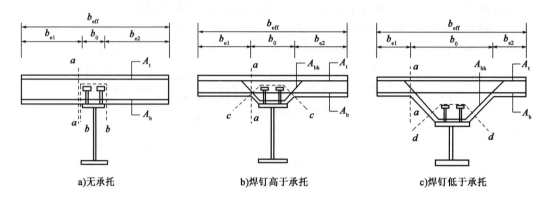

图 3-20 混凝土桥面板纵向抗剪界面

单位长度内垂直于主梁方向上的钢筋截面积　　　表 3-2

剪切面	a-a	b-b	c-c	d-d
A_e	$A_b + A_t$	$2A_b$	$2(A_b + A_{bh})$	$2A_{bh}$

2）现浇混凝土桥面板

现浇混凝土桥面板施工时需要搭设模板进行混凝土现浇作业，如图 3-21 所示。当模板无法由钢板梁完全支撑时，还需设置落地支架。现浇混凝土桥面板的整体性好，但现场模板施工与混凝土浇筑工作量大。混凝土硬化后的收缩会受到钢板梁约束，引起桥面板拉应力，应从材料配合比、加强养护等方面采取措施减缓混凝土桥面板的收缩。

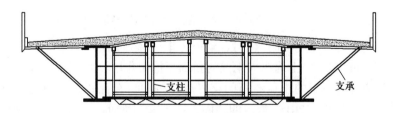

图 3-21 现浇混凝土桥面板

3）预制混凝土桥面板

预制混凝土桥面板在钢梁施工完成后安装，并在预留剪力槽和湿接缝处浇筑混凝土，使钢梁与桥面板连接形成整体，其构造如图 3-22 所示。预制桥面板可以减小现场混凝土浇筑作业量，减少模板和临时支撑数量，加快施工速度。通常采用吊装施工，也可采用顶推施工法。

预制混凝土桥面板宜存放 6 个月以上,以减少混凝土收缩产生的附加应力。剪力槽及湿接缝浇筑宜采用低收缩或收缩补偿混凝土,需采用有效的养护措施保证混凝土成型质量。

与现浇混凝土桥面板相比,预制混凝土桥面板与钢梁上翼缘存在缝隙,通常可采用两种方法解决:一种是灌浆法,即在桥面板架设完成后,在剪力槽灌注水泥砂浆填满缝隙;另一种是采用图 3-23 所示的铺浆法,即在桥面板架设前,在钢板梁上翼缘摊铺水泥砂浆,通过桥面板自重压实缝隙。

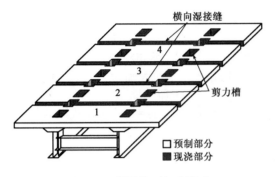

图 3-22 预制混凝土桥面板构造　　　　图 3-23 铺浆法处理界面缝隙

(1) 桥面板分块

预制桥面板分块尺寸需根据钢板梁上翼缘及横向联结系形成的格构确定。如图 3-24 所示,可将桥面板沿桥梁纵、横向划分成预制悬臂单元(A 号板、C 号板)和预制中心单元(B 号板),当梁间距较大时,中心单元也可分为多块,但会增加接缝的数量。如图 3-25 所示,也可将桥面板仅沿桥梁横向划分为全宽预制单元,这样能够保证桥面板横向的整体性,减少接缝数量,提高安装效率,但对吊装能力有较高要求。

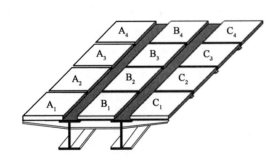
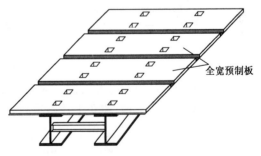

图 3-24 分块预制混凝土桥面板　　　　图 3-25 全宽预制混凝土桥面板

(2) 湿接缝构造

湿接缝是保证预制桥面板整体性的关键构造,其构造形式需要保证接缝受力的可靠性和耐久性,同时方便接缝内钢筋现场连接及混凝土浇筑。

目前,常用湿接缝形式为环形钢筋湿接缝,根据布置位置不同,可分为两种形式:一是湿接缝位于钢板梁或横梁上缘,如图 3-26 所示,钢板梁或横梁支承预制桥面板,并作为模板使用,这种湿接缝形式需要避免接缝钢筋与剪力连接件发生碰撞;二是湿接缝不在钢板梁或横梁上缘,此时需采用吊挂模板法施工,如图 3-27 所示。

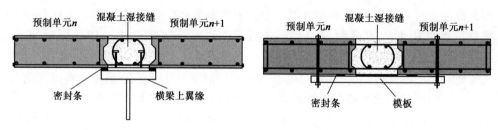

图 3-26　直接支承在钢板梁或横梁上翼缘的湿接缝　　　图 3-27　吊挂模板法施工湿接缝

湿接缝可采用图 3-28 所示的形式,湿接缝处桥面板底部伸出一定长度的悬臂牛腿,缝隙采用沥青玛蹄脂填充,作为混凝土浇筑模板。

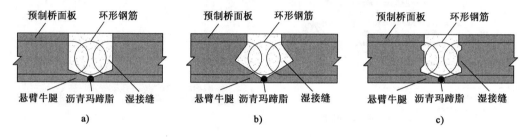

图 3-28　有悬臂牛腿的环形钢筋湿接缝

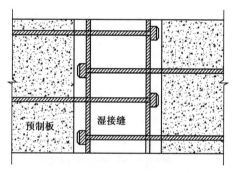

图 3-29　直钢筋湿接缝构造

湿接缝也可采用图 3-29 所示的形式,连接钢筋采用直钢筋,但桥面板之间的传力仅通过钢筋与混凝土之间的黏结作用,因此湿接缝宽度通常较大。这种湿接缝构造简单,现场焊接工作量少,施工快速。

(3) 剪力槽构造

全宽预制桥面板需要在预制时预留剪力槽,焊钉在对应剪力槽位置集中布置,通过在剪力槽内浇筑混凝土使桥面板与钢板梁连接。根据形状剪力槽可分为矩形和圆形剪力槽,如图 3-30 所示。矩形剪力槽尺寸一般为 30~80cm,剪力槽内需通过钢筋,因此,要注意钢筋与焊钉碰撞问题;圆形剪力槽尺寸较矩形剪力槽小,相应焊钉数量也较少,桥面板钢筋一般不通过剪力槽,避免上述碰撞问题。

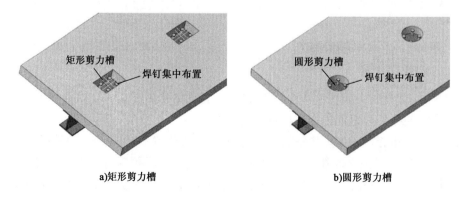

a) 矩形剪力槽　　　　　　　　b) 圆形剪力槽

图 3-30　剪力槽布置形式

3.2.4 联结系构造

1)横向联结系

(1)横联

横联由上横杆、下横杆、斜杆与钢板梁腹板的横向加劲肋连接组成。上、下横杆多采用角钢或T形钢,斜杆多采用角钢。横联的结构形式通常为V形,如图3-31所示。V形横联斜杆可以支撑下横杆,也可支撑上横杆,当桥面板需要竖向支撑时应采用后者。

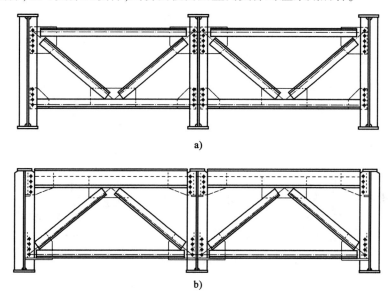

图3-31 V形横联

横联杆件通过连接板与横向加劲肋螺栓连接。图3-32所示为横联上、下横杆与横向加劲肋的连接构造,其中,图3-32a)为上横杆采用角钢的连接构造;图3-32b)、图3-32c)分别为下横杆采用T形钢和角钢的连接构造;图3-32d)、图3-32e)分别为钢板梁有高差时上、下横杆的连接构造。

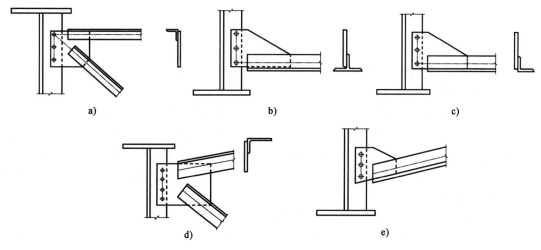

图3-32 横联、横杆与钢板梁腹板的连接

(2)横梁

横梁与钢板梁腹板的横向加劲肋连接,可以采用轧制 H 型钢或焊接工字钢。

①中横梁。当中横梁布置在腹板中部时,横梁的高度一般为 400~700mm;当中横梁需要支承桥面板时,梁高可取钢梁腹板间距的 1/12 左右。

横梁与横向加劲肋的连接构造如图 3-33 所示。为提高横向加劲肋的抗弯刚度,一般采用 T 形加劲肋。T 形加劲肋的腹板及翼缘顶部均与钢梁上翼缘焊接,其翼缘底部与钢板梁下翼缘断开,以降低疲劳风险。T 形加劲肋内应设置填补加劲肋,以提高横梁与横向加劲肋连接节点的刚度,填补加劲肋应与横梁翼缘对齐。若横向加劲肋尺寸较大,填补加劲肋焊缝长度满足荷载传递要求时,可采用三角板形式,这样只焊接两边,可以减少焊接约束,如图 3-34a)所示,否则需采用矩形板,焊接三边,如图 3-34b)所示。

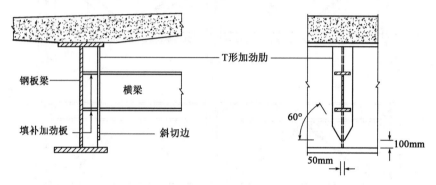

图 3-33 横梁与横向加劲肋的连接构造

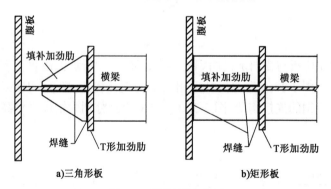

图 3-34 横梁延伸加劲板

对于支撑桥面板的横梁,为保证焊缝质量、避免疲劳问题,通常在横梁上翼缘设置圆弧倒角与钢板梁上翼缘熔透焊接,其构造如图 3-35 所示。

②端横梁。钢板组合梁桥的中横梁一般做成统一的形式,端横梁根据计算或构造需要进行加强。不支撑桥面板的端横梁梁高应增加至 600~1600mm;支撑桥面板的端横梁可采取以下三种构造措施进行加强:直接增加腹板间横梁高度[图 3-36a)];增设下横杆及斜撑,形成桁架式横向联结系[图 3-36b)];在两侧腹板处增设三角形加劲板[图 3-36b)]。

2)纵向联结系

常见纵向联结系的形式包括交叉形、菱形及 K 形,如图 3-37 所示。纵向联结系的斜杆可以采用单个或成对的角钢或槽钢等。对于仅在施工阶段使用的临时纵向联结系,杆件承受的荷载较小时,也可采用圆钢管代替。

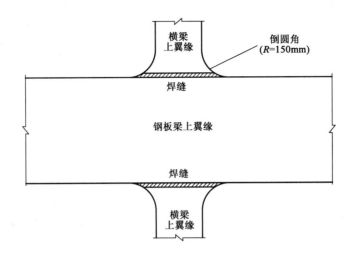

图 3-35　横梁上翼缘与钢板梁上翼缘的连接

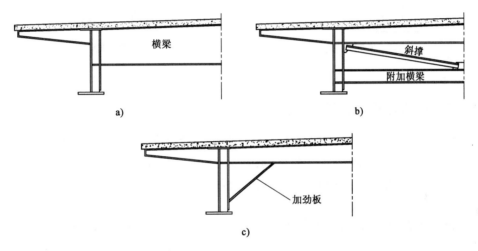

图 3-36　支点附近的横梁结构断面

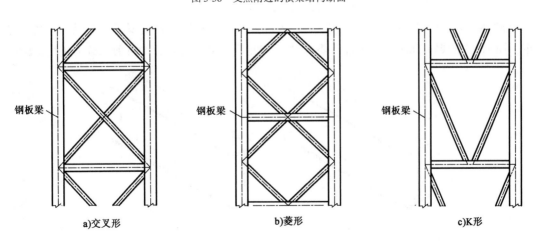

图 3-37　纵向联结系的形式

钢板梁受弯时,翼缘的拉压变形会带动纵向联结系沿纵桥向拉伸或压缩,进而产生次内力。对于上述三种构造形式,交叉形对次内力最敏感,菱形次之,K形的次内力可以忽略。因此,当钢板梁翼缘应力水平较高时,宜采用K形;当纵向联结系仅在施工阶段使用时,上述三种形式均可适用。

纵向联结系与钢板梁采用连接板连接,连接板位于纵向联结系平面内并焊接于腹板。为方便安装,纵向联结系杆件应设置于连接板的上侧,与连接板采用螺栓连接,如图3-38a)所示。纵向联结系、横向联结系平面布置方式如图3-38b)所示,所有杆件的形心应尽可能交于一点。

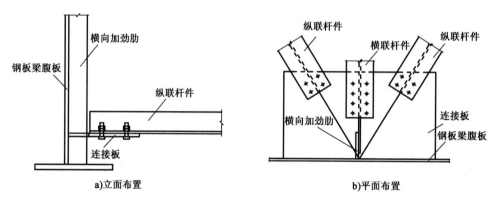

图 3-38 纵向联结系的连接

3.2.5 剪力连接件构造

钢板组合梁剪力连接件需要满足如下功能要求:①能够有效传递混凝土桥面板和钢板梁界面之间的剪力;②能够防止混凝土板掀起;③安装方便、施工快捷、经济合理。剪力连接件的形式很多,最常用的为焊钉连接件和开孔钢板连接件。

1) 焊钉连接件

常用焊钉的直径为16mm、19mm和22mm,当钢-混组合界面剪力较大时可以采用25mm直径的焊钉。焊钉的布置形式分为均匀布置和集中布置两种,如图3-39a)、图3-39b)所示。当采用现浇桥面板或分块预制桥面板(湿接缝位于钢梁上翼缘)时,焊钉连接件应均匀布置;当采用全宽预制桥面板时,焊钉连接件应集中布置,各簇焊钉纵向布置间距根据桥面板槽口位置确定,当一个槽口内的焊钉间距不满足规范要求时,应考虑群钉效应对焊钉的抗剪承载力进行折减。

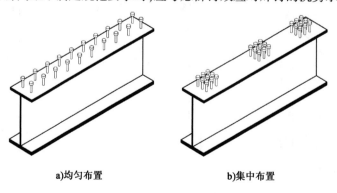

图 3-39 焊钉连接件的布置

2)开孔钢板连接件

开孔钢板连接件(也称为PBL连接件)是将开孔钢板沿受力方向布置,利用钢板孔中混凝土及孔中贯通钢筋的销栓作用来承担钢-混组合界面的剪力及拉拔力,如图3-40所示。

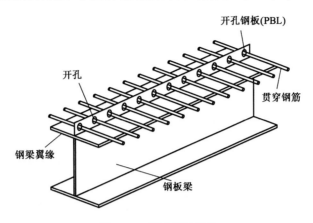

图3-40　开孔钢板连接件

开孔钢板连接件具有以下特点:①开孔钢板采用双边角焊缝与钢板梁上翼缘焊接,焊接方便可靠,沿翼缘纵向布置,可以起到加劲板的作用;②与焊钉连接件相比,抗剪刚度、强度较大。

3.3　结构简化计算

3.3.1　主梁简化计算

如图3-41a)所示,当桥面作用荷载P时,荷载会在x和y两个方向传递,荷载对结构主梁的某一截面产生的内力S可表示为$S = P \cdot \eta(x,y)$,式中的双值函数$\eta(x,y)$即为结构在该点精确的内力影响面。为简化计算,设计中通常把影响面$\eta(x,y)$分离成两个单值函数的乘积,即

$$S = P \cdot \eta(x,y) \approx P \cdot \eta_2(y) \cdot \eta_1(x) \tag{3-6}$$

式中:S——主梁某一截面的内力值;

$\eta_1(x)$——主梁沿纵桥向某一截面的内力影响线;

$\eta_2(y)$——主梁荷载横向分布影响线。

通过式(3-6),可使桥梁空间结构的受力分析用荷载横向分布影响线$\eta_2(y)$结合主梁平面内力影响线$\eta_1(x)$来近似代替,即把空间结构的内力计算问题合理地转化为平面问题。$P \cdot \eta_2(y)$就是P作用于a点时沿横向分布给某主梁的荷载,若以P'表示,即$P' = P \cdot \eta_2(y)$,进一步按影响线法即可求得该主梁截面的内力值,如图3-41b)所示。设计中通常引入荷载横向分布系数m来计算横桥向各片梁分担的荷载。需要说明的是,这里的主梁是指单片钢板梁与对应混凝土桥面板形成的组合梁,桥面板的宽度应取有效宽度,具体计算方法见3.4.2节。

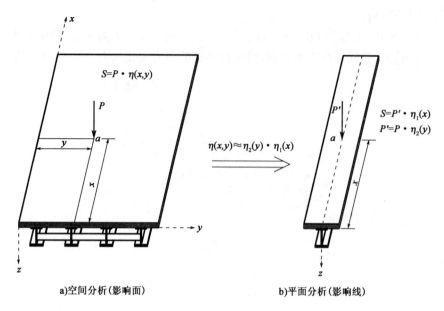

a)空间分析(影响面)　　　　　b)平面分析(影响线)

图 3-41　荷载作用下钢板组合梁的内力计算

3.3.2　桥面板简化计算

桥面板支承于钢板梁或钢板梁与横梁组成的梁格之上,承担车轮局部荷载。根据桥面板的支承情况,可将桥面板简化为单向受力板(单向板)或双向受力板(双向板)进行内力计算及配筋设计。通常将长宽比大于或等于 2 的周边支承板视为由短跨承受荷载的单向板,将长宽比小于 2 的周边支承板视为两个方向均承受荷载的双向板。当桥面板仅支承于钢板梁时,可视为横向传力的单向板,如图 3-42a)、图 3-42b)所示;对于桥面板同时支承于横梁和钢板梁的双主梁桥,若钢板梁间距 $S>2l$(l 为横梁间距),则可将桥面板视为沿纵向传力的单向板,如图 3-42c)所示,否则为双向板。悬臂桥面板长度 d 通常较小,一般均为沿横向传力的悬臂板。

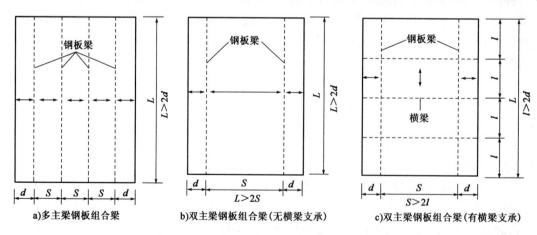

a)多主梁钢板组合梁　　　　b)双主梁钢板组合梁(无横梁支承)　　　　c)双主梁钢板组合梁(有横梁支承)

图 3-42　钢板组合梁桥中桥面板的力学模型

当车轮荷载作用在桥面时,车轮压力会通过桥面铺装扩散后传递到混凝土桥面板上。与轮压分布宽度相比,桥面板的计算跨径并不是很大,故在计算中应将轮压作为分布荷载考虑。

轮压在桥面板上会形成一个作用面积为 $a_1 \times b_1$ 的矩形分布荷载,作用面积由标准车辆轴重确定,见表3-3。

车辆荷载和轮压作用面积　　　　　表3-3

项　目	标准轴重(kN)	车轮着地宽度及长度(m×m)
前轴	30	0.3×0.2
中轴	2×120	0.6×0.2
后轴	2×140	0.6×0.2

单向板在轮压下,弯矩会向垂直于板跨径的方向传递,使得弯矩引起的效应在轮压处较大,向垂直于跨径方向的两边逐渐减小,这种弯曲效应的不均匀分布通常引入荷载分布宽度 a 进行计算,以此板宽来承受车轮荷载产生的总弯矩,如图3-43所示。荷载分布宽度根据《公路钢筋混凝土及预应力混凝土桥涵设计规范》(JTG 3362—2018)第4.2.3条的规定计算。

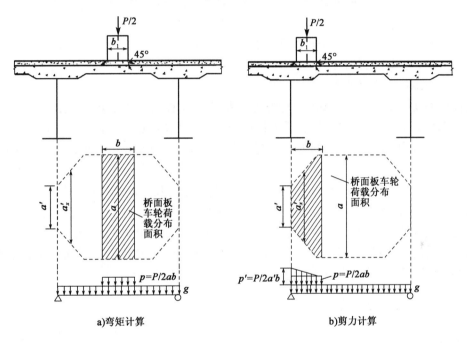

a)弯矩计算　　　　　b)剪力计算

图3-43　单向板弯矩计算简图

① 平行于板跨径方向的荷载分布宽度。

$$b = b_1 + 2h_p \tag{3-7}$$

② 垂直于板跨径方向的荷载分布宽度。

单个车轮荷载在板的跨径中部时:

$$a = (a_1 + 2h_p) + \frac{l}{3} \geqslant \frac{2}{3}l \tag{3-8}$$

多个相同车轮在板的跨径中部时,当各单个车轮按式(3-8)计算的荷载分布宽度有重叠时:

$$a = (a_1 + 2h_p) + d + \frac{l}{3} \geqslant \frac{2}{3}l + d \tag{3-9}$$

车轮在板的支承处时：
$$a' = (a_1 + 2h_p) + t \tag{3-10}$$
车轮在板的支承附近，距支点的距离为 x 时：
$$a'_x = (a_1 + 2h_p) + t + 2x \tag{3-11}$$
当上述公式计算得到的分布宽度大于板全宽时，取板全宽。

以上式中：l——板的计算跨径；

h_p——铺装层厚度；

t——板的跨中厚度；

d——多个车轮时是外轮之间的中距；

a_1、b_1——垂直于板跨和平行于板跨方向的车轮尺寸。

③车轮荷载在悬臂板。

当 $l_c \leqslant 2.5\text{m}$ 时，悬臂板垂直于其跨径方向的车轮荷载分布宽度按下式计算：
$$a = (a_1 + 2h_p) + 2l_c \tag{3-12}$$
式中：a——垂直于悬臂板跨径方向的车轮荷载分布宽度；

l_c——平行于悬臂板跨径方向的车轮着地尺寸的边缘，通过铺装层 45°分布线的外边线至腹板外边缘的距离。

桥面板的实际受力状态与其支承钢板梁的抗扭刚度有关。钢板梁抗扭刚度很小，桥面板的工作状态接近于铰支承，单向板的受力接近于简支梁或连续梁。为便于配筋设计，通常将桥面板简化为宽度为 1m 的简支梁或连续梁进行设计计算，此时车轮荷载可以等效为 $p = P/2ab$ 的均布荷载。

计算弯矩时，计算跨径取钢板梁腹板中心距离，车轮荷载按跨中截面弯矩影响线进行最不利布载，如图 3-43a)所示，按简支梁模型计算得到控制弯矩 M_0；对于连续梁计算模型，桥面板跨中及支点设计弯矩分别取：跨中弯矩 $M_\text{中} = +0.7M_0$，支点弯矩 $M_\text{支} = -0.7M_0$。

计算剪力时，桥面板计算跨径按不利情况考虑，也取腹板中心距离。车轮布载靠近钢板梁腹板，进而计算得到设计剪力 Q_0，简化计算模型如图 3-43b)所示。

3.3.3 横向联结系简化计算

1）简化计算模型

(1) 风荷载

如图 3-44 所示，风荷载可分解为作用在桥面板及下平纵联的均布荷载 q_{w1} 和 q_{w2}，其中均布荷载 q_{w1} 由桥面板并通过端横联(端横梁)传递至支座，如图 3-44a)所示；均布荷载 q_{w2} 由下平纵联传递至支座。当未设置下平纵联时，跨内风荷载可简化为 $H_w = q_{w2}l$ 的集中力，作用于中横联(中横梁)，通过桥面板，并经端横联(端横梁)传递至支座，如图 3-44b)所示。此时，可假定桥面板面内刚度无限大，中横联或中横梁简化为支承于桥面板的横向桁架或框架模型进行内力计算，如图 3-45b)及图 3-46b)所示。在支座处，端横联或端横梁将风荷载产生的水平荷载 R_H 传递到支座，根据支座水平约束情况计算结构内力，如图 3-45c)及图 3-46c)所示。

(2) 侧向支撑力

钢板组合梁桥负弯矩范围内的钢板梁可能会发生侧向弯扭屈曲。对于图 3-47a)所示的双主梁桥，采用横梁式横向联结系、未设置下平纵联时，横梁将通过与横向加劲肋组成的横向框架对钢板梁受压翼缘提供横向支撑作用,该侧向支撑力 H_D 与钢板梁受压翼缘轴力 N 的相关(可近似取 $H_D=0.01N$)。同样假定桥面板面内刚度无限大,采用图3-47b)和图3-47c)所示的框架模型进行内力计算,此时,钢板梁侧向弯扭屈曲引起横梁的变形有可能是对称的,也有可能是反对称的。

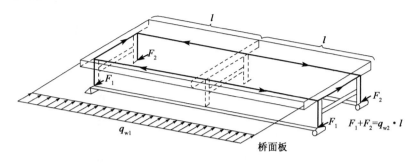

a)桥面板水平风荷载

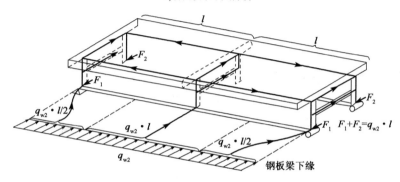

b)下平纵联水平风荷载

图 3-44　水平风荷载传力模型

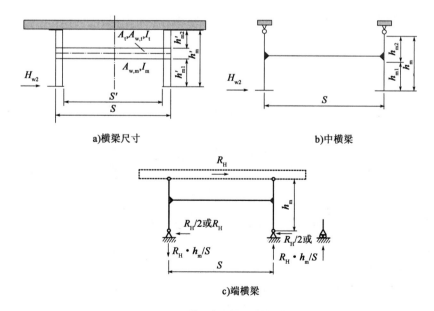

a)横梁尺寸　　　　b)中横梁

c)端横梁

图 3-45　横梁内力简化计算模型

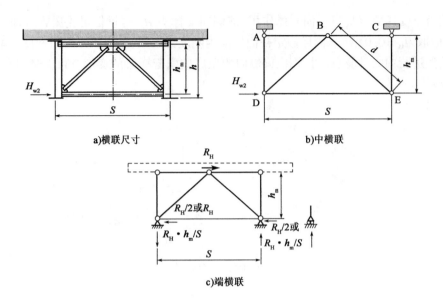

图 3-46 横联内力简化计算模型

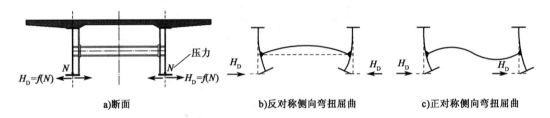

图 3-47 负弯矩区受压翼缘及横梁可能的变形

2) 横联内力计算

如图 3-46 所示,中横联内力计算采用桁架模型,承受的风荷载集中力 H_w 及侧向支撑力 H_D 统一用 H 表示,则 H 作用在各杆件的轴力可以通过节点的平衡获得。

$$N_{AB} = +\frac{H}{2} \quad (拉) \tag{3-13}$$

$$N_{BC} = -\frac{H}{2} \quad (压) \tag{3-14}$$

$$N_{DB} = -\frac{Hd}{s} \quad (压) \tag{3-15}$$

$$N_{BE} = +\frac{Hd}{s} \quad (拉) \tag{3-16}$$

$$N_{DE} = -\frac{H}{2} \quad (压) \tag{3-17}$$

桥墩或桥台处的端横联,承受桥面板或上平纵联传递来的水平力 R_H,横联杆件内力同样可以通过节点的平衡求得。

3) 横梁内力计算

中横梁内力计算采用框架模型,如图 3-45 所示。框架立柱由腹板及 T 形加劲肋构成,计算框架立柱的惯性矩 I_m 时,腹板宽度取腹板厚度的 25 倍。立柱腹板及横梁腹板的面积分别用

$A_{w,m}$ 和 $A_{w,t}$ 来表示，如图 3-46 所示。计算横梁内力（M_t、N_t、V_t）和变形（v）时，需要引入与弯曲及法向力相关的弹性常数 K 和在计算变形时考虑剪力的常数 K_V。

①立柱的相对刚度系数计算：

$$K_{m1} = \frac{h'^3_{m1}}{3EI_m} \tag{3-18}$$

$$K_{V,m1} = \frac{h'_{m1}}{GA_{w,m}} \tag{3-19}$$

$$K_{m2} = \frac{h'^3_{m2}}{3EI_m} \tag{3-20}$$

$$K_{V,m2} = \frac{h'_{m2}}{GA_{w,m}} \tag{3-21}$$

$$K_{t1} = \frac{s'h^2_{m1}}{2EI_t} \tag{3-22}$$

$$K_{V,t} = \frac{2s'}{GA_{W,t}} \tag{3-23}$$

②横梁的相对刚度系数计算：

$$K_t = \frac{s'h^2_m}{2EI_t} \tag{3-24}$$

$$K_{t2} = \frac{s'h^2_{m2}}{2EI_t} \tag{3-25}$$

$$K_{tN} = \frac{s'}{2EA_t} \tag{3-26}$$

横梁变形既可以是正对称的，也可以是反对称的，如图 3-48 所示。横梁的内力（M_t、N_t、V_t）和变形（v）按下式计算：

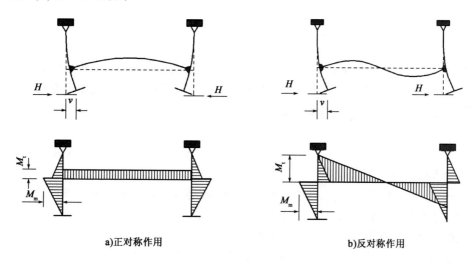

a) 正对称作用 b) 反对称作用

图 3-48　横梁内力和变形

a. 正对称作用内力和变形：

$$M_t = Hh_m \cdot \frac{K_{tN} + K_{m2} \cdot \dfrac{h_{m1}}{h_{m2}}}{K_{t2} + K_{tN} + K_{m2}} \tag{3-27}$$

$$N_t = H \cdot \frac{K_{m2} + K_{t2} \cdot \dfrac{h_m}{h_{m2}}}{K_{t2} + K_{tN} + K_{m2}} \tag{3-28}$$

$$V_t = 0 \tag{3-29}$$

$$v = H \left[K_{m1} + K_{V,m1} + K_{t1} + K_{tN} - \frac{\left(K_{tN} - K_{t2} \cdot \dfrac{h_{m1}}{h_{m2}}\right)^2}{K_{t2} + K_{tN} + K_{m2} + K_{V,m2}} \right] \tag{3-30}$$

b. 反对称作用内力和变形：

$$M_t = Hh_m \tag{3-31}$$

$$N_t = 0 \tag{3-32}$$

$$V_t = 2H\frac{h_m}{s} \tag{3-33}$$

$$v = H\left[K_{m1} + K_{V,m1} + K_{m2} + K_{V,m2} + \frac{K_t}{3} + K_{V,t} \cdot \left(\frac{h_m}{s}\right)^2 \right] \tag{3-34}$$

与端横联简化计算相似，桥墩或桥台处的端横梁可采用图 3-45c) 所示的简化计算模型，根据支座约束情况计算端横梁的内力。

3.4 结构设计与验算

3.4.1 设计流程

钢板组合梁桥设计应根据设计基本信息、相关规范，确定桥梁总体布置，并对混凝土桥面板、钢板梁、联结系、剪力连接件进行设计，使桥梁在施工过程及运营阶段结构整体、构件及连接的验算满足规范要求，具体设计流程如图 3-49 所示。

3.4.2 结构计算

1）设计方法与结构参数计算

《公路钢结构桥梁设计规范》(JTG D64—2015) 规定钢板组合梁桥采用弹性设计方法，按弹性理论计算钢板组合梁应基于以下假设：

①钢和混凝土材料均为理想的线弹性体。
②钢板梁与混凝土翼板之间的连接可靠，滑移可以忽略不计，组合截面符合平截面变假定。
③混凝土桥面板受拉区域退出工作，计入受拉纵向钢筋的作用。

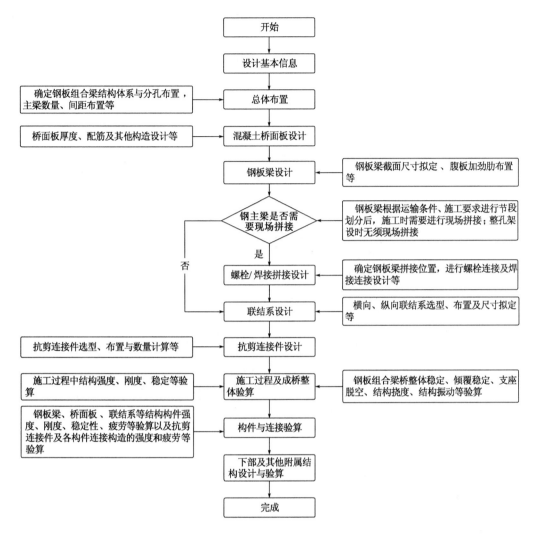

图 3-49 钢板组合梁桥的设计流程

上述基本假设与材料力学中的基本假设一致,因此,可以利用材料力学公式计算钢板组合梁截面应力和结构变形。钢板组合梁是由钢和混凝土两种不同材料组合形成的结构,计算时需要将两种材料换算为具有相同弹性模量的同一种材料,截面换算时还需考虑剪力滞效应对桥面板有效宽度的折减、混凝土收缩徐变以及混凝土受拉后退出工作的影响。

(1)桥面板有效宽度计算

对于普通钢筋混凝土桥面板,根据《公路钢结构桥梁设计规范》(JTG D64—2015)规定,各跨跨中及中间支承处桥面板的有效宽度 b_{eff} 应按下列公式计算,且不应大于桥面板实际宽度:

$$b_{\text{eff}} = b_0 + \sum b_{\text{ef},i} \tag{3-35}$$

$$b_{\text{ef},i} = \frac{L_{e,i}}{6} \leqslant b_i \tag{3-36}$$

简支梁支点和连续梁边支点处的混凝土桥面板有效宽度 b_{eff} 应按下式计算:

$$b_{\text{eff}} = b_0 + \sum \beta_i b_{\text{ef},i} \tag{3-37}$$

$$\beta_i = 0.55 + 0.025 \frac{L_{e,i}}{b_i} \leq 1.0 \tag{3-38}$$

式中：$L_{e,i}$——等效跨径，简支梁取计算跨径，连续梁按图3-50a)取值。

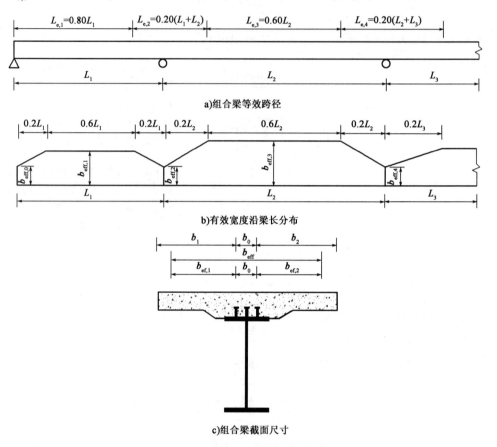

图 3-50 组合梁等效跨径及混凝土桥面板有效宽度

对于布置纵向预应力的混凝土桥面板，预加力作为轴向力产生的应力按实际桥面板宽度计算，由预加力偏心引起的弯矩产生的应力按桥面板有效宽度计算。

(2)截面材料换算

钢板组合梁换算截面材料时，习惯将混凝土截面等效为钢截面。根据钢板梁与混凝土桥面板的总内力不变和钢-混组合界面应变协调条件，混凝土桥面板换算面积 A'_s 可由下式计算，式中各物理量如图3-51所示。

$$A_c \sigma_c = A'_s \sigma_s \tag{3-39}$$

$$\frac{\sigma_c}{E_c} = \frac{\sigma_s}{E_s} \tag{3-40}$$

$$A'_s = \frac{A_c}{\alpha_E} \tag{3-41}$$

式中:α_E——钢材弹性模量E_s和混凝土弹性模量E_c的比值。

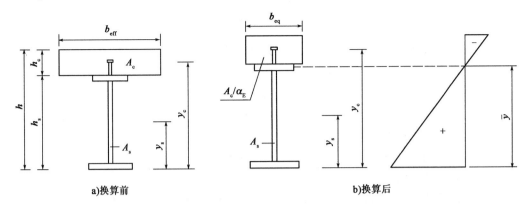

图 3-51 换算截面几何特性

为了保证组合截面形心高度在换算前后保持不变,即保证截面对主轴的惯性矩位置不变,换算时应固定混凝土桥面板厚度,仅改变其宽度:

$$b_{eq} = \frac{b_{eff}}{\alpha_E} \tag{3-42}$$

式中:b_{eff}——原截面混凝土翼缘板有效宽度;
b_{eq}——混凝土翼缘板换算宽度。

换算截面惯性矩为

$$I_{un} = I_0 + A_0 d_c^2 \tag{3-43}$$

$$I_0 = I_s + \frac{I_c}{\alpha_E} \tag{3-44}$$

$$A_0 = \frac{A_s A_c}{\alpha_E A_s + A_c} \tag{3-45}$$

换算截面面积为

$$A_{un} = A_s + \frac{A_c}{\alpha_E} \tag{3-46}$$

式中:I_s、I_c——钢板梁和混凝土板的惯性矩;
d_c——钢板梁截面形心到混凝土翼缘板形心的距离。

换算截面形心位置为

$$\bar{y} = \frac{A_s y_s + \dfrac{A_c y_c}{\alpha_E}}{A_s + \dfrac{A_c}{\alpha_E}} \tag{3-47}$$

式中:y_s、y_c——钢板梁和混凝土板形心至钢板梁底部的距离。

2)组合梁收缩徐变效应计算

根据《公路钢混组合桥梁设计与施工规范》(JTG/T D64-01—2015)第7.1.3条规定,在无可靠技术资料作为依据时,现浇混凝土板收缩产生的效应可按钢板梁与混凝土板之间的温差-15℃进行简化计算。

徐变效应则通过引入有效弹性模量比修正混凝土弹性模量进行计算。其中，有效弹性模量比可按下式计算：

$$\alpha_L = \alpha_E [1 + \psi_L \phi(t,t_0)] \tag{3-48}$$

式中：α_L——长期荷载作用下钢与混凝土的有效弹性模量比；

$\phi(t,t_0)$——加载龄期为 t_0，计算龄期为 t 时的混凝土徐变系数，根据《公路钢筋混凝土及预应力混凝土桥涵设计规范》(JTG 3362—2018)的相关规定取值；

ψ_L——根据荷载类型确定的徐变因子，永久作用取 1.1，混凝土收缩作用取 0.55，由强迫变形引起的预应力作用取 1.5。

超静定结构中混凝土收缩徐变引起的效应，宜采用有限元方法计算。

3）温度梯度效应计算

组合梁温度梯度按照《公路桥涵设计通用规范》(JTG D60—2015)相关规定取值。组合梁截面上的温度梯度通常是按照折线变化的，采用这种温度梯度分布模式进行组合梁温度效应的理论计算较为复杂，宜采用有限元方法计算。通常假设钢梁和混凝土桥面板存在整体温差，简化组合梁温度梯度效应计算，计算中假定：

①同一截面内混凝土桥面板的温度完全相同，钢梁的温度也完全相同，整个截面内只存在两个温度，且温差仅由这两个温度决定。温差 ΔT_z 可偏安全地取竖向温度梯度模式中混凝土桥面板的最高温度（正温度梯度）或最低温度（负温度梯度）T_1 与钢板梁温度梯度的差值；

②沿梁全长各截面的温度分布情况相同；

③计算连续组合梁的温度效应时，不考虑负弯矩区混凝土开裂影响。

组合梁的换算截面如图 3-52a)所示。对于负温度梯度，混凝土温度低于钢梁，混凝土的线膨胀系数为 $\Delta \alpha_T$，温差 ΔT_z 取正值。对于简支组合梁，温差应力可按以下过程计算：

步骤一，如图 3-52b)所示。混凝土桥面板与钢板梁之间没有连接，混凝土桥面板可以自由缩短。混凝土桥面板的初应变为 $\varepsilon_{z,c0} = -\Delta \alpha_T \Delta T_z$，但由于桥面板没有受到约束，因此截面应力为 0，钢梁中的应力及应变均为 0。

步骤二，如图 3-52c)所示。在钢梁形心轴位置施加假想力 P_z。这时混凝土桥面板应力仍为 0。钢梁均匀受压，压应变为 $\varepsilon_{z,s0} = -\Delta \alpha_T \Delta T_z$（压应变为负），由于钢板梁受到边界条件约束，对应压应力为 $\sigma_{z,s0} = -\Delta \alpha_T \Delta T_z E_s$，压力 $P_z = \Delta \alpha_T \Delta T_z E_s A_s$。其中 A_s 为钢梁截面面积。

步骤三，如图 3-52d)所示。恢复钢梁与混凝土之间的连接，由于二者应变完全相同，恢复连接后应力及应变均不发生变化。然后在钢梁形心轴位置施加拉力 P_z，抵消原来假想压力 P_z。此时组合截面处于偏心受压状态。拉力 P_z 的作用点与换算截面形心位置的距离为 a_s，则偏心拉力 P_z 在组合截面中产生的应力为

钢梁截面：

$$\sigma_{z,sl} = \frac{P_z}{A_{un}} + \frac{P_z a_s y}{I_{un}} \tag{3-49}$$

混凝土桥面板截面：

$$\sigma_{z,cl} = \frac{P_z}{A_{un}\alpha_E} + \frac{P_z a_s y}{I_{un}\alpha_E} \tag{3-50}$$

式中：y——截面中某点距换算截面形心轴的竖向距离，向下为正；

I_{un}——换算截面惯性矩；

A_{un}——换算截面面积。

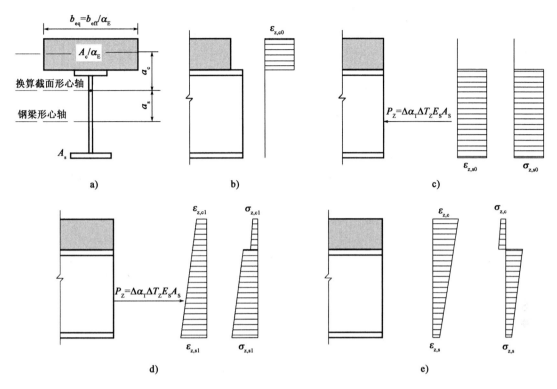

图 3-52 组合梁整体均匀温度应力计算

叠加上述三个步骤,则组合梁的外力合力为零,且符合内力平衡条件和变形协调条件。三个步骤的应力叠加结果即为组合梁由于负温度梯度产生的应力。最后应力及应变分布见图 3-52e)。

钢梁的应力为

$$\sigma_{z,s} = -\Delta\alpha_T \Delta T_z E_s + \frac{\Delta\alpha_T \Delta T_z E_s A_s}{A_{un}} + \frac{\Delta\alpha_T \Delta T_z E_s a_s y}{I_{un}} \quad (3-51)$$

混凝土桥面板的应力为

$$\sigma_{z,c} = \frac{\Delta\alpha_T \Delta T_z E_s A_s}{A_{un}\alpha_E} + \frac{\Delta\alpha_T \Delta T_z E_s a_s y}{I_{un}\alpha_E} \quad (3-52)$$

对于正温度梯度,仅需令 ΔT_z 为负值代入上述公式即可。

按照上述计算过程,在步骤一、步骤二中组合梁都不发生挠曲变形。第三步由于偏心力 P_z 的作用,组合梁产生挠曲。对于简支梁,相当于全跨承受 $P_z a_s$ 的弯矩,根据曲率面积法或图乘法即可求得变形。对于连续梁,需要根据力法或位移法进行次内力及次挠度的求解。

4)施工阶段计算

组合梁桥的施工方法对结构的应力分布及变形均有很大的影响,根据施工过程中钢板梁是否单独承受恒载,分为一次受力状态及分阶段受力状态。

①一次受力状态,即恒载一次作用于组合结构上,其截面应力按一次受力进行计算。采用满堂支架施工或整体吊装施工的钢板组合梁均为一次受力状态。

②分阶段受力状态,即一期恒载分阶段作用于钢板梁上,计算截面应力时,应根据恒载作用顺序进行叠加。当先安装钢板梁、后以钢板梁为平台施工桥面板时,为分阶段受力状态。第一受力阶段:钢板梁承担包括其自重、联结系、混凝土桥面板重量及其他施工荷载。第二受力阶段:混凝土桥面板与钢板梁形成组合结构后,共同承担二期恒载、汽车活载等其他荷载。

3.4.3 钢板梁设计与验算

1)抗弯强度验算

对于分阶段受力的钢板组合梁桥,通常需要计算3组截面特性,包括:①施工荷载作用下的钢板梁截面惯性矩 I_s;②短期荷载(活荷载、温度作用、风荷载)作用下的组合梁截面惯性矩 I_{un};③长期荷载(二期恒载、混凝土桥面板收缩)作用下的组合梁截面惯性矩 I_L,其中 I_L 考虑了混凝土的徐变效应。采用不同阶段截面模量进行验算,截面应力分布及叠加如图3-53所示。

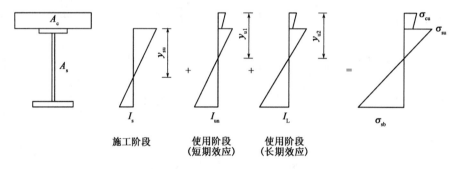

图3-53 组合梁桥两阶段受力截面正应力分布

(1)第一阶段受力

钢板梁上翼缘正应力为

$$\sigma_{su} = \frac{M_{gl} + M_{qc}}{I_s} y_{su} \tag{3-53}$$

钢板梁下翼缘正应力为

$$\sigma_{sb} = \frac{M_{gl} + M_{qc}}{I_s}(h_s - y_{su}) \tag{3-54}$$

式中:M_{gl}——钢板梁、横向联结系和混凝土板自重引起的截面弯矩;

M_{qc}——施工荷载(模板、人员及施工机具的自重)产生的截面弯矩;

y_{su}——钢板梁截面中性轴至钢板梁上翼缘板顶面的距离;

h_s——钢板梁的高度。

(2)第二阶段受力

待混凝土硬化之后,混凝土桥面板与钢板梁形成组合梁截面共同承担二期恒载和活荷载。截面应力验算根据是否考虑混凝土的长期效应分为两种情况,应采用不同的组合梁换算截面特征参数进行验算。

钢板梁上翼缘正应力为

$$\sigma_{su} = \frac{M_{gl}}{I_s} y_{su} + \frac{M_{g2} + M_q}{I_{un}}(y_{u1} - h_c) + \frac{M_{g3} + M_{cs}}{I_L}(y_{u2} - h_c) \tag{3-55}$$

钢板梁下翼缘正应力为

$$\sigma_{sb} = \frac{M_{g1}}{I_s}(h_s - y_{su}) + \frac{M_{g2} + M_q}{I_{un}}(h - y_{u1}) + \frac{M_{g3} + M_{cs}}{I_L}(h - y_{u2}) \tag{3-56}$$

混凝土桥面板顶面正应力为

$$\sigma_{cu} = \frac{M_{g2} + M_q}{\alpha_E I_{un}} y_{u1} + \frac{M_{g3} + M_{cs}}{\alpha_L I_L} y_{u2} \tag{3-57}$$

组合梁截面应力应满足下式要求：

$$\gamma_0 \sigma \leq f \tag{3-58}$$

式中：M_{g2}——除活荷载之外的各种短期荷载(如温度作用、风荷载等)引起的弯矩；

M_{g3}——二期恒载引起的截面弯矩；

M_{cs}——混凝土桥面板收缩引起的截面弯矩；

M_q——汽车、行人等活荷载引起的截面弯矩；

I_L——长期荷载作用下的组合梁换算截面惯性矩；

y_{u1}——短期荷载作用下换算截面中性轴至混凝土桥面板顶面的距离；

y_{u2}——长期荷载作用下换算截面中性轴至混凝土桥面板顶面的距离；

h——组合梁截面高度；

γ_0——结构重要性系数；

f——材料强度设计值，包括钢材抗弯强度设计值(f_d)，混凝土轴心抗压强度设计值(f_{cd})，钢筋抗拉(f_{sd})、抗压(f'_{sd})强度设计值等。

简支组合梁桥需要进行正应力验算的截面包括跨中截面、截面尺寸变化处截面及集中力作用的截面。

2) 抗剪强度验算

组合梁抗剪强度验算中，忽略混凝土桥面板的抗剪作用，偏安全地认为剪力全部由钢板梁腹板承担，抗剪强度可按下式验算：

$$\gamma_0 V_d \leq V_u \tag{3-59}$$

$$V_u = h_w t_w f_{vd} \tag{3-60}$$

式中：V_d——组合梁截面的竖向剪力设计值；

V_u——组合梁截面的抗剪承载力；

f_{vd}——钢材的抗剪强度设计值。

若钢板梁在同一截面的同一纤维位置弯曲应力 σ 和剪应力 τ 均较大时，应验算折算应力 σ_{eq} 是否满足要求，公式如下

$$\gamma_0 \sqrt{\left(\frac{\sigma}{f_d}\right)^2 + \left(\frac{\tau}{f_{vd}}\right)^2} \leq 1 \tag{3-61}$$

也可以表示为

$$\gamma_0 \sqrt{\sigma^2 + 3\tau^2} \leq f_d \tag{3-62}$$

折算应力验算点通常取钢板梁腹板的上下边缘处，该处弯曲应力和剪应力均较大，如图 3-54 和图 3-55 所示。

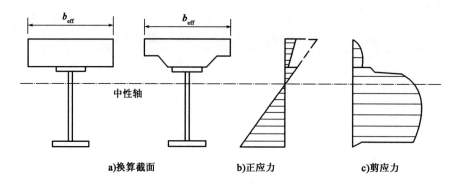

图 3-54 中性轴位于钢板梁内的组合梁应力

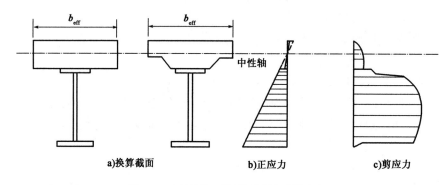

图 3-55 中性轴位于桥面板内的组合梁应力

3）腹板设计及验算

（1）腹板局部承压验算

当横向加劲肋之间的钢板梁翼缘承受集中荷载时，腹板可能会发生局部屈曲，如图 3-56 所示。《公路钢结构桥梁设计规范》（JTG D64—2015）规定，未设加劲肋处集中荷载作用下腹板的局部应力 σ_z 应满足下式要求：

$$\gamma_0 \sigma_z = \gamma_0 \frac{F}{t_w l_x} \leq f_d \tag{3-63}$$

式中：l_x——有效分布长度，根据图 3-56 计算；

F——局部集中力。

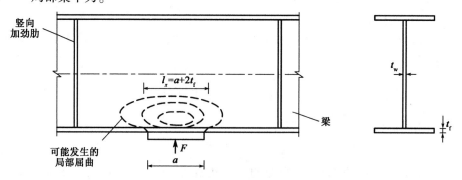

图 3-56 局部承压

（2）横向加劲肋验算

①支承加劲肋。支座反力通过腹板和支承加劲肋逐渐扩散,在下翼缘处,腹板和支承加劲肋应力很大,设计中需验算其局部承压强度。《公路钢结构桥梁设计规范》（JTG D64—2015）规定,支点处腹板和加劲肋的承压应力可按下式验算：

$$\gamma_0 \frac{R_V}{A_s + B_{eb}t_w} \leqslant f_{cd} \tag{3-64}$$

式中：R_V——支座反力设计值；
　　　A_s——支承加劲肋面积之和；
　　　B_{eb}——腹板局部承压有效计算宽度，$B_{eb} = B + 2(t_f + t_b)$，如图3-57所示；
　　　B——支座垫板宽度；
　　　t_f——下翼缘厚度；
　　　t_b——支座垫板厚度；
　　　f_{cd}——钢材端部承压强度设计值。

腹板和支承加劲肋在竖向集中荷载作用下可能出现失稳现象,考虑到支承加劲肋刚度较大、长度较短,可将腹板和支承加劲肋简化为受压短柱计算,并按《公路钢结构桥梁设计规范》（JTG D64—2015）规定验算：

$$\gamma_0 \frac{2R_V}{A_s + B_{ev}t_w} \leqslant f_d \tag{3-65}$$

式中：B_{ev}——腹板有效宽度,如图3-58所示,当设置一对支承加劲肋并且加劲肋距梁端距离不小于12倍腹板厚时,有效计算宽度按24倍腹板厚计算；设置多对支承加劲肋时,按每对支承加劲肋求得的有效计算宽度之和计算,但相邻支承加劲肋之间的腹板有效计算宽度不得大于加劲肋间距。

$$\begin{cases} B_{ev} = (n_s - 1)b_s + 24t_w & (b_s < 24t_w) \\ B_{ev} = 24n_s t_w & (b_s \geqslant 24t_w) \end{cases} \tag{3-66}$$

式中：n_s——支承加劲肋对数；
　　　b_s——支承加劲肋间距。

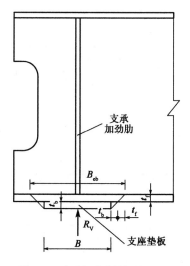

图3-57　支承加劲肋局部承压面积

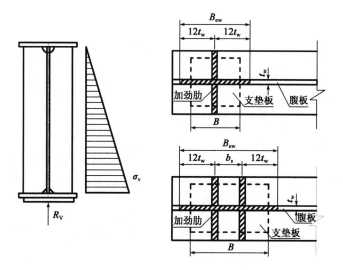

图3-58　支承加劲肋的腹板有效计算宽度

②横向加劲肋的间距。腹板横向加劲肋的间距 a 不得大于腹板高度 h_w 的1.5倍。当不设纵向加劲肋时,横向加劲肋的间距 a 应满足下式要求:

$$\left(\frac{h_w}{100t_w}\right)^4\left[\left(\frac{\sigma}{345}\right)^2+\left(\frac{\tau}{77+58\left(\frac{h_w}{a}\right)^2}\right)^2\right]\leq 1 \quad \left(\frac{a}{h_w}>1\right) \quad (3\text{-}67)$$

$$\left(\frac{h_w}{100t_w}\right)^4\left[\left(\frac{\sigma}{345}\right)^2+\left(\frac{\tau}{58+77\left(\frac{h_w}{a}\right)^2}\right)^2\right]\leq 1 \quad \left(\frac{a}{h_w}\leq 1\right) \quad (3\text{-}68)$$

当设置一道纵向加劲肋时,横向加劲肋的间距 a 应满足下式要求:

$$\left(\frac{h_w}{100t_w}\right)^4\left[\left(\frac{\sigma}{900}\right)^2+\left(\frac{\tau}{120+58\left(\frac{h_w}{a}\right)^2}\right)^2\right]\leq 1 \quad \left(\frac{a}{h_w}>0.8\right) \quad (3\text{-}69)$$

$$\left(\frac{h_w}{100t_w}\right)^4\left[\left(\frac{\sigma}{900}\right)^2+\left(\frac{\tau}{90+77\left(\frac{h_w}{a}\right)^2}\right)^2\right]\leq 1 \quad \left(\frac{a}{h_w}\leq 0.8\right) \quad (3\text{-}70)$$

当设置两道纵向加劲肋时,横向加劲肋的间距 a 应满足下式要求:

$$\left(\frac{h_w}{100t_w}\right)^4\left[\left(\frac{\sigma}{3000}\right)^2+\left(\frac{\tau}{187+58\left(\frac{h_w}{a}\right)^2}\right)^2\right]\leq 1 \quad \left(\frac{a}{h_w}>0.64\right) \quad (3\text{-}71)$$

$$\left(\frac{h_w}{100t_w}\right)^4\left[\left(\frac{\sigma}{3000}\right)^2+\left(\frac{\tau}{140+77\left(\frac{h_w}{a}\right)^2}\right)^2\right]\leq 1 \quad \left(\frac{a}{h_w}\leq 0.64\right) \quad (3\text{-}72)$$

式中:τ、σ——作用基本组合下腹板剪应力和受压翼缘处腹板正应力。

4)施工阶段整体稳定性验算

钢板梁单独承受施工荷载时,简支钢板梁受压翼缘的自由长度 L_1 与其宽度 B_1 不超过表3-4中规定的数值时可不进行稳定性验算。其中,对于支座处设置横向联结系、跨间无侧向支承点的梁,L_1 为其跨度;对于支座处设置横向联结系、跨间有侧向支承点的梁,L_1 为受压翼缘侧向支承点间的距离。

工字形截面简支梁不需计算整体稳定性的最大 L_1/B_1 值　　表3-4

钢材牌号	跨间无侧向支承点的梁		跨间受压翼缘有侧向支承点的梁,不论荷载作用于何处
	荷载作用在上翼缘	荷载作用在下翼缘	
Q235	13.0	20.0	16.0
Q345	10.5	16.5	13.0
Q390	10.0	15.5	12.5
Q420	9.5	15.0	12.0

当不满足表3-4的要求时,可按下式验算整体稳定性:

$$\gamma_0\left(\beta_{m,y}\frac{M_y}{\chi_{LT,y}M_{Rd,y}}+\frac{M_z}{M_{Rd,z}}\right)\leq 1 \quad (3\text{-}73)$$

$$\gamma_0\left(\frac{M_y}{M_{Rd,y}}+\beta_{m,z}\frac{M_z}{\chi_{LT,z}M_{Rd,z}}\right)\leq 1 \quad (3\text{-}74)$$

$$M_{\text{Rd},y} = W_{y,\text{eff}} f_d \quad (3\text{-}75)$$

$$M_{\text{Rd},z} = W_{z,\text{eff}} f_d \quad (3\text{-}76)$$

$$\bar{\lambda}_{\text{LT},y} = \sqrt{\frac{W_{y,\text{eff}} f_y}{M_{\text{cr},y}}}, \bar{\lambda}_{\text{LT},z} = \sqrt{\frac{W_{z,\text{eff}} f_y}{M_{\text{cr},z}}} \quad (3\text{-}77)$$

式中：M_y、M_z——构件最大弯矩；

$\beta_{m,y}$、$\beta_{m,z}$——等效弯矩系数，可按表3-5取值；

$\chi_{\text{LT},y}$、$\chi_{\text{LT},z}$——M_y 和 M_z 作用平面内的弯矩单独作用下，构件弯扭失稳模态的整体稳定折减系数，可按《公路钢结构桥梁设计规范》（JTG D64—2015）附录 A 的式（A.0.1-1）计算，但相对长细比采用 $\bar{\lambda}_{\text{LT},y}$、$\bar{\lambda}_{\text{LT},z}$；

$W_{y,\text{eff}}$、$W_{z,\text{eff}}$——有效截面相对于 y 轴和 z 轴的截面模量，其中受拉翼缘仅考虑剪力滞影响，受压翼缘同时考虑剪力滞和局部稳定影响；

$M_{\text{cr},y}$、$M_{\text{cr},z}$——M_y 和 M_z 作用平面内的弯矩单独作用下，考虑约束影响的构件弯扭失稳模态的整体弯扭弹性屈曲弯矩，可采用有限元方法计算。

压弯构件整体稳定等效弯矩系数 表3-5

弯矩分布	$\beta_{m,y}$、$\beta_{m,z}$
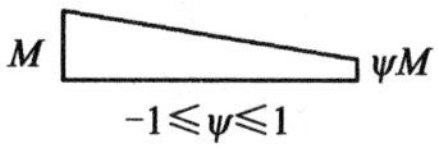 M ─────── ψM，$-1 \leq \psi \leq 1$	$0.65 + 0.35\psi$
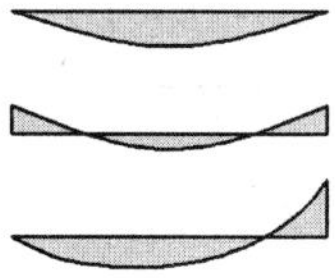 (抛物线弯矩图)	1.0
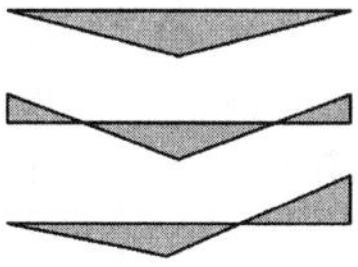 (三角形弯矩图)	0.95

5）负弯矩区钢梁侧扭屈曲验算

连续钢板组合梁负弯矩区在荷载作用下可能发生侧扭屈曲，如图 3-59 所示，可按下式验算：

$$\frac{M_d}{M_{b,\text{Rd}}} \leq 1.0 \quad (3\text{-}78)$$

$$M_{b,\text{Rd}} = \chi_{\text{LT}} M_{\text{Rd}} \quad (3\text{-}79)$$

$$\chi_{\text{LT}} = \frac{1}{\phi_{\text{LT}} + \sqrt{\phi_{\text{LT}}^2 - \bar{\lambda}_{\text{LT}}^2}}, \text{且} \chi_{\text{LT}} \leq 1 \quad (3\text{-}80)$$

$$\phi_{\text{LT}} = 0.5[1 + \alpha_{\text{LT}}(\bar{\lambda}_{\text{LT}} - 0.2) + \bar{\lambda}_{\text{LT}}^2] \quad (3\text{-}81)$$

$$\bar{\lambda}_{\text{LT}} = \sqrt{\frac{M_{\text{Rk}}}{M_{\text{cr}}}} \quad (3\text{-}82)$$

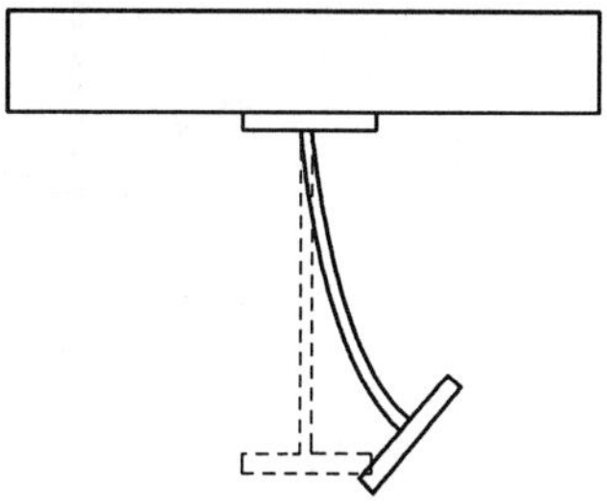

图 3-59 负弯矩区钢板组合梁侧扭屈曲模式

$$M_{Rk} = W_n f_k \tag{3-83}$$

式中：M_d——组合梁最大弯矩设计值；
$M_{b,Rd}$——组合梁侧向抗扭屈曲弯矩；
M_{Rd}——组合梁截面抗弯承载力；
M_{cr}——组合梁侧向扭转屈曲的弹性临界弯矩，由"倒U形框架"模型侧向扭曲推导得出，计算方法应按《公路钢混组合桥梁设计与施工规范》(JTG/T D64-01—2015)附录A的规定执行；
χ_{LT}——组合梁侧向扭曲折减系数，由换算长细比确定；
$\bar{\lambda}_{LT}$——换算长细比，当不大于0.4时，可不进行组合梁负弯矩区侧扭屈曲验算；
α_{LT}——钢板梁缺陷系数，对于轧制钢板梁可取 $\alpha_{LT}=0.21$（钢板梁截面高宽比 $h/b_s \leq 2$）或 $\alpha_{LT}=0.34(h/b_s>2)$；焊接钢板梁可取 $\alpha_{LT}=0.49(h/b_s \leq 2)$ 或 $\alpha_{LT}=0.76(h/b_s>2)$；
M_{Rk}——采用材料强度标准值计算得到的组合梁截面抵抗弯矩；
f_k——钢材强度标准值；
W_n——组合截面净截面模量。

6）疲劳验算

钢板组合梁需要验算的疲劳构造细节包括焊接钢板梁各板件焊接构造、腹板加劲肋连接构造、焊钉焊接构造、钢板梁对接拼接构造、横（纵）向联结系与钢板梁拼接构造等，见表3-6~表3-10。公路钢桥的疲劳验算方法详见第2章。

纵向焊缝疲劳构造细节　　　　　　　　　　　表3-6

细节类别	构造细节	说　明	要　求
125	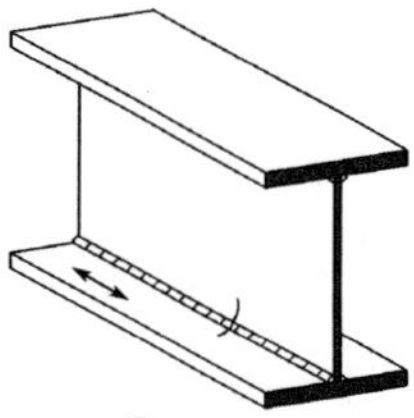 ① 　②	连续纵向焊缝：①双面自动焊接；②自动角焊缝	①和②：除非对起焊/终焊位置进行焊后处理并用可靠方法验证修复效果，否则不适用于起焊/终焊位置
110	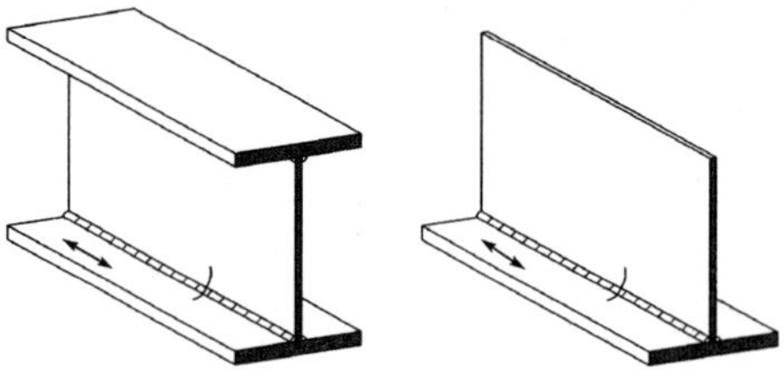 ③ 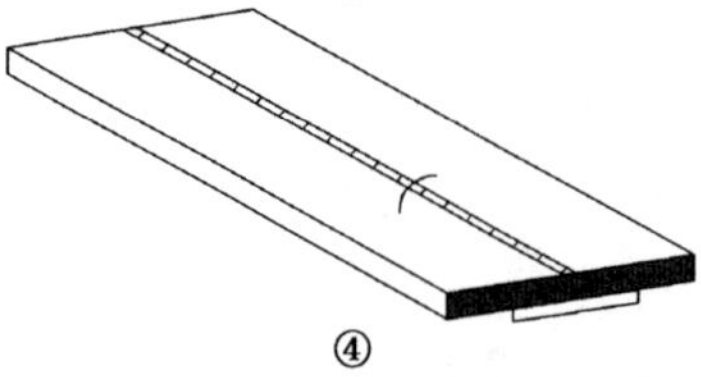　④	③自动双面对接焊缝或角焊缝，包含起焊/终焊位置；④带有垫片的单面自动对接焊缝，不含起焊/终焊位置	④如果包含起焊/终焊位置，细节类别采用100

续上表

细节类别	构造细节	说 明	要 求
100	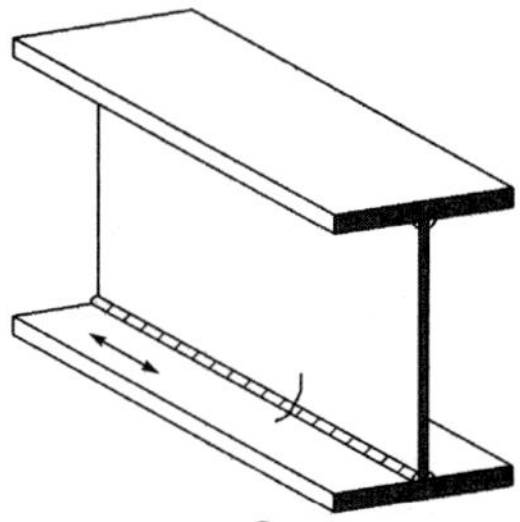	⑤手工焊	⑤腹板与翼缘板间必须密贴,腹板边缘根部熔透而无烧漏

加劲肋与焊钉疲劳构造细节　　　　　　　　　　　　表3-7

细节类别	构造细节	说 明	要 求
80	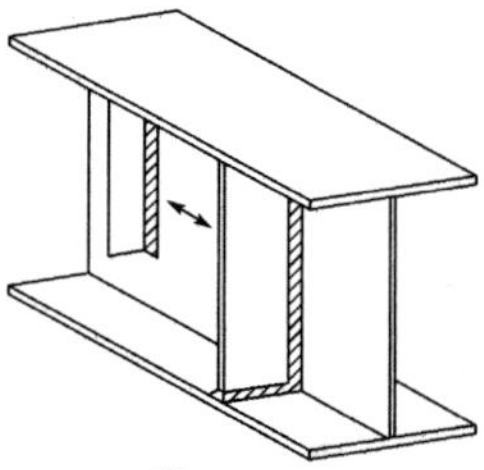 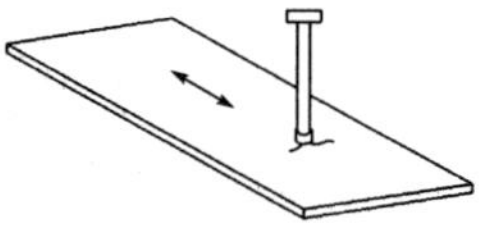	①梁或板梁上的竖向加劲肋; ②焊钉在基材上的焊接	①仔细打磨焊缝端部,除去所有咬边;如加劲肋在腹板上终止,$\Delta\sigma$采用主应力计算,如图中左侧焊缝所示

承载焊接接头　　　　　　　　　　　　　　　　　　表3-8

细节类别	构造细节		说 明	要 求
80	$l < 50\text{mm}$	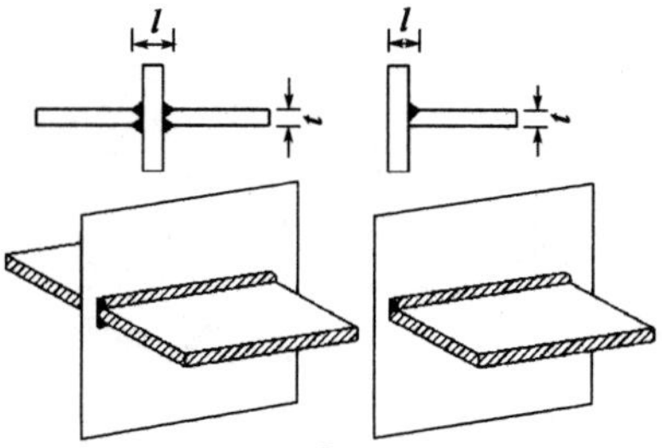	十字形和T形接头: ①全熔透对接焊缝或部分熔透对接焊的焊趾	①承载钢板偏心不应超过中间板厚的15%
70	$50\text{mm} < l \leqslant 80\text{mm}$			
60	$80\text{mm} < l \leqslant 100\text{mm}$			
55	$100\text{mm} < l \leqslant 120\text{mm}$			
	$l > 120\text{mm}$ $t \leqslant 20\text{mm}$			
50	$120\text{mm} < l \leqslant 200\text{mm}$ $t > 20\text{mm}$			
	$l > 200\text{mm}$ $20\text{mm} < t \leqslant 30\text{mm}$			
45	$200\text{mm} < l \leqslant 300\text{mm}$ $t > 30\text{mm}$			
	$l > 300\text{mm}$ $30\text{mm} < t \leqslant 50\text{mm}$			
40	$l > 300\text{mm}$ $t > 50\text{mm}$			

细节类别	构造细节	说 明	要 求
90 $m=8$	②	焊接焊钉： ②用于组合梁	②$\Delta\tau$ 按焊钉的名义截面计算

基材构件和机械紧固接头　　　　　　　　　　　　　　　　　　　　表 3-9

细节类别	构造细节	说 明	要 求
110	①	采用摩擦型高强度螺栓的双面对称接头	$\Delta\sigma$ 按毛截面计算
90	②	采用摩擦型高强度螺栓的单面连接	$\Delta\sigma$ 按毛截面计算

螺栓间距应满足《公路钢结构桥梁设计规范》(JTG D64—2015)第6.3.3条和第6.3.4条规定

横向对接焊缝疲劳构造细节　　　　　　　　　　　　　　　　　　表 3-10

细节类别	构造细节	说 明	要 求
110	①②③④	无垫板： ①钢板的横向拼接； ②板梁装配前翼缘板间或腹板间的横向拼接； ③轧制截面横向全截面对接焊缝，不设过焊孔； ④钢板的横向拼接，宽度或厚度方向坡度≤1/4	所有焊缝沿箭头方向打磨平齐； 使用引弧板，移除后板边沿受力方向打磨平齐； 两侧施焊，实施无损检测； ③只适用于轧制截面接头，截面截断后再重新焊接

续上表

细节类别	构造细节	说 明	要 求
90	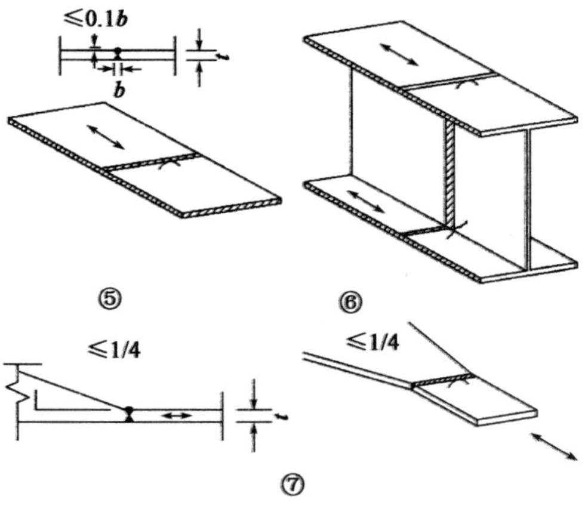 ⑤ ⑥ ⑦	⑤钢板的横向拼接； ⑥未设过焊孔的轧制构件横向全截面对接焊缝； ⑦钢板的横向拼接，接坡≤1/4，焊缝过渡处不必考虑坡度	焊缝余高不超过焊缝宽度的10%，且表面平滑过渡； 使用引弧板，移除后板边沿受力方向打磨平齐； 两侧施焊，实施无损检测； ⑤和⑦采用平放施焊
90	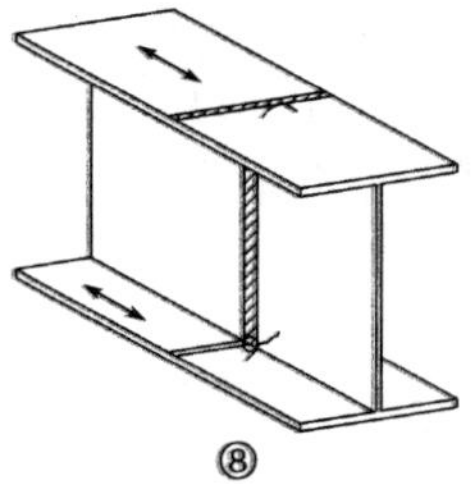 ⑧	⑧同细节③，但设有过焊孔	所有焊缝沿箭头方向打磨平齐； 使用引弧板，移除后板边沿受力方向打磨平齐； 两侧施焊，实施无损检测； 型钢规格相同

注：当钢板厚度 $t>25\text{mm}$ 时，应考虑板件尺寸效应对疲劳细节的影响，尺寸效应折减系数 $k_s = (25/t)^{0.2}$。

7) 挠度验算

计算组合梁正常使用极限状态下的挠度时，简支组合梁截面刚度应取考虑滑移效应的折减刚度；连续组合梁采用不开裂设计时，全桥应采用考虑滑移效应的折减刚度；连续组合梁采用开裂设计时，中支座两侧 $0.15L$ 范围内组合梁截面刚度应取开裂截面刚度，其余仍取考虑滑移效应的折减刚度。

根据《公路钢结构桥梁设计规范》(JTG D64—2015) 第 11.3.2 条规定，考虑滑移效应的折减刚度 B 可按下式计算：

$$B = \frac{EI_{un}}{1 + \zeta} \tag{3-84}$$

$$\zeta = \eta \left[0.4 - \frac{3}{(\alpha L)^2} \right] \tag{3-85}$$

$$\eta = \frac{36 E d_{sc} p A_0}{n_s k h l^2} \tag{3-86}$$

$$\alpha = 0.81 \sqrt{\frac{n_s k A_1}{E I_0 p}} \tag{3-87}$$

$$A_0 = \frac{A_c A}{\alpha_E A + A_c} \tag{3-88}$$

$$A_1 = \frac{I_0 + A_0 d_{sc}^2}{A_0} \tag{3-89}$$

$$I_0 = I_s + \frac{I_c}{\alpha_E} \tag{3-90}$$

式中：I_{nu}——组合梁未开裂截面惯性矩；

ζ——刚度折减系数，当 $\zeta \leq 0$ 时，取 $\zeta = 0$；

d_{sc}——钢梁截面形心到混凝土桥面板形心的距离；

L——组合梁跨度，当为连续梁时取等效跨度，如图 3-50a)所示；

k——连接件刚度系数，$k = V_{su}$，V_{su} 为圆柱头焊钉抗剪承载力；

p——连接件平均间距；

n_s——连接件在一根梁上的列数。

3.4.4 桥面板设计与验算

1）车轮局部荷载作用下承载能力验算

桥面板承受车辆荷载作用时，需根据 3.3.1 节桥面板内力计算结果，进行正截面抗弯承载能力验算及斜截面抗剪承载能力验算，验算方法详见《公路钢筋混凝土及预应力混凝土桥涵设计规范》(JTG 3362—2018)中关于受弯构件持久状况承载能力状态的计算内容。

2）纵向抗剪承载能力验算

（1）破坏剪切面

试验和分析均表明，混凝土桥面板的厚度和横向配筋率是影响其纵向抗剪性能的最主要因素。若桥面板的横向配筋不足或桥面板截面过小，在连接件的纵向劈裂力作用下，混凝土桥面板将可能发生纵向剪切破坏。设计时应确保任意一个潜在剪切面的单位长度纵向剪力值不超过其抗剪承载力。

《公路钢混组合桥梁设计与施工规范》(JTG/T D64-01—2015)第 6.3.1 条规定，进行组合梁承托及混凝土桥面板纵向抗剪验算时，应分别验算图 3-20 所示的纵向受剪界面 a-a、b-b、c-c 和 d-d。图 3-20 中，A_t 为混凝土板顶部附近单位长度内横向钢筋的总截面面积（单位：mm^2/mm)；A_b、A_{bh} 分别为混凝土板底部、承托底部单位长度内的钢筋总面积（单位：mm^2/mm)。

（2）界面剪力设计值

单位梁长的界面纵向剪力 V_{1d} 可根据组合梁所受的竖向剪力计算，并与所验算的纵向受剪界面有关。对于不同的纵向受剪界面，如混凝土桥面板竖向界面(a-a 界面)和包络连接件的纵向界面(b-b 界面、c-c 界面、d-d 界面)，其界面纵向剪力也有所不同。

竖向界面 a-a 的剪力为

$$V_{1d} = \max\left[\frac{V_1 b_{e1}}{b_{eff}}, \frac{V_1 b_{e2}}{b_{eff}}\right] \tag{3-91}$$

包络连接件的纵向界面 b-b、c-c 和 d-d 的剪力为

$$V_{1d} = V_1 \tag{3-92}$$

式中：V_1——作用(或荷载)引起的单位长度内钢和混凝土界面上的纵向剪力，按式(3-100)计算；

b_{e1}、b_{e2}——翼板左右两侧的挑出宽度；

b_{eff}——混凝土桥面板有效宽度。

(3)界面抗剪承载力

单位长度内混凝土板纵向抗剪承载力为

$$V_{\text{1Rd}} = \min\{0.7f_{\text{td}}b_{\text{f}} + 0.8A_{\text{e}}f_{\text{sd}}, 0.25b_{\text{f}}f_{\text{cd}}\} \quad (3\text{-}93)$$

$$V_{\text{1d}} \leqslant V_{\text{1Rd}} \quad (3\text{-}94)$$

3)裂缝宽度验算

按钢筋混凝土构件和 B 类预应力混凝土构件设计的混凝土桥面板,在进行正常使用极限状态下裂缝宽度验算时,应按作用短期效应组合考虑长期效应影响进行验算,并据此进行相应的配筋计算。裂缝宽度可按下式计算:

$$W_{\text{fk}} = C_1 C_2 C_3 \frac{\sigma_{\text{ss}}}{E_{\text{s}}} \left(\frac{c+d}{0.36 + 1.7\rho_{\text{te}}} \right) \quad (3\text{-}95)$$

$$\rho_{\text{te}} = \frac{A_{\text{s}}}{A_{\text{te}}} \quad (3\text{-}96)$$

式中:C_1——钢筋表面形状系数,对光面钢筋,$C_1 = 1.4$;对带肋钢筋,$C_1 = 1.0$;

C_2——作用(或荷载)长期效应影响系数,$C_2 = 1 + 0.5N_l/N_s$,其中 N_l 和 N_s 分别为按作用(或荷载)长期效应组合和短期效应组合计算的内力设计值(弯矩或轴向力);

C_3——与构件受力性质有关的系数,当为混凝土板式受弯构件时,取 $C_3 = 1.15$;

σ_{ss}——钢筋应力,按式(3-97)或式(3-98)计算;

c——最外排纵向受拉钢筋的混凝土保护层厚度,当 $c > 50\text{mm}$ 时,取 50mm;

d——纵向受拉钢筋直径(mm),当用不同直径的钢筋时,d 改用换算直径 d_e,$d_e = \sum n_i d_i^2 / \sum n_i d_i$,对钢筋混凝土构件,为受拉区第 i 种普通钢筋的根数,为受拉区第 i 种普通钢筋的公称直径;对钢筋混凝土构件中的焊接钢筋骨架,d 或 d_e 应乘以 1.3 系数;

ρ_{te}——纵向受拉钢筋配筋率,按《公路钢筋混凝土及预应力混凝土桥涵设计规范》(JTG 3362—2018)第 6.4.5 条取值,当 $\rho_{\text{te}} > 0.1$ 时,取 $\rho_{\text{te}} = 0.1$;当 $\rho_{\text{te}} < 0.01$ 时,取 $\rho_{\text{te}} = 0.01$;

A_{s}——受拉区纵向钢筋截面面积,受弯、偏心受拉构件取受拉区纵向钢筋截面面积或受拉较大一侧的钢筋截面面积;

A_{te}——有效受拉混凝土面积,受弯、偏心受拉、偏心受压构件取 $2a_s b$,a_s 为受拉钢筋重心至受拉区边缘的距离,b 为受拉区有效翼缘宽度。

组合梁中支点负弯矩区桥面板内受拉钢筋应力 σ_{ss} 应按下式进行计算:

(1)钢筋混凝土板

$$\sigma_{\text{ss}} = \frac{M_s y_s}{I_{\text{cr}}} \quad (3\text{-}97)$$

式中:M_s——形成组合作用之后,按作用(荷载)频遇组合效应计算的组合梁截面弯矩值;

I_{cr}——由纵向普通钢筋与钢梁形成的组合截面的惯性矩,即开裂截面惯性矩;

y_s——钢筋截面形心至钢筋和钢梁形成的组合截面中性轴的距离。

(2) B类部分预应力混凝土板

$$\sigma_{ss} = \frac{M_s \pm M_{p2} - N_p y_p}{I_{cr}} y_{ps} \pm \frac{N_p}{A'_{cr}} \qquad (3\text{-}98)$$

式中：M_{p2}——由预加力在后张法预应力连续组合梁等超静定结构中产生的次弯矩；

N_p——考虑预应力损失后预应力钢筋的预加力合力；

y_p——预应力钢筋合力点至普通钢筋、预应力钢筋和钢板梁形成的组合截面中性轴的距离；

y_{ps}——预应力钢筋和普通钢筋的合力点至普通钢筋、预应力钢筋和钢板梁形成的组合截面中性轴的距离；

A'_{cr}——由纵向普通钢筋、预应力钢筋与钢板梁形成的组合截面的面积；

I_{cr}——由纵向普通钢筋、预应力钢筋与钢板梁形成的组合截面的惯性矩。

桥面板受车轮荷载作用按单向板设计时，受拉钢筋应力 σ_{ss} 应根据《公路钢筋混凝土及预应力混凝土桥涵设计规范》(JTG 3362—2018)的相关规定计算。

各类环境中，钢筋混凝土和 B 类预应力混凝土构件最大裂缝宽度限制见表3-11。

最大裂缝宽度限制 表3-11

环 境 类 别	最大裂缝宽度限制(mm)	
	钢筋混凝土构件、采用预应力螺纹钢筋的 B 类预应力混凝土构件	采用钢丝或钢绞线的 B 类预应力混凝土构件
Ⅰ类——一般环境	0.20	0.10
Ⅱ类——冻融环境	0.20	0.10
Ⅲ类——近海或海洋氯化物环境	0.15	0.10
Ⅳ类——除冰盐等其他氯化物环境	0.15	0.10
Ⅴ类——盐结晶环境	0.10	禁止使用
Ⅵ类——化学腐蚀环境	0.15	0.10
Ⅶ类——磨蚀环境	0.20	0.10

3.4.5 联结系设计与验算

横联、纵联杆件一般按轴向受力构件进行设计与验算，横梁按受弯构件进行设计与验算。同时横联、平纵联杆件需满足《公路钢结构桥梁设计规范》(JTG D64—2015)规定的最大长细比要求，具体规定及验算方法参见第 5 章。

3.4.6 焊钉连接件设计与验算

1) 构造要求

《公路钢结构桥梁设计规范》(JTG D64—2015)规定焊钉连接件应符合下列构造要求：

①焊钉连接件长度不应小于 4 倍焊钉直径，当有直接拉拔力作用时不宜小于焊钉直径的 10 倍。

②焊钉连接件的最大中心间距需满足：剪力作用方向中心间距不应大于 $18t_f \sqrt{345/f_y}$，t_f 为焊接位置处的钢板厚度；受压钢板边缘与相邻最近连接件的距离不应大于 $7t_f \sqrt{345/f_y}$；连

接件的最大中心间距不宜大于3倍混凝土板厚度且不宜大于300mm。

③连接件剪力作用方向的中心间距不应小于焊钉直径的5倍且不应小于100mm,剪力作用垂直方向的中心间距不宜小于焊钉直径的4倍。

④连接件的外侧边缘至钢板自由边缘的距离不应小于25mm。

⑤连接件直径不宜大于焊接处钢板厚度的1.5倍。

2)单个焊钉连接件抗剪承载力计算

《公路钢结构桥梁设计规范》(JTG D64—2015)第11.4.4条规定,当焊钉长度与直径之比大于4时,单个焊钉的抗剪承载力可按下式计算:

$$V_{su} = \min\{0.43A_{su}\sqrt{E_c f_{cd}}, 0.7A_{su}f_{su}\} \tag{3-99}$$

式中:V_{su}——单个焊钉连接件的抗剪承载力(N);

f_{cd}——混凝土轴心抗压强度设计值(MPa);

A_{su}——焊钉连接件杆部截面面积(mm^2);

f_{su}——焊钉材料的抗拉强度最小值(MPa)。

3)组合梁纵向剪力计算

假定钢板梁与混凝土板交界面上的纵向水平剪力全部由焊钉承担,忽略钢板梁与混凝土板之间的黏结作用。

钢-混组合界面单位长度上的纵向水平剪力可按下式计算:

$$V_l = \frac{VS}{I_{un}} \tag{3-100}$$

式中:V——形成组合截面之后作用于组合梁的竖向剪力(N);

S——混凝土桥面板对组合截面中性轴的面积距(mm^3);

I_{un}——组合梁未开裂截面惯性矩(mm^4)。

受预应力集中锚固力、混凝土收缩徐变、温差效应和截面突变的影响,钢-混组合界面上的纵向剪力会局部增大。《公路钢结构桥梁设计规范》(JTG D64—2015)规定,单位长度纵桥向水平剪力可按下式进行计算:

在梁跨中间:

$$V_{ms} = \frac{V_s}{l_{cs}} \tag{3-101}$$

在梁端部:

$$V_{ms} = \frac{2V_s}{l_{cs}} \tag{3-102}$$

式中:V_s——预应力集中锚固力、混凝土收缩徐变或温差的初始效应在钢-混组合界面上产生的纵桥向水平剪力;

l_{cs}——预应力集中锚固力、混凝土收缩徐变或温差引起的纵桥向集中剪力在钢-混组合界面上的水平传递长度,取主梁相邻腹板间距和主梁长度的1/10两者中的较小值。

4)焊钉数量设计

计算焊钉配置数量时,可将上述计算得到纵向水平剪力分段处理,求出每个区段单位长度

纵向剪力的平均值 V_{1di}（或该区域最大值）和区段长度 l_i，该区段内的焊钉均匀布置，如图 3-60 所示。当按照区段单位长度纵向剪力平均值设计时，应保证单个焊钉所受到的最大剪力不大于其抗剪承载能力的 1.1 倍。每个区段内的焊钉个数可由下式计算：

$$n_i = \frac{V_{1di} l_i}{V_{su}} \tag{3-103}$$

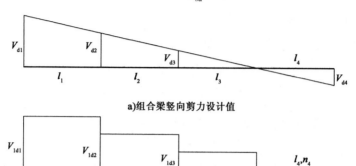

图 3-60 剪力分段示意图

5) 承载能力极限状态验算

在承载能力极限状态下，焊钉连接件应按下式进行抗剪验算：

$$\gamma_0 V'_d \leq V_{su} \tag{3-104}$$

$$V'_d = \frac{V_1}{n} \tag{3-105}$$

式中：V'_d——承载能力极限状态下单个焊钉连接件承担的剪力设计值(N)；

n——单位长度上焊钉个数。

6) 正常使用极限状态验算

正常使用极限状态下，焊钉应满足下式要求：

$$V_r \leq 0.75 V_{su} \tag{3-106}$$

式中：V_r——正常使用极限状态下单个焊钉承担的剪力设计值(N)。

此外，钢-混组合界面的滑移量应满足下式要求：

$$s_{max} \leq s_{lim} \tag{3-107}$$

$$s_{max} = \frac{V_r}{k_{ss}} \tag{3-108}$$

$$k_{ss} = 13.0 d_{ss} \sqrt{E_c f_{ck}} \tag{3-109}$$

式中：s_{max}——正常使用极限状态下钢-混组合界面的最大滑移值(mm)；

s_{lim}——正常使用极限状态下钢-混组合界面的滑移限制(mm)，取 0.2mm；

k_{ss}——单个焊钉的抗剪刚度(N/mm)；

d_{ss}——焊钉杆部的直径(mm)；

f_{ck}——混凝土抗压强度标准值(MPa)。

7) 疲劳验算

《公路钢混组合桥梁设计与施工规范》（JTG/T D64-01—2015）规定，焊钉位于始终承受压

应力的钢板梁翼缘时,应按下式进行疲劳验算:

$$\gamma_{Ff}\Delta\tau_{E2} \leqslant \frac{\Delta\tau_C}{\gamma_{Mf,s}} \qquad (3\text{-}110)$$

式中:$\Delta\tau_{E2}$——疲劳荷载计算模型Ⅱ或模型Ⅲ作用下焊钉的等效剪应力幅,按现行《公路钢结构桥梁设计规范》(JTG D64—2015)的相关规定计算,其中计算损伤等效系数 γ 时,$\gamma_1 = 1.55$;

$\Delta\tau_C$——对应于200万次应力循环的焊钉疲劳设计强度,$\Delta\tau_C = 90\text{MPa}$;

γ_{Ff}——疲劳荷载分项系数,取1.0;

$\gamma_{Mf,s}$——焊钉疲劳抗力分项系数,取1.0。

焊钉位于始终承受拉应力的钢板梁翼缘时,应按下式进行疲劳验算:

$$\frac{\gamma_{Ff}\Delta\sigma_{E2}}{\Delta\sigma_C/\gamma_{Mf}} + \frac{\gamma_{Ff}\Delta\tau_{E2}}{\Delta\tau_C/\gamma_{Mf,s}} \leqslant 1.3 \qquad (3\text{-}111)$$

$$\frac{\gamma_{Ff}\Delta\sigma_{E2}}{\Delta\sigma_C/\gamma_{Mf}} \leqslant 1.0, \frac{\gamma_{Ff}\Delta\tau_{E2}}{\Delta\tau_C/\gamma_{Mf,s}} \leqslant 1.0 \qquad (3\text{-}112)$$

式中:$\Delta\sigma_{E2}$、$\Delta\sigma_C$——疲劳荷载作用下钢板梁翼缘等效正应力幅、钢材疲劳抗力,按《公路钢结构桥梁设计规范》(JTG D64—2015)的相关规定计算;

γ_{Mf}——疲劳抗力分项系数,按《公路钢结构桥梁设计规范》(JTG D64—2015)的相关规定取值,对重要构件取1.35,对次要构件取1.15。

3.5 公路30m简支钢板组合梁桥算例

3.5.1 设计基本资料

1)技术标准

①道路等级:一级公路;

②设计速度:80km/h;

③设计荷载:公路—Ⅰ级,无人群荷载;

④桥面净宽:0.5m(护栏)+11m(行车道)+0.5m(护栏);

⑤桥面横坡:2%;

⑥环境类别:Ⅱ类;

⑦气候分区:寒冷地区;

⑧设计安全等级:一级,结构重要性系数 $\gamma_0 = 1.1$;

⑨设计方法:采用以概率论为基础的极限状态设计方法,按分项系数的设计表达式进行设计。

2)设计依据

①《公路工程技术标准》(JTG B01—2014);

②《公路桥涵设计通用规范》(JTG D60—2015);

③《公路钢结构桥梁设计规范》(JTG D64—2015);

④《公路钢混组合桥梁设计与施工规范》(JTG/T D64-01—2015);
⑤《公路钢筋混凝土及预应力混凝土桥涵设计规范》(JTG 3362—2018)。

3.5.2 结构设计

1) 材料

预制桥面板及现浇纵向湿接缝均采用C50混凝土;钢板梁、横梁及加劲肋均采用Q345qD桥梁用结构钢;焊钉采用圆柱头焊钉,焊钉材料为ML15钢;普通钢筋为HRB400级。各材料特性见表3-12。

各材料特性 表3-12

材料	弹性模量(MPa)	重度(kN/m³)	线膨胀系数	强度设计值(MPa)		
				抗拉	抗压	抗剪
C50混凝土	3.45×10^4	26	1.0×10^{-5}	1.83	22.4	—
Q345qD桥梁用结构钢	2.06×10^5	78.5	1.2×10^{-5}	270	270	155
HRB400钢筋	2.00×10^5	78.5	1.2×10^{-5}	330	330	—

2) 结构形式及尺寸

简支钢板组合梁设计跨径为30m,梁长为29.92m,计算跨径为29m,全桥立面及平面布置如图3-61所示。

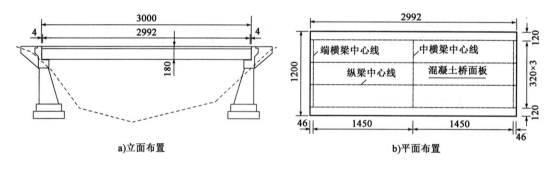

图3-61 桥型布置(尺寸单位:cm)

钢板梁采用焊接工字钢,共4片,间距3200mm。钢板梁高1500mm,上翼缘厚18mm,宽460mm;下翼缘厚34mm,宽660mm;腹板高1448mm,厚14mm。桥面板厚度为23cm,承托处厚30cm,主梁标准横断面如图3-62所示,主梁细部尺寸如图3-63所示。

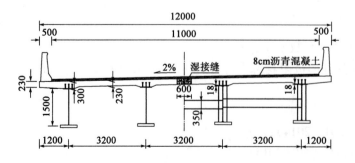 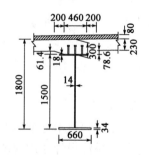

图3-62 主梁标准横断面(尺寸单位:mm)　　图3-63 主梁细部尺寸(尺寸单位:mm)

腹板每隔2m设置一道横向加劲肋,在支座处设置一道支承加劲肋。此外,为方便后期更换支座,腹板在支座附近设置一道顶升加劲肋。横向加劲肋单侧布置,尺寸为16mm×160mm;支承加劲肋和顶升加劲肋双侧布置,尺寸为20mm×200mm。钢板梁与桥面板采用焊钉连接,焊钉纵桥向均匀布置,间距为150mm;横桥向布置3列,间距为140mm。加劲肋及焊钉纵向布置如图3-64所示,焊钉横向布置如图3-65所示。每2片钢梁之间在支点处设置端横梁,在跨中设置中横梁。

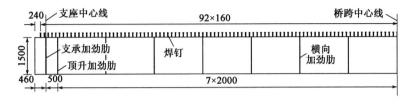

图3-64 加劲肋及焊钉纵向布置(尺寸单位:cm)

图3-65 焊钉横向布置
(尺寸单位:mm)

3)施工方法

组合梁横桥向两片钢板梁与对应桥面板预制形成整体施工单元,如图3-62所示。采用架桥机架设,最大吊装质量为140t,两个单元之间现场浇筑纵向湿接缝连接,湿接缝宽60cm。

3.5.3 截面几何特性

1)有效宽度计算

(1)混凝土桥面板有效宽度计算

对于中梁跨中截面,由于 $L_e = l = 29\mathrm{m}$,$L_e/6 = 4.833\mathrm{m} > b_1 = 1.46\mathrm{m}$,故中梁跨中混凝土板全宽有效,宽为3.2m。对于支点截面,$\beta_i = 0.55 + 0.025\dfrac{L_e}{b_1} = 1.04 > 1.0$,故中梁支点混凝土板全宽有效,宽为3.2m。

对于边梁跨中截面,由于 $L_e = l = 29\mathrm{m}$,$L_e/6 = 4.833\mathrm{m} > b_2 = 1.46\mathrm{m}$,故边梁跨中混凝土板全宽有效,宽为2.8m。对于支点截面,$\beta_i = 0.55 + 0.025\dfrac{L_e}{b_1} = 1.23 > 1.0$,故边梁支点混凝土板全宽有效,宽为2.8m。

(2)钢板梁翼缘有效宽度计算

对于边梁与中梁的上翼缘:$b_i = 0.23\mathrm{m}$,$L_e = 29\mathrm{m} \Rightarrow \dfrac{b_i}{L_e} = \dfrac{0.2}{29} \approx 0.007 \leqslant 0.05$,故边梁与中梁的上翼缘全宽有效。

对于边梁与中梁的下翼缘:$b_i = 0.33\mathrm{m}$,$L_e = 29\mathrm{m} \Rightarrow \dfrac{b_i}{L_e} = \dfrac{0.33}{29} \approx 0.011 \leqslant 0.05$,故边梁与中梁的下翼缘全宽有效。

2)截面几何特性计算

在计算短期荷载效应采用的换算截面几何特性时,钢材和混凝土弹性模量比值为

$$\alpha_E = \frac{E_s}{E_c} = \frac{2.06 \times 10^5}{3.45 \times 10^4} \approx 6$$

在计算混凝土收缩效应或考虑徐变影响的长期荷载效应采用的换算截面几何特性时,钢材与混凝土的有效弹性模量比值为

$$\alpha_L = \alpha_E[1 + \psi_L \phi(t, t_0)]$$

式中,计算混凝土收缩效应时,ψ_L 取 0.55;计算考虑徐变影响的长期荷载效应时,ψ_L 取 1.1;$\phi(t,t_0)$ 按《公路钢筋混凝土及预应力混凝土桥涵设计规范》(JTG 3362—2018)计算,构件的理论厚度为 228mm,与年平均相对湿度相关的系数取 $40\% \leq RH \leq 70\%$,加载龄期取 28d,通过内插法可求得徐变系数 $\phi(t, t_0) = 2.16$,则:

计算混凝土收缩效应时,$\alpha_L = \alpha_E[1 + \psi_L \phi(t, t_0)] = 6 \times (1 + 0.55 \times 2.16) = 13.128 \approx 13$;

计算考虑徐变影响的长期荷载效应时,$\alpha_{L1} = \alpha_E[1 + \psi_L \phi(t, t_0)] = 6 \times (1 + 1.1 \times 2.16) = 20.256 \approx 20$。

截面几何特性计算示意如图 3-66 所示,计算结果汇总见表 3-13。

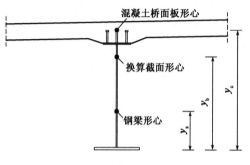

图 3-66 截面几何特性计算示意

截面几何特性计算结果汇总　　　　　　　　　　　　　表 3-13

梁号	截面特性	混凝土桥面板截面	钢梁截面	换算截面 计算短期荷载效应时 $\alpha_E = 6$	换算截面 计算混凝土收缩效应时 $\alpha_L = 13$	换算截面 计算考虑徐变影响的长期荷载效应时 $\alpha_{L1} = 20$
边梁	面积(mm²)	$A_c = 644000$	$A_s = 50992$	$A_{un} = 158326$	$A_L = 100529$	$A_{L1} = 83192$
边梁	中和轴距梁底距离(mm)	$y_c = 1685$	$y_s = 551$	$y_b = 1320$	$y'_b = 1110$	$y'_{b1} = 990$
边梁	截面惯性矩(mm⁴)	$I_c = 2.84 \times 10^9$	$I_s = 1.81 \times 10^{10}$	$I_{un} = 6.31 \times 10^{10}$	$I_L = 5.07 \times 10^{10}$	$I_{L1} = 4.37 \times 10^{10}$
中梁	面积(mm²)	$A_c = 736000$	$A_s = 50992$	$A_{un} = 173658$	$A_L = 107607$	$A_{L1} = 87792$
中梁	中和轴距梁底距离(mm)	$y_c = 1685$	$y_s = 551$	$y_b = 1352$	$y'_b = 1148$	$y'_{b1} = 1026$
中梁	截面惯性矩(mm⁴)	$I_c = 3.24 \times 10^9$	$I_s = 1.81 \times 10^{10}$	$I_{un} = 6.50 \times 10^{10}$	$I_L = 5.29 \times 10^{10}$	$I_{L1} = 4.58 \times 10^{10}$

3.5.4 作用效应

1) 恒载

一期恒载包括钢梁、加劲肋、横梁及混凝土桥面板自重,加劲肋及横梁的自重采用钢梁自重放大系数考虑,边梁取 1.1,中梁取 1.15。边梁与中梁考虑承托的混凝土桥面板截面面积分别为 715379mm² 和 782620mm²。

边梁的钢梁、横梁、加劲肋自重:$q_s = 50992 \times 10^{-6} \times 78.5 \times 1.1 = 4.40 (\text{kN/m})$

中梁的钢梁、横梁、加劲肋自重:$q_s = 50992 \times 10^{-6} \times 78.5 \times 1.15 = 4.60 (\text{kN/m})$

边梁的混凝土桥面板自重:$q_c = 26 \times 715379 \times 10^{-6} = 18.60 (\text{kN/m})$

中梁的混凝土桥面板自重:$q_c = 26 \times 782620 \times 10^{-6} = 20.35 (kN/m)$

二期恒载包括铺装层和防撞护栏。本算例沥青混凝土铺装层厚度为80mm,宽度为11m(扣除护栏宽度),沥青混凝土重度取$24kN/m^3$;单侧防撞护栏的横截面面积为$0.34m^2$。则每根梁上的二期恒载为

$$q_{sec} = \frac{24 \times 0.08 \times 11 + 26 \times 0.34 \times 2}{4} = 9.70 (kN/m)$$

下面以边梁为例计算恒载效应。

一期恒载作用下的内力为

跨中弯矩:$M_{g1} = \frac{(q_c + q_s)l^2}{8} = \frac{(18.60 + 4.40) \times 29^2}{8} = 2417.88 (kN \cdot m)$

支点剪力:$Q_{g1} = \frac{(q_c + q_s)l}{2} = \frac{(18.60 + 4.40) \times 29}{2} = 333.50 (kN)$

$l/4$点弯矩:$M_{g1} = \frac{3(q_c + q_s)l^2}{32} = \frac{3 \times (18.60 + 4.40) \times 29^2}{32} = 1813.41 (kN \cdot m)$

$l/4$点剪力:$Q_{g1} = \frac{(q_c + q_s)l}{4} = \frac{(18.60 + 4.40) \times 29}{4} = 166.75 (kN)$

二期恒载作用下的内力为

跨中弯矩:$M_{g2} = \frac{q_{sec}l^2}{8} = \frac{9.70 \times 29^2}{8} = 1019.71 (kN \cdot m)$

支点剪力:$Q_{g2} = \frac{q_{sec}l}{2} = \frac{9.70 \times 29}{2} = 140.65 (kN)$

$l/4$点弯矩:$M_{g2} = \frac{3q_{sec}l^2}{32} = \frac{3 \times 9.70 \times 29^2}{32} = 764.78 (kN \cdot m)$

$l/4$点剪力:$Q_{g2} = \frac{q_{sec}l}{4} = \frac{9.70 \times 29}{4} = 70.33 (kN)$

恒载作用下主梁内力计算结果见表3-14。

恒载作用下主梁内力计算结果 表3-14

梁号	荷载类型	跨中弯矩($kN \cdot m$)	支点剪力(kN)	$l/4$点弯矩($kN \cdot m$)	$l/4$点剪力(kN)
边梁	一期恒载	2417.88	333.50	1813.41	166.75
	二期恒载	1019.71	140.65	764.78	70.33
	合计	3437.59	474.15	2578.19	237.08
中梁	一期恒载	2622.87	361.78	1967.15	180.89
	二期恒载	1019.71	140.65	764.78	70.33
	合计	3642.58	502.43	2731.93	251.22

计算恒载作用下截面应力时,应采用考虑徐变影响的截面特性。本算例弯曲应力计算结果以拉为正,压为负。边梁应力计算如下。

跨中截面钢梁上下缘正应力为

$$\begin{cases} \sigma_{sb} = \dfrac{M_{g1} + M_{g2}}{I_{L1}} y'_{b1} = \dfrac{(2417.88 + 1019.71) \times 10^6}{4.37 \times 10^{10}} \times 990 = 77.96 (\text{MPa})(拉) \\ \sigma_{su} = \dfrac{M_{g1} + M_{g2}}{I_{L1}} (y'_{b1} - h_s) = \dfrac{(2417.88 + 1019.71) \times 10^6}{4.37 \times 10^{10}} \times (990 - 1500) = -40.16 (\text{MPa})(压) \end{cases}$$

跨中截面混凝土板上下缘正应力为

$$\begin{cases} \sigma_{cb} = \dfrac{M_{g1} + M_{g2}}{\alpha_{L1} I_{L1}} (y'_{b1} - h_s) = \dfrac{(2417.88 + 1019.71) \times 10^6}{20 \times 4.37 \times 10^{10}} \times (990 - 1500) = -2.01 (\text{MPa})(压) \\ \sigma_{cu} = \dfrac{M_{g1} + M_{g2}}{\alpha_{L1} I_{L1}} (y'_{b1} - h) = \dfrac{(2417.88 + 1019.71) \times 10^6}{20 \times 4.37 \times 10^{10}} \times (990 - 1800) = -3.19 (\text{MPa})(压) \end{cases}$$

支点截面钢梁腹板剪应力为

$$\tau_{sw} = \dfrac{Q_{g1} + Q_{g2}}{A_w} = \dfrac{(333.50 + 140.65) \times 10^3}{20272} = 23.39 (\text{MPa})$$

$l/4$ 点截面钢梁腹板与下翼缘交点处正应力为

$$\sigma_{wb} = \dfrac{M_{g1} + M_{g2}}{I_{L1}} (y'_{b1} - t_{下翼缘}) = \dfrac{(1813.41 + 764.78) \times 10^6}{4.37 \times 10^{10}} \times (990 - 34) = 56.47 (\text{MPa})(拉)$$

$l/4$ 点截面钢梁腹板剪应力为

$$\tau_{sw} = \dfrac{Q_{g1} + Q_{g2}}{A_w} = \dfrac{(166.75 + 70.33) \times 10^3}{20272} = 11.69 (\text{MPa})$$

2) 车道荷载

由《公路桥涵设计通用规范》(JTG D60—2015) 第 4.3.2 条规定,公路—Ⅰ级车道荷载的均布荷载为 $q_k = 10.5 \text{kN/m}$,集中荷载为 $P_k = 2(L_0 + 130) = 318 \text{kN}$。计算剪力效应时,上述集中荷载标准值应乘以系数 1.2。下面以边梁为例计算车道荷载效应。

(1) 冲击系数计算

由《公路桥涵设计通用规范》(JTG D60—2015) 第 4.3.2 条条文说明计算结构基频,对于简支梁桥:

$$f = \dfrac{\pi}{2l^2} \sqrt{\dfrac{EI_{un}}{m_c}} = \dfrac{\pi}{2 \times 29^2} \times \sqrt{\dfrac{2.06 \times 10^{11} \times (6.31 + 6.5) \times 2 \times 10^{-2}}{8947.14}} = 4.54 (\text{Hz})$$

$$m_c = \dfrac{G}{g} = \dfrac{87.77 \times 10^3}{9.81} = 8947.14 (\text{kg})$$

根据结构基频,由下式计算得到结构冲击系数:$\mu = 0.1767\ln(4.45) - 0.0157 = 0.25$

$$\begin{cases} 当 f < 1.5 \text{Hz} 时, & \mu = 0.05 \\ 当 1.5 \text{Hz} \leqslant f \leqslant 14 \text{Hz} 时, & \mu = 0.1767\ln f - 0.0157 \\ 当 f > 14 \text{Hz} 时, & \mu = 0.45 \end{cases}$$

(2)跨中弯矩计算

采用刚性横梁法计算组合梁跨中截面的荷载横向分布系数,分别按2车道和3车道布载,并考虑横向车道布载系数(2车道取1.0,3车道取0.78)。横向分布系数计算图式如图3-67和图3-68所示。经计算,按2车道布载横向分布系数较大,边梁荷载横向分布系数为$m_c = 0.978$,中梁的荷载横向分布系数为$m_c = 0.656$。

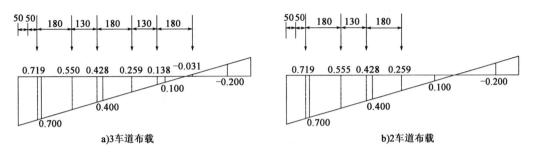

图3-67 边梁横向分布系数计算图式

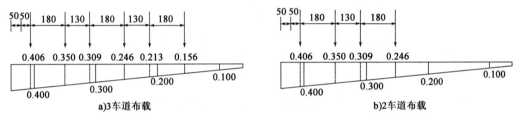

图3-68 中梁横向分布系数计算图式

车道荷载作用下边梁跨中截面的弯矩为

$$M_{q0} = (1+\mu)m_c(q_k\Omega + P_k y_k) = (1+0.25) \times 0.978 \times \left(10.5 \times \frac{29^2}{8} + 318 \times \frac{29}{4}\right)$$

$$= 4167.88(\text{kN} \cdot \text{m})$$

车道荷载作用下边梁$l/4$点截面的弯矩为

$$M_{q1} = (1+\mu)m_c(q_k\Omega' + P_k y_k') = (1+0.25) \times 0.978 \times \left(10.5 \times \frac{3 \times 29^2}{32} + 318 \times \frac{3 \times 29}{16}\right)$$

$$= 3125.91(\text{kN} \cdot \text{m})$$

(3)支点剪力计算

采用杠杆原理法计算组合梁支点截面的荷载横向分布系数,计算图式如图3-69所示。经计算,边梁荷载横向分布系数为$m_c = 0.829$,中梁荷载横向分布系数为$m_c = 1.032$。车道荷载布载方式、支点剪力影响线及剪力的荷载横向分布系数沿桥跨方向的变化如图3-70所示。

m变化区段内附加三角形荷载中心处的剪力影响线坐标为:$y = 1 \times \left(29 - \frac{1}{3} \times \frac{29}{4}\right) \div 29 = 0.917$,影响线面积为$\Omega = \frac{1}{2} \times 29 \times 1 = 14.5$。

边主梁支点的最大剪力为:$Q_{0q} = Q'_{0q} + \Delta Q'_{0q}$

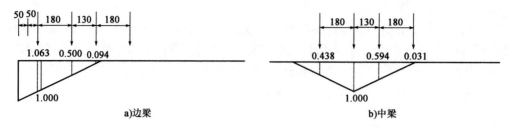

图 3-69 支点横向分布系数计算图式

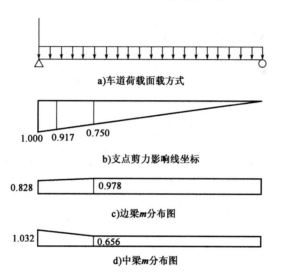

图 3-70 支点剪力计算图式

其中,

$$Q'_{0q} = (1+\mu)(m_1 P_k y_k + m_c q_k \Omega)$$

$$= (1+0.25) \times \left(0.829 \times 318 \times 1.2 \times 1 + 0.978 \times 10.5 \times \frac{29}{2}\right) = 581.56(\text{kN})$$

$$\Delta Q'_{0q} = (1+\mu)\frac{a}{2}(m_0 - m_c)q_k y$$

$$= (1+0.25) \times \frac{7.25}{2} \times (0.829 - 0.978) \times 10.5 \times 0.917 = -6.50(\text{kN})$$

故边梁支点截面的最大剪力为

$$Q_{0q} = Q'_{0q} + \Delta Q'_{0q} = 581.56 - 6.50 = 575.06(\text{kN})$$

边梁 $l/4$ 点截面的最大剪力为

$$Q_{1q} = (1+\mu)(m_1 P_k y_k + m_c q_k \Omega) = (1+0.25) \times \left(0.978 \times 318 \times 1.2 \times 0.75 + 0.978 \times 10.5 \times \frac{9 \times 29}{32}\right)$$

$$= 454.58(\text{kN})$$

车道荷载作用下主梁内力计算结果汇总见表 3-15。

车道荷载作用下主梁内力计算结果 表3-15

	计冲击力				不计冲击力			
	跨中弯矩 (kN·m)	支点剪力 (kN)	$l/4$点弯矩 (kN·m)	$l/4$点剪力 (kN)	跨中弯矩 (kN·m)	支点剪力 (kN)	$l/4$点弯矩 (kN·m)	$l/4$点剪力 (kN)
边梁	4167.88	575.06	3125.91	454.58	3334.31	460.05	2500.73	363.66
中梁	2795.64	633.51	2096.73	304.91	2236.51	506.81	1677.38	243.93

车道荷载(计冲击力)作用下,边梁应力计算如下。

跨中截面钢梁上下缘正应力为

$$\begin{cases} \sigma_{su} = \dfrac{M_{0q}}{I_{un}}(y_b - h_s) = \dfrac{4167.88 \times 10^6}{6.31 \times 10^{10}} \times (1320 - 1500) = -11.90(\text{MPa})(\text{压}) \\ \sigma_{sb} = \dfrac{M_{0q}}{I_{un}} y_b = \dfrac{4167.88 \times 10^6}{6.31 \times 10^{10}} \times 1320 = 87.25(\text{MPa})(\text{拉}) \end{cases}$$

跨中截面混凝土板上下缘正应力为

$$\begin{cases} \sigma_{cu} = \dfrac{M_{0q}}{\alpha_E I_{un}}(y_b - h) = \dfrac{4167.88 \times 10^6}{6 \times 6.31 \times 10^{10}} \times (1320 - 1800) = -5.29(\text{MPa})(\text{压}) \\ \sigma_{cb} = \dfrac{M_{0q}}{\alpha_E I_{un}}(y_b - h_s) = \dfrac{4167.88 \times 10^6}{6 \times 6.31 \times 10^{10}} \times (1320 - 1500) = -1.98(\text{MPa})(\text{压}) \end{cases}$$

支点截面钢梁腹板剪应力为

$$\tau_{sw} = \dfrac{Q_{0q}}{A_w} = \dfrac{575.06 \times 10^3}{20272} = 28.37(\text{MPa})$$

$l/4$点截面钢梁腹板与下翼缘交点处正应力为

$$\sigma_{wb} = \dfrac{M_{1q}}{I_{un}}(y_b - t_{\text{下翼缘}}) = \dfrac{3125.91 \times 10^6}{6.31 \times 10^{10}} \times (1320 - 34) = 63.75(\text{MPa})(\text{拉})$$

$l/4$点截面钢梁腹板剪应力为

$$\tau_{sw} = \dfrac{Q_{1q}}{A_w} = \dfrac{454.58 \times 10^3}{20272} = 22.42(\text{MPa})$$

3)温度梯度

以边梁为例说明温度梯度效应的计算方法,中梁的计算结果列于表3-17。算例桥面板厚300mm,铺装层厚80mm。根据《公路桥涵设计通用规范》(JTG D60—2015)第4.3.12条规定,正温度梯度 $T_1 = 14℃$,$T_2 = 5.5℃$,由此可得,钢梁温度为 $T_{钢梁} = \dfrac{100 \times 5.5}{300} = 1.8℃$。根据3.4.2节中组合梁温度效应计算方法,混凝土桥面板温度按最不利情况考虑取 $T_{混凝土} = 14℃$,故温差约为12.17℃。负温度梯度 $T_1 = -7℃$,$T_2 = -2.75℃$,同理得温差约为6.08℃。

(1)正温度梯度(钢梁比混凝土板低12℃)

$$P_T = \alpha_T \Delta T_z E_s A_s = 1.2 \times 10^{-5} \times (-12) \times 2.06 \times 10^5 \times 50992 \times 10^{-3} = -1512.63(\text{kN})$$

钢梁板上下缘正应力：

$$\sigma_{su} = -\alpha_T \Delta T_z E_s + \frac{\alpha_T \Delta T_z E_s A_s}{A_{un}} + \frac{\alpha_T \Delta T_z E_s A_s a_s y}{I_{un}}$$

$$= -1.2 \times 10^{-5} \times (-12) \times 2.06 \times 10^5 + \frac{-1512.63 \times 10^3}{158326} + \frac{-1512.63 \times 10^3 \times (1320-551) \times (1320-1500)}{6.31 \times 10^{10}}$$

$$= 23.43(\text{MPa})(拉)$$

$$\sigma_{sb} = -\alpha_T \Delta T_z E_s + \frac{\alpha_T \Delta T_z E_s A_s}{A_{un}} + \frac{\alpha_T \Delta T_z E_s A_s a_s y}{I_{un}}$$

$$= -1.2 \times 10^{-5} \times (-12) \times 2.06 \times 10^5 - \frac{1512.63 \times 10^3}{158326} - \frac{1512.63 \times 10^3 \times (1320-551) \times 1320}{6.31 \times 10^{10}}$$

$$= -4.22(\text{MPa})(压)$$

混凝土板上下缘正应力：

$$\sigma_{cu} = \frac{\alpha_T \Delta T_z E_s A_s}{\alpha_E A_{un}} + \frac{\alpha_T \Delta T_z E_s A_s a_s y}{\alpha_E I_{un}}$$

$$= \frac{-1512.63 \times 10^3}{6 \times 158326} + \frac{-1512.63 \times 10^3 \times (1320-551) \times (1320-1800)}{6 \times 6.31 \times 10^{10}} = -0.12(\text{MPa})(压)$$

$$\sigma_{cb} = \frac{\alpha_T \Delta T_z E_s A_s}{\alpha_E A_{un}} + \frac{\alpha_T \Delta T_z E_s A_s a_s y}{\alpha_E I_{un}}$$

$$= \frac{-1512.63 \times 10^3}{6 \times 158326} + \frac{-1512.63 \times 10^3 \times (1320-551) \times (1320-1500)}{6 \times 6.31 \times 10^{10}} = -1.04(\text{MPa})(压)$$

(2)负温度梯度(钢梁比混凝土板高6.08℃)

同理可得：

$$\begin{cases} \sigma_{su} = -11.87\text{MPa} \\ \sigma_{sb} = 2.14\text{MPa} \end{cases} \quad \begin{cases} \sigma_{cu} = 0.06\text{MPa} \\ \sigma_{cb} = 0.53\text{MPa} \end{cases}$$

4)混凝土收缩

以边梁为例说明混凝土收缩效应的计算方法,中梁的计算结果列于表3-17。混凝土收缩效应按钢梁比混凝土桥面板温度高15℃计算,采用计算混凝土收缩效应时的截面特性 A_L 及 I_L,计算方法同温度梯度效应计算方法,混凝土收缩引起的钢梁和混凝土板上、下缘的正应力分别为

$$\begin{cases} \sigma_{su} = -26.41\text{MPa} \\ \sigma_{sb} = 4.89\text{MPa} \end{cases} \quad \begin{cases} \sigma_{cu} = 0.34\text{MPa} \\ \sigma_{cb} = 0.82\text{MPa} \end{cases}$$

3.5.5 组合梁验算

1)承载能力极限状态验算

(1)抗弯强度验算

边梁截面和中梁截面抗弯强度验算分别见表3-16和表3-17。

边梁截面抗弯强度验算 表 3-16

编号	荷 载 类 型	钢梁应力（MPa）		混凝土桥面板应力（MPa）	
		上缘	下缘	上缘	下缘
①	恒载	-40.16	77.96	-3.19	-2.01
②	车道荷载	-11.90	87.25	-5.29	-1.98
③	正温度梯度（钢梁比混凝土板低12.17℃）	23.76	-4.28	-0.12	-1.05
④	负温度梯度（钢梁比混凝土板高6.08℃）	-11.87	2.14	0.53	0.06
⑤	混凝土收缩	-26.41	4.89	0.34	0.82
基本组合1	1.1×[1.2×(①+⑤)+1.4×②+0.75×1.4×④]	-119.91	246.20	-11.30	-4.55
基本组合2	1.1×[1.2×(①+⑤)+1.4×②+0.75×1.4×③]	-78.76	238.78	-12.05	-5.83
基本组合3	1.1×[1.2×(①+⑤)+0.75×1.4×④]	-101.58	111.83	-3.15	-1.50
	材料强度设计值 f_d	-270	270	-22.4	-22.4
	抗弯强度验算	通过	通过	通过	通过

中梁截面抗弯强度验算 表 3-17

编号	荷 载 类 型	钢梁应力（MPa）		混凝土桥面板应力（MPa）	
		上缘	下缘	上缘	下缘
①	恒载	-37.72	81.64	-3.08	-1.89
②	车道荷载	-6.37	58.16	-3.21	-1.06
③	正温度梯度（钢梁比混凝土板低12.17℃）	24.05	-4.31	-0.06	-1.00
④	负温度梯度（钢梁比混凝土板高6.08℃）	-12.01	2.15	0.03	0.50
⑦	混凝土收缩	-27.02	5.00	0.28	0.77
基本组合1	1.1×[1.2×(①+⑤)+1.4×②+0.75×1.4×④]	-109.14	206.41	-8.60	-2.53
基本组合2	1.1×[1.2×(①+⑤)+1.4×②+0.75×1.4×③]	-67.49	198.95	-8.71	-4.27
基本组合3	1.1×[1.2×(①+⑤)+0.75×1.4×④]	-99.33	116.85	-3.66	-0.90
	材料强度设计值 f_d	-270	270	-22.4	1.83
	抗弯强度验算	通过	通过	通过	通过

（2）抗剪强度验算

边梁支点截面和中梁支点截面抗剪强度验算分别见表3-18和表3-19。

边梁支点截面抗剪强度验算 表 3-18

编号	荷 载 类 型	腹板剪应力（MPa）
①	恒载	23.39
②	车道荷载	28.37
基本组合	1.1×(1.2×①+1.4×②)	74.56
	材料强度设计值 f_{vd}	155
	抗剪强度验算	通过

中梁支点截面抗剪强度验算　　　　　　　　　　　　　　　　表3-19

编号	荷载类型	腹板剪应力(MPa)
①	恒载	24.78
②	车道荷载	31.25
组合	1.1×(1.2×①+1.4×②)	80.83
材料强度设计值 f_{vd}		155
抗剪强度验算		通过

组合梁承受弯矩和剪力共同作用时,应考虑两者耦合的影响,腹板最大折算应力验算见表3-20和表3-21。

边梁$l/4$点截面腹板折算应力验算　　　　　　　　　　　　表3-20

编号	荷载类型	剪应力(MPa)	弯曲正应力(MPa)
①	恒载	11.69	56.47
②	车道荷载	22.42	63.75
组合	1.2×①+1.4×②	45.42	157.01
$\gamma_0 \sqrt{\sigma^2+3\tau^2}$		193.18	
材料强度设计值 f_d		270	
腹板最大折算应力验算		通过	

中梁$l/4$点截面腹板折算应力验算　　　　　　　　　　　　表3-21

编号	荷载类型	剪应力(MPa)	弯曲正应力(MPa)
①	恒载	12.39	56.47
②	车道荷载	15.04	63.40
组合	1.2×①+1.4×②	35.92	156.52
$\gamma_0 \sqrt{\sigma^2+3\tau^2}$		185.28	
材料强度设计值 f_d		270	
腹板最大折算应力验算		通过	

2)正常使用极限状态挠度验算

边梁与中梁在恒载或活载作用下的挠度值差别很小,挠度验算及预拱度设置以边梁为准。

(1)折减刚度计算

根据《公路钢结构桥梁设计规范》(JTG D64—2015)第4.2.3条规定,公路钢桥应采用不计冲击力的汽车车道荷载频遇值(频遇值系数取为1.0),并按结构力学的方法计算竖向挠度,计算挠度值不应超过规定限制。根据《公路钢结构桥梁设计规范》(JTG D64—2015)第11.3.2条规定,当计算组合梁正常使用极限状态下的挠度时,简支组合梁截面刚度采用考虑滑移效应时折减刚度B,折减刚度B按照规范中推荐的方法进行计算。折减刚度计算过程中所需的焊钉相关数据见3.5.6节。

组合梁考虑滑移效应的折减刚度B计算如下:

$$I_0 = I_s + \frac{I_c}{a_E} = 1.81 \times 10^{10} + \frac{2.84 \times 10^9}{6} = 1.86 \times 10^{10} (\text{mm}^4)$$

$$A_0 = \frac{A_c A_s}{a_E A_s + A_c} = \frac{644000 \times 50992}{6 \times 50992 + 644000} = 34569 (\text{mm}^2)$$

$$A_1 = \frac{I_0 + A_0 d_{sc}^2}{A_0} = \frac{1.86 \times 10^{10} + 34569 \times (1685 - 551)^2}{34569} = 1824049 (\text{mm}^2)$$

$$\eta = \frac{36 E d_{sc} p A_0}{n_s k h l^2} = \frac{36 \times 2.06 \times 10^5 \times (1685 - 551) \times 150 \times 34569}{3 \times 106.44 \times 10^3 \times 1800 \times 29000^2} = 9.02 \times 10^{-2}$$

$$\alpha = 0.81 \sqrt{\frac{n_s k A_1}{E I_0 p}} = 0.81 \times \sqrt{\frac{3 \times 106.44 \times 10^3 \times 1824049}{2.06 \times 10^5 \times 1.86 \times 10^{10} \times 150}} = 8.15 \times 10^{-4}$$

$$\zeta = \eta \left[0.4 - \frac{3}{(\alpha l)^2} \right] = 9.02 \times 10^{-2} \times \left[0.4 - \frac{3}{(8.15 \times 10^{-4} \times 29000)^2} \right] = 4.00 \times 10^{-2}$$

因此,组合梁折减刚度为

$$B = \frac{E I_{un}}{1 + \zeta} = \frac{2.06 \times 10^5 \times 6.31 \times 10^{10}}{1 + 4.00 \times 10^{-2}} = 1.25 \times 10^{16} (\text{N} \cdot \text{mm}^2)$$

(2)挠度验算

简支梁作用均布车道荷载 q_k 时,其跨中挠度为

$$f_1 = \frac{5 q_k l^4}{384 B} = \frac{5 \times 10.5 \times 29000^3}{384 \times 1.25 \times 10^{16}} = 7.74 (\text{mm})$$

简支梁作用集中车道荷载 P_k 时,其跨中挠度为

$$f_2 = \frac{P_k l^3}{48 B} = \frac{318 \times 10^3 \times 29000^3}{48 \times 1.25 \times 10^{16}} = 12.94 (\text{mm})$$

由活载引起的总挠度值为

$$f_1 + f_2 = 7.74 + 12.94 = 20.68 (\text{mm}) < \frac{l}{500} = 58 (\text{mm})$$

因此,组合梁挠度满足规范要求。

(3)预拱度设置

计算结构自重产生的挠度时,应采用考虑徐变影响的截面特性来计算折减刚度。经计算,考虑徐变影响的折减刚度为 $B_L = 8.82 \times 10^{15} \text{N} \cdot \text{mm}^2$。则结构恒载标准值在主梁跨中产生的挠度值为

$$f_3 = \frac{5 (q_c + q_s + q_{sec}) L_e^4}{384 B_L} = \frac{5 \times (4.40 + 18.60 + 9.70) \times 29000^4}{384 \times 8.82 \times 10^{15}} = 24.11 (\text{mm})$$

主梁跨中预拱度为结构恒载标准值加1/2车道荷载频遇值在跨中产生的挠度值:

$$\omega = f_3 + \frac{f_1 + f_2}{2} = 24.11 + \frac{7.74 + 12.94}{2} \approx 34 (\text{mm})$$

主梁预拱度线形采用二次抛物线,各点预拱度值如图 3-71 所示。

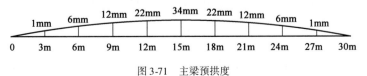

图 3-71　主梁预拱度

3)疲劳验算

对腹板横向加劲肋与受拉翼缘之间的焊缝疲劳进行验算。根据《公路钢结构桥梁设计规范》(JTG D64—2015)第5.5.2条规定,疲劳荷载模型Ⅰ采用等效的车道荷载,集中荷载为$0.7P_k$,均布荷载为$0.3q_k$。P_k和q_k按公路—Ⅰ级车道荷载取值;应考虑多车道的影响,横向布载系数应按现行《公路桥涵设计通用规范》(JTG D60—2015)的相关规定选用。以下计算以边梁为例。

根据3.5.4节荷载横向分布系数的计算,边梁荷载横向分布系数为$m_c = 0.978$,疲劳荷载模型Ⅰ引起边梁跨中截面弯矩为

$$M_q = m_c(0.3q_k\Omega + 0.7P_ky_k) = 0.978 \times \left(0.3 \times 10.5 \times \frac{29^2}{8} + 0.7 \times 318 \times \frac{29}{4}\right) = 1902.20(\text{kN} \cdot \text{m})$$

疲劳荷载模型Ⅰ作用下跨中截面腹板横向加劲肋与受拉翼缘焊缝的应力为

$$\sigma_{pmax} = \frac{M_q}{I_{un}}(y_b - t_{下翼缘}) = \frac{1902.20 \times 10^6}{6.31 \times 10^{10}} \times (1320 - 34) = 38.79(\text{MPa})(\text{拉})$$

正应力幅为

$$\Delta\sigma_p = (1 - \Delta\phi)(\sigma_{pmax} - \sigma_{pmin}) = (1 - 0) \times (38.79 - 0) = 38.79(\text{MPa})$$

采用疲劳荷载计算模型Ⅰ时应按下列公式进行验算:

$$\gamma_{Ff}\Delta\sigma_p \leqslant \frac{k_s\Delta\sigma_D}{\gamma_{Mf}}$$

式中:γ_{Ff}——疲劳荷载分项系数,取$\gamma_{Ff} = 1.0$;

γ_{Mf}——疲劳抗力分项系数,钢梁为重要构件,取$\gamma_{Ff} = 1.35$;

k_s——尺寸效应折减系数,取$k_s = 1.0$。

腹板横向加劲肋与受拉翼缘焊缝的疲劳细节类别为:$\Delta\sigma_C = 80\text{MPa}$。

正应力常幅疲劳极限为

$$\Delta\sigma_D = \left(\frac{2}{5}\right)^{1/3}\Delta\sigma_C = 0.737 \times 80 = 58.96(\text{MPa})$$

则

$$\gamma_{Ff}\Delta\sigma_p = 38.79\text{MPa} < \frac{k_s\Delta\sigma_D}{\gamma_{Mf}} = \frac{1 \times 58.96}{1.35} = 43.67(\text{MPa})$$

因此,腹板横向加劲肋与受拉翼缘焊缝的疲劳验算满足规范要求。

4)整体稳定验算

根据《公路钢结构桥梁设计规范》(JTG D64—2015)第5.3.2条的规定,有铺板(各种钢筋混凝土板和钢板)密铺在梁的受压翼缘上并与其牢固相连、能阻止梁受压翼缘的侧向位移时,可不计算梁的整体稳定性。

3.5.6 桥面板验算

跨间横梁间距为$L_a = 14.5\text{m}$,钢板梁间距为$L_b = 3.2\text{m}$,由于$L_a/L_b = 4.53 > 2$,故对于边梁内翼缘或中梁翼缘桥面板可按连续单向板进行计算。对边梁外翼缘,可简化为悬臂板进行计算。

1)作用效应计算

(1)悬臂板

悬臂板计算跨径取钢板梁腹板中心线至板边缘的距离,即$l = 1.2\text{m}$。

①恒载。

纵桥向每延米桥面板自重及铺装层自重：

$$g = 26 \times \frac{0.23+0.30}{2} \times 1 + 24 \times 0.08 \times 1 = 8.81(\text{kN/m})$$

纵桥向每延米防撞护栏自重：$P = 26 \times 0.34 \times 1 = 8.84(\text{kN})$

则恒载产生的内力为

$$M_{Gk} = -\frac{1}{2}gl - Pl = -\frac{1}{2} \times 8.81 \times 1.2^2 - 8.84 \times 1.2 = -16.95(\text{kN}\cdot\text{m})$$

$$Q_{Gk} = gl + P = 8.81 \times 1.2 + 8.84 = 19.41(\text{kN})$$

②车辆荷载。

汽车荷载采用车辆荷载布载，选取轴重较大的后轮进行内力计算。车辆荷载后轮着地宽度及长度为 0.6m×0.2m，则后轮在桥面板上的矩形压力面的尺寸为

$$a_1 = a_2 + 2h_p = 0.2 + 2 \times 0.08 = 0.36(\text{m})$$
$$b_1 = b_2 + 2h_p = 0.6 + 2 \times 0.08 = 0.76(\text{m})$$

边梁外翼缘车辆荷载计算图式如图 3-72 所示。

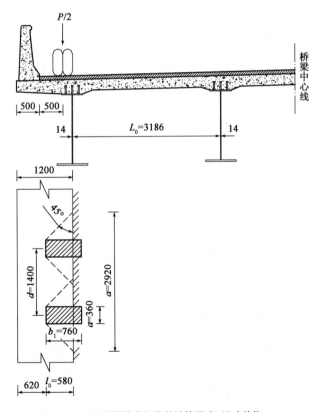

图 3-72 边梁外翼缘车辆荷载计算图式（尺寸单位：mm）

板的有效工作宽度为

$$a = a_1 + 2l_0 + d = 0.36 + 2 \times 0.58 + 1.4 = 2.92(\text{m})$$

则车辆荷载产生的内力为：

$$M_{Qk} = -(1+\mu)\frac{P}{4ab_1}l_0^2 = -1.25 \times \frac{280}{4 \times 2.92 \times 0.76} \times 0.58^2 = -13.26(\text{kN}\cdot\text{m})$$

$$Q_{Qk} = (1+\mu)\frac{P}{2a} = 1.25 \times \frac{280}{2 \times 2.92} = 59.93(\text{kN})$$

悬臂板作用效应计算结果汇总见表3-22。

悬臂板作用效应计算结果汇总 表3-22

编 号		荷载类型	跨中弯矩(kN·m)	支点剪力(kN)
①		恒载	-16.95	19.41
②		车辆荷载(不计冲击力)	-10.61	47.94
③		车辆荷载(计冲击力)	-13.26	59.93
承载能力极限状态	基本组合	1.1×(1.2×①+1.8×③)	-48.63	144.28
正常使用极限状态	频遇组合	①+0.7×②	-24.38	52.97
	准永久组合	①+0.4×②	-21.19	38.59

（2）连续板

连续板计算跨径取钢板梁腹板中心线间距，即 $l = 3.2\text{m}$。

①恒载。

纵桥向每延米桥面板自重及铺装层自重：

$$g = 26 \times 0.23 \times 1 + 24 \times 0.08 \times 1 = 7.90(\text{kN/m})$$

简支板内力为

跨中弯矩：$M_0 = \frac{1}{8}gl^2 = \frac{1}{8} \times 7.90 \times 3.2^2 = 10.11(\text{kN}\cdot\text{m})$

支点剪力：$Q_0 = \frac{1}{2}gl = 0.5 \times 7.9 \times 3.2 = 12.64(\text{kN})$

由于 $t/h = 0.23/1.5 = 0.153 < 0.25$，恒载产生的连续板内力为：

跨中弯矩：$M_{GK} = 0.5M_0 = 5.06\text{kN}\cdot\text{m}$

支点弯矩：$M'_{GK} = -0.7M_0 = -7.08\text{kN}\cdot\text{m}$

支点剪力：$Q_{GK} = Q_0 = 12.64\text{kN}$

②车辆荷载。

轮载作用于板的中央地带时，板的有效工作宽度为

$$a = \max\left\{a_1 + d + \frac{l}{3}, \frac{2l}{3} + d\right\} = \max\left\{0.36 + 1.4 + \frac{3.2}{3}, \frac{2 \times 3.2}{3} + 1.4\right\} = 3.533(\text{m})$$

轮载作用于板的支承处时，板的有效工作宽度为

$$a' = \max\left\{a_1 + d + t, \frac{l}{3} + d\right\} = \max\left\{0.36 + 1.4 + 0.23, \frac{3.2}{3} + 1.4\right\} = 2.467(\text{m})$$

单向连续板内力计算图式如图3-73所示。

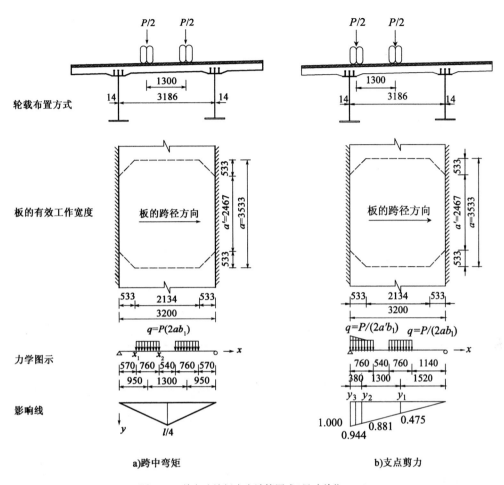

图 3-73 单向连续板内力计算图式(尺寸单位:mm)

简支板内力为
跨中弯矩:

$$M_0 = (1+\mu)\int yq\mathrm{d}x = 2(1+\mu)\int_{x_1}^{x_2}\frac{1}{2}x\frac{P}{2ab_1}\mathrm{d}x = (1+\mu)\frac{P}{4ab_1}(x_2^2 - x_1^2)$$

$$= 1.25 \times \frac{280}{4 \times 3.533 \times 0.76} \times (1.33^2 - 0.57^2) = 47.06(\mathrm{kN\cdot m})$$

支点剪力:

$$Q_0 = (1+\mu)(A_1 y_1 + A_2 y_2 + A_3 y_3)$$

式中:A_1、A_2——矩形部分荷载的合力,$A_1 = A_2 = \dfrac{P}{2a} = 39.63(\mathrm{kN})$;

A_3——三角形部分荷载的合力,$A_3 = \dfrac{1}{2}\left(\dfrac{P}{2a'b_1} - \dfrac{P}{2ab_1}\right) \times 0.533 = 6.00(\mathrm{kN})$;

y_i——第 i 部分荷载合力处的影响线坐标值,$y_1 = 1 - \dfrac{(1.3 + b_1/2)}{l_Q} = 0.475$,$y_2 = 1 - \dfrac{b_1}{2l_Q} = 0.881$,$y_3 = 1 - \dfrac{a - a'}{6l_Q} = 0.944$。

则:
$$Q_0 = 1.25 \times (39.63 \times 0.475 + 39.63 \times 0.881 + 6.00 \times 0.944) = 74.25(\text{kN})$$

连续板内力为

跨中弯矩: $M_{Qk} = 0.5 M_0 = 23.53 (\text{kN} \cdot \text{m})$

支点弯矩: $M'_{Qk} = -0.7 M_0 = -32.94 (\text{kN} \cdot \text{m})$

支点剪力: $Q_{GK} = Q_0 = 74.25 (\text{kN})$

连续板作用效应计算结果汇总见表3-23。

连续板作用效应计算结果汇总　　　　表3-23

编　号		荷 载 类 型	桥面板支点		桥面板跨中
			弯矩(kN·m)	剪力(kN)	弯矩(kN·m)
①		恒载	-7.08	12.64	7.08
②		车辆荷载(不计冲击力)	-26.35	59.40	26.35
③		车辆荷载(计冲击力)	-32.94	74.25	32.94
承载能力极限状态	基本组合	1.1×(1.2×①+1.8×③)	-74.57	163.70	74.57
正常使用极限状态	频遇组合	①+0.7×②	-25.53	54.22	25.525
	准永久组合	①+0.4×②	-17.62	36.40	17.62

2) 承载能力极限状态验算

混凝土桥面板配双层钢筋网,如图3-74所示。纵、横向钢筋直径均为16mm,纵、横向钢筋中心间距均为100mm。

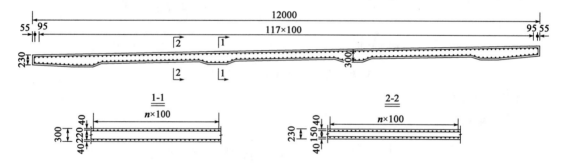

图3-74　混凝土桥面板配筋图(尺寸单位:mm)

(1) 正截面抗弯承载力验算

① 悬臂板。

对于矩形截面,其正截面抗弯承载力应符合《公路钢筋混凝土及预应力混凝土桥涵设计规范》(JTG 3362—2018)中第5.2.2条的规定:

$$\gamma_0 M_{ud} \leqslant f_{cd} b x \left(h_0 - \frac{x}{2} \right)$$

$$f_{sd} A_s = f_{cd} b x$$

受压区高度应符合 $x \leqslant \xi_b h_0$, 查《公路钢筋混凝土及预应力混凝土桥涵设计规范》(JTG 3362—2018)表5.2.1可知, $\xi_b = 0.53$。可得到:

$$x = h_0 - \sqrt{h_0^2 - \frac{2\gamma_0 M_{ud}}{f_{cd} b}} = 260 - \sqrt{260^2 - \frac{2 \times 48.63 \times 10^6}{22.4 \times 1000}} = 8.5(\text{mm}) < \xi_b h_0 = 137.8 \text{mm}$$

$$A_s = \frac{f_{cd}bx}{f_{sd}} = \frac{22.4 \times 1000 \times 8.5}{330} = 577(\text{mm}^2)$$

桥面板每延米配 10 根直径 16mm 的横向钢筋，则 $A_s = 2011\text{mm}^2 > 577\text{mm}^2$，满足规范要求。

②连续板。

对于支点截面：

$$x = h_0 - \sqrt{h_0^2 - \frac{2\gamma_0 M_{ud}}{f_{cd}b}} = 260 - \sqrt{260^2 - \frac{2 \times 74.57 \times 10^6}{22.4 \times 1000}} = 13.1(\text{mm}) < \xi_b h_0 = 137.8\text{mm}$$

$$A_s = \frac{f_{cd}bx}{f_{sd}} = \frac{22.4 \times 1000 \times 13.1}{330} = 889(\text{mm}^2)$$

桥面板每延米配 10 根直径 16mm 的横向钢筋，则 $A_s = 2011\text{mm}^2 > 889\text{mm}^2$，满足规范要求。

对于跨中截面：

$$x = h_0 - \sqrt{h_0^2 - \frac{2\gamma_0 M_{ud}}{f_{cd}b}} = 190 - \sqrt{190^2 - \frac{2 \times 74.57 \times 10^6}{22.4 \times 1000}} = 18.41(\text{mm}) < \xi_b h_0 = 137.8\text{mm}$$

$$A_s = \frac{f_{cd}bx}{f_{sd}} = \frac{22.4 \times 1000 \times 18.41}{330} = 1249.65(\text{mm}^2)$$

桥面板每延米配 10 根直径 16mm 的横向钢筋，则 $A_s = 2011\text{mm}^2 > 1249.65\text{mm}^2$，满足规范要求。

(2) 斜截面抗剪承载力验算

①悬臂板。

抗剪截面尺寸验算：$\gamma_0 V_d = 144.28\text{kN} \leqslant 0.51 \times 10^{-3} \sqrt{f_{cu,k}} b h_0 = 0.51 \times 10^{-3} \times \sqrt{50} \times 1000 \times 260 = 937.62(\text{kN})$，满足规范要求。

由于 $\gamma_0 V_d = 144.28\text{kN} \leqslant 0.5 \times 10^{-3} \alpha_2 f_{td} b h_0 = 0.5 \times 10^{-3} \times 1 \times 1.83 \times 1000 \times 260 = 237.90(\text{kN})$，可不进行抗剪承载力的验算，仅按构造要求配置箍筋。

②连续板。

抗剪截面尺寸验算：$\gamma_0 V_d = 163.70\text{kN} \leqslant 0.51 \times 10^{-3} \sqrt{f_{cu,k}} b h_0 = 0.51 \times 10^{-3} \times \sqrt{50} \times 1000 \times 260 = 937.62(\text{kN})$，满足规范要求。

由于 $\gamma_0 V_d = 163.70\text{kN} \leqslant 0.5 \times 10^{-3} \alpha_2 f_{td} b h_0 = 0.5 \times 10^{-3} \times 1 \times 1.83 \times 1000 \times 260 = 237.90(\text{kN})$，可不进行抗剪承载力的验算，仅按构造要求配置箍筋。

3) 桥面板纵向抗剪验算

根据《公路钢结构桥梁设计规范》(JTG D64—2015)第 11.2.3 条和《公路钢混组合桥梁设计与施工规范》(JTG/T D64-01—2015)第 6.3 节和第 7.2.3 条规定，组合梁的桥面板应进行纵向抗剪验算，由表 3-24、表 3-25 可知中梁设计纵向水平剪力较大，本算例中梁验算截面如图 3-75 所示。

对于中梁 a-a 截面

$$V_{ld} = \max\left\{\frac{V_1 b_{e1}}{b_{eff}}, \frac{V_1 b_{e2}}{b_{eff}}\right\} = \max\left\{\frac{1025.65 \times 0.87}{3.2}, \frac{1025.65 \times 1.17}{3.2}\right\} = 375.00(\text{kN/m})$$

$$V_{lRd} = \min\{0.7 f_{td} b_f + 0.8 A_e f_{sd}, 0.25 b_f f_{cd}\}$$
$$= \min\left\{0.7 \times 1.83 \times 230 + 0.8 \times \frac{2 \times 10 \times 201.1}{1000} \times 330, 0.25 \times 230 \times 22.4\right\}$$

$$= 1288.00(\text{kN/m})$$

则,$V_{1d} = 375.00\text{kN/m} < V_{1Rd} = 1288.00\text{kN/m}$,满足规范要求。

对于中梁 c-c 截面

$$V_{1d} = V_1 = 1025.65\text{kN/m}$$

$$\begin{aligned}V_{1Rd} &= \min\{0.7f_{td}b_f + 0.8A_e f_{sd}, 0.25b_f f_{cd}\}\\ &= \min\left\{0.7 \times 1.83 \times 802 + 0.8 \times \frac{2 \times 10 \times 201.1}{1000} \times 330, 0.25 \times 802 \times 22.4\right\}\\ &= 2089.17(\text{kN/m})\end{aligned}$$

则,$V_{1d} = 1025.65\text{kN/m} < V_{1Rd} = 2089.17\text{kN/m}$,满足规范要求。

同理,边梁 a-a 截面及 c-c 截面的纵向抗剪验算满足规范要求。

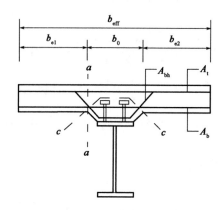

图 3-75 混凝土板纵向抗剪界面

4)正常使用极限状态裂缝宽度验算

截面最大裂缝宽度按《公路钢筋混凝土及预应力混凝土桥涵设计规范》(JTG 3362—2018)中式(6.4.3-1)计算。悬臂根部截面钢筋应力按《公路钢筋混凝土及预应力混凝土桥涵设计规范》(JTG 3362—2018)中式(6.4.4-2)计算。

(1)悬臂板

支点截面裂缝宽度验算如下:

$$\sigma_{ss} = \frac{M_s}{0.87A_s h_0} = \frac{24.38 \times 10^6}{0.87 \times 2011 \times 260} = 53.60(\text{MPa})$$

$$\rho_{te} = \frac{A_s}{A_{te}} = \frac{A_s}{2a_s b} = \frac{2011}{2 \times 40 \times 1000} = 0.025$$

$$W_{tk} = C_1 C_2 C_3 \frac{\sigma_{ss}}{E_s}\left(\frac{c+d}{0.36 + 1.7\rho_{te}}\right) = 1 \times 1.43 \times 1.15 \times \frac{53.60}{200000} \times \frac{30+16}{0.36 + 1.7 \times 0.025}$$

$$= 0.05(\text{mm}) \leqslant 0.20\text{mm}$$

因此,悬臂板正常使用极限状态裂缝宽度满足规范要求。

(2)连续板

支点截面裂缝宽度验算如下:

$$\sigma_{ss} = \frac{M_s}{0.87A_s h_0} = \frac{25.53 \times 10^6}{0.87 \times 2011 \times 260} = 56.12(\text{MPa})$$

$$\rho_{te} = \frac{A_s}{A_{te}} = \frac{A_s}{2a_s b} = \frac{2011}{2 \times 40 \times 1000} = 0.025$$

$$W_{tk} = C_1 C_2 C_3 \frac{\sigma_{ss}}{E_s}\left(\frac{c+d}{0.36+1.7\rho_{te}}\right) = 1 \times 1.35 \times 1.15 \times \frac{56.12}{200000} \times \frac{30+16}{0.36+1.7 \times 0.025}$$

$$= 0.05(\text{mm}) \leqslant 0.20\text{mm}$$

跨中截面裂缝宽度验算如下：

$$\sigma_{ss} = \frac{M_s}{0.87 A_s h_0} = \frac{18.23 \times 10^6}{0.87 \times 2011 \times 190} = 54.84(\text{MPa})$$

$$\rho_{te} = \frac{A_s}{A_{te}} = \frac{A_s}{2a_s b} = \frac{2011}{2 \times 40 \times 1000} = 0.025$$

$$W_{tk} = C_1 C_2 C_3 \frac{\sigma_{ss}}{E_s}\left(\frac{c+d}{0.36+1.7\rho_{te}}\right) = 1 \times 1.35 \times 1.15 \times \frac{54.84}{200000} \times \frac{30+16}{0.36+1.7 \times 0.025}$$

$$= 0.05(\text{mm}) \leqslant 0.20\text{mm}$$

因此，单向连续板正常使用极限状态裂缝宽度满足规范要求。

3.5.7 焊钉验算

1）作用效应计算

钢-混凝土界面的纵桥向水平剪力主要由恒载、车道荷载、温度、混凝土收缩、混凝土徐变产生，计算时需根据不同的荷载类型采用不同的弹性模量比进行计算。各种作用在连接件上产生的剪力方向不一致，应按照不同的剪力方向分别进行作用组合。以下计算以边梁为例。

考虑混凝土徐变影响的恒载在钢-混组合界面单位长度上产生的纵桥向水平剪力为

$$V_{gd} = \frac{V_d S}{I_{L1}} = \frac{(333.50+140.65) \times \frac{644000}{20} \times (1685-990) \times 10^3}{4.37 \times 10^{10}} = 243.09(\text{kN/m})$$

车道荷载在钢-混组合界面单位长度上产生的纵桥向水平剪力为

$$V_{qd} = \frac{V_d S}{I_{un}} = \frac{575.06 \times \frac{644000}{6} \times (1685-1320) \times 10^3}{6.31 \times 10^{10}} = 357.29(\text{kN/m})$$

混凝土收缩变形或温差引起的组合界面上的最大单位长度纵桥向水平剪力 V_{ms}，可按下式进行计算：

$$V_{ms} = \frac{2V_s}{l_{cs}}$$

$$V_s = \sigma_{sc} A_s = \left[-\alpha_T \Delta T_z E_s + \frac{\alpha_T \Delta T_z E_s A_s}{A_{un}} + \frac{\alpha_T \Delta T_z E_s A_s a_s}{I_{un}}(y_b - y_s)\right] \cdot A_s$$

式中：V_s——混凝土收缩或温差在钢-混组合界面上产生的纵桥向水平剪力，计算方法可参考《钢桥　钢与钢-混组合桥梁概念和结构设计》；

l_{cs}——由混凝土收缩变形或温差引起的纵桥向水平剪力计算传递长度，取主梁相邻腹板间距和主梁等效计算跨径1/10中的较小值，由于主梁间距3.2m > $l/10$ = 2.9m，故取 l_{cs} = 2.9m。

边梁和中梁钢-混组合界面单位长度上纵桥向水平剪力的计算结果汇总分别见表 3-24 和表 3-25。

边梁纵桥向水平剪力的计算结果汇总　　　　　　　　　　　表 3-24

编　号			荷　载　类　型	单位长度剪力值（kN/m）
①			恒载	243.09
②			车道荷载(计冲击力)	357.29
③			正温度梯度(钢梁比混凝土板低 12.17℃)	−208.19
④			负温度梯度(钢梁比混凝土板高 6.08℃)	104.10
⑤			整体升温 24℃	−166.34
⑥			整体降温 30℃	207.83
⑦			混凝土收缩	−232.46
承载能力极限状态	基本组合	组合 1	1.1×[1.2×(①+⑦)+1.4×②+0.75×1.4×(③+⑤)]	131.68
		组合 2	1.1×[1.2×(①+⑦)+1.4×②+0.75×1.4×(④+⑥)]	924.53
正常使用极限状态	频遇组合	组合 1	(①+⑦)+0.7×②+0.8×③+⑤	−72.16
		组合 2	(①+⑦)+0.7×②+0.8×④+⑥	551.84
	准永久组合	组合 1	(①+⑦)+0.4×②+0.8×③+⑤	−179.35
		组合 2	(①+⑦)+0.4×②+0.8×④+⑥	444.65

中梁纵桥向水平剪力的计算结果汇总　　　　　　　　　　　表 3-25

编　号			荷　载　类　型	单位长度剪力值（kN/m）
①			恒载	266.17
②			车道荷载(计冲击力)	398.19
③			正温度梯度(钢梁比混凝土板低 12.17℃)	−211.70
④			负温度梯度(钢梁比混凝土板高 6.08℃)	105.85
⑤			整体升温 24℃	−175.13
⑥			整体降温 30℃	218.74
⑦			混凝土收缩	−237.73
承载能力极限状态	基本组合	组合 1	1.1×[1.2×(①+⑦)+1.4×②+0.75×1.4×(③+⑤)]	203.96
		组合 2	1.1×[1.2×(①+⑦)+1.4×②+0.75×1.4×(④+⑥)]	1025.65
正常使用极限状态	频遇组合	组合 1	(①+⑦)+0.7×②+0.8×③+⑤	−37.32
		组合 2	(①+⑦)+0.7×②+0.8×④+⑥	610.59
	准永久组合	组合 1	(①+⑦)+0.4×②+0.8×③+⑤	−156.77
		组合 2	(①+⑦)+0.4×②+0.8×④+⑥	491.14

2）焊钉布置

（1）单根焊钉抗剪承载力计算

$$A_{su} = \frac{1}{4}\pi d^2 = 380.13(\text{mm}^2)$$

$$0.43A_{su}\sqrt{E_c f_{cd}} = 0.43 \times 380.13 \times \sqrt{3.45 \times 10^4 \times 22.4} \times 10^{-3} = 143.69(kN)$$
$$0.7A_{su}f_{cu} = 0.7 \times 380.13 \times 400 = 106.44(kN)$$

则单根焊钉的抗剪承载力 $V_{su} = 106.44$ kN。

(2)焊钉布置数量计算

结合上述计算结果,选取剪力值最大的中梁梁端 1m 范围进行计算,所需的最少焊钉个数为

$$n_{\min} = \frac{V_1 l}{V_{su}} = \frac{1025.65 \times 1}{106.44} \approx 10(个)$$

焊钉纵桥向间距设置为 150mm,1m 的区段长度内共布置了 $n = \frac{1000}{150} \times 3 = 20$ 个 > 10 个,因此,焊钉的数量和布置满足要求。

3)焊钉抗剪承载力验算

单根焊钉设计剪力值为

$$V'_d = \frac{V_1}{n} = \frac{1025.65}{20} = 51.28(kN)$$

焊钉抗剪承载力验算:

$$\gamma_0 V'_d = 1.1 \times 51.28 = 56.41(kN) < V_{su} = 106.44(kN)$$

因此,单根焊钉承载能力极限状态满足规范要求。

4)疲劳验算

在汽车荷载作用下,支点附近钢-混组合界面的纵桥向水平剪力最大,而且中梁支点剪力的荷载横向分布系数大于边梁,因此焊钉疲劳验算部位为中梁支点附近的焊钉。采用疲劳荷载模型Ⅲ加载,使中梁支点截面产生最大剪力的布载方式如图 3-76a)所示,加载位置的剪力影响线坐标如图 3-76b)所示,加载位置的荷载横向分布系数如图 3-76c)所示。

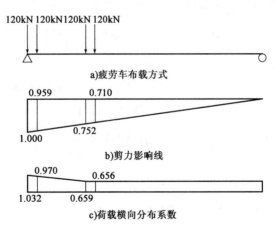

图 3-76 疲劳荷载作用下支点剪力计算图式

疲劳荷载模型Ⅲ产生的中梁支点处最大竖向剪力为

$$V_f = P_f(m_{f1}y_{f1} + m_{f2}y_{f2} + m_{f3}y_{f3} + m_{f4}y_{f4})$$
$$= 120 \times (1.032 \times 1 + 0.970 \times 0.959 + 0.659 \times 0.752 + 0.656 \times 0.710) = 350.83(kN)$$

中梁支点处钢-混组合界面单位长度上纵向水平剪力为

$$V_{lf} = \frac{V_f S}{I_{un}} = \frac{350.83 \times \frac{736000}{6} \times (1685 - 1320) \times 10^3}{6.31 \times 10^{10}} = 220.51(\text{kN/m})$$

中梁支点处单根焊钉所受的纵桥向水平剪力为

$$V'_{d,f} = \frac{V_{lf} a}{n} = \frac{220.51 \times 0.15}{3} = 11.03(\text{kN})$$

疲劳荷载模型Ⅲ作用下，中梁支点处单根焊钉的最大、最小剪应力为

$$\begin{cases} \tau_{p\max} = \frac{4V'_{d,f}}{3A} = \frac{4 \times 11.03}{3 \times 380.13} = 38.69(\text{MPa}) \\ \tau_{p\min} = 0 \end{cases}$$

下面计算损伤等效系数 γ。

损伤效应系数：$\gamma_1 = 1.55$

计算车道所在行车方向上的年总交通量(预测年)：$N_y = 11000 \times 365 = 4015000$

慢车道或主车道的重车年交通量(预测年)：

$$N_{ly} = \frac{0.95 p N_y}{j} = \frac{0.95 \times 40\% \times 4015000}{3} = 508567$$

交通流量系数：$\gamma_2 = \frac{Q_0}{480}\left(\frac{N_{ly}}{0.5 \times 10^6}\right)^{\frac{1}{5}} = \frac{480}{480} \times \left(\frac{4015000}{0.5 \times 10^6}\right)^{\frac{1}{5}} = 1.01$

设计寿命影响系数：$\gamma_3 = \left(\frac{t_{1d}}{100}\right)^{\frac{1}{5}} = \left(\frac{100}{100}\right)^{\frac{1}{5}} = 1.00$

多车道效应系数：$\gamma_4 = 1.00$

损伤等效系数：$\gamma = \gamma_1 \cdot \gamma_2 \cdot \gamma_3 \cdot \gamma_4 = 1.55 \times 1.01 \times 1.00 \times 1.00 = 1.57 < \gamma_{\max} = 1.80$

验算伸缩缝附近构件时，疲劳荷载应乘以额外的放大系数：

$$\Delta \phi = 0.3\left(1 - \frac{D}{6}\right) = 0.3 \times \left(1 - \frac{0.24}{6}\right) = 0.29$$

按 2.0×10^6 次常幅疲劳循环换算得到的等效常值应力幅：

$$\Delta \tau_{E2} = (1 + \Delta \phi)\gamma(\tau_{p\max} - \tau_{p\min}) = (1 + 0.29) \times 1.57 \times (38.69 - 0) = 78.36(\text{MPa})$$

焊钉位于始终承受压应力的钢梁翼缘时，按下式进行疲劳验算：

$$\gamma_{Ff} \Delta \tau_{E2} = 1.0 \times 77.75 = 77.75(\text{MPa}) \leqslant \frac{\Delta \tau_c}{\gamma_{Mf,s}} = \frac{90}{1.0} = 90(\text{MPa})$$

因此，焊钉的疲劳验算通过。

5) 正常使用极限状态验算

根据《公路钢结构桥梁设计规范》(JTG D64—2015)第11.4.2条规定，正常使用极限状态应按下式验算。

频遇组合：$V_r = \frac{V_1}{n} = \frac{610.59}{20} = 30.53(\text{kN}) \leqslant 0.75 V_{su} = 79.83 \text{kN}$

准永久组合：$V_r = \frac{V_1}{n} = \frac{491.14}{20} = 24.56(\text{kN}) \leqslant 0.75 V_{su} = 79.83 \text{kN}$

因此，单根焊钉正常使用极限状态满足规范要求。

此外,根据《公路钢混组合桥梁设计与施工规范》(JTG/T D64-01—2015)第 9.3.3 条规定,正常使用极限状态钢-混组合界面的滑移值应按下式计算。

$$k_{ss} = 13.0 d_{ss} \sqrt{E_c f_{ck}} = 13.0 \times 22 \times \sqrt{3.45 \times 10^4 \times 32.4} = 3.02 \times 10^5 (\text{N/mm})$$

频遇组合:$s_{max} = \dfrac{V_r}{k_{ss}} = \dfrac{30.53 \times 10^3}{3.02 \times 10^5} = 0.10(\text{mm}) < 0.20 \text{mm}$

准永久组合:$s_{max} = \dfrac{V_r}{k_{ss}} = \dfrac{24.56 \times 10^3}{3.02 \times 10^5} = 0.08(\text{mm}) \leq 0.20 \text{mm}$

因此,正常使用极限状态钢-混组合界面的滑移值满足规范要求。

3.5.8 构造验算

1)钢板梁翼缘

根据《公路钢结构桥梁设计规范》(JTG D64—2015)第 7.2.1 条规定,对钢板梁翼缘构造进行验算:

受拉翼缘伸出肢宽 $l_b = (660 - 14)/2 = 323(\text{mm}) < 34 \times 16 \sqrt{345/f_y} = 544 \text{mm}$,满足规范要求。

翼缘板的面外惯性矩 $I_{zc} = \dfrac{18 \times 460^3}{12} = 1.46 \times 10^8 (\text{mm}^4)$,$I_{zt} = \dfrac{34 \times 660^3}{12} = 8.15 \times 10^8 (\text{mm}^4)$,则:

$$0.1 \leq \dfrac{I_{zc}}{I_{zt}} = \dfrac{1.46 \times 10^8}{8.15 \times 10^8} = 0.18 \leq 10$$

因此,钢板梁翼缘面外惯性矩满足规范要求。

2)腹板

(1)腹板厚度

根据《公路钢结构桥梁设计规范》(JTG D64—2015)第 5.3.3 条规定,采用 Q345 钢材的腹板在仅设横向加劲肋,不设纵向加劲肋时最小厚度应不小于 $\eta h_w/140$。h_w 为腹板计算高度,$h_w = 1448 \text{mm}$;η 为折减系数,$\eta = \sqrt{\tau/f_{vd}} = \sqrt{80.83/155} = 0.72$,但不得小于 0.85,因此 $\eta = 0.85$。

对于本例,腹板厚度 $t_w = 14 \text{mm} > \eta h_w/140 = 8.8 \text{mm}$,满足规范要求。

(2)加劲肋尺寸验算

根据《公路钢结构桥梁设计规范》(JTG D64—2015)第 5.1.5 条规定,对横向加劲肋的宽厚比进行验算。

横向加劲肋:$h_s/t_s = 160/16 = 10 < 12\sqrt{345/f_y} = 12$,满足规范要求。

支承加劲肋及顶升加劲肋:$h_s/t_s = 200/20 = 10 < 12\sqrt{345/f_y} = 12$,满足规范要求。

根据《公路钢结构桥梁设计规范》(JTG D64—2015)第 5.3.3 条规定,腹板横向加劲肋惯性矩验算:

$$I_t = \dfrac{16 \times 160^3}{12} + 16 \times 160 \times 80^2 = 2.18 \times 10^7 (\text{mm}^4) > 3 h_w t_w^3 = 1.19 \times 10^7 \text{mm}^4$$

因此,腹板横向加劲肋惯性矩满足规范要求。

(3) 横向加劲肋间距验算

根据《公路钢结构桥梁设计规范》(JTG D64—2015)第5.3.3条规定,不设纵向加劲肋时,腹板横向加劲肋的间距 a 不得大于腹板高度 h_w 的1.5倍,且应满足下式要求:

$$\left(\frac{h_w}{100t_w}\right)^4 \left[\left(\frac{\sigma}{345}\right)^2 + \left(\frac{\tau}{77 + 58\left(\frac{h_w}{a}\right)^2}\right)^2\right] \leq 1 \quad \left(\frac{a}{h_w} > 1\right)$$

$$\left(\frac{h_w}{100t_w}\right)^4 \left[\left(\frac{\sigma}{345}\right)^2 + \left(\frac{\tau}{58 + 77\left(\frac{h_w}{a}\right)^2}\right)^2\right] \leq 1 \quad \left(\frac{a}{h_w} \leq 1\right)$$

以边梁为例,横向加劲肋间距验算如下:

$$\frac{a}{h_w} = \frac{2000}{1448} = 1.38 > 1$$

因此,按第一项公式验算,式中 $t_w = 14\text{mm}$,$\sigma = 142.28\text{MPa}$,$\tau = 74.56\text{MPa}$,则有

$$\left(\frac{h_w}{100t_w}\right)^4 \left[\left(\frac{\sigma}{345}\right)^2 + \left(\frac{\tau}{77 + 58\left(\frac{h_w}{a}\right)^2}\right)^2\right]$$

$$= \left(\frac{1448}{100 \times 14}\right)^4 \times \left[\left(\frac{142.28}{345}\right)^2 + \left(\frac{74.56}{77 + 58\left(\frac{1448}{2000}\right)^2}\right)^2\right]$$

$$= 0.74 \leq 1$$

且 $a = 2000\text{mm} < 1.5h_w = 2027\text{mm}$,因此,边梁横向加劲肋间距满足构造要求。同理,中梁的横向加劲肋间距也满足构造要求。

(4) 支承加劲肋验算

根据《公路钢结构桥梁设计规范》(JTG D64—2015)第5.3.4条规定,对支承加劲肋进行验算。

支承加劲肋局部承压强度验算:

$$\gamma_0 \frac{R_v}{A_s + B_{eb}t_w} = 1.1 \times \frac{1498.83 \times 10^3}{8000 + 558 \times 14} = 103.64(\text{MPa}) < f_{cd} = 355\text{MPa}$$

因此,支承加劲肋局部承压强度验算满足规范要求。

支承加劲肋压杆强度验算:

$$\gamma_0 \frac{2R_v}{A_s + B_{ev}t_w} = 1.1 \times \frac{2 \times 1498.83 \times 10^3}{8000 + 672 \times 14} = 189.42(\text{MPa}) < f_d = 270\text{MPa}$$

因此,支承加劲肋压杆强度验算满足规范要求。

3) 混凝土桥面板

根据《公路钢混组合桥梁设计与施工规范》(JTG/T D64-01—2015)第6.2.1条规定,对混凝土桥面板构造进行验算:

承托高度为70mm,无须在承托底侧布置横向加强钢筋;承托边至连接件外侧的距离 $d = 79\text{mm} > 40\text{mm}$;承托斜边与水平线夹角 $\alpha = \arctan 78.6/200 = 21.5° < 45°$。因此,承托外形尺寸及构造满足规范要求。

根据《公路钢混组合桥梁设计与施工规范》(JTG/T D64-01—2015)第6.2.3条规定,组合

梁桥面板的配筋应满足下列要求：

(1)单位长度桥面板内横向钢筋总面积要求。

$$A_e = 4.02\,\text{mm}^2/\text{mm} > \frac{\eta b_f}{f_{sd}} = \frac{0.8 \times 230}{330} = 0.56\,(\text{mm}^2/\text{mm})$$

因此，组合梁桥面板横向钢筋总面积满足规范要求。

(2)桥面板横向钢筋应满足最小配筋率要求。

根据《公路钢筋混凝土及预应力混凝土桥涵设计规范》(JTG 3362—2018)第9.1.12条规定：

$$\rho = \frac{A_{bar}}{bh_0} \times 100 = \frac{2 \times 201.1 \times 10}{1000 \times 230} \times 100 = 1.75 > \frac{45 f_{td}}{f_{sd}} = \frac{45 \times 1.83}{280} = 0.29$$

因此，组合梁桥面板横向钢筋最小配筋率满足规范要求。

4)焊钉连接件

根据《公路钢结构桥梁设计规范》(JTG D64—2015)第11.5.1条规定对焊钉构造进行验算：

焊钉长度 $l = 180\,\text{mm} > 4d_w = 88\,\text{mm}$，满足规范要求。

焊钉剪力作用方向间距 $d = 150\,\text{mm} < 18t_f\sqrt{345/f_y} = 324\,\text{mm}$，且 $d = 150\,\text{mm} > 5d_w = 110\,\text{mm}$，满足规范要求。

剪力作用直角方向中心间距 $d = 140\,\text{mm} > 88\,\text{mm} = 4d_w$，满足规范要求。

焊钉连接件的最大中心间距 $d_{max} = 150\,\text{mm} < 300\,\text{mm}$，满足规范要求。

受压钢板边缘与相邻最近的焊钉连接件边缘距离 $d = 49\,\text{mm} < 7t_f\sqrt{345/f_y} = 126\,\text{mm}$，且 $d = 49\,\text{mm} > 25\,\text{mm}$，满足规范要求。

焊钉直径 $d_w = 22\,\text{mm} < 1.5t_u = 1.5 \times 18 = 27\,\text{mm}$，满足规范要求。

思考题

1.钢板组合梁桥由哪些部分组成？各部分的主要作用是什么？

2.钢板组合梁横断面应如何布置？主梁间距如何确定？

3.横向联结系有哪些构造形式？如何计算？在斜桥和弯桥中如何布置？

4.钢板组合梁桥如何计算混凝土收缩徐变、温度作用？

5.钢板组合梁桥的设计与验算内容有哪些？如何进行设计？

6.设计题：设计一座跨径为40m，桥宽为12.75m的双主梁钢板组合梁桥，设计技术指标及设计要求如下：

(1)技术指标：①道路等级：高速公路；②设计行车速度：120km/h；③设计安全等级：一级；④平面线形：直线；⑤桥面横坡：2.0%；⑥荷载等级：公路—Ⅰ级；⑦桥面宽度：净11.75m+2×0.5m护栏；⑧其他指标可参考相关规范自行拟定。

(2)设计要求：参考本章公路简支钢板组合梁桥算例及相关规范，进行主梁、桥面板及焊钉的设计与计算，并形成40m简支双主梁钢板组合梁桥设计计算书。

参 考 文 献

[1] 中华人民共和国行业标准.公路钢结构桥梁设计规范:JTG D64—2015[S].北京:人民交通出版社股份有限公司,2015.

[2] 中华人民共和国行业推荐性标准.公路钢混组合桥梁设计与施工规范:JTG/T D64-01—2015[S].北京:人民交通出版社股份有限公司,2015.

[3] 中华人民共和国行业标准.公路桥涵设计通用规范:JTG D60—2015[S].北京:人民交通出版社股份有限公司,2015.

[4] 中华人民共和国行业标准.公路钢筋混凝土及预应力混凝土桥涵设计规范:JTG 3362—2018[S].北京:人民交通出版社股份有限公司,2015.

[5] AASHTO. LRFD Bridge Design Specification, Section 6:Steel Structures [S]. Washington, 2012.

[6] EN 2004-2:2005. Eurocode 3:Design of steel structures[S]. European Committee for Standardization, Brussels, Belgium, 2005.

[7] EN 2004-2:2005. Eurocode 4:Design of composite steel and concrete structures[S]. European Committee for Standardization, Brussels, Belgium, 2005.

[8] 拉伯特,赫特.钢桥 钢与钢-混组合桥梁概念和结构设计[M].葛耀君,苏庆田,译.北京:人民交通出版社,2014.

[9] MATTEIS D D. Steel-concrete Composite Bridges Sustainable Design Guide[M]. France: Transport Studies Service, 2010.

[10] 吴冲.现代钢桥[M].北京:人民交通出版社,2006.

[11] 邵长宇.梁式组合结构桥梁[M].2版.北京:中国建筑工业出版社,2015.

[12] 聂建国.钢-混凝土组合结构桥梁[M].北京:人民交通出版社,2011.

[13] 聂建国,刘明,叶列平.钢-混凝土组合结构[M].北京:人民交通出版社,2005.

[14] 刘效尧,徐岳.梁桥[M].2版.北京:人民交通出版社,2011.

[15] 范立础.桥梁工程[M].2版.北京:人民交通出版社,2012.

[16] 叶见曙.结构设计原理[M].2版.北京:人民交通出版社,2012.

[17] 小西一郎.钢桥 第二分册:板梁桥[M].北京:人民铁道出版社,1980.

[18] Steel Bridge Design Handbook[S], Federal Highway Administration, 2012.

[19] http://www.shp.eu/en/strasky-husty-a-partneri/projects/bridges.

第4章
钢箱梁桥与钢箱组合梁桥

4.1 结构组成与特点

4.1.1 结构组成

钢箱梁(或钢箱组合梁)是由顶板、底板、腹板组成的闭口箱形结构,箱内设置横隔板。各板件需设置纵向加劲肋(纵肋)和横向加劲肋(横肋)来提高其面外刚度,防止局部失稳。当箱梁顶板采用钢桥面板时,称为钢箱梁,结构组成如图4-1a)所示;当箱梁顶板采用混凝土桥面板时,称为钢箱组合梁,结构组成如图4-1b)所示。

箱室内横隔板能够有效减小箱梁畸变和横向弯曲变形、保持截面形状。横隔板布置于支承位置时称为端横隔板(或支承横隔板),布置于支承间时称为中横隔板。端横隔板除具有横隔板的一般作用外,还起到分散支座反力,并将扭矩传递至支座的作用。

4.1.2 特点及适用跨径

1)结构特点

钢箱梁(或钢箱组合梁)为闭口截面,具有结构整体性好、横向抗弯刚度和抗扭刚度大、整体稳定性高、荷载横向分配均匀等优点。此外,钢箱梁(或钢箱组合梁)还具有梁高低、外形简洁美观等特点。

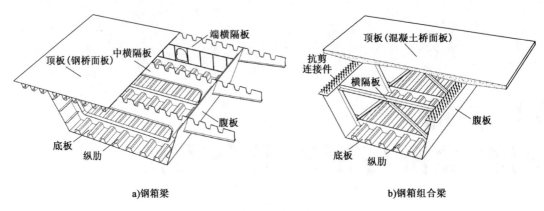

图 4-1　钢箱梁和钢箱组合梁的组成

2）施工特点

钢箱梁（或钢箱组合梁）桥整体性好，宜采用大节段或整孔架设施工，可提高施工速度、保证施工质量，但对运输及吊装能力要求较高。吊装能力受限时，也可将钢箱梁沿横向划分节段，以减小吊装单元尺寸，但这样现场拼装作业量较大，施工控制难度较高。图 4-2a) 所示为崇启大桥施工，采用大节段吊装施工；图 4-2b) 所示为某城市钢箱梁施工，采用节段拼装施工。

图 4-2　钢箱梁桥施工

3）适用跨径

钢箱梁桥的经济跨径为 40~300m，多用于连续梁桥。钢箱组合梁桥的经济跨径通常小于 60m，跨径大于 80m 时宜采用钢箱梁桥，跨径为 60~80m 时应进行详细的方案比选。

4.2　结构布置与构造

4.2.1　总体布置

1）立面布置

钢箱梁（或钢箱组合梁）桥需要综合受力需要、地形条件、地质条件、桥梁建设规模及施工方法等因素,确定合理结构体系,采用等跨或不等跨布置。当采用连续结构体系、不等跨布置时,边中跨比可参考图4-3统计的德国和日本部分连续钢箱梁桥,边中跨比多在0.45~0.8范围内。

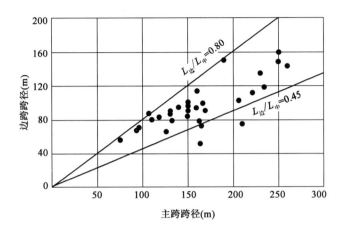

图4-3 德国和日本部分连续钢箱梁桥的边中跨比

采用连续梁桥时,钢箱梁(或钢箱组合梁)可等高度或变高度布置,分别如图4-4a)、图4-4b)所示。等高度连续梁便于工厂化制造、运输及安装,适合顶推法施工,多在桥梁跨径较小时采用。变高度连续梁多用于跨径较大或建筑高度受限制的情况。

a)等高度连续梁　　　　　　　　　　b)变高度连续梁

图4-4 连续钢箱梁桥梁高布置示例

钢箱梁(或钢箱组合梁)桥的梁高与桥梁结构体系、跨径、横截面形式及施工方法等因素有关,其中单箱连续钢箱梁(或钢箱组合梁)桥的高跨比取值可参考表4-1。

单箱连续钢箱梁(或钢箱组合梁)桥高跨比　　　　表4-1

类型		钢箱梁	钢箱组合梁
等高度梁		1/20~1/30	1/16~1/25
变高度梁	中支点	1/20~1/30	1/18~1/23
	跨中	1/30~1/80	1/32~1/47

2)横断面布置

(1)主梁

①单箱单室。

桥宽较小时(通常桥宽在3车道以内),多采用单箱结构。单箱钢箱梁通常做成倒梯形,箱室两侧设置较大的悬臂,如图4-5所示。这样,在满足承载能力要求的前提下,可以有效减小箱梁箱室的宽度,减少用钢量。

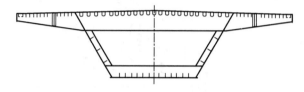

图4-5 单箱单室钢箱梁横断面

图4-6a)所示钢箱组合梁,混凝土桥面板横向变厚设计,在腹板处设置承托,悬臂桥面板长度一般小于3m。当桥梁宽度增大,需要增加箱室腹板间距及桥面板悬臂长度时,需要设置横肋支撑桥面板,必要时还需设置斜撑支撑桥面板悬臂部分,如图4-6b)所示。

a)桥面板无横肋支撑　　　b)桥面板有横肋支撑

图4-6 单箱单室钢箱组合梁横断面

②单箱多室和多箱。

当桥宽较宽、桥下净空受限时,可采用单箱多室断面,这种断面布置外观简洁,在城市桥梁中较多采用,图4-7所示为单箱三室钢箱梁断面。当运输和吊装能力受限时,可采用多箱结构,横向布置两片或以上箱梁,图4-8所示为双箱钢箱梁断面。多箱梁的各箱室构造与单箱梁基本相同,各箱室之间需要设置横向联结系。

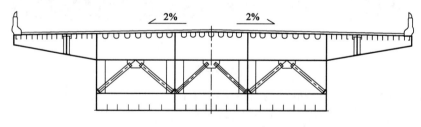

图4-7 单箱三室钢箱梁断面

(2)梁高与梁宽

箱梁宽度必须满足车道布置的要求,箱梁梁高、梁宽及腹板间距设计还需考虑箱梁受力合理、截面经济,同时需兼顾制作、运输、安装、维修养护等因素。

箱梁的高度与宽度之比(高宽比)很大时,侧向稳定性较差。《公路钢结构桥梁设计规范》(JTG D64—2015)规定箱形截面简支梁,截面尺寸 $h/b>6$ 且 $L_1/b>65(345/f_y)$ 时需要根据式(3-72)~

式(3-76)进行受弯稳定验算,其中 L_1 为受压翼缘自由长度。高宽比过大或过小都会使箱梁畸变与翘曲效应增大,图4-9统计了日本部分钢箱梁桥的高宽比,大多在0.2~2.0范围内。为保证钢箱梁翼缘承受结构荷载的有效宽度,钢箱梁腹板的间距不宜大于桥梁等效跨径的1/5,桥面板悬臂长度不宜大于桥梁等效跨径的1/10。此外,钢箱梁高度及宽度的取值应保证在箱室内进行施工操作和后期检测、维修与养护所需的空间。

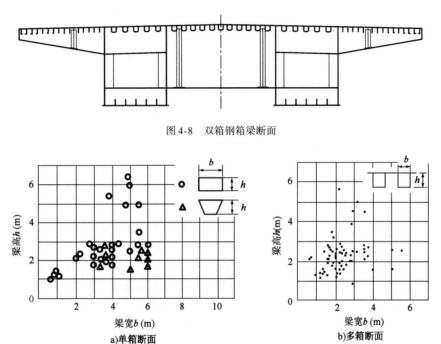

图4-8　双箱钢箱梁断面

a) 单箱断面　　　　b) 多箱断面

图4-9　日本部分钢箱梁桥高宽比

(3) 横坡设置

当箱梁的桥面为双向横坡时,一般通过调整顶板坡度实现横坡设置,如图4-10a)所示。当箱梁的桥面为单向横坡时,可以采用不同的设置方式:

①通过支座高差调整横坡,架设时将箱梁整体倾斜至与桥面横坡相同的角度,如图4-10b)所示。

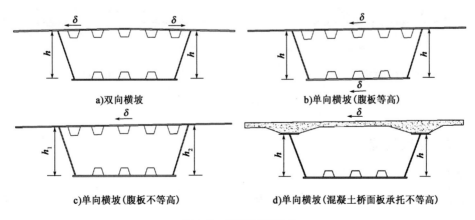

a) 双向横坡　　　　b) 单向横坡(腹板等高)

c) 单向横坡(腹板不等高)　　　　d) 单向横坡(混凝土桥面板承托不等高)

图4-10　钢箱梁横坡设计

②通过不等高腹板调整横坡,如图4-10c)所示。这样可以降低箱梁的安装难度,但因为腹板高度不同,设计时需要分别考虑。

③对于钢箱组合梁,桥面横坡不大或桥面较窄时,可以通过调整混凝土桥面板承托的高度调整横坡,如图4-10d)所示。

3)横隔板布置

钢箱梁和钢箱组合梁的支点位置必须设置端横隔板,且横隔板必须通过支座反力的合力作用点。箱室内横隔板间距 L_D 需满足《公路钢结构桥梁设计规范》(JTG D64—2015)的规定:

$$\begin{cases} L_D \leq 6 & (L \leq 50) \\ L_D \leq 0.14L - 1 \text{ 且} \leq 20 & (L > 50) \end{cases} \quad (4-1)$$

式中:L——桥梁等效跨径(m)。

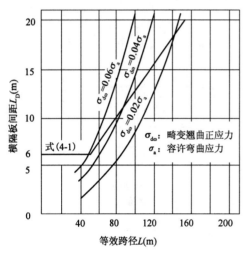

图 4-11 横隔板间距

如图4-11所示,当跨径不大于100m的钢箱梁横隔板间距满足式(4-1)的要求时,钢箱梁的翘曲正应力与容许应力的比值可以控制在0.02~0.06范围内。

4)支座与临时支点

单箱钢箱梁(或钢箱组合梁)桥的梁端必须设置两个支座,以保证结构的稳定性,如图4-12a)所示,支座横向布置间距需要考虑结构抗倾覆要求。对于连续曲线桥,中间墩可采用单支座,并偏心设置在曲线半径较大的一侧,以减小箱梁恒载偏心扭矩。多箱钢箱梁(或钢箱组合梁)桥各箱梁均需设置支座,如图4-12b)所示,多支座布置时应注意支座安装精度,避免支座安装误差对结构受力产生不利影响。

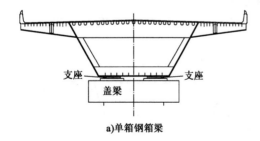

a)单箱钢箱梁

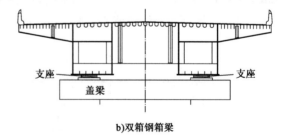

b)双箱钢箱梁

图 4-12 支座布置

4.2.2 主梁构造

1)翼缘

箱梁的翼缘包括顶板及底板。当顶板为混凝土桥面板时,其构造参考3.2.3节;当顶板为钢桥面板时,其构造见4.2.3节。本节仅介绍箱梁底板的构造。

箱梁的底板通常沿纵桥向等宽设计,可根据需要,可在支座处对底板局部加宽。底板宽度通常比腹板间距略大,以方便与腹板焊接,如图 4-13 所示。底板的厚度需根据箱梁的抗弯需要进行变厚设计,如图 4-14 所示,变厚可向上或向下变化,前者施工方便且结构美观,后者可使腹板及横隔板尺寸标准化。当箱梁宽跨比很大时,由于剪力滞效应,底板中间区域应力较小,可以将底板设计成两侧厚、中间薄的形式,以减少材料用量。

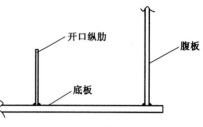

图 4-13 底板与腹板连接构造

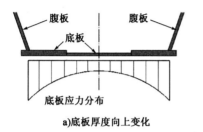 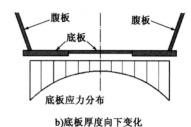

图 4-14 底板变厚度

底板横肋多采用 T 形截面,纵肋可采用图 4-15 所示的开口加劲肋或闭口加劲肋。开口加劲肋包括平板肋、L 形肋、T 形肋和球扁钢肋,闭口加劲肋常用 U 形肋。开口加劲肋形式简单,易于工厂制作和现场连接,并适应弯桥的曲线形式布置,但开口加劲肋抗扭惯性矩较小。闭口加劲肋抗弯、抗扭刚度大,稳定性好,较开口加劲肋布置间距大,焊缝总量少,通常在中等及大跨径钢箱梁中使用。

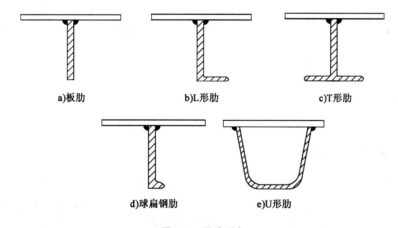

图 4-15 纵肋形式

箱梁翼缘板纵、横肋布置需要满足《公路钢结构桥梁设计规范》(JTG D64—2015)规定:①对于腹板外翼缘板悬臂部分,受压时伸出肢宽不宜大于其厚度的 12 倍;受拉时伸出肢宽不宜大于其厚度的 16 倍,否则需要设置加劲肋且板端外缘加劲肋应为刚性加劲肋。②对于腹板间翼缘板,受拉时纵肋间距应小于翼缘板厚度的 80 倍;受压时纵肋间距不宜大于翼缘板厚的 40 倍,应力很小或由构造控制设计的情况下可以放宽到 80 倍。

受压纵肋还需满足《公路钢结构桥梁设计规范》(JTG D64—2015)规定的构造要求:

①板肋的宽厚比应满足下式要求：

$$\frac{h_s}{t_s} \leq 12\sqrt{\frac{345}{f_y}} \tag{4-2}$$

②L形、T形钢加劲肋的尺寸比例应满足下列要求：

$$\frac{b_{s0}}{t_{s0}} \leq 12\sqrt{\frac{345}{f_y}} \tag{4-3}$$

$$\frac{h_s}{t_s} \leq 30\sqrt{\frac{345}{f_y}} \tag{4-4}$$

③符合《热轧球扁钢》(GB/T 9945—2012)的球扁钢加劲肋的尺寸比例应满足下式要求：

$$\frac{h_s}{t_s} \leq 18\sqrt{\frac{345}{f_y}} \tag{4-5}$$

④闭口加劲肋的尺寸比例应满足下列要求：

$$\frac{b_s}{t_s} \leq 30\sqrt{\frac{345}{f_y}} \tag{4-6}$$

$$\frac{h_s}{t_s} \leq 40\sqrt{\frac{345}{f_y}} \tag{4-7}$$

加劲肋尺寸符号如图4-16所示。

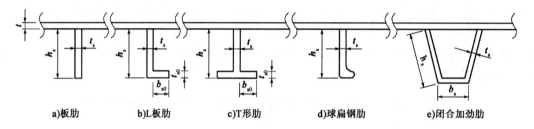

图4-16 加劲肋尺寸符号

2）腹板

钢箱梁和钢箱组合梁的腹板可采用垂直布置或倾斜布置，必要时应布置纵、横肋以满足受力需要，具体构造及设计要求参照第3章中钢板组合梁的腹板设计。

4.2.3 钢桥面板构造

钢桥面板由盖板及焊接于盖板下相互正交的横肋及纵肋组成，一般纵肋尺寸较小、布置较密，横肋尺寸较大、布置较疏。由于桥面板纵、横两个方向刚度不同，受力特性表现为各向异性，因此，把这种具有"正交异性"特点的钢桥面板称为正交异性钢桥面板，如图4-17所示。

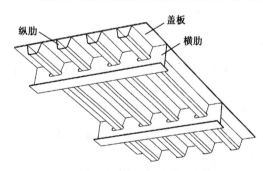

图4-17 正交异性钢桥面板的组成

1）盖板

盖板板厚需满足钢箱梁整体抗弯及桥面板局部承载的要求。为避免车轮或人群荷载作用下桥面结构过大的变形导致的结构疲劳破坏及铺装过早损坏，《公路钢结构桥梁设计规范》(JTG D64—

2015)规定行车道和人行道部分盖板最小板厚分别不应小于 14mm 和 10mm。

2)加劲肋

(1)加劲肋构造

正交异性钢桥面板作为钢箱梁的上翼缘,加劲肋布置与构造需满足 4.2.2 节相关要求,同时需满足作为桥面结构的相关要求。

横肋截面尺寸和布置间距需要满足桥面板刚度和承载要求。当采用开口纵肋时,横肋间距不宜大于 3m;当采用闭口纵肋时,横肋间距不宜大于 4m。钢桥面板纵肋宜等间距布置,最大间距不宜超过最小间距的 1.2 倍。纵肋最大间距不宜过大,避免盖板局部失稳,以及在车轮荷载作用下变形过大引起铺装破坏;最小间距也不宜过小,应方便桥面板的制造与安装。通常,开口纵肋间距为 300~400mm,闭口纵肋间距为 600~850mm。

加劲肋的最小板厚不应小于 8mm。当纵肋为闭口截面时,截面尺寸应满足《公路钢结构桥梁设计规范》(JTG D64—2015)的规定:

$$\frac{t_s a^3}{t_f^3 h_s} \leqslant 400 \tag{4-8}$$

式中:t_f——顶板(盖板)厚度(mm);

t_s——加劲肋腹板厚度(mm);

h_s——加劲肋腹板斜向高度(mm);

a——加劲肋腹板最大间距(mm)。

(2)加劲肋连接

当纵肋与横肋或横隔板交叉连接时,纵肋应连续通过,以保证纵肋受力的连续性,不同形式纵肋通过横肋的构造形式如图 4-18 所示。

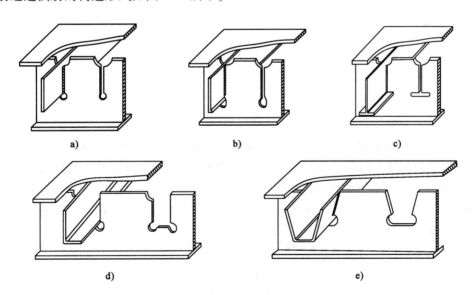

图 4-18 钢桥面板纵肋与横肋交叉处构造

图 4-19 所示为正交异性钢桥面板纵肋与横肋交叉处常用的连接形式。其中,对于开口纵肋,受拉区通常采用图 4-19a)、图 4-19b)的构造形式,开口纵肋与横肋不焊接,以防止焊接影

响纵肋的疲劳性能;受压区通常采用图 4-19c)~图 4-19e)的构造形式,纵肋的单侧与横肋腹板用角焊缝连接,以防止纵肋局部失稳。对于闭口纵肋,通常采用图 4-19f)、图 4-19g)的构造形式,其中图 4-19f)用于受拉区,图 4-19g)用于受压区。

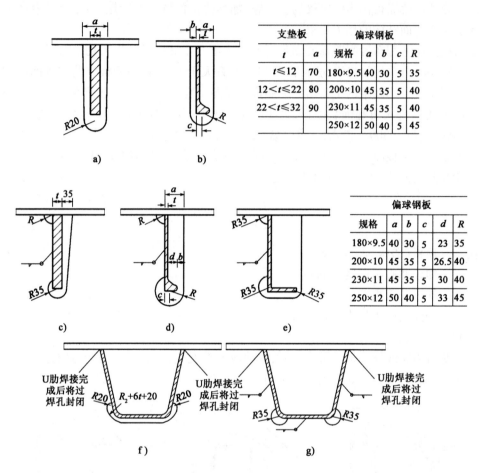

图 4-19 钢桥面板纵肋与横肋交叉处常用的连接形式(尺寸单位:mm)

图 4-20 所示为开口截面纵肋的工地连接构造。图 4-20a)、图 4-20b)中的盖板和纵肋均采用螺栓连接;图 4-20c)、图 4-20d)中的盖板和纵肋均采用工地焊接的形式连接,其中,图 4-20c)为纵肋只设一道接缝,施工时接缝处的误差调整比较困难,图 4-20d)为纵肋设置两道焊缝,接缝误差相对容易调整,但工地焊接工作量会增加;图 4-20e)、图 4-20f)为盖板焊接、纵肋采用高强螺栓连接的形式,图 4-20e)在接缝处做了特别加强,图 4-20f)的连接构造简单,是较为常用的方法,但应保证连接处的强度和刚度。

图 4-21 所示为常用的闭口截面纵肋的工地连接构造。图 4-21a)~图 4-21c)为盖板和纵肋均采用工地焊接的形式,其中,图 4-21a)纵肋接缝处夹一块厚钢板,可以通过调整钢板厚度来调整连接处的施工误差;图 4-21b)中盖板设两道焊缝,先焊接纵肋后焊接盖板;图 4-21c)中先焊接盖板,后焊接一段连接用的纵肋,图 4-21b)和图 4-21c)的方法易于调整接缝处的误差,但工地焊接工作量会大大增加。图 4-21d)中盖板焊接,纵肋采用高强螺栓连接,在纵肋下缘需设工作孔,以方便螺栓安装。

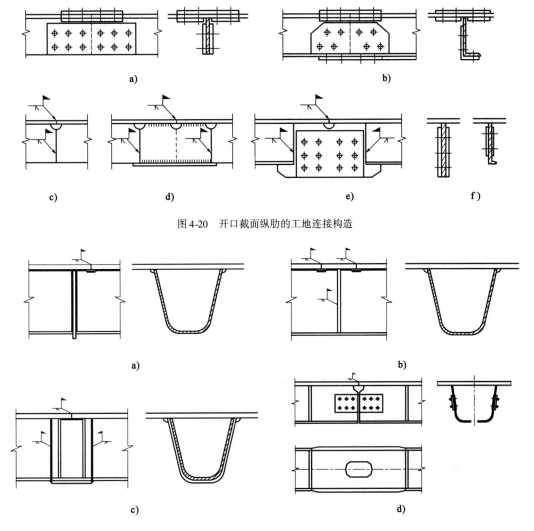

图 4-20 开口截面纵肋的工地连接构造

图 4-21 闭口截面纵肋的工地连接构造

4.2.4 横隔板构造

钢箱梁横隔板分为实腹式、框架式和桁架式,构造如图 4-22 所示。其中,实腹式横隔板主要承受剪力,桁架式横隔板各构件主要承受轴力,框架式横隔板主要承受轴力和弯矩。实腹式与框架式横隔板可通过开口率来区分,开口率定义为 $\rho = \sqrt{A'/A} = \sqrt{bh/BH}$(图 4-23),当 $\rho \leqslant 0.4$ 时,为实腹式横隔板;当 $0.4 < \rho < 0.8$ 时,为框架式横隔板。

实腹式横隔板适用于尺寸较小的箱梁,或在箱梁支承位置及结构抗扭要求较高的情况下使用。当箱梁尺寸较大时,实腹式横隔板用钢量大,导致结构自重增加,因此,多采用框架式或桁架式横隔板。

支点处实腹式横隔板应成对设置支承加劲肋以满足局部承压要求,根据支座数量的不同,其构造有所区别,如图 4-24 所示。为方便钢箱梁的制作与维护,实腹式横隔板需要设置人孔,人孔宽度不宜小于 400mm,高度不宜小于 600mm,端横隔板人孔宜设置在支座以外部分。

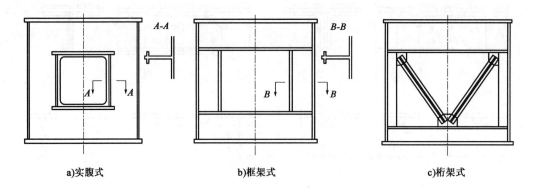

图 4-22 中间横隔板结构形式

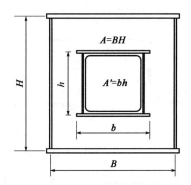

图 4-23 横隔板开口率

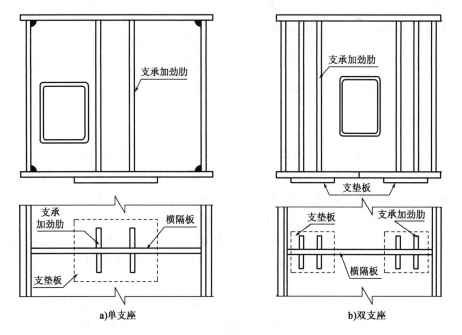

图 4-24 支承横隔板结构形式

4.3 钢箱梁简化计算

4.3.1 钢箱梁受力分析

作用在钢箱梁上的恒载一般对称分布,汽车荷载可以是对称作用,也可以是非对称的偏心作用。如图 4-25 所示,单箱钢箱梁在偏心荷载 F 作用下可按超静定框架结构模型进行分析。假设支点上有反力 R_1、R_2 和 R_3,R_1、R_2 为竖向角点荷载,R_3 为一对大小相同方向相反的水平角点荷载。竖向角点荷载 R_1、R_2 可以进一步分解为对称荷载 $(R_1+R_2)/2$ 和反对称荷载 $(R_1-R_2)/2$,水平角点荷载 R_3 本身即为反对称荷载。上述对称荷载会使结构发生竖向弯曲变形,反对称荷载会使箱梁发生扭转变形与畸变。同时,竖向集中荷载 F 作用于箱梁顶板,除了会引起箱梁横向弯曲变形外,由于整个框架截面形成超静定结构,还会引起各板件横向弯曲变形。

钢箱梁属于薄壁构件,竖向弯曲变形会在箱梁截面上产生纵向弯曲正应力 σ_M 和弯曲剪应力 τ_M;扭转变形根据箱梁纵向约束情况,分为自由扭转变形与约束扭转变形,自由扭转变形只产生截面上的自由扭转剪应力 τ_S,约束扭转变形除产生截面上的约束扭转剪应力 τ_ω 外,还将产生翘曲正应力 σ_ω;畸变除了产生截面上的畸变剪应力 $\tau_{d\omega}$ 与畸变翘曲正应力 $\sigma_{d\omega}$ 外,还将引起箱梁各板件的横向弯曲变形,从而产生横向弯曲应力 σ_{dt};横向弯曲变形产生横向弯曲应力 σ_{0t}。4 种基本变形对应的应力状态如图 4-26 所示。

钢箱梁在偏心荷载作用下,横截面上的应力状态如下。

纵向弯曲应力:

$$\sigma_x = \sigma_M + \sigma_\omega + \sigma_{d\omega}$$

剪应力:

$$\tau = \tau_M + \tau_S + \tau_\omega + \tau_{d\omega}$$

在箱梁各板内,即纵截面上的应力状态如下。

横向弯曲应力:

$$\sigma_S = \sigma_{0t} + \sigma_{dt}$$

4.3.2 弯剪计算

(1) 弯曲正应力

由于剪力滞效应的影响,钢箱梁翼缘的应力分布是不均匀的,在利用初等梁理论计算钢箱梁的弯曲正应力时需要考虑剪力滞的影响,通常采用翼缘有效分布宽度进行考虑。对于受压翼缘,板件受压屈曲后,面内的应力分布不均匀,越接近受约束边界的应力越大。因此,有效宽度计算时,还需考虑受压翼缘局部屈曲的影响。

弯曲正应力按下式计算:

$$\sigma_y = \frac{M_y}{W_{y,\text{eff}}} \tag{4-9}$$

式中:$W_{y,\text{eff}}$——有效截面相对于 y 轴的截面模量,其中受拉翼缘考虑剪力滞影响,受压翼缘同时考虑剪力滞和局部稳定影响。

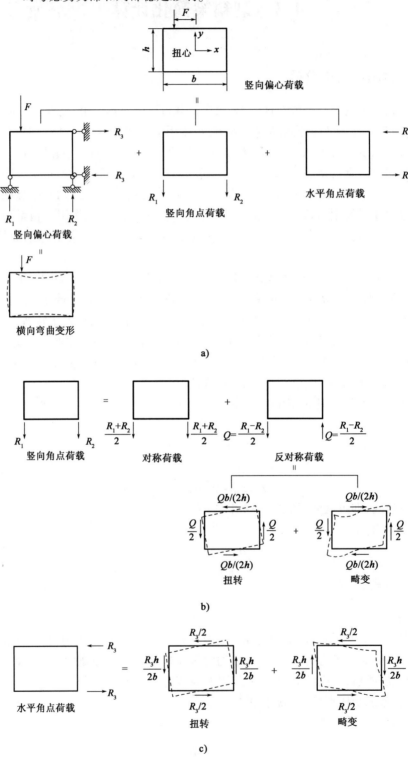

图 4-25 钢箱梁受力分析

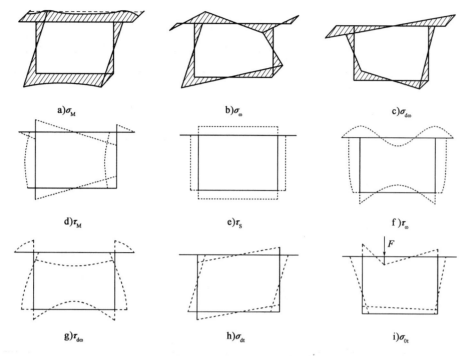

图 4-26　偏心荷载作用下箱梁截面应力

受剪力滞效应和板受压屈曲影响的桥面板有效宽度分布示意如图 4-27 和图 4-28 所示。当加劲板采用柔性加劲肋时,柔性加劲肋随着桥面板一起屈曲,如图 4-28a)所示;当加劲板采用刚性加劲肋时,仅加劲肋间的桥面板发生屈曲,如图 4-28b)所示。其中,柔性加劲肋及刚性加劲肋判别方法,翼缘有效宽度和有效截面面积计算方法详见 4.5.2 节。

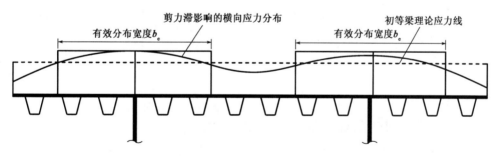

图 4-27　剪力滞的影响示意

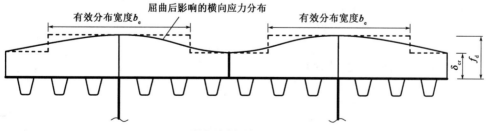

a)柔性加劲肋与桥面板一起屈曲

图 4-28

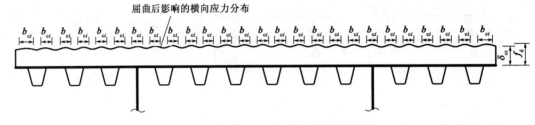

b)采用刚性加劲肋时,仅加劲肋间的桥面板屈曲

图 4-28　桥面板屈曲后影响示意

(2)弯曲剪应力

①单箱单室钢箱梁。

计算钢箱梁截面剪力流时,任意起始点的剪力流是未知的,属于超静定问题。为了求得薄壁单室闭口截面在剪力作用下的剪力流(图 4-29),需将闭口截面的任一点切开,将箱梁截面转化为开口截面,将切口处作为初始未知剪力流,用 q_1 表示,则截面上任意一点 s 处的剪力流 q 为开口截面剪力流 q_0 和初始未知剪力流 q_1 之和,即

$$q = q_0 + q_1 \tag{4-10}$$

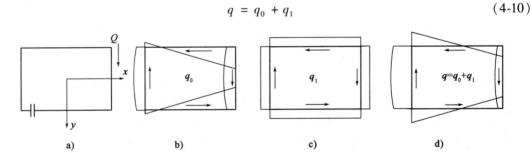

图 4-29　单箱单室钢箱梁截面上剪力流分析

q_0 可由下式求得:

$$q_0 = \frac{QS_y}{I} \tag{4-11}$$

式中:Q——计算剪力;

　　　S_y——计算点至切口的截面对中性轴的截面静矩;

　　　I——截面惯性矩。

q_1 为未知剪力流,这是一个内部超静定问题,补充截面切开处的相对剪切变形为 0 的变形协调条件可得

$$\oint_s \gamma \mathrm{d}s = \oint_s \frac{\tau}{G} \mathrm{d}s = \oint_s \frac{q}{Gt} \mathrm{d}s = 0 \tag{4-12}$$

并且将式(4-10)代入式(4-12),可得

$$q_1 = -\frac{\oint_s \dfrac{q_0}{t} \mathrm{d}s}{\oint_s \dfrac{1}{t} \mathrm{d}s} \tag{4-13}$$

求得剪力流 q 以后,剪应力 τ 可由下式求得:

$$\tau = \frac{q}{t} = \frac{q_0 + q_1}{t} \tag{4-14}$$

对于对称截面,当仅在其对称轴作用有剪力 Q_z 时,在此对称轴上必有 $q = q_0 + q_1 = 0$,同时,切口和静矩 $S_y = \int_0^s zt\mathrm{d}s$ 的积分起点 $s = 0$ 取在对称轴处,可以直接得到 $q_1 = 0$、$q = q_0$,这样计算更为简便。

②单箱多室钢箱梁。

多室截面应将各室切开,将切口处的未知剪力流用 q_{1i} 代替,如图 4-30 所示。对已切开的箱梁截面可利用式(4-10)计算开口截面上各点的剪力流 q_0,对于第 i 室的闭合剪力流 q_i 为

$$q = q_0 + q_{1i} \tag{4-15}$$

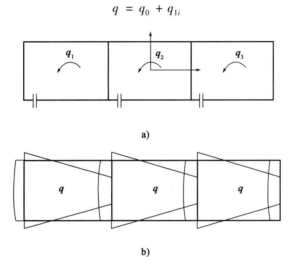

图 4-30 单箱多室钢箱梁截面剪力流分析

对于非公共边部分箱壁,其剪力流等于闭合剪力流 q_i;对于公共边部分箱壁,其剪力流等于相邻的箱室闭合剪力流的代数和。设第 i 室与第 j 室具有公共边部分,并且闭合剪力流分别为 q_i 和 q_j,则对于第 i 室的箱壁的剪力流 q_{ij} 可以表示为

非公共边部分箱壁:

$$q_{ij} = q_i \tag{4-16}$$

公共边部分箱壁:

$$q_{ij} = q_i \pm q_j \tag{4-17}$$

式中,当公共箱壁处剪力流方向相同时取正号,相反时取负号。

设箱梁中共有 n 个室,对于各室应用变形协调方程,可以得到如下联立方程组:

$$\oint_i \frac{q_0}{t}\mathrm{d}s + \sum_{j=1}^n \oint_j \frac{q_{ij}}{t}\mathrm{d}s = 0 \quad (i = 1, 2, \cdots, n) \tag{4-18}$$

或者写成

$$q_{1i}\oint_i \frac{\mathrm{d}s}{t} \pm \sum_{j=1}^n q_{1j}\oint_{i,j} \frac{\mathrm{d}s}{t} = -\oint_i \frac{q_0}{t}\mathrm{d}s \quad (i = 1, 2, \cdots, n) \tag{4-19}$$

式中: $\oint_{i,j} \frac{\mathrm{d}s}{t}$ ——对第 i 室与第 j 室的公共边部分的积分,当第 j 室公共箱壁处剪力流方向与第 i 室相同时取正号,反之取负号。

求得各室的剪力流后,箱壁 i,j 的剪力流 $q_{i,j}$ 和剪应力 $\tau_{i,j}$ 可由式(4-16)、式(4-17)和下式求得:

$$\tau_{i,j} = \frac{q_{i,j}}{t} \tag{4-20}$$

4.3.3 自由扭转计算

箱梁扭转时无纵向约束,截面可自由凹凸时,则认为箱梁发生自由扭转,只产生扭转剪应力。

1)单箱单室箱梁自由扭转

(1)自由扭转剪应力

如图 4-31 所示,单箱梁在外扭矩 M_k 的作用下,剪力流 $q = \tau t$ 沿箱壁为常数,建立内外扭转平衡方程即得

$$M_k = \oint_s q r_s \mathrm{d}s = q \oint_s r_s \mathrm{d}s = q\Omega = 2qA \tag{4-21}$$

扭转剪应力为

$$\tau = \frac{q}{t} = \frac{M_k}{t\Omega} = \frac{M_k}{2At} \tag{4-22}$$

式中:A——箱梁薄壁中线所围面积,$\Omega = 2A$;

r_s——扭转中心至箱壁任意一点的切线垂直距离。

(2)自由扭转变形

如图 4-31 所示,假设 x 为梁轴方向,u 为纵向位移,v 为向周边切线方向位移,则可得剪切变形计算式为

$$\gamma = \frac{\tau}{G} = \frac{\partial u}{\partial s} + \frac{\partial u}{\partial x}; v = r_s \theta(x) \tag{4-23}$$

式中:$\theta(x)$——截面扭转角;

G——剪切弹性模量。

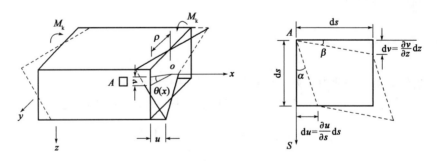

图 4-31 单箱梁自由扭转的截面凹凸

积分式(4-23),即可得到纵向位移计算式:

$$u(x) = u_0(x) + \int_0^s \frac{\tau}{G} \mathrm{d}s - \theta'(x) \int_0^s r_s \mathrm{d}s \tag{4-24}$$

式中:$u_0(x)$——积分常数,为初始位移值;

$\theta'(x)$——扭转率，$\theta'(x) = \dfrac{\mathrm{d}\theta(x)}{\mathrm{d}x}$。

引用封闭条件，对上式积分一周，由于始点纵向位移与终点位移 u 是相同的，则

$$\oint_s \dfrac{\tau}{G}\mathrm{d}s = \theta'(x)\oint_s r_s \mathrm{d}s = 2\theta'(x)A \tag{4-25}$$

将 $\tau = \dfrac{q}{t}$ 代入上式，可得

$$\oint_s \dfrac{q}{tG}\mathrm{d}s = 2\theta'(x)A \tag{4-26}$$

代入式(4-21)可得

$$\theta'(x) = \dfrac{M_k}{GJ_d} \tag{4-27}$$

式中，$J_d = \dfrac{4A^2}{\oint_s \dfrac{\mathrm{d}s}{t}}$，称为自由扭转惯性矩。

引用式(4-22)和式(4-27)的关系，代入式(4-24)，纵向位移计算式可简化如下：

$$u(x) = u_0(x) + \theta'(x)\bar{\omega} \tag{4-28}$$

$$\bar{\omega} = \int_0^s r_s \mathrm{d}s - \dfrac{2A\int_0^s \dfrac{\mathrm{d}s}{t}}{\oint \dfrac{\mathrm{d}s}{t}} \tag{4-29}$$

式中，称为广义扇性坐标。

至此，箱梁自由扭转时的应力、变形和位移都可求解。

(3) 自由扭转惯性矩

图 4-32 所示的薄壁单箱单室截面，可以将它分为两边悬臂开口截面和中间箱形闭口截面，截面自由扭转惯性矩为这两部分自由扭转惯性矩之和。对于多箱多室截面，同样将它分成连接各箱的开口部分和各单室闭口部分。设箱形截面可以分割为 n 个单室闭口截面和 m 个矩形截面，截面自由扭转惯性矩按下式计算：

$$J_d = J_{d1} + J_{d2} \tag{4-30}$$

其中，

$$J_{d1} = \sum_{i=1}^m \alpha_i b_i t_i^3 ; J_{d2} = \sum_{i=1}^n \dfrac{4A_i^2}{\oint_i \dfrac{\mathrm{d}s}{t}} \tag{4-31}$$

式中，

$$\alpha_i = \dfrac{1}{3}\left[1 - 0.63\dfrac{t_i}{b_i} + 0.0525\left(\dfrac{t_i}{b_i}\right)^5\right] \tag{4-32}$$

例如图 4-32 所示的薄壁单箱单室截面中两边悬臂开口截面自由扭转惯性矩为

$$J_{d1} = 2\alpha_1 b_1 t_1^3 \tag{4-33}$$

中间箱形闭口截面自由扭转惯性矩为

$$J_{d2} = \dfrac{4A^2}{\oint \dfrac{\mathrm{d}s}{t}} = \dfrac{[(s_1+s_2)s_3]^2}{\dfrac{s_1}{t_1} + \dfrac{s_2}{t_2} + 2\dfrac{s_3}{t_3}} \tag{4-34}$$

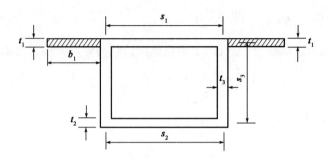

图 4-32 薄壁单箱单室截面与各符号含义示意

2) 单箱多室箱梁自由扭转

假设第 i 室循环剪力流为 q_i，与第 i 室相邻的第 j 室的循环剪力流为 q_j，对于箱壁中任意相邻箱壁的剪力流为 $q_{i,j} = q_i - q_j$。

为了求得循环剪力流 q_i，必须建立变形协调方程。注意到箱梁截面扭转率 $\theta'(x)$ 为常数，且箱壁 i,j 的剪应力 $\tau_{i,j} = q_{ij}/t$。根据式(4-27)对于多箱室沿第 i 室周边进行一周的线积分可得

$$\oint_s \frac{q_{i,j}}{tG} \mathrm{d}s = 2\theta'(x) A_i \tag{4-35}$$

将 $q_{i,j} = q_i - q_j$ 代入上式，可得

$$\oint_s \frac{q_i}{tG} \mathrm{d}s - \sum_j \frac{q_j}{G} \int_{i,j} \frac{1}{t} \mathrm{d}s = 2\theta'(x) A_i \tag{4-36}$$

当箱梁截面由 n 个箱室组成时，由上式 $i = 1, 2, \cdots, n$ 可以写出 n 个方程。

假设：$\bar{q}_i = \dfrac{q_i}{G\theta'(x)}, \bar{q}_i \oint_s \dfrac{\mathrm{d}s}{t} - \sum_j \bar{q}_j \int_{i,j} \dfrac{1}{t} \mathrm{d}s = 2A_i \quad (i = 1, 2, \cdots, n) \tag{4-37}$

由上式可以求得 n 个扭转函数 $\bar{q}_i$，为了求得循环剪力流 q_i 和剪应力 $\tau_{i,j}$，必须建立转矩平衡方程。

取外扭矩 M_k 与 n 个 q_i 对扭转中心 O 所产生的扭转力矩平衡，可得

$$M_k = \sum_{i=1}^n \oint_s q_i r_s \mathrm{d}s = 2 \sum_{i=1}^n q_i A_i = 2G\theta'(x) \sum_{i=1}^n \bar{q}_i A_i \tag{4-38}$$

假设，$J_d = 2 \sum_{i=1}^n \bar{q}_i A_i$，将其代入上式可得

$$\theta'(x) = \frac{M_k}{GJ_d} \tag{4-39}$$

上式与式(4-27)的形式相同，J_d 为薄壁多室箱梁的自由扭转惯性矩。

将上式代入式(4-28)可以求得第 i 室的循环剪力流 q_i 为

$$q_i = G\theta'(x) \bar{q}_i = \frac{M_k}{J_d} \bar{q}_i \tag{4-40}$$

箱壁 i,j 的剪力流 $q_{i,j}$ 和剪应力 $\tau_{i,j}$ 可由下式求得：

$$q_{i,j} = q_i - q_j \tag{4-41}$$

$$\tau_{i,j} = \frac{q_{i,j}}{t} \tag{4-42}$$

4.3.4 约束扭转计算

若钢箱梁端部设置有强大的横隔板,当结构扭转时,纵向变形受到约束,即截面纵向纤维受到拉伸或压缩,认为箱梁发生约束扭转,产生约束扭转正应力及剪应力。

小西一郎编著的《钢桥》中采用参数 k 表征自由扭转刚度 GJ_d 与约束扭转刚度 EJ_ω 的比值,从而判断钢箱梁的主要扭转形式。当 $k \geq 10$ 时,可以忽略约束扭转产生的翘曲正应力。k 值由下式计算:

$$k = l\sqrt{\frac{GJ_d}{EJ_\omega}} \tag{4-43}$$

式中:l——跨径;
　　G——钢材的剪切模量;
　　E——钢材的弹性模量;
　　J_d——钢箱梁的自由扭转惯性矩;
　　J_ω——钢箱梁的广义扇性惯性矩。

1)基本假定

箱梁截面约束扭转的实用理论建立在以下假设的基础上。

①箱梁扭转时,周边假设不变形,切线方向位移 $v(x)$ 为

$$v(x) = r_s\theta(x); \frac{\partial v}{\partial x} = r_s\theta'(x) \tag{4-44}$$

式中:r_s——由扭转中心到壁厚中线上的点 s 的切线的距离;
　　θ——扭转角。

②箱壁上的剪应力与正应力均沿壁厚方向均匀分布;

③约束扭转时,沿梁轴线方向的纵向位移(截面的凸凹)假设同自由扭转时纵向位移的关系式(4-29)存在相似规律变化。

$$u(x) = u_0(x) + \beta'(x)\bar{\omega} \tag{4-45}$$

式中:$u_0(x)$——初始位移,为一积分常数;
　　$\beta(x)$——关于截面凸凹程度的中间函数,$\beta'(x) = \frac{d\beta(x)}{dx}$,其求解参考其他相关著作;
　　$\bar{\omega}$——广义扇性坐标;
　　x——主梁轴线方向坐标。

2)约束扭转正应力

纵向应变与约束扭转正应力的关系为

$$\sigma_\omega = E\omega\frac{d^2\beta}{dx^2} \tag{4-46}$$

式中:E——弹性模量。

定义 $M_\omega = \int_A \sigma_\omega \omega dA = EJ_\omega\frac{d^2\beta}{dx^2}$,则

$$\sigma_\omega = \frac{M_\omega \omega}{J_\omega} \tag{4-47}$$

这里,σ_ω 也称为约束扭转正应力或扇性正应力,相应的 M_ω 称为弯曲扭转双力矩,J_ω 为广义主扇性惯性矩。

为简化计算,本书引用英国规范 BS 5400 中计算约束扭转正应力的方法,应力分布如图 4-33 所示。

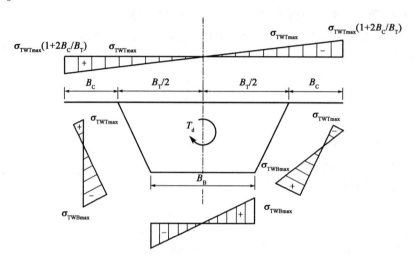

图 4-33　BS 5400 中约束扭转正应力分布

底板和腹板交接处的角点应力为

$$\sigma_{\text{TWB}} = \frac{DT_d}{J_d} \tag{4-48}$$

顶板和腹板交接处的角点应力为

$$\sigma_{\text{TWT}} = \left(\frac{B_B}{B_T}\right)^2 \left(\frac{B_T}{B_T + 2B_C}\right)^3 \sigma_{\text{TWB}} \tag{4-49}$$

距施加扭矩截面距离为 x 处的截面,约束扭转正应力为

$$\sigma_{\text{TW}x} = \sigma_{\text{TW}} e^{-(2x/B_B)} \tag{4-50}$$

式中：T_d——扭矩设计值；

　　　　D——钢箱梁中心线处上下翼缘的中心距离；

　　　　J_d——钢箱梁自由扭转惯性矩；

B_C、B_B、B_T——箱梁悬臂板、箱梁底板和箱梁顶板的宽度。

3）约束扭转剪应力

扭矩产生的剪应力 τ_t 可以分为自由扭转剪应力 τ_s 和约束扭转剪应力 τ_ω 两部分,即

$$\tau_t = \tau_s + \tau_\omega \tag{4-51}$$

自由扭转剪应力 τ_s 前面已经讲述,在此不再赘述。

类似于薄壁开口截面杆件的约束扭转,约束扭转剪应力 τ_ω 可以表达为

$$\tau_\omega = \frac{T_\omega S_\omega}{J_\omega t} \tag{4-52}$$

上式与弯曲剪应力计算公式的形式相同,t 为板厚；J_ω 为广义主扇性惯性矩；S_ω 为广义主扇性静矩；T_ω 为弯曲扭转力矩,定义为

$$T_\omega = -EJ_\omega \frac{d^3\beta}{dx^3} = -\frac{dM_\omega}{dx} \qquad (4\text{-}53)$$

4)约束扭转微分方程

约束扭转双力矩 M_ω 与扭转角 θ 的关系如下:

$$M_\omega = EJ_\omega \frac{d^2\theta}{dx^2} \qquad (4\text{-}54)$$

约束扭转双力矩 M_ω 和弯曲扭转力矩 T_ω 的求解与弯矩和剪力的计算方法相同,两者不同的是,前者截面几何特性要用扇性坐标表示,变形边界条件为扭转变形和截面翘曲变形。如果能够求得结构在扭矩作用下的扭转角,约束扭转正应力和剪应力的计算方法与弯曲正应力及剪应力的计算方法相同。

类似于薄壁开口截面构件,构件在分布扭矩 $m_t(x)$ 作用下的薄壁闭口截面构件的约束扭转微分方程可以近似地表达为

$$EJ_\omega \frac{d^4\beta}{dx^4} - GJ_d \frac{d^2\theta}{dx^2} = m_t(x) \qquad (4\text{-}55)$$

式中:G——剪切弹性模量;
  J_d——自由扭转惯性矩;
  θ——扭转角。

根据内外扭矩的平衡,$M_T = \oint_A \tau r_s t ds$,可以得到

$$M_T = G[(J_d - J_p)\beta' + J_p\theta'] \qquad (4\text{-}56)$$

式中:M_T——外扭矩;
  J_p——极惯性矩,$J_p = \oint_A r_s t ds$;
  t——壁厚;
  r_s——由剪力中心到壁厚中心线积分点 s 的切线距离。

引入翘曲系数:

$$\mu = 1 - \frac{J_d}{J_p} \qquad (4\text{-}57)$$

并且注意到 $m_t(x) = \frac{dM_T}{dx}$,可得

$$\beta''(x) = \frac{\theta''(x)}{\mu} + \frac{m_t(x)}{\mu GJ_p} \qquad (4\text{-}58)$$

将式(4-58)代入式(4-55),并且引入约束扭转的弯扭特性系数:

$$\alpha = \sqrt{\frac{\mu GJ_d}{EJ_\omega}} \qquad (4\text{-}59)$$

可以得到箱梁约束扭转微分方程:

$$\frac{d^4\theta}{dx^4} - \alpha^2 \frac{d^2\theta}{dx^2} = \frac{\mu m_t(x)}{EJ_\omega} \qquad (4\text{-}60)$$

通过求解上述微分方程得到 θ 和 β,进一步可计算得到弯曲扭转双力矩 M_ω 和弯曲扭转力矩 T_ω,分别代入式(4-47)和式(4-52),即可求得约束扭转正应力 σ_ω 和约束扭转剪应力 τ_ω。

上述微分方程的求解过程本书不做介绍,可查阅本章参考文献《薄壁杆件结构力学》教材。

4.3.5 畸变计算

当钢箱梁箱壁较薄、横隔板布置较为稀疏时,在扭矩作用下箱梁难以保持原有形状不变,截面发生畸变,产生畸变翘曲正应力、畸变剪应力和横向弯曲应力。

英国规范 BS 5400 给出了畸变翘曲正应力的简化计算方法,畸变翘曲纵向正应力分布如图 4-34 所示。

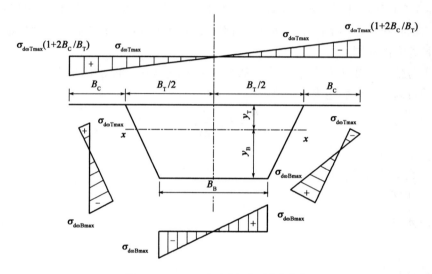

图 4-34 BS 5400 中畸变翘曲正应力分布

1) 均布扭矩作用下角点应力

均布扭矩下角点应力的计算公式为

$$\sigma_{d\omega} = \frac{T_{UD} y L_D^2}{4.5 B_T I_x} \quad (\beta L_D < 1.6) \tag{4-61}$$

$$\sigma_{d\omega} = 0.6 \frac{T_{UD} y L_D^2}{\beta^2 L_D^2 B_T I_x} \quad (\beta L_D \geqslant 1.6) \tag{4-62}$$

2) 两横隔板之间作用集中扭矩时的角点应力

两横隔板之间作用集中扭矩时角点应力的计算公式为

$$\sigma_{d\omega} = \frac{T y L_D}{B_T I_x} \quad (\beta L_D \leqslant 1.0) \tag{4-63}$$

$$\sigma_{d\omega} = \frac{T y L_D}{\beta L_D B_T I_x} \quad (\beta L_D > 1.0) \tag{4-64}$$

其中,

$$\beta L_D = \left(\frac{K L_D^4}{E I_x}\right)^{0.25} \tag{4-65}$$

$$K = \frac{24 D_{YT} R_D}{B_T^3} \tag{4-66}$$

$$R_{\mathrm{D}} = \frac{B_{\mathrm{B}} + B_{\mathrm{T}}}{B_{\mathrm{B}}\left(\dfrac{B_{\mathrm{B}}}{B_{\mathrm{B}} + B_{\mathrm{T}}}\right)\left(\dfrac{2D_{\mathrm{YT}}}{D_{\mathrm{YC}}}\dfrac{d}{B_{\mathrm{T}}} + 1\right) - B_{\mathrm{B}}V_{\mathrm{D}}\left[\left(2 + \dfrac{B_{\mathrm{B}}}{B_{\mathrm{T}}}\right)\dfrac{D_{\mathrm{YT}}}{D_{\mathrm{YC}}}\dfrac{d}{B_{\mathrm{T}}} + 1\right]} \qquad (4\text{-}67)$$

$$V_{\mathrm{D}} = \frac{\left(2 + \dfrac{B_{\mathrm{B}}}{B_{\mathrm{T}}}\right)\dfrac{D_{\mathrm{YT}}}{D_{\mathrm{YC}}}\dfrac{d}{B_{\mathrm{T}}}}{\left(\dfrac{B_{\mathrm{T}}}{B_{\mathrm{B}}} + 1\right)\left[1 + \dfrac{2D_{\mathrm{YT}}}{D_{\mathrm{YC}}}\dfrac{d}{B_{\mathrm{T}}}\left(1 + \dfrac{B_{\mathrm{B}}}{B_{\mathrm{T}}} + \dfrac{B_{\mathrm{B}}^2}{B_{\mathrm{T}}^2}\right)\right] + \dfrac{D_{\mathrm{YT}}}{D_{\mathrm{YB}}}\dfrac{B_{\mathrm{B}}^3}{B_{\mathrm{T}}^3}} \qquad (4\text{-}68)$$

以上式中：T_{UD}——均布扭矩；

T——作用于横隔板之间的集中扭矩；

y——距截面水平中性轴的距离；

L_{D}——横隔板间距；

I_x——截面对水平中性轴的抗弯惯性矩；

d——腹板净高度；

D_{YT}——考虑横肋刚度贡献的单位长度上翼缘横向抗弯刚度；

D_{YB}——考虑横肋刚度贡献的单位长度下翼缘横向抗弯刚度；

D_{YC}——考虑竖向加劲肋刚度贡献的单位长度腹板横向抗弯刚度。

3) 车辆荷载产生的一系列集中扭矩作用下的角点应力

$$\sum \sigma_{\mathrm{d}\omega} = \sigma_{\mathrm{d}\omega1} \sum C_{\beta x} \qquad (4\text{-}69)$$

其中，

$$C_{\beta x} = P_{\mathrm{n}}(\cos\beta x - \sin\beta x)\mathrm{e}^{-\beta x} \qquad (4\text{-}70)$$

$$\beta x = \left(\frac{Kx^4}{EI_x}\right)^{0.25} \qquad (4\text{-}71)$$

式中：$\sigma_{\mathrm{d}\omega1}$——单位力作用下产生的集中扭矩作用于两横隔板之间时的角点应力；

P_{n}——桥轴向距两横隔板 x 距离的集中力。

4.4 正交异性钢桥面板简化计算

4.4.1 正交异性钢桥面板受力分析

正交异性钢桥面板可分为三个基本结构体系，桥面板任何一点的应力为这三个基本结构体系应力的线性叠加。

结构体系Ⅰ[图4-35a)]：由盖板和纵肋组成，为钢箱梁翼缘板，参与主梁受弯，称为主梁体系。

结构体系Ⅱ[图4-35b)]：由纵肋、横肋和盖板组成的结构体系，把桥面上的荷载传递到主梁腹板和横隔板，起到桥面结构的作用，称为桥面体系。在桥面体系下，荷载有两种传递路径：①当荷载作用在横肋之间时，荷载的传递路径为：桥面铺装→盖板→纵肋→横肋→主梁腹板；②当荷载直接作用在横肋时，荷载的传递路径为：桥面铺装→盖板→横肋→主梁腹板。因此，纵肋可以看成支承于横肋上,横肋则由主梁腹板支承。

结构体系Ⅲ[图4-35c)]:将设置在纵、横肋上的盖板看成各向同性的连续板,盖板直接承受作用于肋间的车轮荷载,同时把车轮荷载传递至加劲肋上,称为盖板体系。

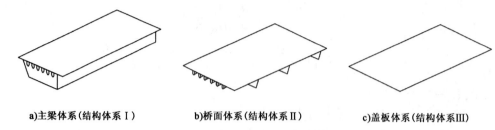

a)主梁体系(结构体系Ⅰ)　　b)桥面体系(结构体系Ⅱ)　　c)盖板体系(结构体系Ⅲ)

图4-35　正交异性钢桥面板结构体系划分

美国联邦公路局编制的《正交异性钢桥面板设计、施工和养护手册》中,将正交异性钢桥面板根据上述三个基本体系分成了7个独立的力学模型,并给出了相应的简化图式用以简化分析,见表4-2。计算时先对各模型单独分析,然后进行线性叠加得到总效应,具体计算可参考该手册内容。

正交异性钢桥面板结构响应模式　　表4-2

模式	作　　用	图　　式	结　构　响　应
1	盖板局部变形	车轮 A　$M_g \neq M_d$　B 车轮　M_g　M_d	局部车轮荷载通过盖板,将荷载传递至相邻的纵肋上,在盖板和纵肋连接处产生横向弯曲应力
2	带纵肋桥面板横向弯曲变形	车轮	局部车轮荷载作用在纵肋之间的盖板上,通过弯曲变形将盖板上的荷载横向传递至相邻的纵肋,纵肋位移差引起的桥面板横向弯曲应力
3	纵肋纵向弯曲变形	P　挠度线　P_2 P_1 P_0 P_0 P_1 P_2	纵肋弹性支承在横肋上,形成弹性支承连续梁,承受弯剪作用。车轮通过时,在横肋处的纵肋将出现正负弯矩变化,进而形成应力幅的变化
4	横肋平面内弯曲变形	车轮	横肋两端刚性支承于主梁腹板上,承受竖向车轮荷载作用下的弯矩和剪力作用,形成面内应力
5	横肋畸变变形	横肋腹板与纵肋连接处面外变形　横肋腹板整体面外弯曲变形	车轮荷载引起纵肋弯曲转动,进而带动横肋腹板面外变形,横肋腹板产生的弯曲应力大小与纵肋的转角和横肋腹板厚度有关
6	纵肋畸变变形		车轮作用在节间跨中且偏离纵肋轴线时,纵肋发生绕其中心转动的扭转,随之在跨中底部产生横向位移,切口的存在使得嵌固边界产生不连续,导致纵肋下部产生面外变形,形成高应力区

续上表

模式	作 用	图 式	结 构 响 应
7	整体变形		将正交异性钢桥面板视为钢主梁的组成部分,钢梁整体变形,结构承受轴向、弯曲和剪应力

4.4.2 正交异性钢桥面板计算方法

正交异性钢桥面板的计算方法可以分为两类:一类是将桥面和主梁作为一个整体计算,考虑主梁体系的整体受力和桥面体系的局部受力的耦合关系,称为整体计算法;另一类是将钢桥面板按照上述三个基本体系分别计算后叠加,称为叠加计算法。

1) 整体分析法

整体计算同时考虑主梁体系和桥面体系,利用有限元方法,将结构按板壳考虑,荷载按实际作用面积大小直接施加于桥面板壳上。该方法比较接近于结构的实际受力情况,但是计算复杂,需要借助计算机及有限元软件进行分析。

桥梁结构整体有限元建模计算中,为了得到桥面板详细应力和变形结果,一般将钢箱梁的盖板、腹板、底板和纵横加劲肋等用空间板壳单元模拟。当桥梁规模较大时,全桥均采用空间板壳单元模拟需要耗费大量的计算机内存和计算时间。为节约计算机内存和计算时间,可以将桥梁控制节段采用板壳单元模拟,其他结构采用杆系单元模拟,建立多尺度结构模型计算,如图4-36所示。

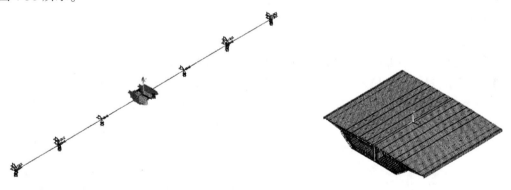

图4-36 桥面板整体分析模型(多尺度模型)

2) 叠加分析法

钢桥面板采用叠加分析法计算时,主梁体系(结构体系Ⅰ)可简化为杆系模型进行计算,桥面体系(结构体系Ⅱ)可采用正交异性板法、基于正交异性板理论的 Pelikan-Esslinger 法(P-E 法)、格子梁法、有限条法和板壳有限元法等计算。桥面体系计算中,P-E 法计算繁杂,仅适用于计算钢桥面板纵、横肋等间距布置,且刚度在纵、横向保持不变的情况;格子梁法和有限条法计算量相对较大,但是计算模型简单,对不同结构和边界条件适应性强,易于编制有限元程序进行求解。由于薄膜应力效应,在设计钢桥面板时,盖板体系(结构体系Ⅲ)的应力往往忽略不计。

(1) 比拟正交异性板法

一般认为，钢桥面板纵、横肋和盖板共同工作以抵抗弯曲变形。比拟正交异性板法假设把纵肋和横肋的刚度平均摊到全部桥面板上，钢桥面板相当于抗弯刚度等于 D_x、D_y，长度和宽度分别为 L 和 B 的正交异性板(orthotropic plate)，即假设

$$D_x = EJ_x; D_y = EJ_y; H = \frac{G(J_{Tx} + J_{Ty})}{2} \tag{4-72}$$

$$J_x = \frac{EI_x}{a}; J_y = \frac{EI_y}{b}; J_{Tx} = \frac{EI_{Tx}}{a}; J_{Ty} = \frac{EI_{Ty}}{b} \tag{4-73}$$

式中：E、G——桥面板的抗弯弹性模量和剪切弹性模量；

J_x、J_y——纵肋和横肋的抗弯惯性矩；

J_{Tx}、J_{Ty}——纵肋和横肋的抗扭惯性矩；

a、b——纵肋和横肋的间距。

假设钢桥面板的挠度为 $\omega(x,y)$，作用于桥面上的荷载为 $p(x,y)$，并根据上面的假设，比拟正交异性板偏微分平衡方程和单宽板弯矩 M_x；M_y 及 M_{xy}、M_{yx} 可以表达为

$$D_x \frac{\partial^4 \omega}{\partial x^4} + 2H \frac{\partial^4 \omega}{\partial x^2 y^2} + D_y \frac{\partial^4 \omega}{\partial y^4} = p(x,y) \tag{4-74}$$

$$M_x = -EJ_x \frac{\partial^2 \omega}{\partial x^2}; M_y = -EJ_y \frac{\partial^2 \omega}{\partial y^2} \tag{4-75}$$

$$M_{xy} = -GJ_{Tx} \frac{\partial^2 \omega}{\partial x \partial y}; M_{yx} = -GJ_{Ty} \frac{\partial^2 \omega}{\partial x \partial y} \tag{4-76}$$

对于四边简支的板的求解，可通过将荷载展开成傅立叶级数的形式展开，这种方法对于固定荷载计算比较方便，但是对于移动荷载计算并不方便。

(2) Pelikan-Esslinger 法(P-E 法)

根据 Pelikan 和 Esslinger 的研究得到的 P-E 法是基于正交异性板理论的简化计算方法。如图 4-37 所示，对于纵横加劲肋等间距布置的钢桥面板，假定主梁腹板面内刚度无穷大，桥面板简化为由盖板和纵向加劲肋组成的正交异性板。横向简支于主梁腹板之上，抗弯刚度 D_x = 桥面盖板的抗弯刚度 D_p。纵向弹性支承于间距为 t 的横肋之上，纵向抗弯刚度由盖板及纵肋确定，表达为 $D_y = EI_y/b$(b 为腹板间距)。

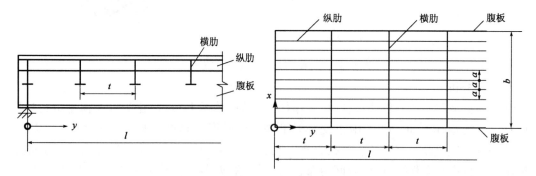

图 4-37 正交异性钢桥面板

P-E 法使用必须满足下述前提条件：

① 加劲肋的间距与边长的比值应足够小，即加劲肋应该布置较密。

②加劲肋在纵向和横向都应均匀布置,板的刚度在宽度或长度范围内保持不变。
③板的刚度值不随边界条件和荷载状况而变动。
④加劲肋和板的材质应相同。
⑤加劲肋与板的连接应是密实而固定的。

P-E 法计算分为两个阶段。

第一阶段:假定横肋的刚度为无穷大,桥面板刚性支承在横肋上[图 4-38a)],求纵肋和横肋(均计及盖板的有效宽度)的最大弯矩值。

第二阶段:计算横肋的弹性变形影响所产生的弯矩[图 4-38b)],然后再将第一阶段中求得的弯矩值加以修正,即得符合板实际工作状态的弯矩值[图 4-38c)]。

如图 4-38 所示,由于纵向抗弯刚度 D_y 远大于横向抗弯刚度 D_x($D_x = D_p$),其比值 D_y/D_x 通常为 200~2000,故可以认为 $D_x = 0$。而开口纵肋加劲的正交异性板,其有效抗扭刚度 H 也很小,同样可假定 $H = 0$。据此,在计算的第一阶段(刚性支承板),可作如下假定:

①对用闭口加劲肋的桥面板,可令 $D_x = 0$。
②对用开口加劲肋的桥面板,可令 $D_x = 0, H = 0$。

鉴于计算繁杂,适用性受到前面所述的各项条件限制,而且横肋间距较大时,计算精度不高,P-E 法逐渐被格子梁法、薄壳有限元法甚至整体分析法所代替。

(3)格子梁法

根据 H. Homberg 等所作的理论研究,对于一般的板梁构造来说,平板的剪切刚度可以忽略不计。因此,可以把顶板从肋的中间切开,简化为图 4-39 所示的格子梁结构来分析。

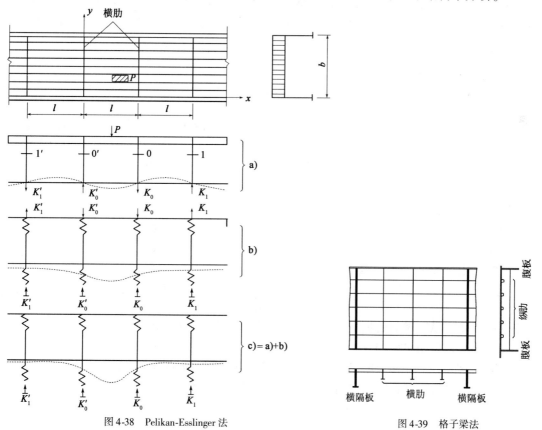

图 4-38 Pelikan-Esslinger 法

图 4-39 格子梁法

格子梁法将横肋和纵肋简化为支承于主梁腹板和横隔板的梁格,考虑到纵、横肋处盖板剪力滞的影响,由于格子梁法忽略了平板的剪切刚度,所以内力和变形计算结果偏大。

格子梁法分析的思路是用一个等效的梁格体系来代替正交异性钢桥面板。对于每根纵肋和横肋(横隔板)采用与其中心线相重合的梁单元近似模拟,即格子梁的布置与纵肋和横肋(横隔板)的位置一致。事实上,格子梁和正交异性板有着不同的结构特征,一般认为梁格布置越密,近似性越好,计算结果也更符合实际。

钢桥面板的纵横肋较密,格子梁属于高次超静定结构,可把格子梁简化为一维杆系模型,采用有限元法求解。

4.5 结构设计与验算

4.5.1 设计流程

钢箱梁桥设计应根据设计基本信息、相关规范,确定桥梁总体布置,并对正交异性钢桥面板、钢梁、横隔板等进行设计,使桥梁在施工、运营阶段结构整体及各个构件满足规范要求,具体设计验算流程如图 4-40 所示。

需要注意的是,钢箱梁抗弯强度验算中,计算截面应力时需要考虑外荷载引起结构弯曲、扭转及畸变正应力的叠加(4.3.1 节);钢桥面板强度验算时需要考虑不同体系应力的叠加(4.4.2 节)。本节针对钢箱梁特点,重点介绍钢箱梁翼缘有效宽度计算方法,正交异性钢桥面板、横隔板的设计与验算方法。

4.5.2 翼缘板有效宽度计算

1)加劲肋的刚度计算

加劲肋根据刚度可以分为刚性加劲肋和柔性加劲肋两种形式。加劲板的承载能力与加劲肋的刚度有密切关系,为了充分发挥钢材的强度和简化设计计算,工程设计中通常采用刚性加劲肋设计,使加劲肋的相对刚度大于临界刚度比。构造布置困难或受力较小时可用柔性加劲肋。

纵肋的相对刚度 γ_l 定义为

$$\gamma_l = \frac{EI_l}{bD} \quad (4\text{-}77)$$

横肋的相对刚度 γ_t 定义为

$$\gamma_t = \frac{EI_t}{aD} \quad (4\text{-}78)$$

式中:I_l——单根纵肋对加劲板 Y-Y 轴的抗弯惯性矩,如图 4-41 所示;

I_t——单根横肋对加劲板 Y-Y 轴的抗弯惯性矩,如图 4-41 所示;

a——加劲板的计算长度(横隔板或刚性横肋的间距),如图 4-42 所示;

b——加劲板的计算宽度(腹板或刚性纵肋的间距),如图 4-42 所示;

D——单宽板刚度,$D = \dfrac{Et^3}{12(1-\nu^2)}$;

ν——钢材泊松比；
t——母板的厚度。

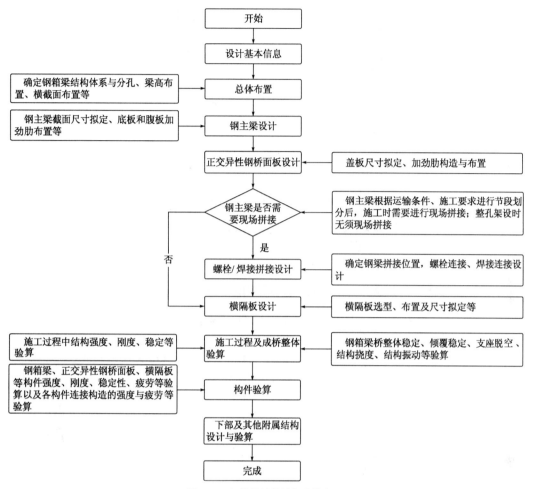

图 4-40　钢箱梁桥设计与验算流程

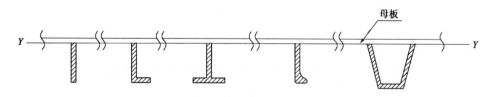

a) 单侧加劲肋的 Y-Y 轴位于加劲肋与母板焊缝处

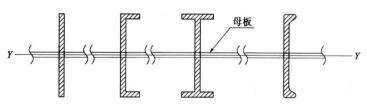

b) 双侧加劲肋的 Y-Y 轴位于母板中心处

图 4-41　计算加劲肋抗弯惯性矩的中性轴位置 Y-Y

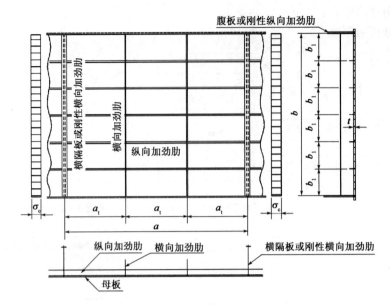

图 4-42 加劲板示意

根据正交异性板的稳定理论,加劲肋的临界刚度比 γ_l^* 为

$$\begin{cases} \gamma_l^* = \dfrac{1}{n}[4n^2(1+n\delta_l)\alpha^2 - (\alpha^2+1)] & (\alpha \leqslant \alpha_0) \\ \gamma_l^* = \dfrac{1}{n}\{[2n^2(1+n\delta_l)-1]^2 - 1\} & (\alpha > \alpha_0) \end{cases} \quad (4\text{-}79)$$

$$\alpha_0 = \sqrt[4]{1+n\gamma_l} \quad (4\text{-}80)$$

式中:α——加劲板的长宽比,$\alpha = \dfrac{a}{b}$;

n——受压板被纵肋分割的子板元数,$n = n_l + 1$;

n_l——等间距布置纵肋根数;

δ_l——单根纵肋的截面面积与母板的面积之比,$\delta_l = \dfrac{A_{s,l}}{bt}$;

$A_{s,l}$——单根纵肋的截面面积;

α_0——加劲板的临界长细比。

受压加劲板的刚性加劲肋,其纵、横肋的相对刚度应满足下列要求:

$$\gamma_l \geqslant \gamma_l^* \quad (4\text{-}81)$$

$$\gamma_t \geqslant \dfrac{1+n\gamma_l^*}{4\left(\dfrac{a_t}{b}\right)^3} \quad (4\text{-}82)$$

$$A_{s,l} \geqslant \dfrac{bt}{10n} \quad (4\text{-}83)$$

式中:$A_{s,l}$——单根纵肋的截面面积;

t——母板厚度;

a_t——横肋的间距,如图 4-42 所示。

2)考虑剪力滞效应影响的翼缘有效宽度和有效面积计算

考虑剪力滞影响的受弯构件的受拉或受压翼缘的有效截面宽度 b_e^s 和有效截面面积 $A_{\text{eff},s}$ 按式(4-84)和式(4-85)计算：

$$b_e^s = \sum_{i=1}^{n_s^p} b_{e,i}^s \tag{4-84}$$

$$A_{\text{eff},s} = \sum_{i=1}^{n_s^p} b_{e,i}^s t_i + \sum_{j=1}^{n_s} A_{s,j} \tag{4-85}$$

式中：$b_{e,i}^s$——考虑剪力滞影响的第 i 块板段的翼缘有效宽度，如图 4-43 所示；

t_i——第 i 块板段的厚度；

$A_{s,j}$——有效宽度内第 j 根加劲肋的面积；

n_s^p——翼缘被腹板分割后的板段数；

n_s——有效宽度内的加劲肋数量。

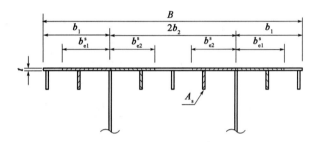

图 4-43　考虑剪力滞影响的翼缘有效宽度示意

Ⅰ形、Ⅱ形和箱形梁桥的翼缘板有效宽度 $b_{e,i}^s$ 根据等效跨径按式(4-86)和式(4-87)计算，等效跨径选择见表 4-3。

$$\left.\begin{array}{ll} b_{e,i}^s = b_i & \dfrac{b_i}{l} \leqslant 0.05 \\[2mm] b_{e,i}^s = \left(1.1 - 2\dfrac{b_i}{l}\right)b_i & 0.05 < \dfrac{b_i}{l} < 0.3 \\[2mm] b_{e,i}^s = 0.15l & \dfrac{b_i}{l} \geqslant 0.3 \end{array}\right\} \tag{4-86}$$

$$\left.\begin{array}{ll} b_{e,i}^s = b_i & \dfrac{b_i}{l} \leqslant 0.02 \\[2mm] b_{e,i}^s = \left[1.06 - 3.2\dfrac{b_i}{l} + 4.5\left(\dfrac{b_i}{l}\right)^2\right]b_i & 0.02 < \dfrac{b_i}{l} < 0.3 \\[2mm] b_{e,i}^s = 0.15l & \dfrac{b_i}{l} \geqslant 0.3 \end{array}\right\} \tag{4-87}$$

式中：$b_{e,i}^s$——翼缘有效宽度；

b_i——腹板间距的 1/2 或翼缘外伸肢为伸臂部分的宽度，如图 4-43 所示；

l——等效跨径，见表 4-3。

翼缘有效宽度计算的等效跨径 表 4-3

类别	梁段号	腹板单侧翼缘有效宽度计算			计算图式
		符号	适用公式	等效跨径 l	
简支梁	①	$b^s_{e,i,L}$	式(4-86)	L	
连续梁	①	b^s_{e,i,L_1}	式(4-86)	$0.8L_1$	
	⑤	b^s_{e,i,L_2}		$0.6L_2$	
	③	b^s_{e,i,S_1}	式(4-87)	$0.2(L_1+L_2)$	
	⑦	b^s_{e,i,S_2}		$0.2(L_2+L_3)$	
	②④⑥⑧		线性插值		
悬臂梁	①	b^s_{e,i,L_1}	式(4-86)	$2L_1$	
	③	b^s_{e,i,L_2}	式(4-86)	$0.6L_2$	
	⑤	b^s_{e,i,L_3}	式(4-86)	$2L_3$	
	②④		线性差值		

3) 考虑局部稳定影响的受压翼缘有效宽度和有效面积计算

考虑局部稳定影响的受压翼缘有效宽度和有效面积计算中，对于刚性加劲肋的截面，可在刚性加劲肋或腹板处将加劲板分割成若干板段，分别计算其有效宽度和面积，截面的有效宽度和面积分别为各板段有效宽度和面积之和。对于柔性加劲肋的截面，可在腹板处将加劲板分割为若干板段，按正交异性板理论或其他更精细的方法分别计算弹性稳定系数、局部稳定折减系数，有效宽度和面积分别为各板段有效宽度与面积之和。

考虑局部稳定影响的受压加劲板有效截面宽度 b^p_e 和有效截面面积 $A_{\text{eff},c}$ 按式(4-88)和式(4-89)计算。

$$b^p_e = \sum_{i=1}^{n_p} b^p_{e,i} = \sum_{i=1}^{n_p} \rho_i b_i \tag{4-88}$$

$$A_{\text{eff},c} = \sum_{i=1}^{n_p} b^p_{e,i} t_i + \sum A_{s,j} \tag{4-89}$$

式中：$b^p_{e,i}$——第 i 块受压板段考虑局部影响的有效宽度(图 4-44)；

b_i、t_i——第 i 块受压板段或板元的宽度和厚度(图 4-44)；

n_p——被腹板或刚性加劲肋分割后的受压板段或板元数;

$\sum A_{s,j}$——有效宽度范围内的加劲肋的面积之和;

ρ_i——第 i 块受压板段或板元的局部稳定折减系数,按式(4-90)计算。

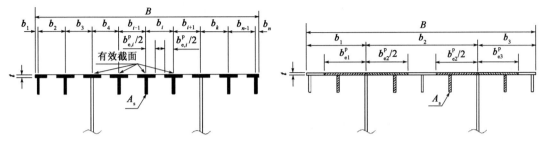

a)刚性加劲肋加劲板的板元分割和有效截面　　b)柔性加劲肋加劲板的板段分割和有效截面

图 4-44　考虑局部稳定影响的受压加劲板有效宽度示意图

$$\begin{cases} \overline{\lambda}_p \leq 0.4 \text{ 时}: \rho = 1 \\ \overline{\lambda}_p > 0.4 \text{ 时}: \rho = \dfrac{1}{2}\left\{ 1 + \dfrac{1}{\lambda_p^2}(1 + \varepsilon_0) - \sqrt{\left[1 + \dfrac{1}{\lambda_p^2}(1 + \varepsilon_0)\right]^2 - \dfrac{4}{\lambda_p^2}} \right\} \end{cases} \quad (4\text{-}90)$$

$$\varepsilon_0 = 0.8(\overline{\lambda}_p - 0.4) \quad (4\text{-}91)$$

$$\overline{\lambda}_p = \sqrt{\dfrac{f_y}{\sigma_{cr}}} = 1.05\left(\dfrac{b_p}{t}\right)\sqrt{\dfrac{f_y}{E}\left(\dfrac{1}{k}\right)} \quad (4\text{-}92)$$

式中: $\overline{\lambda}_p$——相对宽厚比;

f_y——钢材屈服强度;

σ_{cr}——加劲板弹性屈曲欧拉应力;

b_p——加劲板局部稳定计算宽度,对开口刚性加劲肋,按加劲肋的间距 b_i 计算[图 4-44a)];对于闭口刚性加劲肋,按加劲板腹板间的间距计算;对柔性加劲肋,按腹板间距或腹板至悬臂端的宽度 b_i 计算[图 4-44b)];

k——加劲板的弹性屈曲系数,具体计算方法见《公路钢结构桥梁设计规范》(JTG D64—2015)附录 B。

4)同时考虑剪力滞和局部稳定影响的受压翼缘有效宽度和有效面积计算

同时考虑剪力滞和局部稳定影响的受压翼缘有效截面宽度 b_e 和有效截面面积 A_{eff} 应按式(4-93)和式(4-94)计算。

$$A_{eff} = \sum_{k=1}^{n_p} b_{e,k} t_k + \sum_{i=1}^{n_s} A_{s,i} \quad (4\text{-}93)$$

$$b_e = \sum_{k=1}^{n_p} b_{e,k} \quad (4\text{-}94)$$

$$b_{e,k} = \rho_k^s b_{e,k}^p \quad (4\text{-}95)$$

$$\rho_k^s = \dfrac{\sum b_{e,j}^s}{b_k} \quad (4\text{-}96)$$

式中：n_p——受压翼缘被腹板分割后的板段数；
b_k、t_k——第 k 块受压板段的宽度和厚度；
$b_{e,k}^p$——考虑局部稳定影响的第 k 块受压板段的有效宽度；
$\sum b_{e,j}^s$——考虑剪力滞影响的第 k 块受压板段的有效宽度之和，根据式(4-84)计算；
$b_{e,k}$——考虑剪力滞和局部稳定影响的第 k 块板受压板段的有效宽度；
ρ_k^s——考虑剪力滞影响的第 k 块受压板段的有效宽度折减系数；
$A_{s,i}$——有效宽度范围内第 i 根加劲肋的面积；
n_s——有效宽度范围内的加劲肋数量。

4.5.3 正交异性钢桥面板设计与验算

1）第二体系应力计算

正交异性钢桥面板第二体系应力可采用格子梁法计算，计算中将盖板与纵、横肋简化为格子梁模型，其中盖板需要考虑有效宽度。日本《道路桥示方书》中盖板有效宽度 C 简化为图4-45的形式，其大小按式(4-97)计算。根据纵、横肋对盖板的支承形式，盖板等效跨径如图4-46所示。

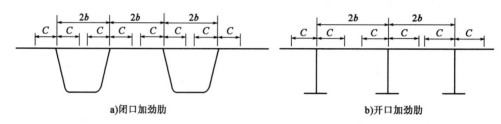

图4-45 盖板有效宽度示意图

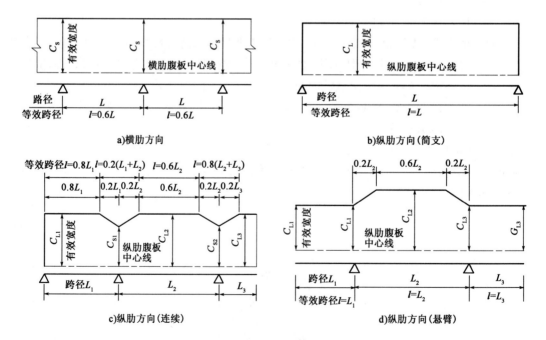

图4-46 盖板等效跨径计算

$$C = b \qquad \qquad \qquad \qquad \frac{b}{l} \leq 0.02$$
$$C = \left[1.06 - 3.2\left(\frac{b}{l}\right) + 4.5\left(\frac{b}{l}\right)^2\right]b \quad 0.02 < \frac{b}{l} \leq 0.3 \qquad (4\text{-}97)$$
$$C = 0.15l \qquad \qquad \qquad \qquad \frac{b}{l} \geq 0.3$$

式(图)中:$2b$——计算盖板在纵肋上的有效宽度时,$2b$ 为纵肋的相邻腹板中心间距;计算盖板在横肋上的有效宽度时,$2b$ 为横肋的相邻腹板的中心间距;

l——等效跨径。

2)挠度验算

正交异性钢桥面板的顶板(盖板)需满足《公路钢结构桥梁设计规范》(JTG D64—2015)对挠度的规定:在车辆荷载作用下,正交异性钢桥面顶板(盖板)的挠跨比 D/L 不应大于 $1/700$,D 与 L 的取值如图 4-47 所示。

图 4-47　正交异性钢桥面板的挠跨比

3)疲劳验算

(1)疲劳验算位置

根据成因不同,可以将正交异性钢桥面板疲劳裂纹分为两类:一类是由于主应力引起的裂纹,它主要由板件平面内的变幅应力引起,如纵肋现场焊接接头处;另一类是由面外变形产生的次应力引起的裂纹,如纵肋与盖板焊接连接处、纵肋与横肋交叉连接处,横肋的腹板竖向加劲肋与盖板焊接连接处。

欧洲规范《Eurocode 3:钢结构设计　第 2 部分:钢桥》(Eurocode 3:Design of steel structures Part 2:Steel bridges)(EN 1993-2:2006)中给出了图 4-48 所示的 8 个疲劳验算位置,分别为:①盖板;②纵肋和盖板的焊缝;③纵肋与横肋的焊缝;④横肋腹板的弧形缺口;⑤纵肋拼接接头;⑥横肋拼接接头;⑦横肋与主梁腹板的焊缝;⑧横肋腹板与盖板的焊缝。

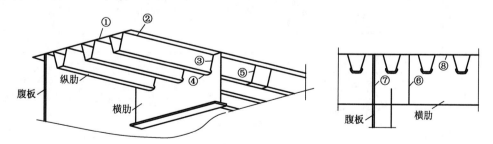

图 4-48　正交异性钢桥面板主要构造细节

(2)疲劳构造细节

《公路钢结构桥梁设计规范》(JTG D64—2015)的附录 C 列出了公路钢桥正交异性钢桥

面板的各种疲劳细节。其中,闭口截面加劲肋的疲劳细节见表4-4,开口截面加劲肋的疲劳细节见表4-5。

正交异性钢桥面板的疲劳构造细节——闭口截面加劲肋　　　表4-4

编号	细节类别		构造细节	说明	要求
1	80	$t \leq 12mm$	①	①纵肋通过横梁,纵肋下方挖孔	①$\Delta\sigma$按上焊缝最下端位置计算
	70	$t > 12mm$			
2	80	$t \leq 12mm$	②	②纵肋通过横梁,纵肋下方不挖孔	②$\Delta\sigma$按纵肋底端位置计算
	70	$t > 12mm$			
3	35		③	③纵肋在横梁处中断	③$\Delta\sigma$按纵肋底端位置计算
4	70		④	④纵肋接头,带有垫板的全熔透对接焊缝	④$\Delta\sigma$按纵肋底端位置计算
5	110	打磨除去余高	⑤	⑤纵肋全熔透对接焊缝,双面焊缝,无垫板	⑤$\Delta\sigma$按纵肋底端位置计算;在对接焊缝内部定位焊
	90	余高小于0.1倍缝宽			
	80	余高小于0.2倍缝宽			
6	70		⑥	⑥横梁腹板开孔间最不利截面	⑥$\Delta\sigma$应考虑开孔的影响
7	70		⑦	盖板与梯形或V形加劲肋的连接焊缝:⑦部分熔透焊缝,$a \geq t$	⑦根据板内弯曲引起的正应力幅$\Delta\sigma$验算
8	50		⑧	⑧角焊缝或除细节⑦以外的其他类型部分熔透焊缝	⑧根据板内弯曲引起的正应力幅$\Delta\sigma$验算

其中构造图说明：$\Delta\sigma = \dfrac{\Delta M_w}{W_w}$

正交异性钢桥面板的疲劳构造细节——开口截面加劲肋　　　　表 4-5

编号	细节类别		构造细节	说　明	要　求
1	80	$t \leqslant 12\text{mm}$		①连续纵肋与横梁的连接	①根据纵肋中的正应力幅 $\Delta\sigma$ 评定
	70	$t > 12\text{mm}$			
2	55			②连续纵肋与横梁的连接 $\Delta\sigma = \dfrac{\Delta M_s}{W_{\text{net},s}}$ $\Delta\tau = \dfrac{\Delta V_s}{A_{\text{w,net},s}}$	②根据等效应力幅 $\Delta\sigma_{\text{eq}}$ 评定 $\Delta\sigma_{\text{eq}} = \dfrac{1}{2}(\Delta\sigma + \sqrt{\Delta\sigma^2 + 4\Delta\tau^2})$

4.5.4 横隔板设计与验算

横隔板的设计与验算包括中横隔板和支承横隔板,以下主要介绍中横隔板的刚度、强度验算和支承横隔板的刚度验算。《公路钢结构桥梁设计规范》(JTG D64—2015)规定,支承横隔板及其横向加劲肋的强度验算按支承加劲肋强度验算方法进行,其中,相关公式中的腹板用横隔板代替。

1)横隔板刚度验算

为抵抗箱梁的畸变,横隔板必须要有足够的刚度。横隔板的最小刚度 K 应满足下式要求:

$$K \geqslant 20 \frac{EI_{\text{dw}}}{L_{\text{D}}^3} \quad (4\text{-}98)$$

式中:L_{D}——两横隔板间距;

E——钢材的弹性模量;

I_{dw}——箱梁截面主扇性惯性矩,由式(4-99)计算。

$$I_{\text{dw}} = \frac{1}{3}\left\{\alpha_1^2 F_{\text{u}}\left(1 + \frac{2b_1}{B_{\text{u}}}\right)^2 + \alpha_2^2 F_1\left(1 + \frac{2b_2}{B_1}\right)^2 + 2F_{\text{h}}(\alpha_1^2 - \alpha_1\alpha_2 + \alpha_2^2)\right\} \quad (4\text{-}99)$$

式中:F_{u}——箱梁上顶板截面面积(包括加劲肋);

F_1——箱梁下底板截面面积(包括加劲肋);

F_{h}——一个腹板的截面面积。

α_1、α_2 由下式确定:

$$\alpha_1 = \frac{e}{e+f}\frac{B_u + B_1}{4}H; \alpha_2 = \frac{f}{e+f}\frac{B_u + B_1}{4}H \tag{4-100}$$

e、f 由下式确定：

$$e = \frac{I_{fl}}{B_1} + \frac{B_u + 2B_1}{12}F_h; f = \frac{I_{fu}}{B_u} + \frac{2B_u + B_1}{12}F_h \tag{4-101}$$

式中：I_{fu}——顶板对箱梁对称轴的惯性矩；

I_{fl}——底板对箱梁对称轴的惯性矩；

H——腹板计算高度。

以上各式的变量符号如图 4-49 所示。

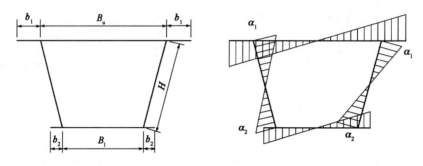

图 4-49　横隔板截面符号

（1）实腹式横隔板

对于实腹式横隔板,刚度按下式计算：

$$K = 4GA_c t_D \tag{4-102}$$

式中：G——钢材剪切模量；

t_D——横隔板厚度；

A_c——箱梁板壁中心线围成的面积。

（2）桁架式横隔板

X 形桁架的刚度按下式计算：

$$K = 8EA_c^2 \frac{A_b}{L_b^3} \tag{4-103}$$

V 形桁架的刚度按下式计算：

$$K = 2EA_c^2 \frac{A_b}{L_b^3} \tag{4-104}$$

式中：A_c——箱梁板壁中心线围成的面积；

A_b——单个斜撑的截面面积；

L_b——斜撑的长度。

以上各式的变量符号如图 4-50 所示。

（3）框架式横隔板

如图 4-51 所示,将横隔板简化为框架计算。其中,横隔板的加强翼缘或加强加劲肋简化为框架截面的翼缘;横隔板简化为框架截面的腹板;分别取顶板、底板和腹板厚度的 24 倍宽度作为框架截面的上翼缘有效宽度[图 4-51c)]。日本公路钢结构桥梁设计指南推荐,矩形框架

式横隔板的刚度 K 可由下式近似求得：

$$K = \beta K' \tag{4-105}$$

$$K' = \frac{48E\left(\dfrac{b}{I_u} + \dfrac{b}{I_l} + \dfrac{6h}{I_h}\right)}{\dfrac{b^2}{I_u I_l} + \dfrac{2bh}{I_u I_h} + \dfrac{2bh}{I_l I_u} + \dfrac{3h^2}{I_h^2}} \tag{4-106}$$

式中：b——框架的宽度；

h——框架的高度；

I_u、I_l、I_h——顶板、底板和腹板处横隔板简化为框架截面的惯性矩（图 4-51）；

β——开口率修正系数，由图 4-52 查得，图中 B、H 分别为箱梁的宽度和高度。

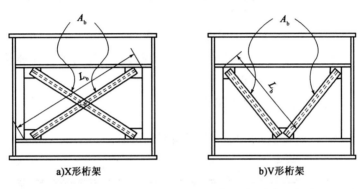

图 4-50 桁架式横隔板

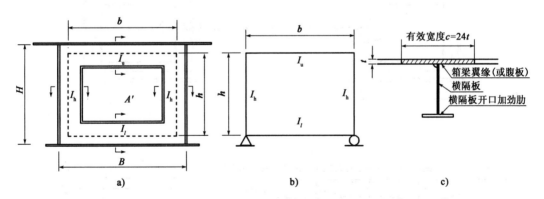

图 4-51 框架式横隔板

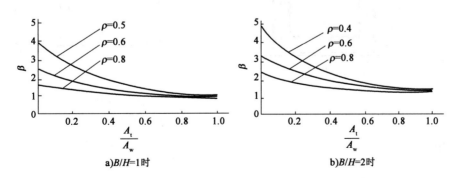

图 4-52 横隔板刚度修正系数

2)中间横隔板应力验算

(1)实腹式横隔板

实腹式横隔板的剪应力按下式计算：

$$\tau_u = \frac{B_l}{B_u}\frac{T_d}{2At_d};\ \tau_h = \frac{T_d}{2At_d};\ \tau_l = \frac{B_u}{B_l}\frac{T_d}{2At_d} \tag{4-107}$$

式中：T_d——钢箱梁的扭矩设计值。

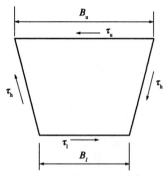

图 4-53 中间横隔板应力计算图式

式中各变量符号如图 4-53 所示。

(2)框架式横隔板

如图 4-54 所示,框架式横隔板可简化为框架计算。当钢箱梁为分离式,箱梁间有横向联系时,框架构件必须考虑集中力产生的附加弯矩的影响。

(3)桁架式横隔板

对称桁架式横隔板可以简化为轴心拉压构件进行计算,桁架斜腹杆内力按下式近似计算：

X 形桁架：

$$N_b = \frac{L_b}{4A}T_d \tag{4-108}$$

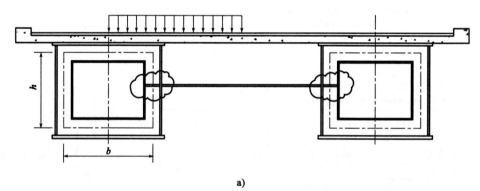

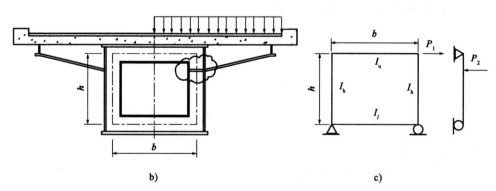

图 4-54 框架式横隔板计算模型

V 形桁架：

$$N_b = \frac{L_b}{2A}T_d \tag{4-109}$$

4.6 公路50m简支钢箱梁算例

4.6.1 设计基本资料

1)技术标准

①公路等级:二级公路,两车道;
②跨径布置:桥梁跨径50m,计算跨径49.4m;
③桥面宽度:12m;
④设计荷载:汽车荷载采用公路—Ⅰ级,人群荷载采用3.0kN/m²,温度荷载按欧洲规范选取;
⑤设计方法:采用以概率论为基础的极限状态设计法,按分项系数的设计表达式进行计算;
⑥验算体系:结构体系Ⅰ(主梁体系),结构体系Ⅱ(桥面体系);

2)设计依据

①《公路工程技术标准》(JTG B01—2014);
②《公路桥涵设计通用规范》(JTG D60—2015);
③《公路钢结构桥梁设计规范》(JTG D64—2015);
④《钢结构设计标准》(GB 50017—2017);
⑤Eurocode 1: Actions on structures Part 1-5: General actions—Thermal actions EN 1991-1-5: 2003;
⑥Steel, concrete and composite bridges BS 5400-3:2000。

4.6.2 结构设计

1)材料

为保证结构安全性及经济性,选取钢材时需要考虑材料强度与质量两个方面。根据设计经验,选用Q345C低合金钢,其屈服强度为345MPa,且具有0℃冲击韧性的合格保证。桥面铺装采用等厚度10cm沥青混凝土,沥青混凝土重度取23kN/m³。

Q345C钢材强度设计值见表4-6。

Q345C 钢材强度设计值(MPa) 表4-6

牌 号	板厚(mm)	抗拉、抗压和抗弯 f_d(MPa)	抗剪 f_{vd}(MPa)
Q345C	≤16	275	160
	16~40	270	155

Q345C钢材物理性能指标见表4-7。

Q345C 钢物理性能指标 表4-7

弹性模量 E (MPa)	剪切模量 G (MPa)	线膨胀系数 α (1/℃)	泊松比 ν	密度 ρ (kg/m³)
2.06×10^5	0.79×10^5	12×10^{-6}	0.31	7850

2)横断面设计

本桥设计截面中心梁高为2.4m,高跨比为1/20.84。箱梁腹板为1/3的斜率。桥梁全宽12.0m=0.5m护栏+2.0m人行道+3.5m行车道+3.5m行车道+2.0m人行道+0.5m护栏,设置2%双向横坡。拟定横断面布置如图4-55所示。

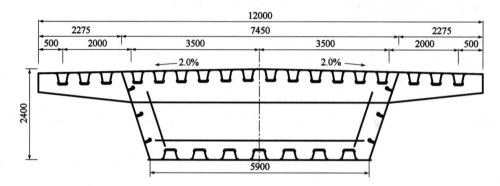

图4-55 拟定横断面布置(尺寸单位:mm)

3)正交异性钢桥面板

(1)纵向加劲肋布置

设计顶板纵肋采用U形肋,如图4-56所示。根据《公路钢结构桥梁设计规范》(JTG D64—2015)第8.2.3条规定:纵肋宜等间距布置,不等间距布置时,最大间距不宜超过最小间距的1.2倍。设计纵肋横向间距为600mm,等间距布置,在腹板位置间距加宽至850mm,如图4-57所示。

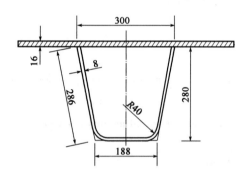

图4-56 纵肋构造(尺寸单位:mm)

(2)横向加劲肋布置

《公路钢结构桥梁设计规范》(JTG D64—2015)第8.2.4条规定:对于闭口纵肋,横肋或横隔板的间距不宜大于4m。本算例在两道横隔板之间设置一道横肋,横肋距横隔板的距离为2.8m,箱外悬臂横肋高度由500mm变至810mm,箱内横肋高度由810mm变至885mm,横肋厚度为12mm,如图4-57所示。

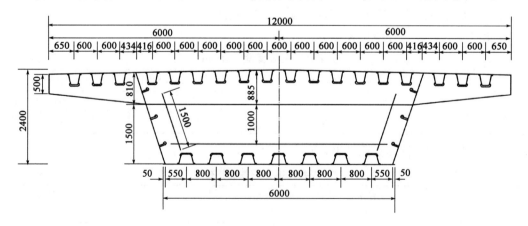

图4-57 箱梁横肋(尺寸单位:mm)

4) 底板

简支梁在跨中弯矩较大,因此,底板在跨中 20m 长度范围厚度为 20mm,其余段厚度为 16mm。钢箱梁底板纵向加劲肋采用闭口截面,如图 4-58 所示,间距为 800mm。底板横肋间距 2.8m,横肋高 515mm,厚度 12mm。

5) 腹板

腹板厚度为 14mm,计算高度为 2418mm。考虑腹板高厚比较大,腹板布置三道纵肋。纵肋间距拟定为 725mm,高度为 160mm,厚度为 16mm。腹板横肋间距为 1.4m,高度为 500mm,厚度为 12mm。钢箱梁的腹板构造如图 4-59 所示。

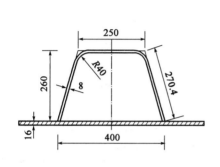

图 4-58 底板闭口截面加劲肋(尺寸单位:mm)　　图 4-59 钢箱梁的腹板构造(尺寸单位:mm)

6) 横隔板

根据《公路钢结构桥梁设计规范》(JTG D64—2015)条文说明第 8.5.2 条,跨径不大于 50m,横隔板间距应不大于 6m,本桥设计采用实腹式横隔板,间距为 5.6m。根据抗扭需求,横隔板靠近支座位置厚度增大,设计厚度见表 4-8。实腹式横隔板间设置横肋。横隔板间距、纵向布置如图 4-60 所示。支承横隔板构造如图 4-61 所示,中间横隔板构造如图 4-62 所示,横肋构造如图 4-57 所示。

横隔板设计厚度(mm)　　表 4-8

横隔板编号	ZH	HG-1(1′)	HG-2(2′)	HG-3(3′)	HG-4(4′)	HG-5(5′)	HG-6
横隔板厚度	24	20	20	16	16	16	16

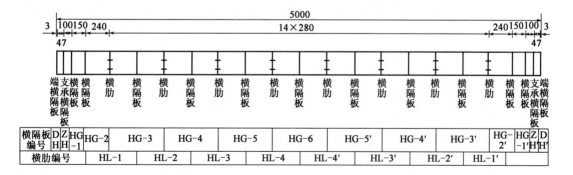

图 4-60 横肋及横隔板布置间距(尺寸单位:cm)

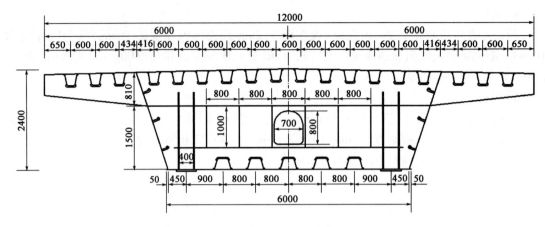

图4-61 支承横隔板构造(尺寸单位:mm)

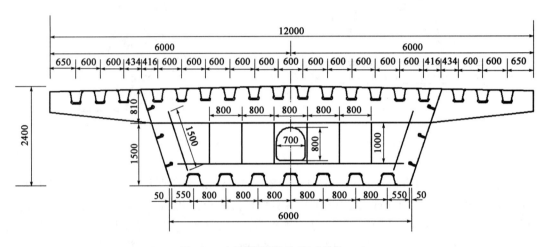

图4-62 中间横隔板构造(尺寸单位:mm)

4.6.3 截面几何特性

1)正交异性钢桥面板加劲肋验算

钢箱梁截面几何特性计算时,需判断纵向加劲肋刚性。

(1)受压加劲肋几何尺寸验算

闭口加劲肋的尺寸比例应满足式(4-6)和式(4-7)的要求,对于本次算例,$b_s = 188\text{mm}$,$h_s = 286\text{mm}$,$t_s = 8\text{mm}$,则

$$\frac{b_s}{t_s} = \frac{188}{8} = 23.5 \leqslant 30\sqrt{\frac{345}{f_y}} = 30, 验算通过;$$

$$\frac{h_s}{t_s} = \frac{286}{8} = 35.8 \leqslant 40\sqrt{\frac{345}{f_y}} = 40, 验算通过。$$

故受压加劲肋几何尺寸满足规范要求。

(2)受压加劲肋刚度验算

受压加劲板的刚性加劲肋的纵、横向加劲肋的相对刚度验算按式(4-81)~式(4-83)计算,验算结果见表4-9。

受压加劲肋刚度验算 表4-9

U肋位置	I_l (mm⁴)	I_t (mm⁴)	a (mm)	b (mm)	a_t (mm)	D (mm⁴)	n	验算内容		限 值		验算结果
箱室内	2.39×10^8	6.46×10^9	5600	7432	2800	7.73	13	$A_{s,l}$ (mm²)	6080	$\dfrac{bt}{10n}$ (mm)	914.7	通过
								γ_l	85.66	γ_l^*	48.96	通过
								γ_t	3075.01	$\dfrac{1+n\gamma_l^*}{4\left(\dfrac{a_t}{b}\right)^3}$	2980.14	通过
悬臂处	2.39×10^8	6.46×10^9	5600	2284	2800	7.73	4	$A_{s,l}$ (mm²)	6080	$\dfrac{b_t}{10n}$ (mm)	913.6	通过
								γ_l	278.74	γ_l^*	147.90	通过
								γ_t	3075.01	$\dfrac{1+n\gamma_l^*}{4\left(\dfrac{a_t}{b}\right)^3}$	80.41	通过

故受压加劲肋为刚性加劲肋。

2) 翼缘有效宽度与有效面积

翼缘有效宽度与有效面积按《公路钢结构桥梁设计规范》(JTG D64—2015) 中第5.1.7、5.1.8 和 5.1.9 条进行计算。计算时将上翼缘分成21个板段,分别计算每个板段内的局部稳定影响下的有效宽度,再考虑剪力滞效应,求受压翼缘最终的有效宽度。上翼缘有效宽度的计算图式如图4-63所示。

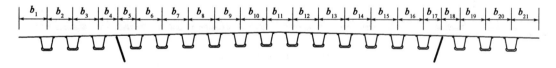

图4-63 上翼缘有效宽度的计算图式

下翼缘有效宽度计算将板分为3个板段,考虑剪力滞效应进行有效宽度和有效面积的计算,计算图式如图4-64所示。钢箱梁上下翼缘有效宽度和有效面积计算结果见表4-10。

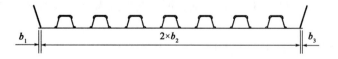

图4-64 下翼缘有效宽度计算图式

钢箱梁上下翼缘有效宽度与有效面积计算结果 表4-10

位　　置		有效宽度(mm)	有效截面面积(mm²)
上翼缘		10170.93	255554.60
下翼缘	板厚16mm	5393.584	128600.45
	板厚20mm		150174.77

3) 截面几何特性结果

钢箱梁截面几何特性计算结果见表 4-11。

钢箱梁截面几何特性计算结果 表 4-11

截面特性	位置	面积 A/A_{eff} (mm²)	抗弯惯性矩(mm⁴) I_y	抗弯惯性矩(mm⁴) I_z	抗扭惯性矩 I_t (mm⁴)	形心位置(mm) 距左边	形心位置(mm) 距顶面
毛截面	底板 16mm	517924.45	5.11×10^{11}	4.72×10^{11}	2.49×10^7	6000	896.69
毛截面	底板 20mm	541806.15	5.61×10^{11}	4.79×10^{11}	3.25×10^7	6000	961.55
有效截面	底板 16mm	467218.05	4.67×10^{11}	3.37×10^{11}		4607.06	929.46
有效截面	底板 20mm	488792.37	5.10×10^{11}	3.42×10^{11}		4607.06	992.66

4.6.4 作用效应

1) 永久作用效应

(1) 一期恒载

跨中 20m 段钢箱每延米重量 $q = 41.84 \mathrm{kN/m^2}$,其他 30m 段钢箱每延米重量 $q = 39.96 \mathrm{kN/m^2}$,支承横隔板重量 $P_1 = 17.40 \mathrm{kN}$,中间横隔板重量 $P_2 = 21.57 \mathrm{kN}$,横肋重量 $P_3 = 11.93 \mathrm{kN}$。钢箱梁一期恒载分布如图 4-65 所示。

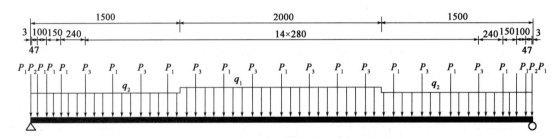

图 4-65 钢箱梁一期恒载分布(尺寸单位:cm)

注:$q_1 = 41.84 \mathrm{kN/m}$,$q_2 = 39.96 \mathrm{kN/m}$,$P_1 = 17.40 \mathrm{kN}$,$P_2 = 21.57 \mathrm{kN}$,$P_3 = 11.93 \mathrm{kN}$。

(2) 二期恒载

人行道及栏杆重量单侧按 10.0kN/m 计算,则全桥每延米重量为 $2 \times 10.0 = 20.0 (\mathrm{kN/m})$。

桥面铺装采用等厚度 10cm 沥青混凝土,沥青混凝土重度取 $23 \mathrm{kN/m^3}$,则全桥宽铺装每延米重量为 $0.1 \times 12 \times 23 = 27.6 (\mathrm{kN/m})$。钢箱梁二期恒载为 $20.0 + 27.6 = 47.6 (\mathrm{kN/m})$。

(3) 恒载效应

恒载效应标准值计算结果见表 4-12。

恒载效应标准值 表 4-12

截面	弯矩 M_{G1k}(kN·m)	弯矩 M_{G2k}(kN·m)	弯矩 M_G(kN·m)	剪力 Q_{G1k}(kN)	剪力 Q_{G2k}(kN)	剪力 Q_G(kN)
跨中	14481.27	14839.30	29320.57	—	—	—
$l/4$ 跨	10809.79	11120.55	21930.34	584.58	595.00	1179.58
支点	—	—	—	1175.26	1188.57	2363.83

2) 可变作用效应
(1) 车道荷载效应
① 冲击系数计算。

《公路桥涵设计通用规范》(JTG D60—2015)中第4.3.2条规定,汽车荷载的冲击力标准值为汽车荷载标准值乘以冲击系数 μ。M 根据结构基频 f 计算,其中,冲击系数 μ 按第4.3.2条第5款公式计算,简支梁基频按条文说明第4.3.2条计算。

$$m = \frac{G}{g} = \frac{41.84 + 47.60}{9.81} = 9116.88(\text{kg/m})$$

$$f = \frac{\pi}{2l^2}\sqrt{\frac{EI}{m}} = \frac{3.14}{2 \times 49.4^2}\sqrt{\frac{2.06 \times 10^{11} \times 0.5609}{9116.88}} = 2.29(\text{Hz})$$

由于 $1.5\text{Hz} \leqslant f = 2.29\text{Hz} \leqslant 14\text{Hz}$,故结构的冲击系数 $\mu = 0.1767\ln f - 0.0157 = 0.13$。

② 车道荷载效应。

车道荷载采用公路—Ⅰ级(图4-66),计算跨径 $l = 49.4\text{m}$,则 $P_k = 2 \times (49.4 + 130) = 358.80(\text{kN})$,$q = 10.5\text{kN/m}$。计算剪力效应时,上述集中荷载标准值应乘以系数1.2,即 $1.2 \times 358.8 = 430.56(\text{kN})$。按照影响线加载计算汽车荷载效应。

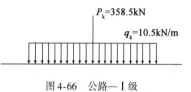

图4-66 公路—Ⅰ级

活载效应:$S_P = n(1+\mu)\xi(\sum q_k \omega_i + P_k y)$。

其中,S_p 为主梁最大活载内力(弯矩或剪力);n 为车道数;ξ 为汽车荷载折减系数,取 $\xi = 1$;ω_i 为均布荷载施加处内力影响线的面积;y 为集中荷载施加处内力影响线坐标。其中活载作用下主梁跨中、$l/4$ 点弯矩及剪力影响线,支点剪力影响线如图4-67~图4-69所示。

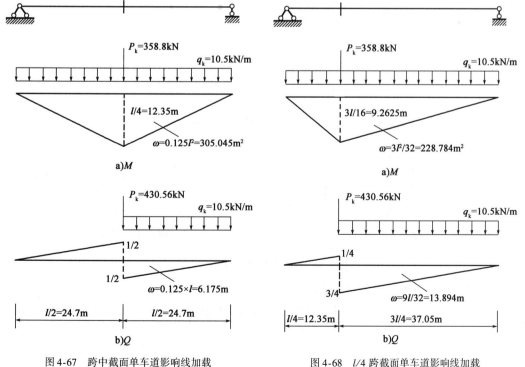

图4-67 跨中截面单车道影响线加载　　图4-68 $l/4$ 跨截面单车道影响线加载

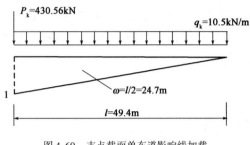

图 4-69 支点截面单车道影响线加载

以主梁跨中汽车荷载效应(考虑汽车冲击力)计算为例,各控制截面汽车荷载效应计算结果见表 4-13。

$$M_{中} = n(1+\mu)\xi(\sum q_k\omega_i + P_k y)$$
$$= 2 \times (1+0.13) \times 1.0 \times (10.5 \times 305.05 + 358.80 \times 12.35)$$
$$= 15268.41(\text{kN} \cdot \text{m})$$

$$Q_{中} = n(1+\mu)\xi(\sum q_k\omega_i + P_k y)$$
$$= 2 \times (1+0.13) \times 1.0 \times (10.5 \times 6.18 + 358.80 \times 0.5)$$
$$= 633.18(\text{kN})$$

汽车荷载效应计算表(弯矩、剪力) 表 4-13

截面位置	弯矩 M				剪力 Q			
	弯矩影响线		不计冲击力 ($\text{kN} \cdot \text{m}$)	计冲击力 ($\text{kN} \cdot \text{m}$)	剪力影响线		不计冲击力 (kN)	计冲击力 (kN)
	$\omega(\text{m}^2)$	$y(\text{m})$			$\omega(\text{m})$	y		
跨中	305.05	12.35	15268.41	17253.30	6.18	0.50	560.34	633.18
$l/4$ 跨	228.72	9.26	11448.10	12936.35	13.89	0.75	937.53	1059.41
支点	—	—	—	—	24.70	1.00	1379.82	1559.20

车道荷载进行偏载布置时对主梁产生扭转作用,其可分为集中荷载产生的扭矩及均布荷载产生的扭矩,其中均布荷载产生的扭矩在荷载满布时各截面达到最大,扭矩计算图式如图 4-70 所示。

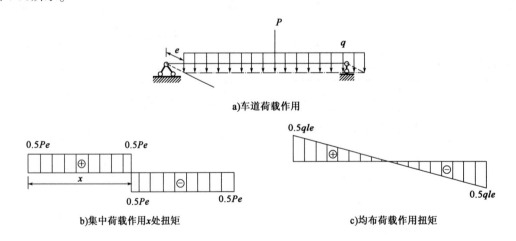

图 4-70 车道荷载作用扭矩计算图式

截面扭矩计算结果见表 4-14、表 4-15。

汽车荷载效应计算结果(扭矩) 表 4-14

位置	支点	$l/4$	跨中
扭矩 $T_d(\text{kN} \cdot \text{m})$	1041.16	733.44	425.72

横隔板汽车荷载效应计算结果(扭矩) 表 4-15

横隔板编号	ZH	HG-1(1′)	HG-2(2′)	HG-3(3′)	HG-4(4′)	HG-5(5′)	HG-6
扭矩 T_d(kN·m)	1041.16	1016.04	978.36	847.74	707.06	566.39	425.72

(2)人群荷载效应

与汽车荷载效应计算一致,通过影响线加载计算人群荷载效应,见表 4-16。

人群荷载效应计算结果(弯矩、剪力) 表 4-16

截面位置	弯 矩 M		剪 力 Q	
	弯矩影响线 $\omega(m^2)$	弯矩 M(kN·m)	剪力影响线 $\omega(m)$	剪力 Q(kN)
跨中	305.05	3660.60	6.18	74.16
$l/4$ 跨	228.72	2744.64	13.89	166.68
支点	—	—	24.70	296.40

人群荷载对横隔板位置产生的扭矩,计算结果见表 4-17、表 4-18。

人群荷载效应计算结果(扭矩) 表 4-17

位置	支点	$l/4$	跨中
扭矩 T_d(kN·m)	666.90	333.45	0.00

横隔板人群荷载效应计算结果(扭矩) 表 4-18

横隔板编号	ZH	HG-1(1′)	HG-2(2′)	HG-3(3′)	HG-4(4′)	HG-5(5′)	HG-6
扭矩 T_d(kN·m)	666.90	639.68	598.85	457.30	304.87	152.43	0.00

(3)温度荷载效应

算例为简支钢箱梁,在均匀温度作用下不会产生温度应力。在竖向梯度温度作用下,钢箱梁内部会产生温度自应力,我国规范并未给出钢箱梁的温度梯度模式,因此本次计算的温度梯度模式按 EN 1991-1-5:2003 采用,温度梯度模式如图 4-71 所示。

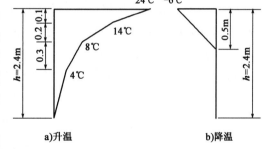

图 4-71 钢箱梁温度梯度模式(尺寸单位:m)

简支梁温度作用产生的应力可以按《公路钢筋混凝土及预应力混凝土桥涵设计规范》(JTG 3362—2018)附录 D 的方法进行计算,对于钢箱梁计算公式如下

$$\sigma_t = \frac{-N_t}{A_0} + \frac{M_t^0}{I_0}y + t_y \alpha_s E_s \qquad (4-110)$$

其中,

$$N_t = \sum A_y t_y \alpha_s E_s; \quad M_t^0 = -\sum A_y t_y \alpha_s E_s e_y \qquad (4-111)$$

式中:A_y——截面内的单元面积;

t_y——单元面积 A_y 内温差梯度平均值,均以正值代入;

α_s——钢材线膨胀系数;

E_s——钢材弹性模量;

y——计算应力点至换算截面重心轴的距离,重心轴以上取正值,以下取负值;

e_y——单元面积 A_y 重心至换算截面重心轴的距离,重心轴以上取正值,以下取负值;

A_0、I_0——截面面积和惯性矩。

3)疲劳作用效应

根据《公路钢结构桥梁设计规范》(JTG D64—2015)中第5.5.2条第一款规定,本次钢箱梁算例,疲劳荷载计算模型Ⅰ取值如下:

计算弯矩时:$0.7P_k = 0.7 \times 358.8 = 251.16(kN)$,$0.3q_k = 0.3 \times 10.5 = 3.15(kN \cdot m)$;

计算剪力时:$0.7 \times 1.2P_k = 0.7 \times 1.2 \times 358.8 = 301.39(kN)$,$0.3q_k = 0.3 \times 10.5 = 3.15(kN/m)$。

疲劳荷载效应计算时的影响线与汽车荷载相同,计算结果见表4-19。

疲劳荷载效应计算结果 表4-19

截面位置	弯矩 M			剪力 Q		
	弯矩影响线		弯矩标准值	剪力影响线		剪力标准值
	$\omega(m^2)$	$y(m)$	$(kN \cdot m)$	$\omega(m)$	$y(m)$	(kN)
跨中	305.05	12.35	8125.47	6.18	0.50	340.32
$l/4$ 跨	228.72	9.26	6092.42	13.89	0.75	539.59
支点	—	—	—	24.70	1.00	758.39

4.6.5 钢主梁验算(第一体系验算)

1)承载能力极限状态验算

(1)抗弯强度验算

①翼缘板正应力验算。

箱梁受弯时会因约束扭转而产生翘曲正应力。根据式(4-43)判断钢箱梁主要扭转形式。当 $k = l\sqrt{GJ_d/EJ_\omega} \geq 10$ 时,可以忽略约束扭转产生的翘曲正应力。其中:J_d 为自由扭转惯性矩,可按 $J_d = 4A_0^2/(\sum w_i/t_i)$ 计算。

对于本算例,跨中20m范围内,底板厚度为20mm时:

$$J_d = 10.76 \times 10^{11} \text{mm}^4$$

$$J_\omega = 4.84 \times 10^{18} \text{mm}^6$$

$$k = l\sqrt{\frac{GJ_d}{EJ_\omega}} = 49400 \times \sqrt{\frac{7.9 \times 10^4 \times 10.76 \times 10^{11}}{2.06 \times 10^5 \times 4.65 \times 10^{18}}} = 14.43 > 10$$

在支点处15m范围内,底板厚度为16mm时:

$$J_d = 9.97 \times 10^{11} \text{mm}^4$$

$$J_\omega = 4.65 \times 10^{18} \text{mm}^6$$

$$k = l\sqrt{\frac{GJ_d}{EJ_\omega}} = 49400 \times \sqrt{\frac{7.9 \times 10^4 \times 9.97 \times 10^{11}}{2.06 \times 10^5 \times 4.65 \times 10^{18}}} = 14.18 > 10$$

因此,本算例不需要考虑约束扭转产生的翘曲正应力。

由《公路钢结构桥梁设计规范》(JTG D64—2015)中第5.3.1条第一款规定验算翼缘板正应力,其中还需考虑温度梯度产生截面正应力。以跨中截面在恒载、温度梯度作用下产生的正应力计算为例。钢箱梁翼缘板正应力组合结果及验算结果见表4-20。

翼缘板正应力组合结果及验算结果　　　　　表4-20

编号	荷载类型	跨中		l/4	
		上翼缘	下翼缘	上翼缘	下翼缘
①	恒载	-57.07	80.91	-43.65	69.06
②	汽车荷载	-33.58	47.61	-25.75	40.74
③	人群	-7.12	10.1	-5.46	8.64
④	梯度升温	-0.47	5.25	-0.51	5.85
⑤	梯度降温	1.15	-1.85	1.16	-2.08
组合1	$1.1 \times [1.2 \times ① + 1.4 \times ② + 0.75 \times 1.4 \times (③+④)]$	-135.81	197.85	-104.17	170.63
组合2	$1.1 \times [1.2 \times ① + 1.4 \times ② + 0.75 \times 1.4 \times (③+⑤)]$	-133.94	189.65	-102.24	161.48
	强度设计值	275	270	275	275
	是否满足强度要求	是	是	是	是

恒载作用正应力计算：

$$\sigma_{M上} = -\frac{M_G}{I_y}y_上 = -\frac{29320.57 \times 10^6}{5.10 \times 10^{11}} \times 992.66 = -57.07(MPa)(压应力)$$

$$\sigma_{M下} = \frac{M_G}{I_y}y_下 = \frac{29320.57 \times 10^6}{5.10 \times 10^{11}} \times 1407.34 = 80.91(MPa)(拉应力)$$

正温度梯度作用正应力计算：

$$\sigma_{t上} = \frac{-N_t}{A_0} + \frac{M_t^0}{I_0}y_上 + t_y \alpha_s E_s = \frac{-16032505.38}{487345.37} + \frac{-13822824387.52}{5.10 \times 10^{11}} \times 992.66 + 24 \times$$

$$1.20 \times 10^{-5} \times 2.06 \times 10^5 = -0.47(MPa)$$

$$\sigma_{t下} = \frac{-N_t}{A_0} + \frac{M_t^0}{I_0}y_下 = \frac{-16032505.38}{487345.37} - \frac{-13822824387.52}{5.10 \times 10^{11}} \times 1407.34$$

$$= 5.25(MPa)$$

负温度梯度作用正应力计算：

$$\sigma_{t上} = \frac{-N_t}{A_0} + \frac{M_t^0}{I_0}y_上 + t_y \alpha_s E_s = -\frac{-4191944.29}{487345.37} + \frac{3789148982.24}{5.10 \times 10^{11}} \times 992.66 - 6 \times$$

$$1.20 \times 10^{-5} \times 2.06 \times 10^5 = 1.15(MPa)$$

$$\sigma_{t下} = \frac{-N_t}{A_0} + \frac{M_t^0}{I_0}y_上 + t_y \alpha_s E_s = -\frac{-4191944.29}{487345.37} - \frac{3789148982.24}{5.10 \times 10^{11}} \times 1407.34$$

$$= -1.85(MPa)$$

②腹板剪应力验算。

由《公路钢结构桥梁设计规范》(JTG D64—2015)中第5.3.1条第2款规定，验算腹板剪应力。对于闭口截面腹板剪应力应按照剪力流理论进行计算。钢箱梁支点截面腹板剪应力组合结果及验算结果见表4-21。

支点截面腹板剪应力组合结果及验算结果 表 4-21

编号	荷 载 类 型	支点	l/4 截面	跨中
①	恒载	31.68	15.81	0
②	汽车荷载	25.60	17.51	9.98
③	人群	6.98	3.73	0.94
组合 1	1.1×(1.2×①+1.4×②+0.75×1.4×③)	89.30	52.14	16.45
	强度设计值	160	160	160
	是否满足强度要求	是	是	是

③正应力、剪应力共同作用腹板强度验算。

由《公路钢结构桥梁设计规范》(JTG D64—2015)中第 5.3.1 条第 4 款规定验算 l/4 截面腹板正应力和剪应力复合作用下强度。以组合 1 作用下复合应力验算为例,组合 2 的验算结果见表 4-22。

l/4 截面弯剪复合应力组合结果及验算结果 表 4-22

编号	荷 载 类 型	上翼缘		下翼缘	
		正应力	剪应力	正应力	剪应力
1	恒载	−43.65	14.74	69.06	12.8
2	汽车荷载	−25.75	16.55	40.74	14.81
3	人群	−5.46	3.58	8.64	3.31
4	梯度升温	−0.51	—	5.85	—
5	梯度降温	1.16	—	−2.08	—
组合 1	1.1×[1.2×①+1.4×②+0.75×1.4×(③+④)]	−94.7	44.62	155.12	39.57
组合 2	1.1×[1.2×①+1.4×②+0.75×1.4×(③+⑤)]	−92.95	44.62	146.8	39.57
	弯剪组合系数(组合 1)	0.49		0.68	
	弯剪组合系数(组合 2)	0.48		0.65	
	是否满足强度要求	是		是	

上翼缘:

$$\gamma_0 \sqrt{\left(\frac{\sigma_x}{f_d}\right)^2 + \left(\frac{\tau}{f_{vd}}\right)^2} = 1.1 \times \sqrt{\left(\frac{-94.55}{275}\right)^2 + \left(\frac{44.62}{160}\right)^2} = 0.49 < 1$$

下翼缘:

$$\gamma_0 \sqrt{\left(\frac{\sigma_x}{f_d}\right)^2 + \left(\frac{\tau}{f_{vd}}\right)^2} = 1.1 \times \sqrt{\left(\frac{153.37}{275}\right)^2 + \left(\frac{39.57}{160}\right)^2} = 0.67 < 1$$

(2)整体稳定验算

《公路钢结构桥梁设计规范》(JTG D64—2015)中第 5.3.2 条第 1 款规定,对于箱形截面简支梁,其截面尺寸满足 $h/b_0 \leq 6$,且 $L_1/b_0 \leq 65(345/f_y)$ 时,受弯构件可不计算整体稳定性。其中,L_1 取计算跨径为 49400mm。

$$\frac{h}{b_0} = \frac{2400}{7432} = 0.32 \leq 6$$

$$\frac{L_1}{b_0} = \frac{49400}{7432} = 6.65 \leqslant 65\left(\frac{345}{f_y}\right) = 65$$

算例满足基本尺寸要求,故无须进行整体稳定性验算。

(3)支座脱空与倾覆稳定性验算

对于本次算例,倾覆荷载最不利布载如图 4-72 所示。可以看出,汽车荷载最不利偏载时,布载位置仍位于倾覆线内侧,故汽车荷载为有利于结构稳定的荷载,因此,本算例计算支座脱空和抗倾覆稳定性时,仅考虑风荷载和人群荷载的作用。故抗倾覆稳定系数计算如下:

$$\gamma_{qf} = \frac{\sum R_{Gi} x_i}{q_人 e_人 + F_{wh} e_w} \tag{4-112}$$

式中:F_{wh}——设计风荷载(kN),按《公路桥梁抗风设计规范》(JTG/T D60-01—2018)计算,取 $F_{wh} = 127.75 (kN)$。

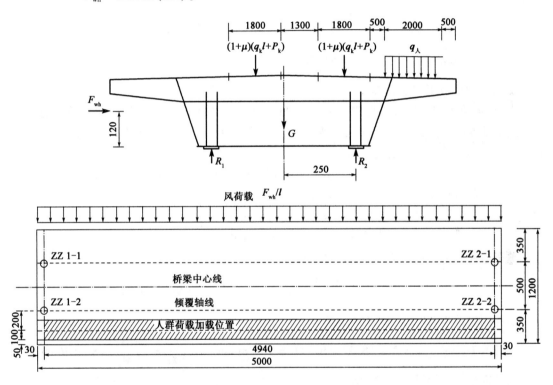

图 4-72 支座脱空及抗倾覆计算示意(尺寸单位:cm)

支座反力 R_1 最小值计算如下:

$$R_1 = \frac{Ge_G - F_{wh}e_w - q_人 le_人}{2x_1} = \frac{4821.6 \times 2.5 - 127.75 \times 1.2 - 6 \times 50 \times 2}{2 \times 5} = 1129.00(kN) > 0kN$$

故本算例支座不会发生脱空现象。

抗倾覆稳定系数计算如下:

$$\gamma_{qf} = \frac{\sum R_{Gi} x_i}{q_人 le_人 + F_{wh} e_w} = \frac{2 \times 1187.67 \times 5}{6 \times 50 \times 2 + 127.75 \times 1.2} = 15 > k_{qf} = 2.5$$

故抗倾覆稳定性亦满足规范要求。

(4) 疲劳验算

钢箱梁由于运输条件限制,在 $l/4$ 处切割为三段,而后运输到现场附近拼接成整跨。《公路钢结构桥梁设计规范》(JTG D64—2015)中第 5.5.4 条规定,采用疲劳荷载计算模型Ⅰ对拼接焊缝进行疲劳验算。根据《公路钢结构桥梁设计规范》(JTG D64—2015)中第 5.5.3 条规定,钢箱梁对接焊缝距伸缩缝尺寸为 $D = l/4 = 49.4/4 = 12.35(\mathrm{m}) > 6\mathrm{m}$,故放大系数 $\Delta\varphi = 0$。疲劳构造细节为 110,疲劳荷载分项系数取 $\gamma_{Ff} = 1.0$,对于重要构件疲劳验算,疲劳抗力分项系数取 $\gamma_{Mf} = 1.35$。疲劳应力幅计算见表 4-23。

疲劳应力幅计算　　　　表 4-23

位　置	正　应　力			
	$M_{yd}(\mathrm{kN \cdot m})$	$\sigma_{\max}(\mathrm{MPa})$	$\sigma_{\min}(\mathrm{MPa})$	$\Delta\sigma_p(\mathrm{MPa})$
$l/4$ 跨	6092.42	16.80	0	16.80

$$\Delta\sigma_P = 16.80\mathrm{MPa} < \frac{k_s \Delta\sigma_D}{\gamma_{Ff}} = 60.05\mathrm{MPa}, 验算通过。$$

2) 正常使用极限状态验算

根据《公路钢结构桥梁设计规范》(JTG D64—2015)中第 4.2.3 条规定,计算竖向挠度时,应采用不计冲击力的汽车车道荷载频遇值,频遇值系数为 1.0。为简化计算,偏安全地采用底板厚度为 16mm 的小抗弯刚度截面进行挠度计算。

$$EI = 2.06 \times 10^5 \times 4.752 \times 10^{11} = 9.79 \times 10^{16}(\mathrm{N \cdot mm^2})$$

单车道荷载均布荷载 $q_k = 10.5\mathrm{kN/m}$ 下的挠度为

$$w_1 = \frac{5q_k l^4}{384EI} = \frac{5 \times 10.5 \times 49400^4}{384 \times 9.72 \times 10^{16}} = 8.37(\mathrm{mm})$$

单车道荷载集中荷载 $P_k = 358.8\mathrm{kN}$ 下的挠度为

$$w_2 = \frac{8P_k l^3}{384EI} = \frac{8 \times 358.8 \times 10^3 \times 49400^3}{384 \times 9.72 \times 10^{16}} = 9.72(\mathrm{mm})$$

本算例设计为双车道,则竖向挠度为

$$w = 2 \times (w_1 + w_2) = 2 \times (8.37 + 9.27) = 35.28(\mathrm{mm}) < \frac{l}{500} = \frac{49400}{500} = 98.80(\mathrm{mm})$$

故结构整体变形满足规范要求。

4.6.6 正交异性钢桥面板验算

1) 强度验算(格子梁法)

(1) 结构与荷载图式

采用格子梁法进行正交异性钢桥面板第二体系计算。计算荷载包括:

恒载:按纵横肋实际恒载计算;

汽车荷载:如图 4-73 所示,按车辆荷载双车道对称布载,两个横隔板间距为 5.6m,不能布置整辆车,故在两个横隔板之间,在横肋以及纵肋跨中布置后轴车轮荷载 $P = 70\mathrm{kN}$,车轮着地面积为 600mm(横桥向) × 200mm(纵桥向)。

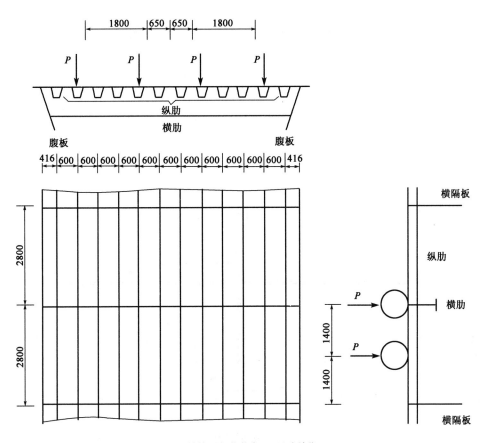

图4-73 结构图与荷载布置(尺寸单位:mm)

为计算方便,将车轮分布荷载简化为集中荷载计算。纵肋的车轮荷载横向分配近似按杠杆法计算,如图4-74所示,则一根纵肋分配到的轮重为

$$R_1 = R_3 = q \times \frac{1}{2} \times \frac{600}{2} \times \frac{300}{600} = 0.125P$$

$$R_2 = q \times 2 \times \frac{1}{2} \times \frac{600}{2} \times \left(\frac{300}{600} + 1\right) = 0.75P$$

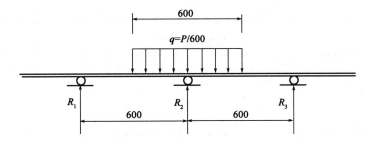

图4-74 纵肋车轮荷载横向分配(尺寸单位:mm)

(2)盖板有效宽度

盖板在纵肋腹板处的有效宽度 C 沿桥跨不变,可按式(4-97)计算,纵、横肋计算截面示意图如图4-75所示,计算结果见表4-24和表4-25。

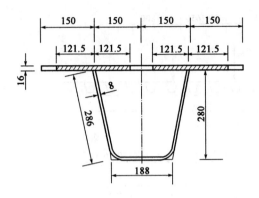

a)纵肋截面

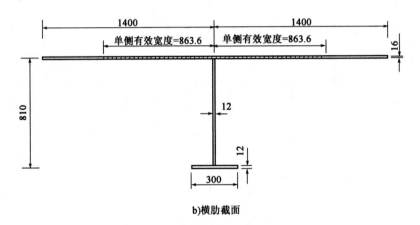

b)横肋截面

图 4-75　纵肋和横肋计算截面(尺寸单位:mm)

钢桥面板加劲肋有效宽度　　　　表 4-24

加劲肋	跨径 L (mm)	计算跨径 l (mm)	$2b$ (mm)	b/l	单侧有效宽度 C (mm)	有效宽度 (mm)
纵肋	2800	1680	300	0.09	121.52	486.10
横肋	7432	7432	2800	0.19	863.64	1727.27

加劲肋截面特性　　　　表 4-25

构件	面积 A(mm^2)	抗弯惯性矩 I_y(mm^4)	中性轴至上缘距离 Y_u(mm)	中性轴至下缘距离 Y_l(mm)
纵肋	13857.53	1.37×10^8	85.3	210.7
横肋	40788.39	3.31×10^9	174.6	649.4

(3)计算模型

计算模型及加载如图 4-76 所示,车辆荷载局部加载时,冲击系数取 $\mu = 0.4$,考虑纵肋轮载的横向分配,车轮作用点位置的纵肋分配到的轮载为 R_2,相邻纵肋分配到的轮载为 R_1 和 R_3,则

$$R_1 = R_3 = 0.125 \times (1 + 0.4) \times 70 = 12.25 (\text{kN})$$

$$R_2 = 0.75 \times (1 + 0.4) \times 70 = 73.5 (\text{kN})$$

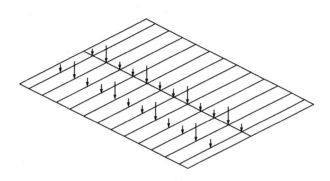

图 4-76　格子梁法计算模型

(4)强度验算

恒载及活载作用下纵肋的最大弯矩和相应弯曲正应力计算结果见表 4-26。

第二体系应力计算结果　　　　　　　　　　　　表 4-26

构　件	活载弯矩 M (kN·m)	第二体系应力(MPa)	
		上缘	下缘
纵肋	59.99	-37.35	92.26
横肋	357.33	-18.85	70.11

根据结构第一体系应力计算结果,考虑荷载基本组合的分项系数及结构重要性系数后最大正应力为 -134.4MPa,根据格子梁法第二体系桥面板最大纵向正应力计算结果为 -37.35MPa,考虑结构重要性系数 $\gamma_0 = 1.1$,车辆荷载采用的荷载分项系数 $\gamma_{Q1} = 1.8$,则两体系组合:134.3 + 1.1 × 1.8 × 37.35 = 208.25(MPa) < f_d = 275MPa,验算通过。

2)疲劳验算

正交异性钢桥面板疲劳验算需要通过有限元程序建立钢箱梁局部模型,采用规范规定的疲劳荷载计算模型Ⅲ,考虑车轮在车道上的横向位置概率,从而计算出疲劳关注位置的应力幅值,进一步通过《公路钢结构桥梁设计规范》(JTG D64—2015)中第 5.5.6 条的公式进行正交异性钢桥面板抗疲劳验算。

本算例为手算算例,该部分内容不进行计算。

4.6.7　横隔板验算

1)强度验算

由于活载产生的扭矩,对横隔板产生剪应力。因此,根据《公路钢结构桥梁设计规范》(JTG D64—2015)条文说明中第 8.5.2 条第 1-(3)款规定,对实腹式的中间横隔板应力进行验算。其中,包括横隔板上缘剪应力 τ_u、侧缘剪应力 τ_h 及下缘剪应力 τ_l 验算。对于本次算例,横隔板面积 $A = 1.58 \times 10^7 \text{mm}^2$,$B_u = 7432\text{mm}$,$B_l = 5900\text{mm}$。

(1) 横隔板上缘剪应力 τ_u 验算

$$\tau_u = \frac{B_l}{B_u} \frac{T_d}{2At_D} \tag{4-113}$$

横隔板上缘剪应力 τ_u 验算结果见表4-27。

横隔板上缘剪应力组合结果及验算结果　　　　表4-27

编号	荷载类型	ZH	HG-1(1′)	HG-2(2′)	HG-3(3′)	HG-4(4′)	HG-5(5′)	HG-6
①	汽车	1.73	2.02	1.95	2.11	1.76	1.41	1.06
②	人群	1.11	1.27	1.19	1.14	0.76	0.38	0
组合1	1.1×(1.4×①+0.75×1.4×②)	3.95	4.58	4.38	4.57	3.59	2.61	1.63
	强度设计值	155	155	155	160	160	160	160
	是否满足强度要求	是	是	是	是	是	是	是

(2) 横隔板侧缘剪应力 τ_h 验算

$$\tau_h = \frac{T_d}{2At_D} \tag{4-114}$$

横隔板侧缘剪应力 τ_h 验算结果见表4-28。

横隔板侧缘剪应力组合结果及验算结果　　　　表4-28

编号	荷载类型	ZH	HG-1(1′)	HG-2(2′)	HG-3(3′)	HG-4(4′)	HG-5(5′)	HG-6
①	汽车	1.37	1.6	1.54	1.67	1.4	1.12	0.84
②	人群	0.88	1.01	0.95	0.9	0.6	0.3	0
组合1	1.1×(1.4×①+0.75×1.4×②)	3.13	3.63	3.47	3.61	2.85	2.07	1.29
	强度设计值	155	155	155	160	160	160	160
	是否满足强度要求	是	是	是	是	是	是	是

(3) 横隔板下缘剪应力 τ_l 验算

$$\tau_l = \frac{B_u}{B_l} \frac{T_d}{2At_D} \tag{4-115}$$

横隔板下缘剪应力 τ_l 验算结果见表4-29。

横隔板下缘剪应力组合结果及验算结果　　　　表4-29

编号	荷载类型	ZH	HG-1(1′)	HG-2(2′)	HG-3(3′)	HG-4(4′)	HG-5(5′)	HG-6
①	汽车	1.09	1.27	1.23	1.33	1.11	0.89	0.67
②	人群	0.7	0.8	0.75	0.72	0.48	0.24	0
组合1	1.1×(1.4×①+0.75×1.4×②)	2.49	2.88	2.76	2.88	2.26	1.65	1.03
	强度设计值	155	155	155	160	160	160	160
	是否满足强度要求	是	是	是	是	是	是	是

2)刚度验算

为抵抗箱梁的畸变,横隔板必须要有足够的刚度,实腹式横隔板刚度需满足下式要求:

$$K \geqslant 20 \frac{EI_{dw}}{L_d^3} \tag{4-116}$$

$$K = 4GA_c t_D \tag{4-117}$$

跨中位置处,可求得 $20EI_{dw}/L_d^3 = 7.378 \times 10^{13} \text{N} \cdot \text{mm}$,则

$K = 4GA_c t_D = 4 \times 7.9 \times 10^4 \times 1.58 \times 10^7 \times 16 = 7.99 \times 10^{13} (\text{N} \cdot \text{mm}) \geqslant 7.378 \times 10^{13} \text{N} \cdot \text{mm}$,故取中横隔板刚度满足要求。

支点位置处,可求得 $20EI_{dw}/L_d^3 = 8.299 \times 10^{13} \text{N} \cdot \text{mm}$,则

$K = 4GA_c t_D = 4 \times 7.9 \times 10^4 \times 1.58 \times 10^7 \times 20 = 9.99 \times 10^{13} (\text{N} \cdot \text{mm}) > 8.299 \times 10^{13} \text{N} \cdot \text{mm}$,故端部受力最不利的3个横隔板板厚及端横隔板刚度满足要求。

3)支承横隔板强度验算

根据《公路钢结构桥梁设计规范》(JTG D64—2015)中第5.3.4条的规定,对支承横隔板与支承加劲肋的局部承压和竖向应力进行验算。

设计支座反力的计算图式为图4-77,支承横隔板的构造如图4-78所示。考虑双车道汽车偏载最不利布置,以左侧支座为旋转中心,可以通过力矩平衡求得基本组合作用下单支座反力 R_v 为2774.28kN。

$$B_{eb} = B + 2(t_f + t_b) = 400 + 2 \times (16 + 24) = 480(\text{mm})$$

$$B_{ev} = (n_s - 1)b_s + 20t_w = (2 - 1) \times 400 + 24 \times 24 = 976(\text{mm})$$

$$\gamma_0 \frac{R_V}{A_s + B_{eb}t_w} = 0.9 \times \frac{2774.28 \times 10^3}{23040 + 480 \times 24} = 63.44(\text{MPa}) \leqslant f_{cd} = 355\text{MPa},验算通过。$$

$$\gamma_0 \frac{2R_V}{A_s + B_{ev}t_w} = 0.9 \times \frac{2 \times 2774.28 \times 10^3}{23040 + 976 \times 24} = 107.47(\text{MPa}) \leqslant f_d = 270\text{MPa},验算通过。$$

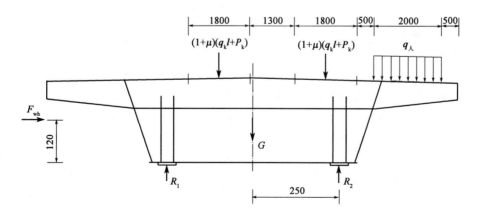

图4-77 设计支座反力计算图式(尺寸单位:mm)

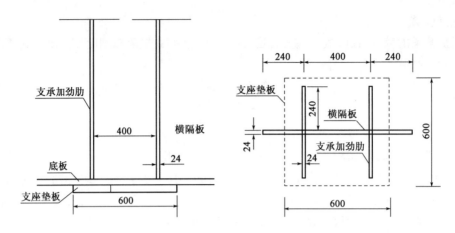

图 4-78 支承横隔板构造(尺寸单位:mm)

4.6.8 构造验算

1)正交异性钢桥面板构造验算

(1)盖板厚度

根据《公路钢结构桥梁设计规范》(JTG D64—2015)中第 8.2.1 条盖板最小厚度规定,设计正交异性钢桥面板盖板厚度选用 16mm,满足要求。

(2)横肋及横隔板最大间距验算

《公路钢结构桥梁设计规范》(JTG D64—2015)第 8.2.4 条为保证桥面板有足够的刚度及承载能力,规定了横向加劲肋及横隔板最大间距。其中,设计横向加劲肋及横隔板最大间距为 2.8m < 4m,满足要求。

《公路钢结构桥梁设计规范》(JTG D64—2015)条文说明第 8.5.2 条规定跨径不大于 50m,横隔板间距应不大于 6m,本桥设计采用实腹式横隔板,间距为 5.6m,满足要求。

(3)闭口加劲肋的几何尺寸

正交异性钢桥面板闭口加劲肋的几何尺寸按式(4-8)进行验算,对于本次算例,$t_f = 16\text{mm}$,$t_r = 8\text{mm}$,$a = 300\text{mm}$,$h' = 280\text{mm}$,则 $t_r a^3 / t_f^3 h' = 8 \times 300^3 / 16^3 \times 280 = 188.34 \leqslant 400$,验算通过。故正交异性钢桥面板闭口加劲肋几何尺寸满足规范要求。

2)腹板构造验算

(1)腹板厚度

《公路钢结构桥梁设计规范》(JTG D64—2015)中第 5.3.3 条第 1 款规定验算腹板最小厚度。本桥腹板计算高度为 2418mm,布置横向加劲肋及 3 道纵向加劲肋,基本组合作用下支点附近最大剪应力为 $\tau = 89.30\text{MPa}$,则取折减系数 $\eta = 0.85$ 进行计算,腹板最小厚度验算结果见表 4-30。

腹板最小厚度验算结果 表 4-30

基本组合下腹板剪应力 τ(MPa)	折减系数 η	腹板厚度 t_w (mm)	腹板计算高度 h_w (mm)	最小厚度限值 (mm)	验算结果
89.30	0.85	14	2418	6.63	满足

(2)加劲肋尺寸

《公路钢结构桥梁设计规范》(JTG D64—2015)第5.3.3条第3、4款规定,对腹板纵、横向加劲肋惯性矩进行验算。在支点处,腹板横向加劲肋间距a为1000mm,在$l/4$跨和跨中,腹板横向加劲肋间距a为1400mm,纵、横向加劲肋截面尺寸如图4-79所示。验算结果见表4-31。

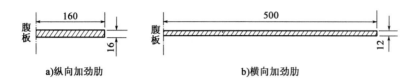

图4-79 腹板加劲肋尺寸(尺寸单位:mm)

腹板加劲肋刚度验算 表4-31

位置	腹板			横向加劲肋			纵向加劲肋			
	t_w(mm)	h_w(mm)	a/h_w	I_t(mm^4)	限值	验算结果	ξ_1	I_l(mm^4)	限值	验算结果
支点	14	2418	0.41	5.0×10^8	2.0×10^7	通过	0.40	2.2×10^7	2.6×10^6	通过
$l/4$跨	14	2418	0.58	5.0×10^8	2.0×10^7	通过	0.75	2.2×10^7	4.9×10^6	通过
跨中	14	2418	0.58	5.0×10^8	2.0×10^7	通过	0.75	2.2×10^7	4.9×10^6	通过

故腹板纵、横向加劲肋的惯性矩满足规范要求。

(3)横向加劲肋间距验算

《公路钢结构桥梁设计规范》(JTG D64—2015)中第5.3.3条第2款规定,腹板横向加劲肋间距a不得大于腹板高度h_w的1.5倍,且按设置横向加劲肋和两道纵向加劲肋计算时,横向加劲肋间距a应满足下式要求:

$$\left(\frac{h_w}{100t_w}\right)^4 \left\{ \left(\frac{\sigma}{3000}\right)^2 + \left[\frac{\tau}{187 + 58\left(\frac{h_w}{a}\right)^2}\right]^2 \right\} \leq 1 \quad \left(\frac{a}{h_w} > 0.64\right) \quad (4\text{-}118)$$

$$\left(\frac{h_w}{100t_w}\right)^4 \left\{ \left(\frac{\sigma}{3000}\right)^2 + \left[\frac{\tau}{140 + 77\left(\frac{h_w}{a}\right)^2}\right]^2 \right\} \leq 1 \quad \left(\frac{a}{h_w} \leq 0.64\right) \quad (4\text{-}119)$$

本算例腹板横向加劲肋间距a最大值为1400mm,小于$1.5h_w = 1.5 \times 2418 = 3629$mm,且按表4-32验算满足规范要求,故腹板横向加劲肋间距a的布置满足规范要求。

腹板稳定验算表 表4-32

位置	腹板厚度t_w(mm)	横向加劲肋间距a(mm)	腹板计算高度h_w(mm)	腹板正应力σ(MPa)	腹板剪应力τ(MPa)	a/h_w	计算值	验算结果
支点	14	1000	2418	-21.79	78.59	0.41	0.16	满足
$l/4$跨	14	1400	2418	-106.71	45.31	0.58	0.15	满足
跨中	14	1400	2418	-138.41	13.5	0.58	0.03	满足

思考题

1. 简述钢箱梁桥的组成及各部件的作用。
2. 如何提高钢箱梁抗扭能力？哪些方式更有效？
3. 正交异性钢桥面板计算方法有哪些？如何进行简化计算？
4. 正交异性钢桥面板产生疲劳的原因有哪些？易发生疲劳的部位有哪些？
5. 钢箱梁的设计计算需要考虑哪些因素？如何计算？
6. 设计题：设计一座跨径为60m，桥宽为12.75m的简支钢箱梁桥，桥面板采用正交异性钢桥面板，设计技术指标及设计要求如下：

(1)技术指标：①道路等级：高速公路；②设计行车速度：120km/h；③设计安全等级：一级；④平面线形：直线；⑤桥面横坡：2.0%；⑥荷载等级：公路—Ⅰ级；⑦桥面宽度：净11.75m+2×0.5m护栏；⑧其他指标可参考相关规范自行拟定。

(2)设计要求：参考本章公路简支钢箱梁桥算例及相关规范，合理进行横截面设计，并对钢箱梁、正交异性钢桥面板及横隔板进行设计与计算，形成60m简支钢箱梁桥设计计算书。

参 考 文 献

[1] 中华人民共和国行业标准.公路钢结构桥梁设计规范:JTG D64—2015[S].北京:人民交通出版社股份有限公司,2015.

[2] 中华人民共和国行业标准.公路桥涵设计通用规范:JTG D60—2015[S].北京:人民交通出版社股份有限公司,2015.

[3] 中华人民共和国国家标准.钢结构设计标准:GB 50017—2017[S].北京:中国建筑工业出版社,2017.

[4] BS 5400-3:2000 Steel, concrete and composite bridges. Code of practice for design of steel bridges[S]. Londan: British Standards Institution,2000.

[5] EN 2004-2:2005. Eurocode 3: Design of steel structures[S]. European Committee for Standardization, Brussels, Belgium,2005.

[6] Steel Bridge Design Handbook[S]. Federal Highway Administration,2012.

[7] 小西一郎.钢桥,第二分册:板梁桥[M].北京:人民铁道出版社,1980.

[8] 吴冲.现代钢桥[M].北京:人民交通出版社,2006.

[9] 包世华,周坚.薄壁杆件结构力学[M].北京:中国建筑工业出版社出版,2006.

[10] 项海帆.高等桥梁结构理论[M].2版.北京:人民交通出版社,2013.

[11] 陈绍蕃.钢结构设计原理[M].3版.北京:科学出版社,2005.

[12] Federal Highway Administration. LRFD Design Example for Steel Girder Superstructure Bridge[M]. Washington,2003.

[13] 徐君兰,孙椒红.钢桥[M].2版.北京:人民交通出版社股份有限公司,2017.

[14] Manual For Design, Construction, And Maintenance Of Orthotropic Steel Deck Bridges[S], Federal Highway Administration,2012.

第5章
钢桁梁桥

5.1 结构组成与特点

5.1.1 结构组成

钢桁梁桥的上部结构由主桁、联结系和桥面系等组成，如图5-1所示。

主桁为主要的竖向承重结构，由弦杆和腹杆组成。弦杆包括上弦杆和下弦杆，分别位于主桁的顶部和底部，作用类似于箱梁的翼缘板，抵抗由弯矩引起的拉力和压力；腹杆按杆件方向不同分为竖腹杆和斜腹杆，其作用类似于箱梁的腹板，抵抗剪力。杆件交汇的部位称为节点，节点之间的距离称为节间长度。

联结系分为纵向联结系(简称纵联)和横向联结系(简称横联)。纵联设在主桁的上、下弦平面内，其中位于主桁上弦平面内的称为上平纵联，位于主桁下弦平面内的称为下平纵联。纵联的主要作用是抵抗水平向荷载，为主桁提供侧向支撑。横联设在主桁横桥向平面内，位于跨内的称为中横联，位于两端的称为端横联，下承式桁梁桥的端横联又称为桥门架。横联的主要作用是使主桁横向成为几何不变体系，提高主桁的抗扭能力，端横联还能将纵联承担的横向水平荷载传递至支座。此外，铁路钢桁梁桥中通常需要设制动联结系，其作用是将桥面系的纵、横梁连接于纵联，通过纵联杆件将列车制动力或牵引力传递给主桁。

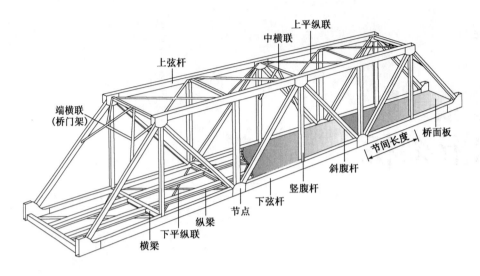

图 5-1 钢桁梁桥结构组成示意

桥面系由横梁、纵梁和桥面板组成，横梁沿横桥向布置并支承于主桁节点，纵梁沿纵桥向布置并支承于横梁，桥面板支承于纵、横梁之上，直接承受移动荷载。

5.1.2 结构分类

钢桁梁桥按用途可分为公路钢桁梁桥和铁路钢桁梁桥。两类桥结构组成基本相同，主要区别为铁路桥活载大，桁高较高，构件尺寸较大。此外，考虑到列车运行需要，铁路钢桁梁桥的容许挠度小于公路钢桁梁桥。

钢桁梁桥按结构体系可分为简支钢桁梁桥、连续钢桁梁桥和悬臂钢桁梁桥，简支钢桁梁桥和连续钢桁梁桥应用最广，悬臂钢桁梁桥曾是大跨径钢桥的有力竞争者，现已经很少采用。

钢桁梁桥按桥面系与主桁的相对位置，可分为上承式钢桁梁桥、中承式钢桁梁桥和下承式钢桁梁桥。

上承式钢桁梁桥，即桥面位于上弦杆之上，车辆在主桁上方行驶，实桥如图 5-2a)所示。当桥下有足够的净空高度时，采用上承式钢桁梁桥可降低桥墩高度，减小主桁中心距，提高经济性。

中承式钢桁梁桥，即桥面位于上、下弦之间，车辆从主桁间穿过，实桥如图 5-2b)所示。已建成的桥梁有魁北克桥、福斯铁路桥等，均为大跨度悬臂钢桁梁桥，中支点处桁高较高，跨中带有挂梁。

下承式钢桁梁桥，即桥面位于下弦杆附近，车辆从主桁间穿过，实桥如图 5-2c)所示。当桥下净空不足时，宜采用下承式钢桁梁桥。当桁高较小，受到建筑限界限制不能设置联结系时，下承式钢桁梁桥成为图 5-2d)所示的半穿式钢桁梁桥。

此外，当桥位资源紧张时，常采用双层桥面钢桁梁桥，如公铁两用桥和双层公路桥，如图 5-3 所示。

a)上承式钢桁梁桥

b)中承式钢桁梁桥

c)下承式钢桁梁桥

d)半穿式钢桁梁桥

图 5-2　钢桁梁桥按桥面系与主桁相对位置分类

a)南京长江大桥(公铁两用桥)

b)东莞东江大桥(双层公路桥)

图 5-3　双层桥面钢桁梁桥

5.1.3　特点及适用范围

1) 结构特点

钢桁梁所承担荷载通过节点传递,杆件以轴向受力为主,截面受力均匀,材料强度能够得到充分利用,结构的抗弯刚度较大。

2) 施工特点

钢桁梁桥施工方法灵活,既可采用"化整为零"的杆件散拼施工法,亦可采用"集零为整"

的节段拼装和整孔架设施工法,即先将桁架杆件拼装为小节段或整跨梁段,再运至桥位处安装。因此,钢桁梁桥能够适应峡谷山区、跨江跨海等不同桥位,以及不同运输条件、吊装能力和施工方法的要求。

采用杆件散拼施工,单元自重轻,可大大降低运输、吊装以及场地的要求,但桥位现场拼装工作量大,安装质量控制难度大;采用节段或整孔架设可以大大减少现场拼接作业量,加快施工速度,且桥梁施工质量也可得到有效保障,但这种施工对运输和吊装能力要求较高。图5-4a)~图5-4c)分别是东莞东江大桥、黄延高速跨线桥和孟加拉帕德玛大桥钢梁架设施工,分别采用杆件散拼、节段拼装和整孔架设的施工方法。

a)杆件散拼

b)节段拼装

c)整孔架设

图5-4 钢桁梁桥施工架设方法

3)适用范围

简支钢桁梁桥的经济跨径为60~120m,连续钢桁梁桥的经济跨径为100~280m,跨径超过300m时,钢桁梁桥的经济性会显著下降。

5.2 结构布置与构造

5.2.1 总体布置

钢桁梁桥的总体布置,是在满足净空和路线线形的要求下,确定桥跨、主桁、联结系和桥面系的位置、数量和尺寸等。

1)桥跨布置

两跨连续钢桁梁桥常采用等跨布置,三跨及以上的连续钢桁梁桥是否采用等跨布置,可根据桥位需要、建设规模、施工方法等因素确定。武汉长江大桥、孙口黄河大桥和沪苏通长江公铁大桥引桥等均为等跨布置的连续钢桁梁桥。考虑到结构受力的合理性,三跨及以上的连续钢桁梁桥也可采用不等跨布置。表5-1给出了10座国内外已建成的不等跨连续钢桁梁桥的桥跨布置,边中跨比最大为0.74,最小为0.33,大多为0.40~0.65。

10座国内外已建成的不等跨连续钢桁梁桥桥跨布置　　　表5-1

序号	桥　　名	国家	建成年代	桥梁类型	跨径布置(m)	边中跨比
1	五通岷江特大桥	中国	2018	铁路	140+224+140	0.63
2	石济黄河大桥	中国	2018	公铁两用	128+3×180+128	0.71
3	济南长清黄河大桥	中国	2017	公路	102+4×168+102	0.61
4	东莞东江大桥	中国	2009	公路	112+208+112	0.54
5	南腾巴赫美因河桥	德国	1994	铁路	83+208+83	0.40
6	Don N. Holt Bridge	美国	1992	公路	122+244+122	0.50
7	大岛大桥	日本	1976	公路	200+325+200	0.62
8	境水道大桥	日本	1975*	公路	96+240+96	0.40
9	黑之濑户大桥	日本	1974	公路	100+300+100	0.33
10	Foresthill Bridge	美国	1973	公路	195+263+195	0.74

注:*境水道大桥建成年代不确定。

我国铁路钢桥的设计与制造标准化程度较高,连续钢桁梁桥多采用等跨布置,主桁桁高、节间长度、主桁中心距等一般都与同等跨径的简支钢桁梁桥相同。图5-5分别为64m简支和2×64m、3×64m连续铁路单线栓焊下承式钢桁梁标准桁架形式。

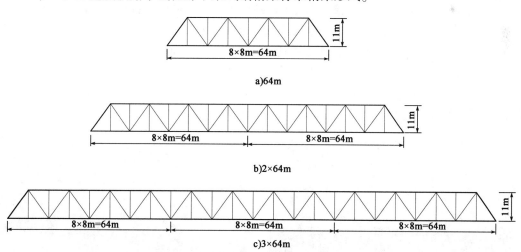

图5-5　铁路单线栓焊下承式钢桁梁标准桁架形式

2)主桁布置

主桁布置包括立面布置和横向布置。立面布置主要包括弦杆和腹杆的立面布置,以及桁高、节间长度等的确定;横向布置主要包括主桁横向数量和主桁中心距等的确定。

(1)立面布置

①弦杆立面布置。

主桁按弦杆立面布置形式的不同,可分为平行弦杆、曲线弦杆和加劲弦杆桁架。

平行弦杆桁架的桁高沿桥跨方向不变,上、下弦杆平行布置,杆件和节点类型较少,构造较为统一,特别适合标准化设计和装配化施工,多用于跨度较小的钢桁梁桥。平行弦杆桁架在简支和等跨的连续钢桁梁桥中应用较多。图5-2a)、图5-2d)和图5-4b)、图5-4c)实桥中的钢桁架均为平行弦杆桁架。

曲线弦杆桁架的桁高沿桥跨方向变化,上弦杆或下弦杆呈曲线布置,弦杆线形与结构弯矩包络图较为接近,内力分布较均匀,受力较合理,多用于大跨度钢桁梁桥。由于桁高与线形沿着纵桥向变化,导致杆件和节点类型较多,施工难度增加。表5-1中序号3、5、8、10对应的桥均为曲线弦杆钢桁梁桥,图5-6a)、图5-6b)分别为上承式和下承式曲线弦杆钢桁梁桥实例。

a)上承式　　　　　　　　　　　　　　b)下承式

图5-6　曲线弦杆钢桁梁桥

加劲弦杆桁架也称为第三弦杆桁架,主体结构为平行弦杆桁架,仅在桥墩附近的负弯矩区设加劲弦杆来改善结构受力,兼具平行弦杆与曲线弦杆桁架的优点,多用于大跨度钢桁梁桥。表5-1中序号1、2、4、7、9对应的桥均为加劲弦杆钢桁梁桥。加劲弦杆可以布置在平行弦杆的上方或下方,分别称为上加劲弦杆和下加劲弦杆,如图5-7a)、图5-7b)所示。此外,可通过在桥面上方设柔性拱来提高桁梁的刚度,形成强梁弱拱体系,图5-7b)所示的九江长江大桥主通航孔即为强梁弱拱结构。

a)上加劲弦杆　　　　　　　　　　　　b)下加劲弦杆

图5-7　加劲弦杆钢桁梁桥

②腹杆立面布置。

桁架根据腹杆布置形式的不同,分为三角形腹杆桁架(Warren Truss)、单斜式腹杆桁架(Pratt Truss)、菱形腹杆桁架(Bailey Truss)和K形腹杆桁架(K Truss)等,如图5-8所示。

常用的桁架形式是三角形腹杆桁架,如图5-8a)所示。这种桁架受力明确,构造简洁,杆件与节点类型少,便于标准化设计、制造和安装,常用于跨径较小的钢桁梁桥。当桁梁桥跨度增大时,桁高随之增大,为保证合理的节间长度和斜腹杆倾角,可增设竖腹杆,如图5-8b)所示。竖腹杆在上承式桁梁桥中按压杆设计,在下承式桁梁桥中按拉杆设计。

桁架腹杆布置还可以采用单斜式,如图5-8c)所示。桁架一侧相邻节间的斜腹杆平行布置,当桥上布满均布荷载及跨中作用有集中荷载时,竖腹杆(短杆)为压杆,斜腹杆(长杆)为拉杆,结构受力合理,材料利用率高,可用于中等跨度和大跨度钢桁梁桥。

随着桥梁跨度增大,为了满足桁梁强度和刚度的要求,桁高也相应增加,会导致斜腹杆过长。这时可采用菱形腹杆桁架[图5-8d)]或K形腹杆桁架[图5-8e)],以减小腹杆计算长度,合理调配节间长度,适应桥面系纵梁的跨度。与三角形腹杆桁架和单斜式腹杆桁架相比,菱形腹杆桁架和K形腹杆桁架杆件和节点类型较多,制造与拼装工作量较大。

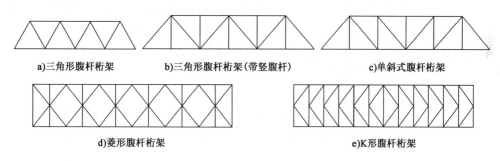

图5-8 主要桁架形式

③桁高。

桁高是主桁上、下弦杆重心间的距离,主要由桥梁跨度、容许建筑高度、桥面净空等因素决定。对于同等跨径的钢桁梁桥,桁高越高,弦杆受力越小,弦杆材料用量越少,但腹杆的长度会增加,用钢量也会增加。当弦杆和腹杆总的用钢量最少时,钢桁梁的用钢量最省,此时的桁高称为经济桁高,对应的高跨比为经济高跨比。表5-2列出了10座钢桁梁桥的主桁设计参数,前5座为简支钢桁梁桥,后5座为连续钢桁梁桥。

10座国内已建成的钢桁梁桥的主桁设计参数 表5-2

桥 名	桥梁类型	跨度(m)	腹杆布置形式	桁高(m)	节间长度(m)	斜腹杆倾角(°)	主桁中心距(m)	高跨比	宽跨比
平潭海峡大桥引桥	公铁两用	80	三角形	13.5	9.6	54.6	14.0	1/5.9	1/5.7
庐山站2号特大桥	铁路	96	三角形	12.0	12.0	63.4	14.0	1/8.0	1/6.9
奔牛大桥	公路	108	三角形	11.0	6.8	54.0	11.2	1/9.8	1/9.6
赵寨颍河双线特大桥	铁路	128	三角形	16.0	12.8	51.3	12.1	1/8.0	1/10.6
黄韩侯铁路新黄河特大桥	铁路	156	三角形	18.0	14.2	68.5	8.6	1/8.7	1/18.1
公安长江公铁两用大桥引桥	公铁两用	4×94.5	三角形	13.0	13.5	62.6	14.0	1/7.3	1/6.8

续上表

桥　名	桥梁类型	跨度(m)	腹杆布置形式	桁高(m)	节间长度(m)	斜腹杆倾角(°)	主桁中心距(m)	高跨比	宽跨比
孙口黄河大桥	铁路	4×108	三角形	13.6	12.0	48.6	10.0	1/7.9	1/10.8
沪苏通长江公铁大桥引桥	公铁两用	3×112	三角形	16.0	11.0	55.5	14.5	1/7.0	1/7.7
铜九线鄱阳湖特大桥	铁路	4×120	三角形	14.5	12.0	50.4	13.0	1/8.3	1/9.2
利津县黄河铁路特大桥	铁路	120+4×180+120	三角形	18.0	10.0	60.9	11.0	1/10.0	1/16.4

注:表中桁梁桥主桁均为平行弦杆桁架,高跨比为桁高与该桥最大跨径之比;斜腹杆倾角为斜腹杆与水平方向所夹的锐角;宽跨比为主桁中心距与该桥最大跨径之比。

④节间长度。

节间长度根据桁高、桥面系纵梁跨度等因素来确定。对于采用杆件散拼施工的钢桁梁桥,还应考虑杆件的运输长度。节间长度大,纵梁跨径大,纵梁用钢量增加,而纵梁占桥面系用钢量的比重较大,因此,节间长度不宜过大。节间长度小,杆件相对刚度大,其抵抗转动的能力强,杆件附加内力较大,因此,节间长度不宜过小。对于跨度较小的钢桁梁桥,节间长度为6~12m,跨径较大的桁梁桥的主桁节间长度可达12~15m。此外,节间长度还与斜腹杆倾角有关,倾角的合理范围为40°~70°。

(2)横向布置

钢桁梁桥多采用双主桁,实桥示例如图5-9a)所示。当采用双主桁无法满足桥宽等要求时,可采用三主桁,实桥示例如图5-9b)所示。三主桁钢桁梁桥在结构设计中要特别关注荷载横向分配问题。

a)双主桁　　　　　　　　　　　　　　b)三主桁

图5-9　主桁横向布置

主桁中心距的确定与桥面宽度、桥梁的横向刚度和倾覆稳定性等因素相关。下承式钢桁梁桥的主桁中心距应满足桥梁建筑限界的要求,上承式钢桁梁桥还应满足横向抗倾覆的要求。此外,铁路钢桁梁桥要求横向挠度不宜超过计算跨度的1/4000,主桁中心距不宜小于计算跨度的1/20。

3)联结系布置

(1)纵向联结系布置

《公路钢结构桥梁设计规范》(JTG D64—2015)规定:钢桁梁应在主桁上、下弦杆的水平面内分别设置纵联。当钢桁梁桥面系置于某一纵联平面内时,该平面内可不设纵联,但施工阶段仍应设置临时纵联。《铁路桥梁钢结构设计规范》(TB 10091—2017)规定:当钢梁采用整体桥面时,可不设纵联;采用纵、横梁桥面时,为保证结构的整体稳定及传递水平力,钢梁应设置上、下平纵联。此外,纵联不宜与纵梁直接连接。

(2)横向联结系

《公路钢结构桥梁设计规范》(JTG D64—2015)规定:上承式桁梁应在两端及跨间设横联;下承式桁梁应在两端设桥门架,跨间设门架式横联,其间距不宜超过两个节间;半穿式桁架应在每个横梁竖向平面内设置半框架。

(3)制动联结系

《铁路桥梁钢结构设计规范》(TB 10091—2017)规定:当采用纵、横梁体系的桥面系时,跨度大于48m 的钢梁应在桥跨的中部设制动联结系;当纵梁连续长度大于48m 时,也应在中部设制动联结系。考虑到汽车在钢桁梁桥上制动产生的纵向力比列车小得多,公路钢桁梁桥一般不设制动联结系。图5-10 所示为某已建成铁路钢桁梁桥的制动联结系平面示意,虚线框内的杆件为制动联结系杆件。

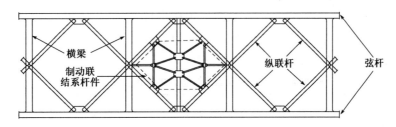

图5-10 某铁路钢桁梁桥制动联结系

4)桥面系布置

纵梁与横梁一般采用正交梁格体系,横梁垂直于主桁平面布置,并与节点相连接,纵梁垂直于横梁布置,并与横梁连接。桥面板置于纵、横梁之上,与纵、横梁连接。

5.2.2 主桁构造

1)主桁杆件

主桁杆件宜采用对称截面,不宜采用由缀板组合的焊接杆件,常用的截面形式有 H 形和箱形。焊接 H 形截面由两块竖板(翼板)和一块平板(腹板)焊接而成,具有加工制造简单、连接方便等优点,多用于腹杆,亦可用于跨径不大的钢桁梁桥的弦杆。H 形截面的缺点是截面绕弱轴的惯性矩小,用作压杆时不经济,且当杆件平置时,易积水、积灰,因此,腹板上须开泄水孔,孔径一般不应小于50mm。焊接箱形截面由两块竖板(腹板)和两块平板(盖板)焊接而成,截面横向设横隔板,钢板纵向设加劲肋,具有刚度大、力学性能优良等优点,多用于主桁弦杆和内力较大的腹杆。箱形截面的缺点是组装、焊接、螺栓连接等都比 H 形截面复杂。当采用 H 形截面时,截面的宽度和高度应保证在两竖板形成的凹槽内有足够的施焊空间,同时也要考虑节点螺栓连接时所需的工作宽度;当采用箱形截面时,应预留手孔并保证杆件内部具有足够的操作空间,截面两端也应进行封闭,防止水和杂物等进入杆件内部,但对于易积水处应设置排水孔。图5-11 所示为东莞东江大桥主桁杆件典型截面实桥示例,其中图5-11a)为箱形截面弦杆,图5-11b)为 H 形截面腹杆。

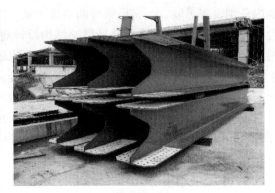

a)箱形截面弦杆　　　　　　　　　b)H形截面腹杆

图 5-11　东莞东江大桥主桁典型杆件

主桁杆件板厚应满足构造要求,通常受压杆件的板件宽厚比与钢材牌号、板件类型以及杆件长细比 λ 等有关,受拉焊接杆件的板件最大厚度应根据钢材材质、拉应力的大小及最低设计温度等因素确定。《铁路桥梁钢结构设计规范》(TB 10091—2017)规定:当受压杆件采用焊接 H 形和箱形截面时,板件的宽厚比 b/t 的最大值应满足表 5-3 中的规定;H 形压杆的腹板厚度还应满足:对于铆接杆件,不宜小于 $0.4t$。对于焊接杆件,当 $t \geq 24mm$ 时,不宜小于 $0.5t$;当 $t < 24mm$ 时,不宜小于 $0.6t$,此处 t 为翼板厚度。

焊接 H 形和箱形截面压杆板件的宽厚比最大值　　　　　表 5-3

序号	板件类型	钢材牌号							
		Q235q		Q345q、Q370q		Q420q		Q500q	
		λ	b/t	λ	b/t	λ	b/t	λ	b/t
1	H 形截面中的腹板	<60	34	<50	30	<45	28	<40	26
		≥60	0.4λ+10	≥50	0.4λ+10	≥45	0.4λ+10	≥40	0.4λ+10
2	H 形或 T 形截面无加劲肋的伸出肢	<60	13.5	<50	12	<45	11	<40	10
		≥60	0.15λ+4.5	≥50	0.14λ+5	≥45	0.14λ+4.7	≥40	0.14λ+4.5
3	箱形截面中无加劲肋的两边支承板	<60	33	<50	30	<45	28	<40	26
		≥60	0.3λ+15	≥50	0.3λ+15	≥45	0.3λ+14.5	≥40	0.3λ+14
4	箱形截面中 n 等分线附近各设一条加劲肋的两边支承板	<60	28n	<50	24n	<45	22n	<40	20n
		≥60	(0.3λ+10)n	≥50	(0.3λ+9)n	≥45	(0.3λ+8.5)n	≥40	(0.3λ+8)n

注:b、t 如图 5-12 所示,图中 $b_1 \sim b_4$、$t_1 \sim t_4$ 分别对应表 5-3 中序号 1、2、3、4 项中的 b 与 t。

主桁杆件应满足刚度、强度、稳定和疲劳等性能要求,杆件验算方法见 5.4.2 节。

2)节点

根据制造与施工工艺的不同,节点可分为拼接式节点、整体式节点和全焊管节点。

拼接式节点通过在杆件外侧设置节点板,并采用螺栓使节点板与杆件密贴,从而实现杆件之间的连接。拼接式节点构造如图 5-13 所示。这类节点构造简单,拼装方便,但拼装工作量较大。《公路钢结构桥梁设计规范》(JTG D64—2015)规定拼接式节点的构造应满足下列要求:①节点板应与杆件的接触面全部密贴;在支承处,节点板宜低于桁架下弦 10~15mm,下缘应磨光并与支承垫板顶紧。②主桁拼接板的总净截面面积应较被拼接杆件的净截面面积大

10%;被拼接的两弦杆的截面面积不等时,拼接板应按截面面积较大的弦杆来计算。③对于焊接H形截面杆件,节点板应栓接或铆接于翼缘板,拼接用高强度螺栓或铆钉的数量,应考虑腹板面积;此时杆件腹板伸入节点板中的长度,不应小于腹板宽度的1.5倍;连接杆件的高强度螺栓或铆钉应和杆件的轴线相对称。

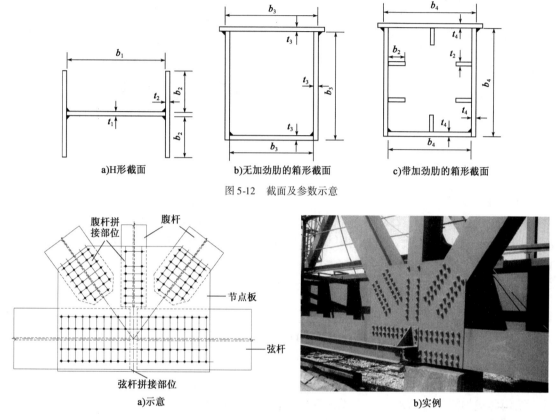

图5-12　截面及参数示意

图5-13　拼接式节点构造

整体式节点是将节点板和与之相连的弦杆预先在工厂焊接成整体,再在现场进行杆件的拼装。节点板同时作为节点处弦杆的腹板,避免了节点处焊缝或螺栓的集中,改善了节点受力。与拼接式节点相比,整体节点具有质量可靠、精度高、现场作业量小等优点。整体式节点构造如图5-14所示。《公路钢结构桥梁设计规范》(JTG D64—2015)规定整体式节点构造应满足下列要求:①节点板圆弧半径宜大于1/2弦杆高度;②节点板与弦杆竖板对接焊缝宜在弧端以外100mm以上,该对接焊缝与相邻隔板的间距也应在100mm以上;③节点板内应设置横隔板,当存在横梁时应与横梁腹板相对应。

主桁杆件采用钢管的管结构桁梁桥一般采用全焊管节点,即杆件之间采用直接焊接连接,构造简洁,整体性较好。

3)杆件拼接

主桁杆件拼接方式与节点类型有关。对于拼接式节点,弦杆、腹杆的拼接位置均在节点范围内,节点板分别与弦杆和腹杆通过螺栓连接成整体,如图5-13a)所示。对于整体式节点,弦杆的拼接位置在节点范围之外,是弦杆间的拼接,通常采用拼接板和螺栓将杆件连接成整体;腹杆拼接位置在节点范围内,通过螺栓与节点板连接成整体,如图5-14a)所示。对于焊接管节点,腹杆与弦杆在节点位置通过焊接连接为整体。

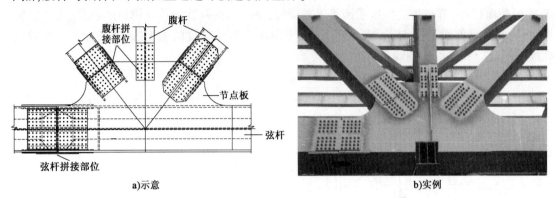

图 5-14　整体式节点

5.2.3　联结系构造

1)联结系形式

纵联常见结构形式有交叉形、菱形、K 形等,如图 5-15 所示。《公路钢结构桥梁设计规范》(JTG D64—2015)和《铁路桥梁钢结构设计规范》(TB 10091—2017)均规定纵向联结系不宜采用三角形。

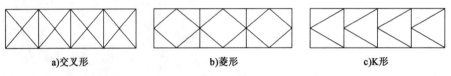

图 5-15　纵联常见结构形式

上承式钢桁梁桥横联的设置不受桥面净空的限制,可根据结构构造与受力要求灵活布置,常见结构形式如图 5-16a)所示。下承式钢桁梁桥横联的设置必须考虑桥面净空要求,横联及桥门架常见结构形式如图 5-16b)、图 5-17 所示。

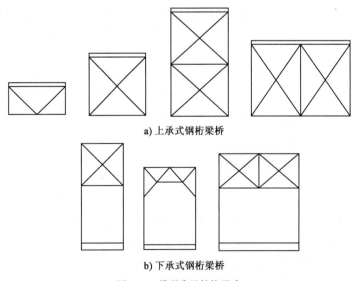

图 5-16　横联常见结构形式

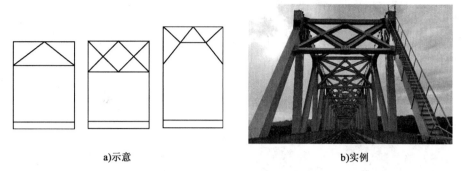

图 5-17 桥门架常见结构形式

联结系杆件所受内力较小,截面尺寸较小,可采用 I 形、L 形或 T 形截面,杆件之间多采用螺栓连接。桥门架端斜腹杆同时要承受支座反力,杆件截面尺寸较中横联更大,多采用箱形截面。《铁路桥梁钢结构设计规范》(TB 10091—2017)规定,联结系角钢肢最小厚度不小于 10mm。

2)联结系与主桁的连接

联结系杆件与主桁通常采用螺栓连接,纵联杆件通过与主桁节点处外伸的连接板连接,横联通过与主桁节点和腹杆外伸的连接板连接。图 5-18 所示为实桥中主桁与联结系的连接构造。

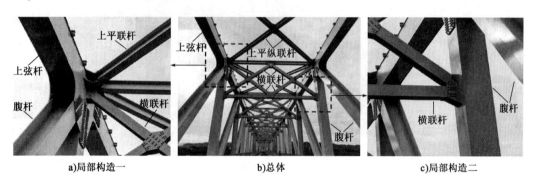

图 5-18 实桥中主桁与联结系的连接构造

5.2.4 桥面系构造

1)桥面板

钢桁梁桥的桥面板可采用混凝土桥面板或正交异性钢桥面板,结构构造参见本书第 3 章和第 4 章。

2)横梁与纵梁

纵、横梁一般采用工字形梁,按受弯构件设计。通常横梁高于纵梁,纵梁与横梁上翼缘等高布置,此时,纵梁不能连续通过,需要在横梁处断开。为保证纵梁仍为连续结构,可采用图 5-19 所示的高强度螺栓连接构造。

3)横梁与主桁的连接

当节点处无竖腹杆,只有弦杆伸出的连接板时,必须将连接板加强后与横梁连接。若节点处有竖腹杆,可将横梁连接到竖杆上,构造较为简单,但对竖腹杆受力不利。常见的做法是,在节点处伸出一块连接板,横梁与连接板通过高强度螺栓连接,而横梁与竖腹杆的连接是通过横梁和竖腹杆腹板位置上嵌入与之连成一体的肋板,并通过拼接角钢或钢板从两侧拼接起来。或者将弦杆伸出的连接板设计成与横梁等高,并将连接板与弦杆和竖杆焊接在一起。图 5-20 所示为横梁与主桁连接实桥示例。此外,《公路钢结构桥梁设计规范》(JTG D64—2015)中规定:直接承受汽车荷载的横梁,其下翼缘宜在距离节点板 10cm 处切断。

图 5-19　实桥中桥面系纵、横梁构造

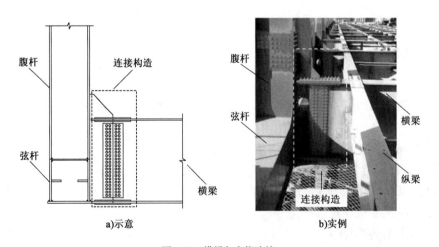

图 5-20　横梁与主桁连接

5.3 结构简化计算

5.3.1 简化计算方法

钢桁梁桥承受的人群、车辆等竖向荷载，首先由桥面板传给纵、横梁，再通过横梁传至节点，以节点荷载的形式传递给主桁，最后传给支座和下部结构。风荷载等水平向荷载由纵联直接传给支座，或通过端横联（桥门架）传给支座，最后传至下部结构。因此，钢桁梁桥的内力计算可以简化为竖向荷载作用下主桁和桥面系的内力计算，以及横向水平荷载作用下联结系的内力计算。

竖向荷载作用下，主桁可简化为竖直平面的铰接桁架进行内力计算。由于主桁大多采用刚性节点，在受到杆件自重、轴向力对杆件重心的偏心作用以及制造误差等的影响时，会不可避免地产生次内力。当杆件截面高度与节间长度之比大于以下规定：①非整体节点的简支桁梁大于1/10；②连续梁支点附近的杆件及整体节点钢桁梁杆件大于1/15时，应考虑节点刚性的影响。

主桁在竖向荷载作用下产生挠曲变形，带动了与主桁节点相连的纵联和桥面系纵横梁的变形，进而使得纵联和桥面系纵横梁产生次内力，称为空间效应，如图5-21所示。在考虑空间效应时，纵联及桥面系纵横梁会分担一部分主桁所承担的竖向荷载，对主桁是有利的。因此，主桁杆件内力计算可偏安全地忽略空间效应的影响。

横向水平荷载作用下，纵联可简化为由上平纵联（下平纵联）与其相应平面内的主桁上弦杆（下弦杆）组成的相应水平面内的桁架进行内力计算。此外，还应考虑主桁空间效应引起纵联杆件的次内力。横联在水平横向荷载作用下可按横桥向平面内的桁架或框架计算。对于下承式钢桁梁桥中的桥门架，在将上平纵联横向水平荷载传递至支座时，使得主桁端斜腹杆和下弦杆分别产生了附加内力，称为桥门架效应，在计算中应予考虑。桥面系横梁在竖向荷载作用下，横联形成的框架杆件也将产生附加内力，称为框架效应，在计算中也应予考虑。桥门架效应与框架效应示意如图5-21所示。

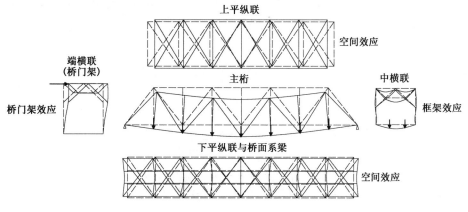

图5-21 钢桁梁桥简化计算分解模型

桥面系纵、横梁应按竖向荷载作用下单独受载的受弯构件计算。此外,还应考虑主桁空间效应引起的纵梁附加轴力和横梁附加弯矩。

基于以上分析,钢桁梁桥的简化计算分三步进行:第一步,把钢桁梁桥分解为主桁、联结系和桥面系等独立的平面结构,如图 5-21 所示,分别进行竖向和横向水平荷载作用下的内力计算;各平面结构共有的构件(如主桁与纵联共有弦杆)的内力按其所在平面结构分别计算;第二步,计算由节点刚性、空间效应和框架效应等引起的结构次内力;第三步,将第一步和第二步计算得到的内力进行叠加,即可得到结构的内力。

5.3.2 主桁简化计算

主桁简化计算主要包括恒载和活载作用下的内力计算。计算方法是先确定恒载与活载的量值和加载位置,再通过结构力学的方法确定桁架各杆件的内力影响线面积,最后计算出桁架杆件内力。

1)恒载计算

恒载计算时除了杆件自重,还应考虑螺栓、拼接板、焊缝等的质量。

2)活载计算

公路与铁路活载作用分别参考《公路桥涵设计通用规范》(JTG D60—2015)和《铁路桥涵设计规范》(TB 10002—2017)。铁路桥梁活载与公路桥梁活载计算最大的不同在于铁路桥梁考虑活载发展均衡系数,下文仅介绍活载发展均衡系数。

在铁路钢桥设计中,为了保证在较长时期内适应机车车辆载重增大的需要,设计时应在现今使用的列车活载基础上预留一个发展系数。可采取两种方法:①在计算主力组合时乘以活载发展系数;②按相应桥跨的检定载重进行检算。

活载发展均衡系数计算公式为

$$\eta = 1 + \frac{1}{6}(\alpha_{max} - \alpha) \tag{5-1}$$

式中:α——杆件恒载内力与包括冲击力的活载内力之比;

α_{max}——该桁架所有弦杆中最大的 α 值。

3)影响线面积计算

下文以一简支三角形腹杆桁架为例,进行主桁杆件内力影响线面积计算,公式中各参数含义如图 5-22 所示。

①弦杆影响线面积:

$$\Omega = \frac{l_1 l_2}{2H} \tag{5-2}$$

②斜腹杆影响线面积:

$$\Omega_1 = \frac{m^2 d}{2(n-1)\sin\theta} \tag{5-3}$$

$$\Omega_2 = \frac{-(n-m-1)^2 d}{2(n-1)\sin\theta} \tag{5-4}$$

$$\sum \Omega = \Omega_1 + \Omega_2 = \frac{(2m-n+1)d}{2\sin\theta} \tag{5-5}$$

③竖杆影响线面积:

$$\Omega = d \tag{5-6}$$

④支座反力影响线面积:

$$\Omega = \frac{l}{2} \tag{5-7}$$

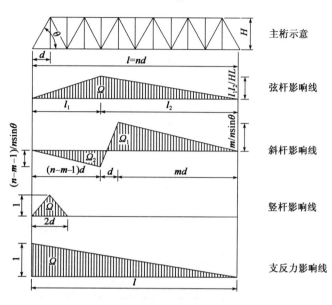

图 5-22 影响线面积计算

4) 横向分布系数及冲击系数

对于双主桁钢桁梁桥,在偏载不利的情况下,按杠杆原理计算车辆及人群荷载的横向分布系数 m_c 和 $m_人$。计算车辆活载对桥梁的动力作用时,冲击系数 μ 的取值可参考表 5-4。

冲 击 系 数　　　　　　　　　　　　　　　表 5-4

公路钢桥冲击系数		铁路钢桥冲击系数	
结构种类	冲击系数	结构种类	冲击系数
主桁、桥面系等	$15/(37.5+L)$	简支或连续钢桥跨结构等	$28/(40+L)$

5) 主桁杆件内力计算

恒载作用下的内力:

$$N_p = p\Omega_p \tag{5-8}$$

式中:p——每片主桁的均布荷载;

Ω_p——恒载作用下杆件影响线面积。

活载作用下的内力:

$$N_k = (1+\mu)m_c k \Omega_k + m_人 p_人 \Omega_k \tag{5-9}$$

式中:$p_人$——人群荷载强度;

k——车辆荷载强度;

Ω_k——活载作用下杆件影响线面积。

5.3.3 联结系简化计算

1）纵向联结系内力计算

(1) 横向水平荷载作用下纵联内力计算

以下承式钢桁梁桥为例。首先将纵联视为独立的平面桁架,分别针对作用于上、下弦杆的横向水平荷载进行分析;其次将纵联简化为两端简支的桁架计算,其中,桥门架为上平纵联的支点,支座为下平纵联的支点,支点反力 R 和 r 分别由桥门架侧向刚度和支座的约束刚度决定。横向水平荷载 $W(w)$ 作用下纵联简化计算模型如图 5-23 所示。纵联杆件内力 N_w 计算方法与主桁杆件相同。

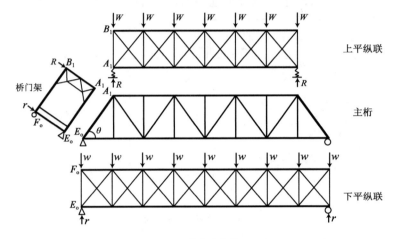

图 5-23　纵联简化计算模型示意

上、下平纵联的横向水平力 $W(w)$ 分配比例由桁架的各部分的刚度比决定。为简化计算,《铁路桥梁钢结构设计规范》(TB 10091—2017) 规定了横向水平力的分配系数按表 5-5 取值。

横向水平力在纵联的分配系数　　表 5-5

横向水平力	桥面系所在的纵联平面	另一纵联平面
主桁风力	0.5	0.5
桥面系风力、列车风力、车辆摇摆力、离心力	1.0	0.2

(2) 空间效应引起的纵联杆件内力计算

交叉形纵向联结系斜杆内力为

$$N_f = \frac{N}{A} \times \frac{A_f \cos^2\alpha}{1 + 2\dfrac{A_f}{A_c}\sin^3\alpha + \dfrac{A_f}{A}\cos^3\alpha} \tag{5-10}$$

交叉形且横梁兼作撑杆时联结系斜杆内力为

$$N_f = \frac{A_f\left(\dfrac{N}{A}\cos^2\alpha + 0.6\sigma_b\sin^2\alpha\right)}{1 + 4\dfrac{A_f}{A_b}\sin^3\alpha + \dfrac{A_f}{A}\cos^3\alpha} \tag{5-11}$$

$$N_{\mathrm{f}} = \frac{N}{A} \times \frac{A_{\mathrm{f}}\cos^2\alpha}{1 + 2\dfrac{A_{\mathrm{f}}}{A_{\mathrm{c}}}\sin^3\alpha + \dfrac{A_{\mathrm{f}}}{48I}B^2\cos^3\alpha + \dfrac{A_{\mathrm{f}}}{A}\cos^3\alpha} \tag{5-12}$$

交叉形、菱形纵向联结系撑杆内力为

$$N_{\mathrm{c}} = \sum N_{\mathrm{f}}\sin\alpha \tag{5-13}$$

式中：N、A——弦杆内力、毛截面面积；

N_{f}、A_{f}——联结系斜杆内力、毛截面面积；

N_{c}、A_{c}——联结系撑杆内力、毛截面面积；

A_{b}——横梁毛截面面积；

I——弦杆（翼缘）对竖轴的毛截面惯性矩；

α——联结系杆与弦杆的交角；

σ_{b}——横梁按竖向荷载和毛截面计算的最大纤维应力；当 σ_{b} 和 N 的符号相反时，可按不利的内力组合，假定式中的 σ_{b} 或 N 为 0。

2）横向联结系内力计算

（1）横向水平荷载作用下桥门架内力计算

下承式钢桁梁桥中，桥门架按图 5-24 所示的图式计算。桥门架承受由上平纵联传递来的横向水平荷载 R。计算时，首先求出端斜腹杆反弯点的位置，再以反弯点以上的框架结构为隔离体，根据平衡条件计算出各个杆件的内力。

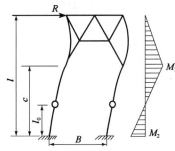

a) 端斜腹杆反弯点计算　　b) 端斜腹杆内力计算　　c) 端斜腹杆与端下弦杆的内轴力效应

图 5-24　桥门架计算图式

反弯点位置的计算公式为

$$l_0 = \frac{c}{2}\frac{(2l+c)}{(l+2c)} \tag{5-14}$$

式中：l_0——端斜腹杆下端至反弯点的距离；

l——端斜腹杆的长度；

c——端斜腹杆下端至长斜撑下端的距离。

端斜腹杆在反弯点的两侧受到反号弯矩的影响，其正负弯矩值 M_1 和 M_2 分别为

$$M_1 = -\frac{c - l_0}{2}R \tag{5-15}$$

$$M_2 = \frac{l_0}{2}R \tag{5-16}$$

在确定了反弯点的位置后,可取桥门架在反弯点以上部分为隔离体进行计算。两端斜腹杆的反弯点处将产生大小相等、方向相反的竖直分力 N_{w1},迎风面端斜腹杆承受拉力,背风面端斜腹杆承受压力,如图 5-24b)所示。由受力平衡条件可得:

$$Q_0 = \pm \frac{1}{2}R \tag{5-17}$$

$$N_{w1} = \pm \frac{l - l_0}{B}R \tag{5-18}$$

由于端斜腹杆在横向水平荷载作用下会产生轴力,根据节点的受力平衡可知,与端斜腹杆下端相邻的主桁端下弦杆会产生相应的附加轴力 N_{w2},如图 5-24c)所示。端斜腹杆受拉时,端下弦杆附加轴力为压力;端斜腹杆受压时,下弦杆附加轴力为拉力,计算公式为

$$N_{w2} = N_{w1}\cos\theta = \frac{R(l - l_0)}{B}\cos\theta \tag{5-19}$$

式中:B——主桁中心距;

θ——端斜腹杆与水平线的交角;

$l - l_0$——桥门架端斜腹杆顶端至反弯点的距离。

上述计算分析表明,桥门架在将上平纵联横向水平荷载传递至支座时,使得主桁架端斜腹杆和下弦杆分别产生了附加内力 N_{w1} 和 N_{w2},应与竖向荷载作用下的主桁内力叠加。

(2)竖向荷载作用下横联内力计算

下承式钢桁梁桥中,主桁的竖杆与桥面系横梁、横联杆件构成一个横向闭合框架。横梁在竖向荷载作用下横联内力计算可按如图 5-25 所示框架模型计算。

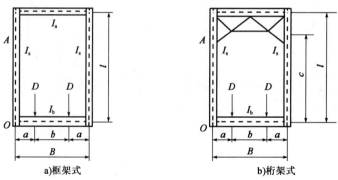

图 5-25 平面框架效应计算图式

节点 O 处弯矩:

$$M_O = -\frac{3}{(2 - 0.5\beta)\frac{i_b}{i_s} + 3}\mu M \tag{5-20}$$

节点 A 处弯矩:

$$M_A = -\frac{1}{2}\beta M_O \tag{5-21}$$

$$\beta = \frac{1}{1 + 1.5\frac{i_s}{i_a}} \tag{5-22a}$$

$$\beta = c/l \tag{5-22b}$$

式中：μ——横梁按简支梁计算的平均弯矩与跨中最大弯矩之比；对横梁恒载及双线铁路桥反力所产生弯矩，取 $\mu = 2/3$；对单线桥纵梁反力所产生弯矩，取 $\mu = (a+b)/B$；

β——图 5-25a)所示框架 β 按式(5-22a)取值，图 5-25b)所示框架 β 按式(5-22b)取值；

i_a、i_b、i_s——框架横撑、横梁与竖杆在框架面内的刚度系数 $i_a = EI_a/B$，$i_b = EI_b/B$，$i_s = EI_s/c$；

I_a、I_b、I_s——框架横撑、横梁与竖杆在框架面内的惯性矩；

M——横梁按简支梁计算的跨中最大弯矩。

求出 A 和 O 处结构内力后，即可求解其平面框架中其他杆件的内力。与桥门架效应相同，框架效应引起的主桁次内力应与竖向荷载作用下主桁内力进行叠加，主桁相应节点和腹杆截面应加强设计。对于上承式钢桁梁桥，横联一般为桁架结构，在竖向荷载作用下不产生框架效应。

5.3.4 桥面系简化计算

桥面系简化计算包括桥面板和纵、横梁的简化计算。混凝土桥面板和正交异性钢桥面板的简化计算方法分别参见本书第 3 章和第 4 章的相关内容，下文仅介绍纵、横梁的简化计算方法。纵、横梁先按简支梁计算内力，再对支点和跨中处内力进行修正，即可得到结构内力。

1) 纵梁内力简化计算

纵梁承受自重和由桥面板传来的竖向荷载。《铁路桥梁钢结构设计规范》(TB 10091—2017) 规定：栓、铆接纵梁在竖面内的弯矩、剪力和反力可按跨径等于横梁中距的简支梁计算。当设有鱼形板、牛腿或其他能承受支点弯矩的结构时，则纵梁与横梁的连接应能承受全部纵梁纵向力和支点弯矩，该弯矩可按纵梁跨中弯矩的 0.6 倍计算，且纵梁跨中弯矩取 0.85 倍按简支梁计算得到的跨中弯矩，连接横梁腹板的角钢肢上的焊钉数量应按简支反力增加 10%。

2) 横梁内力简化计算

横梁承受自重和由纵梁传来的荷载。根据《铁路桥梁钢结构设计规范》(TB 10091—2017) 规定：栓、铆接横梁在竖向的弯矩、剪力和反力可按跨径等于主桁中距的简支梁计算。纵梁传来的集中荷载，其值等于与横梁连接的纵梁的反力之和。当横梁兼作横向联结系撑杆时，还应考虑其作为撑杆所受的力。

端横梁(位于桁梁两端的横梁)的内力计算考虑以下两部分作用：一是桥梁运营时承受纵梁传来的外力，此时只承受一孔纵梁的荷载，所承受的力较中间横梁小；二是钢梁安装或检修工作中常需要将整孔梁顶起，这时端横梁就作为起重横梁使用，需要按起重横梁计算。《铁路桥涵设计规范》(TB 10002—2017) 规定：起重横梁所承受荷载按起顶重量超载 30% 计算。

此外，对于半穿式桁梁桥的横梁，应计入横向半框架的水平抗力所产生的附加弯矩。该水平抗力系作用于受压弦杆的截面重心处，方向朝半框架内，大小为受压弦杆轴向力的 1%。

3) 空间效应引起的桥面系纵、横梁内力计算

①竖向荷载产生的纵梁纵向力应按下式计算：

$$N_m = tm\left(1 - \frac{m-1}{n}\right)\frac{K\sigma_{\mathrm{aver}}L}{1+\xi} \tag{5-23}$$

$$K = 3IB/[a^3(2c + a)]$$

$$\xi = \frac{K(n+1)(n+2)}{6n}\left(\frac{L}{A_{aver}} + \frac{L}{A_z}\right)$$

式中：L——跨长（当纵梁无断缝时）或纵梁两断缝间长度；

n——在 L 长度内桥面系节间总数；

m——从跨端或段端数起，进行验算的节间的序号；

I——横梁对竖轴的毛惯性矩；

a、c——a 为纵梁至弦杆中线距离，c 为相邻纵梁中线距离；

σ_{aver}——$\sigma_{aver} = (\sum S^0 d/A)/L$，不考虑共同受力时在 L 长度内桥面系所在平面的桁梁弦杆应力的平均值；

S^0——不考虑共同受力时，各弦杆在竖向载重下的内力，计算时对于所有弦杆应采用相同的活载位置，但为简化计算起见，S^0 可采用各弦杆内力影响线最不利的加载情况下的数值；

A——桁架各弦杆的毛截面面积；

d——桁架梁节间长度；

A_{aver}——在 L 长度内桁架弦杆毛截面面积的平均值；

A_z——纵梁毛截面面积；

t——考虑连接处松动沉落度的系数，对用铆钉连接的纵梁为 0.7，用高强度螺栓连接的纵梁用 0.8。

最大的 N_m 发生在跨度中间（或纵梁两断缝中间），即 n 为偶数时，$m = n/2$；n 为奇数时，$m = (n-1)/2$。

②两纵梁之间的横梁因水平面内的挠曲而产生的应力，应按下式计算：

$$\sigma_y = 1.5t\frac{I}{I_j}\left(1 - \frac{2m-2}{n}\right)\frac{\sigma_{aver}Lb}{a(2c+a)(1+\xi)} \tag{5-24}$$

式中：m——从跨端或段端数起，进行检算的横梁的序号；

b——横梁翼缘宽度；

I_j——横梁对竖向轴的净惯性矩。

最大的 σ_y 应力发生在端横联（$m=1$）上。

根据 5.3.1 节提出的简化计算方法的第三步，需要对上述计算得到的杆件内力进行叠加。表 5-6 中仅给出了按前文方法计算得到的主桁弦杆、腹杆、端斜腹杆和纵联杆的内力，节点刚性引起的次内力等未包含在内。为方便表述，表中给出了主桁和平联示意图，并对节点进行编号。

杆件内力汇总 表 5-6

序号	杆件类型	杆件编号	需要叠加的内力	图 式
1	弦杆	A_1A_2	N_p、N_k、N_w	
2		E_0E_1	N_p、N_k、N_w、N_{w2}	
3	腹杆	A_1E_1	N_p、N_k、M_A	
4	端斜腹杆	A_1E_0	N_p、N_k、N_{w1}、M_w	

续上表

序号	杆件类型	杆件编号	需要叠加的内力	图 式
5	纵联杆	A_2B_1	N_w,N_f	
6		A_2B_2	N_w,N_c	

5.4 结构设计与验算

5.4.1 设计流程

钢桁梁桥的设计与验算主要包括桥面系、主桁、联结系等的设计与验算,以及桥梁的成桥整体验算和施工过程验算等,具体流程如图5-26所示。

钢桁梁桥的设计与验算主要参考《公路钢结构桥梁设计规范》(JTG D64—2015)中的相关条文规定,未规定的部分主要参考《铁路桥梁钢结构设计规范》(TB 10091—2017)中的相关条文规定。

5.4.2 主桁设计与验算

1) 主桁杆件内力组合

铁路钢桥采用容许应力法,内力在进行组合时要考虑容许应力提高系数。以主桁弦杆为例说明其部分内力组合情况,见表5-7。表中仅列出了5.3节计算得到的弦杆主要轴力及部分内力组合。

内力组合与容许应力提高系数　　　　表5-7

序号	内　力　组　合		容许应力提高系数
1	主力	$N_p + N_k$	1.00
2	主力+附加力	$N_p + N_k + N_w$	1.30
3	主力+面内次应力(或面外次应力)	$N_p + N_k + N_{w2}$	1.20
4	主力+面内次应力(或面外次应力)+风力(或制动力)	$N_p + N_k + N_{w2} + N_w$	1.45

公路钢桥采用概率极限状态设计法,内力在进行组合时要考虑荷载分项系数,具体的荷载分项系数取值见本书第2章表2-21。同样以主桁弦杆为例说明其部分内力组合情况,式中仅列出了5.3节计算得到的弦杆主要轴力及其组合,符号含义同前文。

$$N_d = \gamma_0 \left[\gamma_{G1} N_p + \gamma_{L1} \gamma_{Q1} N_k + \psi_c \sum_{j=2}^{n} \gamma_{Lj} \gamma_{Qj} (N_w, N_{w2}) \right] \qquad (5-25)$$

2) 主桁杆件验算

主桁杆件应根据其受力情况,按拉杆、压杆、拉压杆、拉弯和压弯杆件计算其强度和稳定性,焊接杆件除压杆外均需验算疲劳强度。主桁杆件具体验算内容见表5-8。铁路钢桁梁桥主桁杆件具体验算内容与方法参见《铁路桥梁钢结构设计规范》(TB 10091—2017)第4.2节强度及稳定计算。

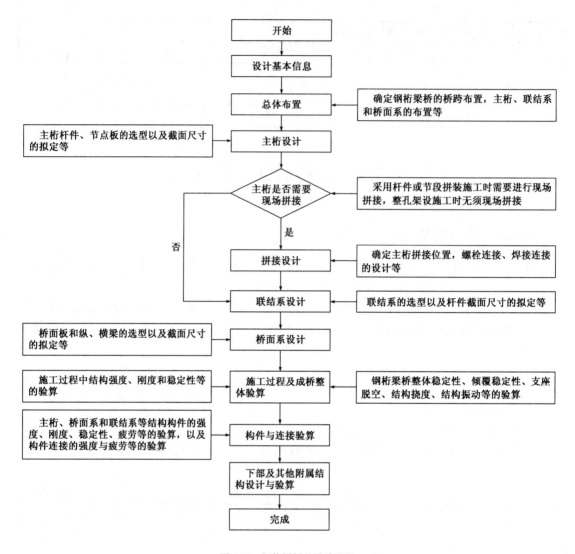

图 5-26 钢桁梁桥的设计流程

主桁杆件具体验算内容　　　　　　　　　　　　表 5-8

杆件类别	验算内容	杆件类别	验算内容
轴心受拉杆件	刚度、强度、疲劳	拉弯杆件	刚度、强度、疲劳
轴心受压杆件	刚度、强度、稳定性	压弯杆件	刚度、强度、稳定性
轴心受力拉压杆件	刚度、疲劳	—	—

(1) 刚度验算

公路及铁路钢桥设计规范均通过长细比限值对钢桁梁杆件的刚度作出了规定,其计算公式如下:

$$\lambda_x = \frac{l_x}{r_x} \leqslant [\lambda] \tag{5-26}$$

$$\lambda_y = \frac{l_y}{r_y} \leq [\lambda] \qquad (5\text{-}27)$$

式中:λ——杆件计算长细比,其限值见表 5-9;

l_x、l_y——杆件相对于 x 轴、y 轴的计算长度,其取值见表 5-10;

r_x、r_y——杆件相对于 x 轴、y 轴的回转半径;

$[\lambda]$——杆件容许长细比。

主桁杆件容许最大长细比 表 5-9

类别	杆件		容许最大长细比
公路钢桁梁	受压弦杆、受压或受拉-压腹杆		100
	仅受拉弦杆		130
	仅受拉腹杆		180
铁路钢桁梁	弦杆、受压或受反复应力的杆件		100
	不受活载腹杆		150
	仅受拉腹杆	长度 <16m	180
		长度 >16m	150

主桁杆件计算长度 表 5-10

类别	杆件	平面内	平面外
弦杆	弦杆	l_0	l_0
	端斜腹杆、端立杆、连续梁中间支点处立柱或斜腹杆作为桥门架时	$0.9l_0$	l_0
腹杆	无相交或无交叉	$0.8l_0$	l_0
	与杆件相交或交叉(不包括与拉杆交叉)	l_1	l_0
	与拉杆相交叉	l_1	$0.7l_0$

注:l_0 为主桁各杆件的几何长度,l_1 为从相交点至杆端节点中较长的一段长度。

(2)强度验算

①轴心受拉构件。

轴心受拉构件承载力应满足下式要求(高强度螺栓摩擦型连接处除外):

$$\gamma_0 N_d \leq A_0 f_d \qquad (5\text{-}28)$$

式中:N_d——轴心拉力设计值;

A_0——净截面面积。

高强度摩擦型连接处承载力应满足下式要求:

$$\left(1 - 0.5\frac{n_1}{n}\right)\gamma_0 N_d \leq A_0 f_d \qquad (5\text{-}29)$$

式中:n——在节点或拼接处,构件一端连接的高强度螺栓数目;

n_1——所计算截面(最外列螺栓处)上的高强度螺栓数目。

②轴心受压构件。

轴心受压构件的强度应满足下式要求:

$$\gamma_0 N_d \leq A_{\text{eff,c}} f_d \qquad (5\text{-}30)$$

式中:N_d——最不利截面轴心压力设计值;

$A_{\text{eff},c}$——考虑局部稳定影响的有效截面面积。

③拉弯、压弯构件。

实腹式拉弯、压弯构件强度应满足下列规定:

$$\gamma_0 \left(\frac{N_d}{N_{Rd}} + \frac{M_y + N_d e_z}{M_{Rd,y}} + \frac{M_z + N_d e_y}{M_{Rd,z}} \right) \leqslant 1 \qquad (5\text{-}31)$$

$$N_{rd} = A_{\text{eff}} f_d \qquad (5\text{-}32)$$

$$M_{rd,y} = W_{y,\text{eff}} f_d \qquad (5\text{-}33)$$

$$M_{rd,z} = W_{z,\text{eff}} f_d \qquad (5\text{-}34)$$

式中: N_d——轴心力设计值;

M_y、M_z——绕 y 轴和 z 轴的弯矩设计值;

A_{eff}——有效截面面积,其中受拉翼缘仅考虑剪力滞影响,受压翼缘同时考虑剪力滞和局部稳定影响;

$W_{y,\text{eff}}$、$W_{z,\text{eff}}$——有效截面相对于 y 轴和 z 轴的截面模量,其中受拉翼缘剪力滞影响,受压翼缘同时考虑剪力滞和局部稳定影响;

e_y、e_z——有效截面形心在 z 轴、y 轴方向距离毛截面形心的偏心距,如图 5-27 所示。

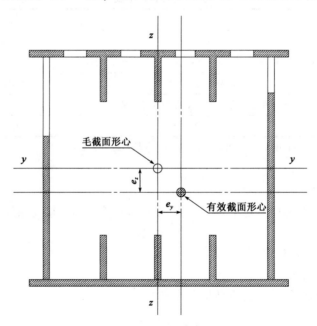

图 5-27 有效截面偏心距

(3)稳定性验算

①轴心受压杆件。

轴心受压构件的整体稳定应满足下式要求:

$$\gamma_0 \left(\frac{N_d}{\chi A_{\text{eff},c}} + \frac{N e_z}{W_{y,\text{eff}}} + \frac{N e_y}{W_{z,\text{eff}}} \right) \leqslant f_d \qquad (5\text{-}35)$$

式中： χ——轴心受压构件整体稳定折减系数,按《公路钢结构桥梁设计规范》(JTG D64—2015)附录 A 计算,取两主轴方向的较小值;

$A_{\text{eff},c}$——考虑局部稳定影响的有效截面面积;

$W_{y,\text{eff}}$、$W_{z,\text{eff}}$——考虑局部稳定影响的有效截面面积相对于 y 轴和 z 轴的截面模量。

②压弯构件。

弯矩作用在一个对称轴平面内的压弯构件整体稳定应按下式计算:

$$\gamma_0 \left[\frac{N_d}{\chi_y N_{Rd}} + \beta_{m,y} \frac{M_y + N_d e_z}{M_{Rd,y}\left(1 - \frac{N_d}{N_{cr,y}}\right)} \right] \leq 1 \qquad (5\text{-}36)$$

$$\gamma_0 \left[\frac{N_d}{\chi_z N_{Rd}} + \beta_{m,y} \frac{M_y + N_d e_z}{\chi_{LT,y} M_{Rd,y}\left(1 - \frac{N_d}{N_{cr,z}}\right)} \right] \leq 1 \qquad (5\text{-}37)$$

式中:χ_y、χ_z——轴心受压构件绕 y 轴和 z 轴弯曲失稳模态的整体稳定折减系数;

$\chi_{LT,y}$——x、y 平面内弯矩作用下,构件弯扭失稳模态的整体稳定折减系数;

$N_{cr,y}$、$N_{cr,z}$——轴心受压构件绕 y 轴和 z 轴弯曲失稳模态的整体稳定欧拉荷载;

$\beta_{m,y}$——相对 M_y 的等效弯矩系数,可按规范表 5.3.2-2 计算。

弯矩作用在两个主平面内的压弯构件整体稳定应按下式计算:

$$\gamma_0 \left[\frac{N_d}{\chi_y N_{Rd}} + \beta_{m,y} \frac{M_y + N_d e_z}{M_{Rd,y}\left(1 - \frac{N_d}{N_{cr,y}}\right)} + \beta_{m,z} \frac{M_z + N_d e_y}{\chi_{LT,z} M_{Rd,z}\left(1 - \frac{N_d}{N_{cr,z}}\right)} \right] \leq 1 \qquad (5\text{-}38)$$

$$\gamma_0 \left[\frac{N_d}{\chi_z N_{Rd}} + \beta_{m,y} \frac{M_y + N_d e_z}{\chi_{LT,y} M_{Rd,y}\left(1 - \frac{N_d}{N_{cr,y}}\right)} + \beta_{m,z} \frac{M_z + N_d e_y}{M_{Rd,z}\left(1 - \frac{N_d}{N_{cr,z}}\right)} \right] \leq 1 \qquad (5\text{-}39)$$

式中:$\chi_{LT,z}$——x-z 平面内弯矩作用下,构件弯扭失稳模态的整体稳定折减系数;

$\beta_{m,z}$——相对 M_z 的等效弯矩系数。

(4)疲劳验算

公路钢桥疲劳验算方法见 2.5.4 节。下文主要介绍铁路钢桁梁桥的疲劳验算方法。

《铁路桥梁钢结构设计规范》(TB 10091—2017)中规定:焊接及非焊接(栓接)构件及连接均需进行疲劳检算,当疲劳应力均为压应力时,可不进行疲劳检算。焊接构件及连接疲劳检算应符合下列规定:

①疲劳应力为拉-拉构件或以拉为主的拉-压构件($\rho = \sigma_{\min}/\sigma_{\max} \geq -1$),其疲劳检算应符合下式规定:

$$\gamma_d \gamma_n (\sigma_{\max} - \sigma_{\min}) \leq \gamma_t [\sigma_0] \qquad (5\text{-}40)$$

式中:$\sigma_{\max}$、$\sigma_{\min}$——最大、最小应力,拉力为正,压力为负。当构件同时承受轴向应力和弯曲次应力时,应将截面所承受角点应力分解为轴向应力 σ_N 和弯曲次应力 σ_W,并根据最不利叠加折算成轴向疲劳检算应力 σ_{N+W},$\sigma_{N+W} = \sigma_N + k\sigma_W$,作为最大应力 $\sigma_{\max}$ 或最小应力 $\sigma_{\min}$,k 为次应力折减系数,取 0.65;

$[\sigma_0]$——疲劳容许应力幅(参见规范表3.2.7-1);

γ_d——多线桥的多线系数(参见规范表4.3.2-1和表4.3.2-2);

γ_n——以受拉为主的构件的损伤修正系数(参见规范表4.3.6-1~表4.3.6-4);

γ_t——板厚修正系数。当板厚$t \leqslant 25\text{mm}$时,$\gamma_t = 1$;当$t > 25\text{mm}$时,$\gamma_t = \sqrt[4]{25/t}$;当构造细节为横隔板作为主板附连件焊接构造时,$\gamma_t = 1$。

②疲劳应力以压为主的拉-压构件($\rho = \sigma_{\min}/\sigma_{\max} < -1$),其疲劳检算应符合下式规定:

$$\gamma_d \gamma'_n \sigma_{\max} \leqslant \gamma_t \gamma_\rho [\sigma_0] \tag{5-41}$$

式中:γ'_n——以受压为主的构件的损伤修正系数(参见规范表4.3.6-1~表4.3.6-4);

γ_ρ——应力比修正系数(参见规范表4.3.6-5)。

③非焊接构件及连接疲劳检算符合下列规定。

疲劳应力为拉-拉的构件($\rho = \sigma_{\min}/\sigma_{\max} \geqslant 0$),其疲劳检算应符合下式规定:

$$\gamma_d \gamma_n (\sigma_{\max} - \sigma_{\min}) \leqslant \gamma_t [\sigma_0] \tag{5-42}$$

疲劳应力为拉-压的构件($\rho = \sigma_{\min}/\sigma_{\max} < 0$),其疲劳检算应符合下式规定:

$$\gamma_d \gamma'_n \sigma_{\max} \leqslant \gamma_t \gamma_\rho [\sigma_0] \tag{5-43}$$

(5)加劲肋刚度验算

《铁路桥梁钢结构设计规范》(TB 10091—2017)中规定:带加劲肋的箱形受压杆件,宜采用刚性加劲肋,各加劲肋的最大宽厚比应符合表5-3序号4中的规定,但采用特殊形状的加劲肋时可不受此限制。加劲肋的刚度应满足下列规定:

$$I = \frac{1}{11} b t^3 \gamma \tag{5-44}$$

式中:γ——以受压为主的构件的损伤修正系数(参见规范表4.3.6-1~表4.3.6-4)。

当$\dfrac{\left(\dfrac{b}{t}\right)_s}{\left(\dfrac{b}{t}\right)_0} > \sqrt{\dfrac{1+\alpha^2}{2n^2(1+n\beta)}}$时,$\gamma = 4\alpha^2 n \left[\dfrac{\left(\dfrac{b}{t}\right)_s}{\left(\dfrac{b}{t}\right)_0}\right]^2 (1+n\beta) - \dfrac{(1+\alpha)^2}{n}\left[且\dfrac{\left(\dfrac{b}{t}\right)_s}{\left(\dfrac{b}{t}\right)_0} \leqslant 1\right]$,

$\gamma = 4\alpha^2 n (1+n\beta) - \dfrac{(1+\alpha)^2}{n} \left[且\dfrac{\left(\dfrac{b}{t}\right)_s}{\left(\dfrac{b}{t}\right)_0} > 1\right]$

当$\dfrac{\left(\dfrac{b}{t}\right)_s}{\left(\dfrac{b}{t}\right)_0} \leqslant \sqrt{\dfrac{1+\alpha^2}{2n^2(1+n\beta)}}$时,$\gamma = \dfrac{1}{n}\left\{2n^2 \left[\dfrac{\left(\dfrac{b}{t}\right)_s}{\left(\dfrac{b}{t}\right)_0}\right]^2 (1+n\beta) - 1\right\}^2 \left[且\dfrac{\left(\dfrac{b}{t}\right)_s}{\left(\dfrac{b}{t}\right)_0} \leqslant 1\right]$,

$\gamma = \dfrac{1}{n}\{2n^2(1+n\beta) - 1\}^2 \left[且\dfrac{\left(\dfrac{b}{t}\right)_s}{\left(\dfrac{b}{t}\right)_0} > 1\right]$

式中:α——加劲肋的长宽比;

I——加劲肋纵截面对计算板的惯性矩；

β——一根加劲肋的截面面积与计算板的截面面积的比；

$(b/t)_s$——实际设计时采用的宽厚比；

$(b/t)_0$——表5-3 序号4 中规定的最大宽厚比。

3）节点板验算

交汇于节点的各杆件轴线应尽量在节点处交于一点，避免节点偏心所产生的次内力，如有偏心则应计算偏心影响，杆端连接螺栓群的合力线也应尽量与构件的截面重心线重合。

主桁节点的设计计算重点之一是节点板的设计计算，下文仅介绍拼接式节点板的验算。

（1）螺栓布置。

受力构件上连接的螺栓数量和构造应符合下列规定（适用于节点板螺栓和主桁杆件拼接板螺栓布置）：

①一排螺栓时2个；二排及二排以上螺栓时，每排2个。

②角钢在连接或接头处采用交叉布置的螺栓时，第一个螺栓应排在靠近边角钢背处。

③连接接头的螺栓数量，对主桁杆件或板梁翼缘宜按与被连接杆件等强度的要求进行计算；对联结系和次要受力构件可按实际内力计算，并假定纵向力在螺栓群上是平均分布的。

④受压杆件的螺栓接头，可采用端部磨光顶紧的措施来传递内力，此时接头处的螺栓及连接板的截面面积，可按被连接构件承载力的50%计算。

⑤构件的肢与节点板偏心连接，且这些肢在连接范围内无缀板相连或构件的肢仅有一面有拼接板时，其螺栓数量应增加10%。

普通螺栓连接应按下列规定计算：

普通螺栓的受剪承载力、受压承载力和受拉承载力按下式计算：

$$N_{vd}^b = n_v \frac{\pi d^2}{4} f_{vd}^b \tag{5-45}$$

$$N_{cd}^b = d \sum t \cdot f_{cd}^b \tag{5-46}$$

$$N_{td}^b = n_v \frac{\pi d_e^2}{4} f_{td}^b \tag{5-47}$$

同时承受剪力和轴向拉力时，普通螺栓应满足下式的要求：

$$\gamma_0 \sqrt{\left(\frac{N_v}{N_{vd}^b}\right)^2 + \left(\frac{N_t}{N_{td}^b}\right)^2} \leq 1 \tag{5-48}$$

$$\gamma_0 N_v \leq N_{cd}^b \tag{5-49}$$

式中：n_v——受剪面数目；

d——螺栓杆直径；

d_e——螺栓在螺纹处的有效直径；

$\sum t$——在不同受力方向中各个受力方向承压构件总厚度的较小值；

N_v、N_t——一个螺栓所承受的剪力、拉力设计值；

N_{vd}^b、N_{cd}^b、N_{td}^b——一个螺栓的受剪、受压和受拉承载力设计值；

f_{vd}^b、f_{cd}^b、f_{td}^b——螺栓的抗剪、受压和抗拉强度设计值。

高强度螺栓的受剪承载力和受拉承载力按下式计算:

$$N_{vd}^b = 0.9 n_f \mu P_d \tag{5-50}$$

$$N_{td}^b = 0.8 P_d \tag{5-51}$$

高强度螺栓同时承受剪力和拉力时应满足下式的要求:

$$\gamma_0 \left(\frac{N_v}{N_{vd}^b} + \frac{N_t}{N_{td}^b} \right) \leq 1 \tag{5-52}$$

式中:n_f——传力摩擦面数目;

P_d——一个高强度螺栓的预拉力;

μ——摩擦面的抗滑移系数。

(2)节点板强度验算

节点板强度的验算可分为以下三个部分:

①在斜腹杆与节点板连接处,验算节点板的撕裂面。

②验算腹杆与弦杆之间的节点板水平截面的剪应力。

③验算节点中心处节点板竖向截面上的法向应力。

如图 5-28a)所示,当斜腹杆受力沿 1-2-3-4 截面或 5-2-3-6 截面撕裂且撕裂截面与斜腹杆内力垂直时,钢材强度设计值采用 f_d;当撕裂线与斜腹杆内力交角小于90°或平行时,钢材强度设计值采用 $0.75 f_d$。

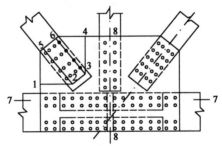

a)撕裂应力验算示意

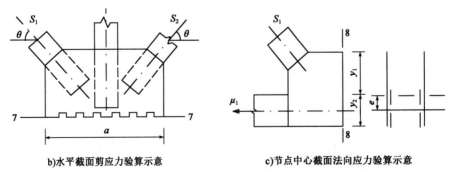

b)水平截面剪应力验算示意　　c)节点中心截面法向应力验算示意

图 5-28　节点板验算图式

作用于节点板上的水平剪力,图 5-28 截面 7-7 的剪应力按下列公式计算:

$$\gamma_0 \tau = \gamma_0 \frac{3}{2} \frac{\sum S_i}{a\delta} \leqslant 0.75 f_d \tag{5-53}$$

节点板上、下缘的法向应力应按下列公式计算:
节点板上边缘法向应力:

$$\gamma_0 \sigma_1 = \gamma_0 \left(\frac{N}{A_j} - \frac{Ne}{I_j} y_1 \right) < f_d \tag{5-54}$$

节点板下边缘法向应力:

$$\gamma_0 \sigma_2 = \gamma_0 \left(\frac{N}{A_j} + \frac{Ne}{I_j} y_2 \right) < f_d \tag{5-55}$$

$$N = S_1 \cos\theta + \mu_1 \tag{5-56}$$

式中:A_j——节点板和拼接板的净截面面积;
  I_j——节点板和拼接板的净截面惯性矩;
  N——作用下竖向截面上的力的设计值;
  y_1、y_2——截面上、下缘距节点板和拼接板所组成的截面中心轴的距离。

5.4.3 联结系设计与验算

联结系杆件按各自的受力状态,分别验算杆件的刚度、强度和稳定性。表 5-11 和表 5-12 给出了联结系杆件计算长度和刚度要求,强度和稳定性验算参考主桁杆件验算方法。

联结系杆件计算长度 表 5-11

类别	杆件	平面内	平面外
纵向及横向联结系	无交叉	l_2	l_2
	与拉杆相交叉	l_1	$0.7l_2$
	与杆件相交叉(不包括与拉杆相交叉)	l_1	l_2

注:l_2 为纵向(横向)联结系杆件轴线与节点板连在主桁杆件的固着线交点之间的距离;l_1 为从相交点至杆端节点中较长的一段长度。

联结系杆件容许最大长细比 表 5-12

类别	杆件	容许最大长细比
公路钢桁梁	纵向联结系、支点处横联、制动联结系受压或受压-拉杆件	130
	中横联的受压或受压-拉杆件	150
	各种联结系的受拉构件	200
铁路钢桁梁	纵向联结系、支点处横向联结系	单线 110 多线 130
	制动联结系	130
	中横联	150

5.4.4 桥面系设计与验算

混凝土桥面板及纵、横梁设计与验算方法参照本书第 3 章相关内容,正交异性桥面的设计与验算参照本书第4章的相关内容。此外,受桁架空间效应的影响,横梁还可能处于双向受弯的受力状态,此时应按双向受弯的实腹式构件进行验算。

5.5 公路64m简支钢桁梁桥算例

5.5.1 设计基本资料

1）技术标准
①道路等级:二级公路;
②设计车速:60km/h;
③行车道数:两车道;
④荷载等级:公路—Ⅰ级;
⑤桥宽:净9m+2×0.5m护栏;
⑥结构安全等级:一级。

2）设计依据
①《公路工程技术标准》（JTG B01—2014）;
②《公路桥涵设计通用规范》（JTG D60—2015）;
③《公路钢结构桥梁设计规范》（JTG D64—2015）;
④《公路钢筋混凝土及预应力混凝土桥涵设计规范》（JTG 3362—2018）;
⑤《公路桥梁抗风设计规范》（JTG/T 3360-01—2018）。

5.5.2 结构概况

1）总体布置

本桥例为一下承式简支钢桁梁桥,计算跨径为64m。主桁采用带竖杆的三角形腹杆桁架,其中桁高$H=11m$,节间长度$d=8m$,腹杆倾角$\theta=54°$。横向布置两榀桁架,主桁中心距$B=11.2m$。上、下弦杆平面内均布置纵联,采用交叉形;每两个节间设置一道横联,在两端设置桥门架。桥面系采用纵、横梁体系,桥面板为钢筋混凝土结构。每个下弦节位置设置一道横梁,共9道;横向布置了6片纵梁,间距为2m预制桥面板支承于纵、横梁体系之上,宽10m、厚0.25m。钢桁梁桥的总体布置如图5-29所示。

2）主要材料

主桁、纵向联结系、横向联结系、桥面系钢主梁等主体结构均采用Q345qD钢材,结构构件加工制造均采用焊接,部分构件现场施工采用螺栓连接。桥面系桥面板为混凝土桥面板,混凝土强度等级为C50;桥面护栏为混凝土护栏,混凝土强度等级为C30。

3）荷载
（1）恒载
恒载取值见表5-13。

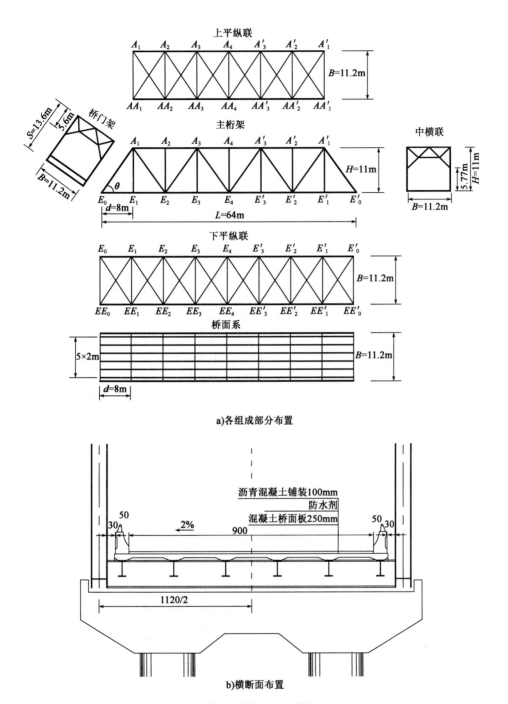

a) 各组成部分布置

b) 横断面布置

图 5-29 桁梁总体布置(尺寸单位:cm)

恒载取值(kN/m)　　　　　　　　　　　　　　表 5-13

桥面板 p_1	桥面系 p_2	主桁 p_3	联结系 p_4	检查设备 p_5
20	13	14.51	5.4	1.02
高强度螺栓 p_6	焊缝 p_7	桥面系横梁 p_8	桥面系纵梁 p_9	—
2%$(p_2+p_3+p_4)$	1.5%$(p_2+p_3+p_4)$	4.3	8.7	—

注:桥面板质量包含桥面板、桥面铺装及附属设施质量,桥面系质量包含纵、横梁质量。

(2)活载

活载按《公路桥涵设计通用规范》(JTG D60—2015)中公路—Ⅰ级荷载的相关规定取值。

5.5.3 主桁计算

1)作用效应计算

(1)竖向荷载作用效应

①恒载作用效应。

每片主桁所承受的恒载为：$p = \dfrac{1}{2}(p_1+p_2+p_3+p_4+p_5+p_6+p_7) = 27.54 \text{kN/m}$。

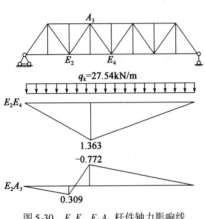

图5-30 E_2E_4、E_2A_3 杆件轴力影响线

以下弦杆 E_2E_4 和斜腹杆 E_2A_3 为例，计算杆件恒载内力。杆件的轴力影响线如图5-30所示。

恒载布满全跨，故杆件恒载内力为

下弦杆 E_2E_4：$N_p = p\sum\Omega = 27.54 \times 43.64 = 1201.85(\text{kN})$

斜腹杆 E_2A_3：$N_p = p\sum\Omega = 27.54 \times (-14.84) = -408.69(\text{kN})$

②活载作用效应。

a. 横向分布系数。

根据杠杆法按最不利位置进行布载，可得按两车道进行布载时的横向分布系数为 $m = 1.28$。

b. 冲击系数。

根据《公路桥涵设计通用规范》(JTG D60—2015)第4.3.2条及其相应的条文说明，该简支钢桁梁的跨中惯性矩 $I_c = 2.73\text{m}^4$，跨中单位长度质量 $m_c = 2807\text{kg/m}$，则基频为

$$f_1 = \frac{\pi}{2l^2}\sqrt{\frac{EI_c}{m_c}} = 5.42\text{Hz}$$

c. 活载内力计算。

活载作用下下弦杆 E_2E_4 轴力为：$N_k = 360 \times 1.363 + 43.64 \times 10.5 = 948.9(\text{kN})$

斜腹杆 E_2A_3 产生最大活载内力的加载情况有两种：活载满布左段加载产生最大拉力，活载满布右段加载产生最大压力。因此，斜腹杆 E_2A_3 最大拉力 N_{k1} 和最大压力 N_{k2} 分别为

$N_{k1} = 360 \times 0.309 + 2.83 \times 10.5 = 140.96(\text{kN})$

$N_{k2} = -360 \times 0.772 - 17.67 \times 10.5 = -463.46(\text{kN})$

对应的冲击系数为：

$\mu = 0.1767\ln f - 0.0157 = 0.284$

考虑冲击作用的活载内力为

下弦杆 E_2E_4：$m(1+\mu)N_k = 1.28 \times 1.284 \times 948.9 = 1559.53(\text{kN})$

斜腹杆 E_2A_3：$m(1+\mu)N_{k1} = 1.28 \times 1.284 \times 140.96 = 231.67(\text{kN})$

$m(1+\mu)N_{k2} = 1.28 \times 1.284 \times (-463.46) = -761.71(\text{kN})$

(2)横向水平力作用效应

风荷载按《公路桥梁抗风设计规范》(JTG/T 3360-01—2018)第4.1~4.3条计算。

静阵风风速按下式计算:

$$V_g = G_V V_Z$$

式中：V_g——静阵风风速(m/s);

G_V——静阵风系数;

V_Z——基准高度 Z 处的风速(m/s)。

当风荷载参与汽车荷载组合时,桥面高度处的风速 V_Z 可取 25m/s。此外,假定桥位处地表类型为 A 类,则由规范中表 4.2.1 可知 G_V 约为 1.28。因此,$V_g = 1.28 \times 25 = 32$m/s。

在横桥向风作用下主梁单位长度上的横向静阵风荷载可按下式计算：

$$F_H = \frac{1}{2}\rho V_g^2 C_H H$$

式中：F_H——作用在主梁单位长度上的静阵风荷载(N/m);

ρ——空气密度(kg/m³),取 1.25;

C_H——主梁的阻力系数;

H——主梁投影高度(m),宜计入栏杆或防撞护栏以及其他桥梁附属物的实体高度。

上部结构为两片或两片以上桁架时,所有迎风桁架的风载阻力系数均取 ηC_H,η 为遮挡系数。按规范第4.3.4条计算得 $\eta = 0.90$,$C_H = 1.8$,$F_H = 11.4$kN/m。

计算上平纵联桁架时,可将桥门架视为支点；计算下平纵联桁架时,支座为其支点,均不考虑中间横联的弹性支承作用。因此上下平纵联在横向荷载下的内力同样可按照简支桁架进行内力计算,计算图式如图 5-31 所示。公路钢结构桥梁规范中对横向风力的分配没有明确规定,《铁路桥涵设计规范》(TB 10002—2017)对横向风力在上、下平纵联的分配系数作了如下规定：主桁部分的风力,上、下平纵联各承受一半,即分配系数为 0.5。因此,上、下平联的横向风力为 $0.5F_H = 5.7$kN/m。

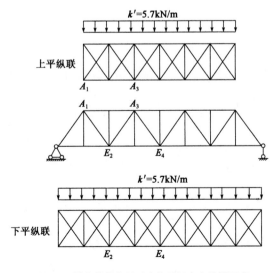

图 5-31 横向荷载作用下主桁弦杆内力计算图式

钢桁梁两侧均有可能受到风荷载的作用,因此主桁弦杆在风荷载作用于不同平面时,内力值可能相反。为求得风荷载与恒载组合下的最不利杆件内力,风荷载作用下的上弦杆内力取负值(压力),下弦杆内力取正值(拉力)。

以上弦杆 A_1A_3 为例:

影响线面积 Ω_m 为

$$\Omega_m = \frac{l_1 l_2}{2B} = -\frac{8 \times 40}{2 \times 11.2} = -14.28 (\text{m})$$

弦杆内力 N_w 为

$$N_w = k'\Omega_m = 5.7 \times (-14.28) = -81.40 (\text{kN})$$

再以下弦杆 E_2E_4 为例:

影响线面积 Ω_m 为

$$\Omega_m = \frac{l_1 l_2}{2B} = \frac{24 \times 40}{2 \times 11.2} = 42.86 (\text{m})$$

弦杆内力 N_w 为

$$N_w = k'\Omega_m = 5.7 \times 42.86 = 244.30 (\text{kN})$$

(3)桥门架效应

上平纵联作用于桥门架顶部的反力 R:

$$R = \frac{1}{2}k'l_a = \frac{1}{2} \times 5.7 \times 48 = 136.8 (\text{kN})$$

式中:l_a——上平纵联的长度。

按《公路钢结构桥梁设计规范》(JTG D64—2015)条文说明第 9.2.2 条计算桥门架端斜腹杆反弯点距支座的距离 l_0:

$$l_0 = \frac{c(c+2l)}{2(2c+l)} = \frac{8(8+2 \times 13.6)}{2(2 \times 8 + 13.6)} = 4.757 (\text{m})$$

反力 R 在端斜腹杆中产生的轴力 N_{w1} 和弯矩 M_1、M_2 可按下式计算:

$$N_{w1} = -\frac{l-l_0}{B}R = -\frac{13.6-4.757}{11.2} \times 136.8 = -108.01 (\text{kN})$$

$$M_1 = \frac{l_0}{2}R = \frac{4.757}{2} \times 136.8 = 325.38 (\text{kN} \cdot \text{m})$$

$$M_2 = -\frac{c-l_0}{2}R = -\frac{8-4.757}{2} \times 136.8 = -221.82 (\text{kN} \cdot \text{m})$$

反力 R 通过支座斜反力在下弦产生的轴力 N_{w2} 可按下式计算:

$$N_{w2} = -N_{w1}\cos\theta = \frac{R(l-l_0)}{B}\cos\theta = \frac{136.8 \times (13.6-4.757)}{11.2} \times 0.5882 = 63.53 (\text{kN})$$

上平纵联反力 R 在支座引起的竖向反力 V_{w1} 可按下式计算：

$$V_{w1} = -N_{w1}\sin\theta = \frac{R(l-l_0)}{B}\sin\theta = \frac{136.8 \times (13.6-4.757)}{11.2} \times 0.8087 = 87.35(\text{kN})$$

(4) 作用效应组合

现分别以下弦杆 E_2E_4 和上弦杆 A_1A_3 为例进行作用效应组合计算。

① 下弦杆 E_2E_4。

恒载效应：$N_p = 1201.85\text{kN}$

活载效应：$N_k = 1559.53\text{kN}$

风荷载效应：$N_w = 244.3\text{kN}$

桥门架效应：$N_{w2} = 63.53\text{kN}$

恒载 + 活载 + 风荷载：$\gamma_0 S_{ud} = 1.0[1.2N_p + 1.4N_k + 0.75 \times 1.0 \times 1.1(N_{w2} + N_w)]$
$$= 3879.53(\text{kN})$$

② 上弦杆 A_1A_3。

恒载效应：$N_p = -961.42\text{kN}$

活载效应：$N_k = -1247.95\text{kN}$

风荷载效应：$N_w = -81.40\text{kN}$

恒载 + 活载 + 风荷载：$\gamma_0 S_{ud} = 1.0[1.2N_p + 1.4N_k + 0.75 \times 1.0 \times 1.1N_w]$
$$= -2967.99(\text{kN})$$

其余主桁杆件的内力汇总见表 5-14（表中仅列出半跨主桁杆件的内力计算结果）。

2) 主桁杆件验算

根据前文计算得到的杆件截面内力以及杆件截面特性进行主桁杆件验算。选择主桁中受拉杆件、受压杆件、受反复荷载作用的杆件以及压弯杆件 4 类具有代表性的杆件进行验算。

(1) 受拉下弦杆 E_2E_4

① 刚度验算。

根据表 5-11，主桁杆件的长细比为

$$\lambda_x = 67.99, \lambda_y = 39.42, \lambda_{\max} = 67.99 < [\lambda] = 130$$

弦杆刚度满足要求。

② 强度验算。

基本荷载组合作用下的内力为 4490.86kN，杆件净截面面积 $A_j = 197.6\text{cm}^2$。

$$\gamma_0 N_d = 4490.86\text{kN} \leq A_j f_d = 197.6 \times 10^{-1} \times 270 = 5335.2(\text{kN})$$

杆件强度满足规范要求。

③ 疲劳验算。

根据《公路钢结构桥梁设计规范》(JTG D64—2015) 第 5.5.2 条，采用疲劳荷载计算模型 I 等效车道荷载进行验算，其中集中荷载为 $0.7P_k$，均布荷载为 $0.3q_k$。

对于 E_2E_4，疲劳荷载计算模型 I 作用下杆件内力 $1.28N_{\max} = 615.61\text{kN}$，$N_{\min} = 0\text{kN}$（考虑横向分布系数，不考虑冲击系数），则

$$\sigma_{\min} = \frac{N_{\min}}{A_j} = 0\text{MPa}, \sigma_{\max} = \frac{N_{\max}}{A_j} = 31.15\text{MPa}$$

主桥杆件内力汇总

表 5-14

杆件名称		单位	恒载 N_p	活载 N_{kmax}	活载 N_{kmin}	活载 m	活载 $1+\mu$	活载 $N_k = m(1+\mu) N_{kmax}$	活载 $N_k = m(1+\mu) N_{kmin}$	风荷载 N_w	桥门架效应 N_{w1} (N_{w2})	基本组合 $N_d = 1.0[1.2N_p + 1.4N_k + 0.75 \times 1.0 \times 1.1(N_w + N_{w1}(N_{w2}))]$	疲劳内力 N_n
			kN	kN	kN			kN	kN	kN	kN	kN	kN
项次			1	2	3	4	5	6	7	8	9	10	11
下弦杆	E_0E_2		560.71	566.71	0	1.28	1.284	931	0	256.50	97.70	2269.03	287.24
下弦杆	E_2E_4		1201.85	1214.59	0	1.28	1.284	1996.20	0	244.30	63.53	4490.86	615.61
上弦杆	A_1A_3		−961.42	0	−971.92	1.28	1.284	0	−1597.37	−81.43	0	−3457.20	0
上弦杆	A_3A_3'		−1281.99	0	−1295.64	1.28	1.284	0	−2129.41	−149.27	0	−4642.71	0
端斜腹杆	E_0A_1		−953.43	0	−963.42	1.28	1.284	0	−1583.40	0	−210.55	−3534.58	−492.67
斜腹杆	A_1E_2		681.06	768.61	−80.51	1.28	1.284	1263.23	−132.32	0	0	2585.79	−656.69
斜腹杆	E_2A_3		−408.69	180.42	−593.22	1.28	1.284	296.52	−974.97	0	0	−1855.38	−488.28
斜腹杆	A_3E_4		136.32	436.78	−298.83	1.28	1.284	717.86	−491.13	0	0	1168.58	−52.54
竖杆	A_1E_1		220.32	568.32	0	1.28	1.284	934.05	0	0	0	1572.05	−320.26
竖杆	A_3E_3		220.32	568.32	0	1.28	1.284	934.05	0	0	0	1572.05	−174.99

注：桥门架效应项 $N_{w1}(N_{w2})$ 中，N_{w1} 为下弦杆效应，N_{w2} 为端斜腹杆效应。

对于采用对接焊的板材,其疲劳强度为 $\Delta\sigma_d = 110\text{MPa}$。根据《公路钢结构桥梁设计规范》(JTG D64—2015)第 5.5.4 条进行疲劳验算:

$$\gamma_{Ff}\Delta\sigma_p = 31.15\text{MPa} \leqslant \frac{k_s\Delta\sigma_d}{\gamma_{Mf}} = 81.48\text{MPa}$$

杆件疲劳强度满足规范要求。

(2)受压杆件 A_3A_3'

①刚度验算。

根据表 5-11,主桁杆件的长细比为

$$\lambda_x = 70.57, \lambda_y = 40.78, \lambda_{\max} = 70.57 < [\lambda] = 100$$

弦杆刚度满足要求。

②强度验算。

$$\gamma_0 N_d = 4642.71\text{kN} \leqslant A_{\text{eff},c}f_d = 259.04 \times 10^{-1} \times 270 = 6994.08(\text{kN})$$

杆件强度满足规范要求。

③稳定性验算。

由《公路钢结构桥梁设计规范》(JTG D64—2015)附录 A 中第 A.0.1 条,首先计算相对长细比:

$$\overline{\lambda}_x = \frac{\lambda_x}{\pi}\sqrt{\frac{f_y}{E}} = 0.92, \overline{\lambda}_y = \frac{\lambda_y}{\pi}\sqrt{\frac{f_y}{E}} = 0.53$$

$$\varepsilon_{0x} = \alpha(\overline{\lambda}_x - 0.2) = 0.2517, \varepsilon_{0y} = \alpha(\overline{\lambda}_y - 0.2) = 0.1656$$

则稳定折减系数为

$$\chi = \frac{1}{2}\left\{1 + \frac{1}{\lambda^2}(1 + \varepsilon_0) - \sqrt{\left[1 + \frac{1}{\lambda^2}(1 + \varepsilon_0)\right]^2 - \frac{4}{\lambda^2}}\right\} = 0.6439$$

本计算暂不考虑截面偏心,取 $e_y = e_z = 0$。稳定验算结果:

$$\gamma_0\left(\frac{N_d}{\chi A_{\text{eff}}} + \frac{Ne_z}{W_{y,\text{eff}}} + \frac{Ne_y}{W_{z,\text{eff}}}\right) = 239.16\text{MPa} \leqslant f_d = 270\text{MPa}$$

H 形截面绕 x 轴(竖版面内)的长细比多半大于绕 y 轴者,故一般只检算绕 x 轴的稳定性。与强度验算比较后可知进行稳定验算控制截面尺寸,故压杆一般不必进行强度验算。

(3)斜腹杆 A_3E_4

①刚度验算。

由《公路钢结构桥梁设计规范》(JTG D64—2015)附录 A 表 A.0.2-2 可得主桁腹杆面内计算长度为 0.8 倍的自由长度。因此:

$$\lambda_x = 99.54, \lambda_y = 67.27, \lambda_{\max} = 99.54 < [\lambda] = 100$$

杆件刚度满足要求。

②强度及稳定验算。

对于受反复荷载作用的杆件,强度和稳定性验算同受压杆件。

③疲劳验算。

对于 A_3E_4,根据杆件影响线可知疲劳荷载计算模型 Ⅰ 作用下杆件内力 $1.28N_{max}$ = 244.94kN, N_{min} = −174.99kN(考虑横向分布系数,不考虑冲击系数),则:

$$\sigma_{min} = \frac{N_{min}}{A_j} = -12.44 \text{MPa}, \sigma_{max} = \frac{N_{max}}{A_j} = 17.42 \text{MPa}$$

对于采用对接焊的板材,其疲劳强度为 $\Delta\sigma_d = 110\text{MPa}$。根据《公路钢结构桥梁设计规范》(JTG D64—2015)第 5.5.4 条进行疲劳验算:

$$\gamma_{Ff}\Delta\sigma_p = 29.86 \text{MPa} \leqslant \frac{k_s \Delta\sigma_d}{\gamma_{Mf}} = 81.48 \text{MPa}$$

由上式可得,杆件疲劳强度满足规范要求。

(4)端斜腹杆 E_0A_1

端斜腹杆 E_0A_1 在恒载作用下为受压杆件,在恒载与风荷载组合作用下为压弯杆件。风荷载产生的弯矩作用于主桁平面外。基本组合下的杆件轴力为 −3049.66kN。弯矩为 M_1 = 325.38kN·m,M_2 = −221.82kN·m。其中,M_1 作用于端斜腹杆底端,M_2 作用于桥门架在端斜腹杆上的中间支点。

①刚度验算。

由《公路钢结构桥梁设计规范》(JTG D64—2015)附录 A 表 A.0.3-2 可得,主桁端斜腹杆平面内计算长度按 0.9 倍几何长度计算,平面外计算长度按几何长度计算。

因此,长细比 $\lambda_x = \frac{l_x}{r_x} = 77.73$,$\lambda_y = \frac{l_y}{r_y} = 65.91$,$\lambda_{max} = 77.73 < [\lambda] = 100$,杆件刚度满足要求。

②强度验算。

由《公路钢结构桥梁设计规范》(JTG D64—2015)第 5.1.8 条对于简支梁,且 $b_i/l \leqslant 0.05$,则考虑剪力滞影响的有效截面宽度和有效截面面积不进行折减,故 $\rho_k^s = 1$。由《公路钢桥规范》第 5.1.7 条由于端斜腹杆截面上未布置加劲肋,其也不进行折减。因此,可得 $A_{eff} = A_j$,$W_{y,eff} = W_y$,$W_{x,eff} = W_x$。

$$\gamma_0 \left(\frac{N_d}{N_{rd}} + \frac{M_y + N_d e_z}{M_{Rd,y}} + \frac{M_z + N_d e_y}{M_{Rd,z}} \right) = \left(\frac{3534.58}{235.2 \times 270 \times 10^{-1}} + \frac{325.38}{\frac{123648 \times 270}{23} \times 10^{-1}} \right)$$

$$= 0.559 \leqslant 1$$

杆件强度满足要求。

③稳定性验算。

由《公路钢结构桥梁设计规范》(JTG D64—2015)附录 A 中第 A.0.1 条,首先计算相对长细比:

$$\bar{\lambda}_x = \frac{\lambda_x}{\pi}\sqrt{\frac{f_y}{E}} = 1.01, \bar{\lambda}_y = \frac{\lambda_y}{\pi}\sqrt{\frac{f_y}{E}} = 0.86$$

$$\varepsilon_{0x} = \alpha(\overline{\lambda}_x - 0.2) = 0.2843, \varepsilon_{0y} = \alpha(\overline{\lambda}_y - 0.2) = 0.3294$$

则稳定折减系数为

$$\chi_y = \frac{1}{2}\left\{1 + \frac{1}{\overline{\lambda}_x^2}(1 + \varepsilon_{0x}) - \sqrt{\left[1 + \frac{1}{\overline{\lambda}_x^2}(1 + \varepsilon_{0x})\right]^2 - \frac{4}{\overline{\lambda}_x^2}}\right\} = 0.585$$

$$\chi_z = \frac{1}{2}\left\{1 + \frac{1}{\overline{\lambda}_y^2}(1 + \varepsilon_{0y}) - \sqrt{\left[1 + \frac{1}{\overline{\lambda}_y^2}(1 + \varepsilon_{0y})\right]^2 - \frac{4}{\overline{\lambda}_y^2}}\right\} = 0.622$$

弯扭相对长细比为

$$\lambda_{LT,y} = \sqrt{\frac{W_{y,\text{eff}} f_y}{M_{\text{cr},y}}} = 75.85, \overline{\lambda}_{LT,y} = \frac{\lambda_{LT,y}}{\pi}\sqrt{\frac{f_y}{E}} = 0.874$$

$$\varepsilon_{0y} = \alpha(\overline{\lambda}_{LT,y} - 0.2) = 0.337$$

弯矩作用平面内构件弯扭失稳模态的稳定折减系数:

$$\chi_{LT,y} = \frac{1}{2}\left\{1 + \frac{1}{\overline{\lambda}_{LT,y}^2}(1 + \varepsilon_{0y}) - \sqrt{\left[1 + \frac{1}{\overline{\lambda}_{LT,y}^2}(1 + \varepsilon_{0y})\right]^2 - \frac{4}{\overline{\lambda}_{LT,y}^2}}\right\} = 0.6123$$

由《公路钢结构桥梁设计规范》(JTG D64—2015)表5.3.2-2可得压弯构件稳定的等效弯矩系数:

$$\beta_{m,y} = 0.95$$

端斜腹杆计算长度为

$$0.9l = 12.24\text{m}$$

绕 y 轴和 x 轴的稳定欧拉荷载:

$$N_{\text{cr},y} = \frac{\pi^2 EI_x}{(0.9l)^2} = 10749.4(\text{kN})$$

$$N_{\text{cr},z} = \frac{\pi^2 EI_y}{(0.9l)^2} = 18337.2(\text{kN})$$

根据《公路钢结构桥梁设计规范》(JTG D64—2015)第5.4.2条,弯矩作用在一个对称轴平面的压弯构件的稳定应按下式计算:

$$\gamma_0\left[\frac{N_d}{\chi_y N_{\text{Rd}}} + \beta_{m,y}\frac{M_y + N_d e_z}{M_{\text{Rd},y}\left(1 - \frac{N_d}{N_{\text{cr},y}}\right)}\right] = 0.955 \leqslant 1$$

$$\gamma_0\left[\frac{N_d}{\chi_z N_{\text{Rd}}} + \beta_{m,y}\frac{M_y + N_d e_z}{\chi_{LT,y} M_{\text{Rd},y}\left(1 - \frac{N_d}{N_{\text{cr},z}}\right)}\right] = 0.899 \leqslant 1$$

因此,端斜腹杆 E_0A_1 的稳定性满足规范要求。

主桁杆件验算结果汇总见表5-15。

表 5-15

主桁杆件验算结果汇总

杆件名称		截面组成	A_m	A_j	I_x	I_y	r_x	r_y	l_x	l_y	刚度验算		强度验算		稳定性验算		疲劳验算	
											$\lambda_x/[\lambda]$	$\lambda_y/[\lambda]$	$\gamma_0 N_d$	$A_j f_d$	$\gamma_0(N_d/\chi A_m + Ne_z/W_y + Ne_y/W_z)$	f_d	$\gamma_{Ff}\Delta\sigma_p$	$\dfrac{k_s\Delta\sigma_d}{\gamma_{Mf}}$
单位		mm×mm	cm²	cm²	cm⁴	cm⁴	cm	cm					kN	kN	MPa	MPa	MPa	MPa
项次		1	2	3	4	5	6	7	8	9	10	11	12	13	14	15	16	17
下弦杆	E_0E_2	2−460×12 1−436×10	154.00	131.92	19470.83	62314.37	11.24	20.12	800	800	0.55	0.31	2269.03	3561.84	—	—	21.77	81.48
	E_2E_4	2−460×20 1−420×12	234.40	197.60	32451.38	96526.13	11.77	20.29	800	800	0.52	0.30	4490.86	5335.20	—	—	31.15	81.48
上弦杆	A_1A_3	2−460×20 1−420×12	234.40	197.60	32451.38	96526.13	11.77	20.29	800	800	0.68	0.39	3457.20	5335.20	−262.76	270	—	—
	A_3A_3'	2−460×24 1−412×20	303.20	259.04	38961.87	116694.73	11.34	19.62	800	800	0.71	0.41	4642.71	6994.08	−278.35	270	—	—
端斜腹杆	E_0A_1	2−460×20 1−420×12	290.40	235.20	72006.05	123648.80	15.75	20.63	1224	1360	0.78	0.66	3534.58	6350.40	−257.85	270	—	—
斜腹杆	A_1E_2	2−440×12 1−436×10	149.20	127.12	17040.43	59905.35	10.69	20.04	1088	1360	0.57	0.38	2585.79	3432.24	—	—	35.70	81.48
	E_2A_3	2−460×16 1−428×10	190.00	160.56	25959.83	79111.01	11.69	20.41	1088	1360	0.93	0.67	1855.38	4335.12	−246.84	270	—	—
	A_3E_4	2−440×14 1−436×10	166.40	140.64	19879.87	68004.71	10.93	20.22	1088	1360	1.00	0.67	1168.58	3797.28	−87.54	275	29.86	81.48
竖杆	A_1E_1	2−260×12 1−436×10	124.32	118.80	5406.28	44423.55	6.59	18.90	880	1100	0.74	0.32	1572.05	3207.60	—	—	29.87	81.48
	A_3E_3	2−260×12 1−436×10	124.32	118.80	5406.28	44423.55	6.59	18.90	880	1100	0.74	0.32	1572.05	3207.60	—	—	29.87	81.48

3) 节点板验算

(1) 节点板设计

为保证横梁长度一致,本算例各节点的节点板厚均为 12mm。节点板的平面尺寸系先根据杆端连接螺栓排列需要拟定,再根据强度验算确定。以 E_2 节点为例,节点板示意如图 5-32 所示。节点板长为 1460mm,高为 1120mm。

节点板上实际螺栓个数的确定:在节点板最小轮廓线与设计轮廓线之间空下的栓孔位置,应按《公路钢结构桥梁设计规范》(JTG D64—2015)规定的容许最大栓距补上一定数量的螺栓。此时即可统计出节点板、拼接板和杆件上的实际螺栓个数,实际布置情况见表 5-16。

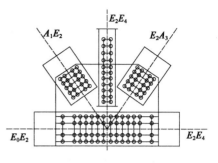

图 5-32 E_2 节点板示意

螺栓实际布置情况　　　　表 5-16

螺栓位置		节点板上				拼接板上
		A_1E_2	E_2A_3	E_0E_2	E_2E_4	E_0E_2、E_2E_4
个数	需要	43.3	32.5	2×19.7	2×16.7	2×22.6
	实际	40	40	2×28	2×28	2×24
螺栓位置		杆件上				
		A_1E_2	E_2A_3	E_0E_2	E_2E_4	横梁
个数	需要	43.3	32.5	47.5	71.6	18.2
	实际	40	40	104	104	26

(2) 节点板强度检算

《公路钢结构桥梁设计规范》(JTG D64—2015)附录 E 规定,对于节点板强度的验算应包括以下三个部分:在斜腹杆与节点板连接处,验算节点板的撕裂应力;验算节点中心处节点板竖向截面上的法向应力;验算腹杆与弦杆之间的节点板水平截面的剪应力。下面依次对上述三条进行验算。

① 斜腹杆所引起的节点板撕裂强度检算。

斜腹杆 A_1E_2 为强度控制,E_2A_3 为稳定控制。

A_1E_2 杆:$[N] = 127.12 \times 10^{-4} \times 270 \times 10^3 = 3432.24 (kN)$

E_2A_3 杆:$[N] = 160.56 \times 10^{-4} \times 0.548 \times 270 \times 10^3 = 2375.65 (kN)$

由于 E_2 节点板平面尺寸对称,故只需要检算 A_1E_2 杆引起的撕裂即可。

《公路钢结构桥梁设计规范》(JTG D64—2015)附录 E 第 E.0.2 条规定,当撕裂截面与斜腹杆内力垂直时,采用钢材强度设计值 f_d;当撕裂截面与斜腹杆内力交角小于 90°或平行时,采用 $0.75f_d$。

采用如下公式进行强度检算:

$$2\delta \sum l_i f_d \geq 1.1 [N]$$

A_1E_2 杆可能引起的撕裂方式有图 5-33 所示的四种,各撕裂面的尺寸如图 5-33 所示。

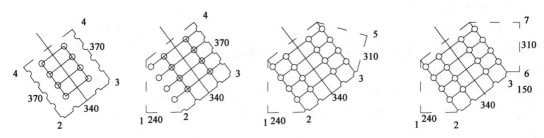

图 5-33 斜腹杆引起的四种可能撕裂情况(尺寸单位:mm)

验算第一撕裂面 4—2—3—4：
$2\delta\sum l_i[\sigma_i] = 2\delta\{2(l_1-n_1d)0.75f_d + (l_2-n_2d)\times f_d\} = 3219.6\text{kN} \geqslant 1.1[N]$

验算第二撕裂面 1—2—3—4：
$2\delta\sum l_i[\sigma_i] = 2\delta\{(l_1-n_1d)0.75f_d + (l_2-n_2d)\times f_d + (l_3-n_3d)0.75f_d\}$
$= 3082.8\text{kN} \geqslant 1.1[N]$

验算第三撕裂面 1—2—3—5：
$2\delta\sum l_i[\sigma_i] = 2\delta\{(l_2-n_2d)f_d + (l_3-n_3d)0.75f_d + (l_5-n_5d)0.75f_d\}$
$= 9198\text{kN} \geqslant 1.1[N]$

验算第四撕裂面 1—2—3—6—7：
$2\delta\sum l_i[\sigma_i] = 2\delta\{(l_2-n_2d)f_d + (l_3-n_3d)0.75f_d + (l_4-n_4d)0.75f_d + (l_6-n_6d)0.75f_d\}$
$= 3334.8\text{kN} \geqslant 1.1[N]$

由上可得 4 个检算截面均满足强度要求,不会撕裂。

② 节点中心处节点板竖向截面法向应力检算。

E_2 节点竖直最弱截面强度检算：

由平衡条件可以得出,$\cos\theta = 0.588$,法向力 N 设计值为

$$N = S_1\cos\theta + \mu_1 = [N_{E_0E_2}] + [N_{A_1E_2}]\cos\theta = 3789.47\text{kN}$$

式中：$[N_{A_1E_2}]$、$[N_{E_0E_2}]$——上弦 A_1E_2、斜腹杆 E_0E_2 的轴力设计值。

由于弦杆在 E_2 节点中断,竖直最弱截面只包括节点板与拼接板面积,该截面几何特性计算结果见表 5-17。

节点板截面特性计算   表 5-17

截面形式	毛截面面积 A_m	净截面面积 A_j	偏心距 e	净惯性矩 I_j	面积矩 I_{jx}	中性轴至边缘距离 y_1、y_2
mm × mm	cm²	cm²	cm	cm⁴	cm⁴	cm⁴
2 − 1120 × 12 4 − 200 × 20	428.80	331.28	20.69	422523 313457	5599	43.69 68.31

节点板下边缘法向应力：

$$\gamma_0\sigma_1 = \gamma_0\left(\frac{N}{A_j} + \frac{Ne}{I_j}y_1\right) = \frac{3789.47\times10^{-3}}{331.28\times10^{-4}} + \frac{3789.47\times10^{-3}\times20.69\times43.69\times10^{-4}}{313457\times10^{-8}}$$
$$= 223.67(\text{MPa}) < f_d$$

节点板上边缘法向应力：

$$\gamma_0 \sigma_2 = \gamma_0 \left(\frac{N}{A_j} - \frac{Ne}{I_j} y_2 \right) = \frac{3789.47 \times 10^{-3}}{331.28 \times 10^{-4}} - \frac{3789.47 \times 10^{-3} \times 20.69 \times 68.31 \times 10^{-4}}{422525 \times 10^{-8}}$$
$$= -12.37(\text{MPa}) < f_d$$

因此,节点板竖直截面强度满足规范要求。

③腹杆与弦杆之间节点板水平截面剪应力验算。

将交汇于 E_2 节点的腹杆 A_1E_2 和 E_2A_3 影响线绘制于图5-34,由图可得当活荷载位于 A_3E_3 所在截面时,E_2 节点相邻腹杆的水平力差值最大。此时,腹杆 A_1E_2 和 E_2A_3 按基本组合计算所得的活载内力为

$$S_1 = 2068.06 \text{kN}, S_2 = -1556.81 \text{kN}$$
$$Z = (S_1 + S_2)\cos\theta = 2132.15 \text{kN}$$

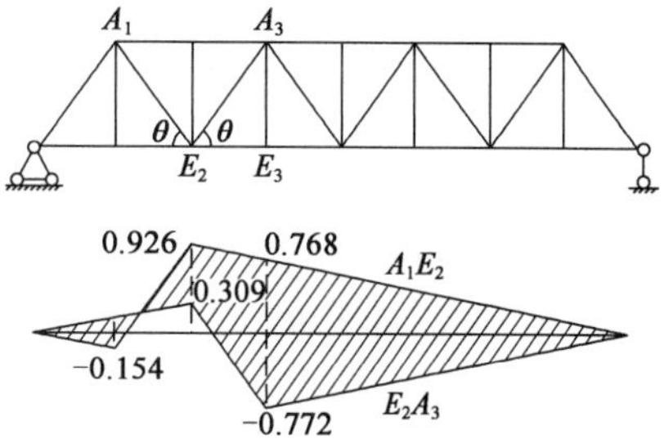

图 5-34 腹杆轴力影响线

由于节点两侧均外贴节点板,因此 δ 按 24mm 计取。水平截面上节点板长度:

$$a = 1460 - 2 \times 7 \times 23 = 1138(\text{mm})$$

$$\gamma_0 \tau = \gamma_0 \frac{3}{2} \frac{Z}{a\delta} = \frac{3}{2} \times \frac{2132.15 \times 10^3}{1138 \times 24} = 117.10(\text{MPa}) \leq 0.75 f_{vd} = 120 \text{MPa}$$

因此节点板水平截面强度满足规范要求。

5.5.4 联结系计算

1)纵向联结系作用效应计算与验算

下文只计算主桁空间效应引起的纵联杆件附加内力,横向水平荷载作用下纵联杆件内力计算参考5.5.3节,平联杆件验算方法参考5.4.3节。

(1)空间效应引起的上平纵联杆件内力计算与验算

主桁间纵联杆件截面几何特征及弦杆内力列于表5-18,计算图式如图5-35所示。

上平纵联杆件截面参数 表5-18

项目	截面	截面面积	惯性矩	长细比
斜撑	2-320×14 1-356×14	$A_f = 139.44 \text{cm}^2$	$I_x = 7654 \text{cm}^4$ $I_y = 35944 \text{cm}^4$	127.75
横撑	2-400×20 1-356×14	$A_c = 209.84 \text{cm}^2$	$I_x = 21341 \text{cm}^4$ $I_y = 61868 \text{cm}^4$	75.66

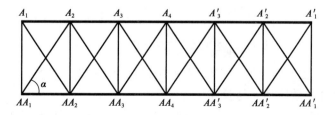

图 5-35 上平纵联空间效应计算参数

斜撑与弦杆交角为 α,则:

$$\sin\alpha = \frac{B_0}{S} = \frac{11.2}{\sqrt{11.2^2+8^2}} = 0.8137, \sin^2\alpha = 0.6622, \sin^3\alpha = 0.5388$$

$$\cos\alpha = \frac{d}{s} = \frac{8}{\sqrt{11.2^2+8^2}} = 0.5812, \cos^2\alpha = 0.3378, \cos^3\alpha = 0.1964$$

以第一、第二节间斜撑 A_1AA_2 或 A_3AA_2 及横撑 A_2AA_2 为例。

A_1A_3 弦杆内力 $N_d = -3457.20 \text{kN}$, 毛截面面积 $A = 234.4 \text{cm}^2$。本算例上平联采用交叉形纵向联结系,其斜撑内力 N_f 按下式计算:

$$N_f = \frac{N_d}{A} \frac{A_f \cos^2\alpha}{1+2\frac{A_f}{A_c}\sin^3\alpha + \frac{A_f}{A}\cos^3\alpha} = -393.02 \text{kN}$$

根据节点的平衡条件,可计算得到联结系横撑的内力 N_c:

$N_c = \sum N_f \sin\alpha = -(-393.02-393.02) \times 0.8137 = 639.60(\text{kN})$

(2)空间效应引起的上平纵联杆件内力计算与验算

以第一、二节间斜撑 E_0EE_1 或 E_1EE_2 及横撑 E_1EE_1 为例,计算图式如图 5-36 所示,下平纵联截面参数见表 5-19。

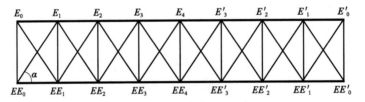

图 5-36 下平纵联空间效应计算参数

下平纵联截面参数　　　　　表 5-19

项　目	截 面 组 成	截 面 面 积	惯 性 矩	长 细 比
斜撑	2−320×14 1−330×14	$A_f = 135.80 \text{cm}^2$	$I_x = 7653 \text{cm}^4$ $I_y = 30715 \text{cm}^4$	126.07
横撑 (桥面系横梁)	2−700×24 1−1307×20	$A_c = 597.4 \text{cm}^2$	$I_x = 137287 \text{cm}^4$ $I_y = 1860386 \text{cm}^4$	—

弦杆 E_0E_2 内力 $N_d = 2269.03 \text{kN}$, 毛截面面积 $A = 154.00 \text{m}^2$, 横梁纤维应力按 $\sigma_P = 10.9 \text{MPa}$ 计算。本算例下平联采用交叉形纵向联结系,其斜撑内力 N_{dp} 按下式计算:

$$N_f = \frac{A_f\left(\frac{N_d}{A}\cos^2\alpha + 0.6\sigma_P\sin^2\alpha\right)}{1+4\frac{A_f}{A_c}\sin^2\alpha + \frac{A_f}{A}\cos^2\alpha} = 367.61(\text{kN})$$

横撑内力为: $N_c = \sum N_f \sin\alpha = -(367.61+367.61) \times 0.8137 = -598.25(\text{kN})$

2)横向联结系作用效应计算与验算

下文只计算桥门架效应。框架效应计算方法参考 5.3.3 节,横联杆件验算方法参考 5.4.3 节。

根据 5.5.3 节中计算,上平纵联风荷载为 $k=5.7\text{kN/m}$。桥门架计算图式如图 5-37 所示。$B=11.2\text{m}$,$\sin\gamma_1=0.707$,$\cos\gamma_1=0.707$,$\sin\gamma_2=0.647$。

上平纵联作用于桥门架顶部的荷载:

$$R=\frac{1}{2}k_aL_a=\frac{1}{2}\times 5.7\times 48=136.8(\text{kN})$$

桥门架端斜腹杆反弯点距支座距离在第 7.3.2.3 节中已算出:$l_0=4.757\text{m}$。反弯点处剪力 Q_0 与轴力 N_{w1} 分别为

$$Q_0=\pm\frac{1}{2}R=\pm\frac{1}{2}\times 136.8=\pm 68.4(\text{kN})$$

$$N_{w1}=\pm\frac{l-l_0}{B}R=\pm\frac{13.601-4.757}{11.2}\times 136.8=\pm 108.01(\text{kN})$$

下横撑与短斜撑在荷载 R 作用下内力为零。

长斜撑内力:

$$N_{\text{长}}=\pm\frac{N_W}{\sin\gamma_1}=\pm\frac{108.01}{0.707}=152.77(\text{kN})$$

上横撑内力:

$$N_{\text{上}}=\pm N_{\text{长}}\cos\gamma_1=\pm 152.77\times 0.707=\pm 108.01(\text{kN})$$

杆件的刚度和强度等的验算同纵联。

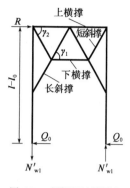

图 5-37 桥门架计算图式

5.5.5 桥面系计算

下文只计算竖向荷载作用下的纵、横梁内力,主桁空间效应引起的纵、横梁附加内力参考 5.3.4 节内容,验算方法参考本书第 3 章相关内容。

1)纵梁作用效应计算

栓接或铆接纵梁在竖面内的弯矩、剪力和反力可按跨径等于横梁间距的简支梁计算。本算例横梁间距为 8m,因此将纵梁简化为跨径为 8m 的简支梁进行计算。桥面系纵、横梁截面特性见表 5-20。

桥面系纵、横梁截面特性 表 5-20

构　件	截面组成	截面面积(cm^2)	惯性矩(cm^4)
纵梁	$2-300\times 20$ $1-600\times 12$	192	$I_x=9008.64$ $I_y=136960$
横梁	$2-700\times 24$ $1-1307\times 20$	597.4	$I_x=137287$ $I_y=1860386$

(1)恒载作用效应

由前文可知,桥面板自重 $p_1=20\text{kN/m}$,纵梁重 $p_9=8.7\text{kN/m}$。

每片纵梁恒载:

$$p=\frac{1}{6}(p_1+p_9)=4.78\text{kN/m}$$

跨中恒载弯矩:

$$M_p=\frac{1}{8}pl^2=38.24\text{kN}\cdot\text{m}$$

支点恒载剪力：

$$Q_\mathrm{p} = \frac{1}{2}pl = 19.12\mathrm{kN}$$

(2) 活载作用效应

跨径为 8m 简支梁的跨中弯矩、跨中剪力以及支点剪力的影响线如图 5-38 所示。

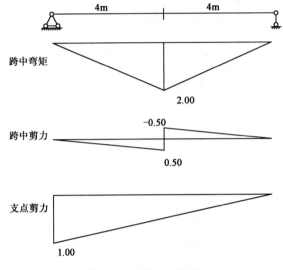

图 5-38 纵梁内力影响线

跨中静活载弯矩：$M_\mathrm{k} = 360 \times 2 + 10.5 \times 8 \times 2 \times \frac{1}{2} = 804.0(\mathrm{kN \cdot m})$

跨中静活载剪力：$Q_\mathrm{k} = 360 \times \frac{1}{2} + 10.5 \times 0.5 \times 4 \times \frac{1}{2} = 190.5(\mathrm{kN})$

纵梁基频：$f_1 = \frac{\pi}{2l^2}\sqrt{\frac{EI_\mathrm{c}}{m_\mathrm{c}}} = 15.4(\mathrm{Hz})$

冲击系数：$\mu = 0.45$

(3) 作用效应组合

跨中弯矩：$M = M_\mathrm{p} + 1.31(1+\mu)M_\mathrm{k} = 44.00 + 1.31 \times 1.45 \times 804.0 = 1565.44(\mathrm{kN \cdot m})$

支点剪力：$Q = Q_\mathrm{p} + 1.31(1+\mu)Q_\mathrm{k} = 19.12 + 1.31 \times 1.45 \times 190.5 = 380.97(\mathrm{kN})$

《公路钢结构桥梁设计规范》(JTG D64—2015) 第 9.3.5 条规定，节点外作用有竖向荷载时，还应考虑节点刚性的作用，节点间竖向荷载产生的弯矩可近似假定为 0.7 倍的节间长度简支梁的跨中弯矩。

因此，支点弯矩：$M_0 = 0.7M = 0.7 \times 1565.44 = 1095.81(\mathrm{kN \cdot m})$

跨中剪力：$Q_{0.5} = Q_{\mathrm{p}0.5} + 1.31(1+\mu)Q_\mathrm{k} = 0 + 1.31 \times 1.45 \times 190.5 = 361.85(\mathrm{kN})$

2) 中横梁作用效应计算

横梁在竖向的弯矩、剪力和反力可按跨径等于主桁中心距的简支梁计算。本算例主桁中心距为11.2m,因此将横梁简化为跨径为11.2m的简支梁进行计算。

(1)恒载内力

恒载作用下中间横梁的内力计算图式如图5-39所示。其中 D 为恒载作用下纵梁反力。

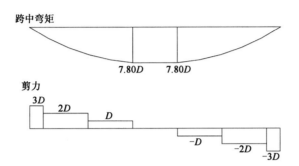

图5-39 中间横梁恒载内力

纵梁恒载反力为

$$p = \frac{1}{2}(p_1 + p_9) = \frac{1}{2} \times (20 + 8.7) = 14.35(\text{kN})$$

$$D_p = pl = 14.35 \times 8 = 114.8(\text{kN})$$

横梁恒载反力为

$$D_{p5} = \frac{1}{2}p_8 B = \frac{1}{2} \times 4.3 \times 11.2 = 24.08(\text{kN})$$

D_p 产生的跨中弯矩为

$$M_p = D_p \times 7.80 = 895.44(\text{kN} \cdot \text{m})$$

p_5 产生的跨中弯矩为

$$M_{p5} = \frac{1}{8}p_8 B^2 = \frac{1}{8} \times 4.3 \times 11.2^2 = 67.42(\text{kN} \cdot \text{m})$$

(2)活载内力

横梁活载计算时采用《公路桥涵设计通用规范》(JTG D60—2015)规定的公路—Ⅰ级车辆荷载进行加载(图5-40)。计算横梁最大跨中弯矩时,车辆荷载布置于横梁跨中;计算支点反力时,车辆荷载最靠近支点布置。由于主桁中心线与护栏内侧间距为1.1m,因此,在距离护栏内侧0.5m处开始布置车辆荷载,此时最外侧轮载距离横梁支点距离为1.6m。

横梁跨中静活载弯矩为

$$M_k = 140 \times 5.6 - 70 \times (0.65 + 2.45) = 567(\text{kN} \cdot \text{m})$$

横梁支点静活荷载反力为

$$D_k = 280 - 70 \times (1.6 + 3.4 + 4.7 + 6.5)/11.2 = 178.75(\text{kN})$$

由于横梁自重在全部反力与弯矩中所占比例较小,在以后的计算中均忽略不计。

前文计算得到的冲击系数为0.284,则:

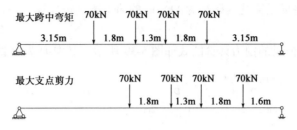

图 5-40　作用于横梁的公路—Ⅰ级车辆荷载

$1+\mu = 1.284$

活载支点反力为

$$(1+\mu)D_k = 1.284 \times 178.75 = 229.52(\text{kN})$$

活载跨中弯矩为

$$(1+\mu)M_k = 1.284 \times 567 = 728.03(\text{kN} \cdot \text{m})$$

(3) 作用效应组合

检算强度和稳定时：

中间横梁支点反力为

$$D = D_p + (1+\mu)D_k = 114.8 + 229.52 = 344.32(\text{kN})$$

横梁跨中弯矩为

$$M = M_p + (1+\mu)M_k = 895.44 + 728.03 = 1623.47(\text{kN} \cdot \text{m})$$

3) 端横梁作用效应计算

每片桁梁承受荷载力 $p = 27.5 \text{kN/m}$，桥跨全部自重：

$$P = 2pL = 2 \times 27.54 \times 64 = 3525.12(\text{kN})$$

每片端横联两端采用两个千斤顶，共计 4 个千斤顶，则每个千斤顶所承受的集中荷载：

$$D = \frac{1}{4} \times 1.3P = 1145.66(\text{kN})$$

跨中弯矩为

$$M = Da = 1145.66 \times 0.6 = 687.40(\text{kN} \cdot \text{m})$$

端横联的弯矩 M 小于中横梁的跨中弯矩，起顶反力 D 大于中间横梁的支点返力，本例端横梁与中间横梁采用同一截面，故上述横梁的验算取两者最不利状况进行验算，且应对起顶集中荷载 D 检算千斤顶垫板及其上方的支承加劲肋。

思考题

1. 图示钢桁梁桥的结构组成，并简述各组成部分的作用。
2. 主桁的布置与构造有哪些内容？主桁桁高、节间长度和斜腹杆倾角之间有何联系？
3. 联结系的布置与构造有哪些内容？公路与铁路钢桥规范为何规定纵联不宜采用三角形形式？
4. 钢桁梁桥的简化计算方法和计算内容有哪些？空间效应、桥门架效应和框架效应如何计算?

5.简述钢桁梁桥的设计流程与主桁杆件验算内容。

6.设计题:设计一座跨径为100m,桥宽为12.75m的下承式简支钢桁梁桥,设计技术指标和设计要求如下。

(1)技术指标:①道路等级:高速公路;②设计行车速度:120km/h;③设计安全等级:一级;④平面线形:直线;⑤桥面横坡:2.0%;⑥荷载等级:公路—Ⅰ级;⑦桥面宽度:净11.75m+2×0.5m护栏;⑧其他指标可参考相关规范自行拟定。

(2)设计要求:参考本章公路简支钢桁梁桥算例以及相关的规范,进行主桁和桥门架的设计与计算,并完成《100m简支钢桁梁桥设计计算书》。

参 考 文 献

[1] 中华人民共和国行业标准.公路钢结构桥梁设计规范:JTG D64—2015[S].北京:人民交通出版社股份有限公司,2015.
[2] 中华人民共和国行业标准.公路桥涵设计通用规范:JTG D60—2015[S].北京:人民交通出版社股份有限公司,2015.
[3] 中华人民共和国行业标准.铁路桥涵设计规范:TB 10002—2017[S].北京:中国铁道出版社,2017.
[4] 中华人民共和国行业标准.铁路桥梁钢结构设计规范:TB 10091—2017[S].北京:中国铁道出版社,2017.
[5] 中华人民共和国行业标准.公路桥梁抗风设计规范:JTG/T D60-01—2018[S].北京:人民交通出版社股份有限公司,2018.
[6] 中华人民共和国国家标准.钢结构设计标准:GB 50017—2017[S].北京:中国建筑工业出版社,2017.
[7] U.S. Department of Transportation. Steel Bridge Design Handbook[M]. Washington, 2015.
[8] 小西一郎.钢桥,第一分册:桥面系构造[M].北京:人民铁道出版社,1980.
[9] 小西一郎.钢桥,第三分册:桁架桥[M].北京:人民铁道出版社,1980.
[10] 铁道专业设计院.铁路工程设计技术手册:钢桥[M].北京:中国铁道出版社,2003.
[11] 吴冲.现代钢桥[M].北京:人民交通出版社,2006.
[12] 吉伯海,傅中秋.钢桥[M].北京:人民交通出版社股份有限公司,2016.
[13] 赵廷衡.桥梁钢结构细节设计[M].成都:西南交通大学出版社,2011.

第 6 章
大跨钢桥

6.1 钢 拱 桥

6.1.1 组成与特点

钢拱桥主要由拱肋、吊杆、立柱、桥面系和联结系等组成。以图6-1所示的中承式拱桥为例说明各组成部分的作用。桥面系为局部承载结构,直接承受车辆、人群等荷载;吊杆和立柱为传力结构,将桥面系承担的荷载传至拱肋,同时为桥面系提供支承;拱肋为主要的承载结构,承担桥梁的大部分荷载,并将其传至下部结构。为使拱桥成为稳定的空间结构,拱肋间通常需设联结系。

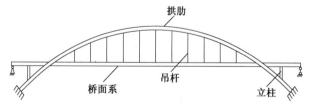

图 6-1 中承式拱桥组成示意

钢拱桥具有以下特点：

①面内刚度大。拱肋以受压为主,弯曲内力较小,轴向刚度较大,其面内刚度是所有桥梁类型中最大的。

②施工方法多样。工程中经常用到的施工方法,如支承架设法、悬臂拼装法、顶推施工法和大型构件整体吊装法等,均适用于钢拱桥。

③结构体系多样。钢拱桥可分为简单体系拱桥和组合体系拱桥,简单体系拱桥又可分为三铰拱、两铰拱和无铰拱,组合体系拱桥又可分为有推力拱和无推力拱等。

④美学价值高。拱肋线条简洁明了、轮廓鲜明,是天然的力与美结合的典范,拱既是结构也是建筑。

6.1.2 结构体系

1) 简单体系拱桥

简单体系拱桥中拱肋是主要承载结构,上承式拱桥的拱上建筑或中、下承式拱桥的悬吊桥面系均为次要承重和传力结构。简单体系拱桥示意如图 6-2 所示。三铰拱属于外部静定结构,由温度变化、支座沉降等作用引起的变形不会在拱内产生次内力,在基础条件较差的地区有较强的适应性。但由于铰的存在,使结构构造复杂、施工困难,且降低了结构整体刚度,对行车不利,因此现已很少采用三铰拱。两铰拱属于外部一次超静定结构,与三铰拱相比,结构整体刚度更大;与无铰拱相比,基础位移、温度变化等引起的次内力更小。两铰拱桥的典型代表有狄门大桥、悉尼港湾大桥、贝永大桥和新河谷桥等。图 6-3 所示为悉尼港湾大桥铰构造。随着施工技术和计算手段等的发展,无铰拱的修建数量越来越多。无铰拱属外部三次超静定结构,结构刚度较两铰拱更大,拱内的弯矩分布更均匀。无铰拱由于无须设铰,构造变得简单,施工更加方便,维护费用更少,在工程中应用最为广泛。由于超静定次数较多,由结构变形,特别是墩台位移而引起的附加内力较大,所以,无铰拱宜在地基良好的条件下修建。无铰拱的典型代表有大宁河特大桥、官塘大桥和肇庆西江大桥等。

a)三铰拱桥　　　　b)两铰拱桥　　　　c)无铰拱桥

图 6-2　简单体系拱桥示意

a)整体　　　　b)局部　　　　c)铰

图 6-3　悉尼港湾大桥铰构造

2)组合体系拱桥

组合体系拱桥是将拱与梁(或索)组合起来,共同承受荷载,充分发挥梁受弯、拱受压(索受拉)的结构特性,达到节省材料的目的。组合体系拱桥中有推力拱可根据结构恒载、活载作用下推力体系的不同,分为恒载作用下无推力、活载及附加荷载作用下有推力的部分推力拱,以及恒载、活载及附加荷载作用下均有推力的完全推力拱。

(1)无推力拱体系

无推力拱桥最具代表性的是系杆拱桥,拱脚水平推力由系杆承担,竖向力由墩台和基础承担,对地基的适应能力较强,因此,系杆拱桥是一种具有良好发展前景的桥梁结构形式。系杆拱桥典型代表桥梁有朝天门长江大桥、横琴二桥和南京大胜关长江大桥等。系杆拱桥的传力路径为:车辆和人群荷载→桥面系→吊杆→拱肋→系杆(平衡水平推力),墩台与基础(平衡竖向力)。系杆拱桥的传力路径如图6-4所示。

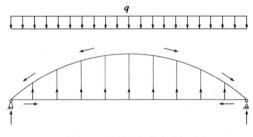

图6-4 系杆拱桥的传力路径示意

由于拱肋、吊杆、系杆等主要构件本身均具有多种布置方式和结构形式,系杆拱桥也是一种结构形式极富变化的拱桥体系。根据拱肋和系杆的相对刚度,系杆拱桥又可分为柔性系杆刚性拱(系杆拱)、刚性系杆柔性拱(兰格尔拱)和刚性系杆刚性拱(洛泽拱)三种结构体系,如图6-5所示。柔性系杆刚性拱中,拱肋的抗弯刚度远大于系杆,拱肋为主要承重构件,系杆以受拉为主,其作用主要是平衡拱脚水平推力。刚性系杆柔性拱中,拱肋的抗弯刚度小于系杆,拱对整体结构刚度的贡献较大,对承载力的贡献较小。刚性系杆刚性拱中,系杆和拱肋均具有一定的抗弯刚度,它们共同承受荷载,系杆为拉弯构件,拱肋为压弯构件。由于拱肋和系杆均为刚性,这种组合体系的刚度较大,适合设计荷载较大的情况。

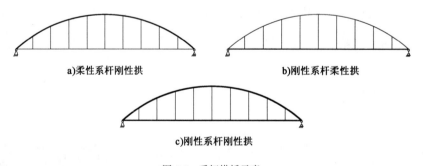

图6-5 系杆拱桥示意

(2)部分推力拱体系

部分推力拱以飞燕式拱桥为代表,是大跨度拱桥常用的一种结构体系,典型桥梁代表有卢浦大桥和新光大桥等。主拱和边拱在拱脚处的水平分力相互抵消,通常主拱拱脚的水平推力大于边拱的水平推力,需要在边拱端部桥面位置设置水平拉索,主动向边拱施加水平力,进而实现拱脚处的水平分力的平衡。因此,在结构恒载作用产生的拱脚水平推力可以得到完全平衡,表现出无推力拱的力学性能。在成桥运营阶段,在活载及其他可变荷载作用下产生的拱脚水平推力通常需要由基础承担。飞燕式拱桥传力路径为:车辆和人群荷载→桥面系→立柱或吊杆→主拱肋和边拱肋→系杆、墩台与基础。飞燕式拱桥传力路径如图6-6所示。

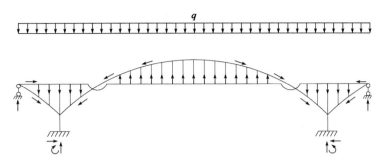

图6-6 部分推力拱的传力路径

(3)完全推力拱体系

此种组合体系拱没有系杆,由单独的梁和拱共同受力,拱的推力仍由墩台承受。完全推力拱常见结构形式有刚性梁刚性拱(倒洛泽拱)和刚性梁柔性拱(倒兰格尔拱)。

6.1.3 总体布置

钢拱桥的总体布置主要包括桥跨、拱肋、联结系、立柱、吊杆以及桥面系等的布置。

1)桥跨布置

钢拱桥可采用单跨或多跨布置。拱桥跨越深谷或河流时,采用单跨跨越河(谷)的情况较多,典型代表如表6-1中序号为3、5、6、9、10、12、15和24的拱桥,最大跨度达到了519m。当采用单跨布置无法满足跨径需要或不经济时,可采用多跨布置,常见的多跨拱桥布置示意如图6-7所示。多跨布置分为等跨和不等跨布置。下承式拱桥可以采用等跨布置,一种方式是采用多个单跨系杆拱桥的布置形式,优点是各跨互不干扰、受力明确,缺点是要设置较多的伸缩缝,不利于行车。另一种方式是采用桥面连续或相邻拱肋的拱脚固结为一体,优点为桥面连续性好,甚至在多孔连续的情况下可以采用顶推法进行架设安装。等跨布置的典型代表桥梁有杭州九堡大桥和长沙市福元路湘江大桥等。在平坦地貌跨越河流时,大部分地质条件不适合采用有推力拱桥,这时可采用不等跨的中承式无推力或部分推力拱体系,典型代表如表6-1中序号为1、2、4、7、8、11、13、14、16~23的拱桥。对于多跨推力拱,应考虑合理的边中跨比,以保证边跨能够平衡中跨拱脚部分的水平推力。

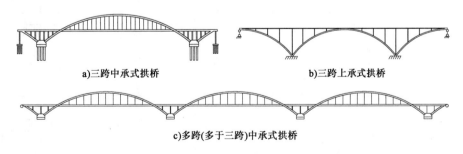

图6-7 常见的多跨拱桥布置示意

2)拱肋布置

(1)矢跨比

矢跨比为拱桥矢高与跨径的比值,是拱桥最重要的设计参数,对拱肋内力、材料用量等有

钢 桥

国内24座大跨度钢拱桥

表6-1

序号	桥名	桥跨跨径组合(m)	矢跨比	拱轴线	拱高跨比	横向布置	内倾角度(°)	联结系横联	联结系纵联	立柱类型	立柱间距(m)	吊杆类型	吊杆间距(m)	系杆	桥面系
1	朝天门长江大桥	190+552+190	1/4.3	抛物线圆曲线	1/40(1/8)	双肋	0	三角形	K形、菱形	—	—	平行吊杆	12.0 14.0	刚性+柔性系杆	正交异性
2	卢浦大桥	100+550+100	1/5.5	抛物线	1/92(1/61)	双肋	11.3	一字形、K形	K形	实腹式	—	平行吊杆	13.5	刚性+柔性系杆	正交异性
3	宜昌香溪长江公路大桥	519	1/4.0	悬链线	1/43(1/37)	双肋	0	三角形	K形、菱形	实腹式	11.8	平行吊杆	12.0	—	钢混组合
4	宁波明州大桥	100+450+100	1/5.0	抛物线	1/94(1/69)	双肋	11.3	一字形、K形	K形	柱式	—	平行吊杆	9.0	柔性系杆	正交异性
5	肇庆西江大桥	450	1/4.0	悬链线	1/50(1/30)	双肋	4.8	一字形、K形	K形	—	—	平行吊杆	12.0	—	钢混组合
6	官塘大桥	450	1/4.5	悬链线	1/75(1/43)	双肋	10.0	一字形	K形	实腹式	—	平行吊杆	10.5	—	正交异性
7	新光大桥	177+428+177	1/4.0	悬链线	1/57(1/36)	双肋	0	一字形	K形	—	—	平行吊杆	12.0	柔性系杆	钢混组合
8	横琴二桥	100+400+100	1/4.4	悬链线圆弧线	1/57(1/9)	三肋	0	三角形	菱形	桁式	27.0	—	—	刚性+柔性系杆	钢混组合
9	大宁河大桥	400	1/5.0	悬链线	1/40	双肋	3.5	交叉形	K形	实腹式	12.0	平行吊杆	12.0	—	钢混组合
10	犀牛大桥	390	1/4.5	悬链线	1/50(1/40)	双肋	0	交叉形	K形	—	—	平行吊杆	12.0	—	钢混组合
11	宜万铁路万州长江大桥	169+360+169	1/6.1	抛物线	1/45(1/9)	双肋	8.4	交叉形	K形	桁式	24.7	—	—	刚性系杆	正交异性
12	纳界河大桥	352	1/5.5	悬链线	1/44(1/27)	双肋	—	三角形	K形	—	—	—	—	—	钢混组合

续上表

序号	桥名	桥跨组合(m)	矢跨比	拱肋 拱轴线	拱肋 高跨比	拱肋 横向布置	拱肋 内倾角度(°)	联结系 横联	联结系 纵联	立柱 类型	立柱 间距(m)	吊杆 类型	吊杆 间距(m)	系杆	桥面系
13	南京大胜关长江大桥	108+192+336+336+192+108	1/4.0	抛物线	1/28(1/7)	三肋	0	交叉形	交叉形	—	—	平行吊杆	12.0	刚性系杆	正交异性
14	春晓大桥	80+336+80	1/5.0	抛物线圆曲线	1/38(1/11)	双肋	0	三角形	菱形	—	—	平行吊杆	10.9	刚性+柔性系杆	钢混组合
15	宜宾金沙江公铁两用大桥	336	1/3.4	抛物线	1/38	双肋	0	一字形,K形	一字形,K形	—	—	平行吊杆	12.0	柔性系杆	正交异性
16	广州南沙凤凰三桥	61+308+61	1/4.5	悬链线	1/81(1/48)	双肋	11.3	一字形	一字形	—	—	平行吊杆	10.2	柔性系杆	钢混组合
17	佛山东平大桥	96+300+96	1/4.6	悬链线	1/75(1/42)	三肋	0	—	一字形	实腹式	13.3	平行吊杆	15.4	刚性系杆	钢混组合
18	柳州维义大桥	108+288+108	1/4.8	抛物线	1/36(1/8)	双肋	0	三角形	菱形	—	—	平行吊杆	12.0	刚性系杆	正交异性
19	苏岭山大桥	70+240+70	1/4.4	抛物线	1/34(1/12)	双肋	0	—	一字形	—	—	平行吊杆	7.0	刚性系杆	钢筋混凝土
20	厦门环岛路纳潮口大桥	58+208+58	1/4.0	抛物线圆曲线	1/83(1/46)	双肋	10.6	三角形	一字形	实腹式	9.0~12.0	平行吊杆	7.5	刚性系杆	钢混组合
21	清江特大桥	60+200+60	1/4.4	抛物线	1/34(1/9)	双肋	0	—	K形	—	—	平行吊杆	8.0	刚性系杆	钢混组合
22	蔡家坡渭河特大桥	50+180+50	1/4.0	悬链线	1/72(1/18)	双肋	20.0	—	一字形	—	—	平行吊杆	6.0	—	正交异性
23	国寒桥	13+146+13	1/4.9	抛物线	1/29(1/9)	双肋	0	—	K形	实腹式	8.0	平行吊杆	8.0	刚性系杆	正交异性
24	中交怒江连心桥	140	1/6.1	抛物线	1/70	双肋	10.0	—	一字形	—	—	网状斜吊杆	7.5	刚性系杆	钢混组合

注:表中矢跨比,拱轴线,高跨比等均为主跨设计参数;拱轴线中有两种线形的,是指桁架拱拱肋的下弦和上弦杆轴线;高跨比中,括号外和括号内的参数分别为主跨拱肋拱顶和拱脚高度;正交异性和钢混组合分别表示正交异性桥面系和钢-混凝土组合桥面系。

较大的影响。对于同等跨度的拱桥,当矢跨比减小时,拱脚的水平推力增大。而推力增大,相应地拱肋内产生的轴力也增大,对于有推力拱桥,墩台与基础受力增大,对于无推力拱,系杆受力增大。随着矢跨比的减小,由拱肋弹性压缩、温度变化、墩台位移等产生的次内力将增大,对拱肋受力不利。此外,随着矢跨比的增大,拱脚水平推力减小,拱轴线长度增加,轴向变形引起的挠度亦增大,且影响结构美观和稳定等性能。从已建成的拱桥来看,拱肋的矢跨比以 1/6～1/4 居多。表 6-1 中列出了 24 座大跨度钢拱桥的矢跨比。

(2) 拱轴线

拱轴线是拱肋截面形心的连线,是拱桥重要的设计参数之一,对拱肋内力大小及其分布、材料用量等有较大的影响。最理想的拱轴线是与压力线重合,这样可以使拱肋只产生轴力而无弯矩,以充分利用材料强度。但拱桥除受恒载外,还要受到活载、温度作用、拱轴弹性压缩等的影响,导致不能获得理想的拱轴线形。通常,拱桥中恒载所占比重较大,跨径越大越是如此,故一般认为拱轴线与恒载产生的压力线(不考虑弹性压缩)相重合,即为合理拱轴线。对于抗压性能较好的圬工、钢筋混凝土、钢管混凝土等材料,用于拱桥可以充分发挥材料良好的抗压性能。然而圬工材料不能承受拉力,因此,对拱轴线要求较高。对于拉压性能均较好的钢材,用于拱桥中能同时承受较大的拉压应力,因此,对拱轴线的要求相对较低。目前,拱轴线的设计多采用"五点重合法",即满足拱肋上少数几个关键部位的压力线与拱轴线重合的方法。

拱轴线主要有圆弧线、悬链线和抛物线等。圆弧线对应的是沿拱轴均匀分布的径向荷载,悬链线对应的是沿拱跨方向连续分布且与拱轴线纵坐标呈线性关系的竖向荷载,抛物线对应的是沿拱跨方向均匀分布的竖向荷载,如图 6-8 所示。其中,圆弧线多用于小跨径拱桥,悬链线和抛物线适用的跨径范围较广。表 6-1 中给出的国内 24 座大跨度钢拱桥的拱轴线大多为抛物线和悬链线,小部分钢桁拱桥上、下弦杆采用圆弧线+抛物线或圆弧线+悬链线的形式。以横琴二桥(图 6-14)为例,主桥为三跨变截面桁肋拱,中跨拱肋下弦杆为悬链线,拱顶段上弦杆和边拱下弦杆为圆曲线,拱顶段上弦杆以反圆弧与桥面系相接。

a) 圆弧线　　　　　　　b) 悬链线　　　　　　　c) 抛物线

图 6-8　常见的三种拱轴线对应的荷载分布示意

(3) 拱肋高度

拱肋高度是垂直于拱肋轴线的截面高度,主要由拱桥跨度、净空等因素决定,对拱肋内力、材料用量等有较大的影响。通常,拱肋高度用高跨比来衡量,其中拱顶与拱脚拱肋的高跨比是重要的衡量参数,它们的选择不仅要满足受力要求,同时也要考虑到全桥的美观和谐。根据拱肋高度的变化,可分为等高度拱肋和变高度拱肋。通常,小跨径拱桥大多采用等高度拱肋,大跨径拱桥采用变高度拱肋以适应其内力分布,节约材料。表 6-1 中给出的国内 24 座大跨度钢拱桥的拱肋大多为变高度拱肋,其中拱顶高跨比为 1/94～1/28,拱脚高跨比为 1/69～1/7。钢桁拱桥拱肋高度普遍高于钢箱拱,钢桁拱桥拱顶高跨比为 1/57～1/28,拱脚高跨比为 1/40～1/7;钢箱拱桥拱顶高跨比为 1/92～1/29,拱脚高跨比为 1/69～1/9。

(4) 横向布置

上承式拱桥由于不受桥面净空的影响,横向可采用双片拱肋或者多片拱肋的布置形式。中承式和下承式拱桥拱肋横向布置则要考虑桥面净空的影响,多采用双肋拱,如图6-9所示。拱肋通常采用平行布置形式,为了提高拱肋面外稳定性,可将拱肋向内倾斜形成提篮拱,内倾角度宜为5°~12°。表6-1中给出的国内24座钢拱桥大多为双肋拱,拱肋采用平行拱肋或提篮拱肋,其中钢桁拱桥大多采用平行拱肋,钢箱拱桥大多采用提篮拱肋。拱肋的横向布置形式不止上述几种,一些桥梁为了追求新颖、美观的造型,拱肋向外倾,即蝴蝶拱,如主跨300m的广西南宁大桥[图6-9c)]等。

a)上承式多肋拱

b)下承式双肋拱(提篮拱)

c)中承式双肋拱(蝴蝶拱)

图6-9 拱肋横向布置

3) 联结系布置

联结系的布置应满足拱肋侧向刚度、面外稳定、桥面净空等要求,其中钢桁拱桥和钢箱拱桥的联结系的布置有一定的差别。钢桁拱桥的联结系布置与钢桁梁桥相似,拱肋上、下弦杆平面内分别设上、下平纵联,横向平面内设横联。早期的钢箱拱桥的联结系布置与钢桁拱桥类似,靠近钢箱拱肋顶、底板的位置分别设上、下平纵联,横向平面内设横联,现在的做法是将上、下平纵联合二为一。此外,对于桥面较宽而跨径较小的中下承式肋拱桥,出于经济和美观考虑,且在保证结构横向稳定的情况下,可不设联结系。

4) 立柱布置

立柱用于上承式拱桥和中承式拱桥的上承部分,宜采用等间距对称布置。立柱间距应控制在合理的范围之内,以确保拱上建筑既轻盈又安全可靠。表6-1给出的钢拱桥的立柱间距为 8~27m。

5) 吊杆布置

中、下承式拱桥需要设置吊杆。根据相邻吊杆是否平行,将吊杆分为平行吊杆和斜吊杆,如图 6-10 所示。平行吊杆构造简单,整齐美观,计算简单,施工方便。斜吊杆对结构的竖向刚度提高很多,而对结构的横向刚度影响较小。需要注意的是斜吊杆的应力幅比平行吊杆大很多,疲劳问题更为突出。除布置形式之外,吊杆设计的关键参数是吊杆间距。吊杆间距影响拱肋受力、桥面系梁跨径等,进而影响结构的材料用量。吊杆宜采用等间距布置,斜吊杆还需要考虑倾斜角度、交叉次数等。表 6-1 给出的 24 座钢拱桥的吊杆大多为平行吊杆和等间距布置,吊杆间距为 6~16m。

a)平行吊杆　　　　　　　　　　　　　　　　b)斜吊杆

图 6-10　吊杆布置形式

6) 桥面系布置

上承式拱桥可采用简支或连续体系的桥面系,中承式和下承式拱桥的悬吊桥面系必须采用连续体系,如图 6-11 所示。悬吊桥面系必须设置加劲纵梁,并应具有"一根横梁两端相对应的吊索失效后不落梁"的能力,主纵梁应满足 2 倍吊索跨度的承载能力要求。中承式和下承式拱桥的悬吊桥面系宜在拱梁相交处设置横向限位装置,同时应留有足够的间隙以适应桥面系横向位移。不承受水平拉力的悬吊桥面系的加劲纵梁不应与其端部结构或主拱固结。中承式拱桥桥面系肋间横梁的设置不应影响主拱结构的连续性。桥面系与拱肋之间的结构设计应防止因二者变形不同引起的结构损伤。伸缩缝附近的支座应具有可更换条件,且宜采取限位或固定等防止脱落的措施。对于中、下承式拱桥,行车道应布置在主拱肋之间,行车道与吊杆平面间应设防撞护栏,人行道宜布置在主拱肋之外。

6.1.4　主要构造

1) 拱肋

钢拱肋截面分为实腹式和桁式截面。实腹式主要有管截面和箱形截面,如图 6-12 所示。圆管截面绕各主轴惯性矩均相同,通常适用于跨径较小的钢拱桥。箱形截面可根据受力需要调整主轴方向的惯性矩,跨径适用范围较广。桁式截面能够获得较大的抗弯刚度,且杆件以受轴向力为主,材料能够得到充分利用,但杆件数量多、焊接与拼接工作量大,多用于大跨径钢拱桥。钢箱拱桥的典型代表有卢浦大桥、明州大桥和官塘大桥等,钢桁拱桥的典型代表有朝天门长江大桥、横琴二桥和大宁河特大桥等。

第6章 大跨钢桥

a)上承式拱桥桥面系

b)中、下承式拱桥桥面系

c)下承式拱桥桥面系

图6-11 桥面系实桥案例

a)钢管拱

b)钢箱拱

c)钢桁拱

图6-12 拱桥按截面形式分类

2）联结系

钢桁拱桥常见的纵联形式主要有交叉形、菱形和 K 形等,横联形式主要有三角形和交叉形等。钢箱拱桥常见的联结系形式主要有一字形、K 形和交叉形等。图 6-13 所示为常见的 K 形、一字形和交叉形联结系实例。表 6-1 给出的国内 24 座钢拱桥的联结系结构形式中,钢桁拱桥的纵联大多为菱形和 K 形,横联均采用桁式结构,大多为三角形桁式;钢箱拱桥的联结系主要为 K 形和一字形,且一字形居多。联结系杆件截面应与拱肋截面相适应,可采用工字形、圆管形、箱形截面等。联结系与主拱的接头可采用螺栓或焊接连接。下承式拱桥的端横梁和中承式拱的肋间横梁兼做联结系时,其强度和刚度应同时满足横梁和联结系的需要。

a)K形　　　　　　　　　　b)一字形

c)交叉形

图 6-13　拱肋联结系实桥案例

3）立柱

立柱是以受压为主的压弯构件,立柱较短时,由强度控制设计,采用实腹式截面较为经济;立柱较长时,由稳定控制设计,采用桁式截面较为经济。按材料不同,拱上立柱可采用钢立柱和钢管混凝土立柱等。在满足承载力等要求的基础上,立柱的结构形式和材料的选择应有利于拱上建筑实现轻型化。

4）吊杆和系杆

吊杆一般可分为刚性吊杆和柔性吊杆两种形式。柔性吊杆也称为吊索,采用平行钢丝成品索或钢绞线成品索,计算时视为受拉杆件,与拱肋和吊杆横梁连接视为铰接。刚性吊杆多用钢管或型钢制成,一般情况下承受拉力,但在活载作用下也可能出现压力。

系杆一般可分为刚性系杆和柔性系杆,刚性系杆通常被称为系梁,柔性系杆被称为系索。系梁通常作为桥面系的一部分,参与桥面系共同受力,承受拉弯作用,通常采用箱形或型钢截面。系索承受拉力,通常采用钢绞线或平行钢丝索。当钢拱桥同时采用刚性系杆和柔性系杆时,柔性系杆的作用在于减小刚性系杆的内力,从而减小杆件规模和构造尺寸。

吊索和系索均为受力关键且易损构件,使用寿命短于拱肋,因此,必须具有可检查、可更换的构造措施。此外,还应具有防水、排水措施,并满足施工时的安装与张拉空间的要求。锚固处应有可扩散局部应力集中,且将索力传给受力结构的构造措施。吊杆锚具应满足抗疲劳性能要求,最短吊索的自由长度宜满足纵向位移需要,当不能满足要求时,应采用限制短吊杆横梁纵向位移、横梁与桥面系间设置滑板支座、增加索体锚固端自由转动幅度等措施。系杆索的位置设计应综合考虑主拱结构、桥面系高程、锚固位置及更换索体的工艺要求等因素。当吊索长度大于30m时,在满足吊索综合系数要求的同时,宜提高吊索的抗拉刚度。

主跨400m的横琴二桥采用刚性系杆和柔性系杆共同受力的混合系杆体系,刚性系杆指边纵梁,采用钢结构,为H形截面。柔性系杆为抗拉强度1860MPa镀锌钢绞线索,每侧设置4根系杆,总索力2500t。吊杆为双吊杆体系,全桥共108根吊杆,吊杆长度为6.8~59.2m。吊索为标准强度1670MPa的镀锌平行钢丝索。横琴二桥吊杆及系杆构造如图6-14所示,图6-14a)中的粗黑线为系杆位置。

5)桥面系

桥面系宜采用正交异性钢桥面系或钢-混凝土组合结构桥面系,其构造可参考第3章和第4章的相关内容。

6.1.5 实桥示例——犀牛大桥

1)结构概况

犀牛大桥位于云南省临沧市凤庆县黑惠江江段,距凤庆县城约130km,距省会昆明市约560km。桥位地处无量山北段,位于云贵高原西部边缘部位,属澜沧江中游主要支流黑惠江流域下游,本段黑惠江峡谷为V字形深切大峡谷。公路等级为二级,桥宽12m,双向两车道,设计速度为60km/h,荷载等级为公路—Ⅰ级,人群荷载2.5kN/m²;桥下通航,通航等级为内河Ⅳ级航道,船舶撞击力标准值为横桥向撞击力550kN,顺桥向撞击力450kN;设计基本地震动峰值加速度为0.183g,地震基本烈度Ⅶ度。主桁上、下弦杆,腹杆,吊杆及横梁,吊杆纵梁,上、下平纵联,横联,桥面系梁等均采用Q345D低合金钢,人行道栏杆及其他附属结构等采用Q235B碳素结构钢。吊杆材质采用镀锌平行钢丝,标准强度1670MPa。吊杆梁端锚头采用40Cr叉形热铸锚。拱脚外包混凝土、主桥桥面系预制桥面板为C50混凝土,拱脚弦杆内填混凝土为C50自密实微膨胀混凝土。

2)总体布置与结构体系

犀牛大桥全长540m,其中主桥为净跨径390m的中承式钢桁提篮拱桥,属于简单体系中的无铰拱,两侧引桥分别为2×30m预应力混凝土现浇箱梁,大桥总体布置如图6-15所示。主拱肋面内净矢高87m,净矢跨比为1/4.483,拱轴线为悬链线,拱轴系数为1.2。拱肋为变高度桁式结构,拱顶、拱脚处拱肋高度分别为7.8m和9.8m。横向布置两片拱肋,内倾角度为3.5°。拱顶及拱脚两肋上弦杆中心线水平距离分别为7.0m和18.5m。拱肋上弦杆平面共设置29道上平纵联,其中桥面以上25道,桥面以下4道;下弦杆平面共设置29道下平纵联,其中桥面以

钢 桥

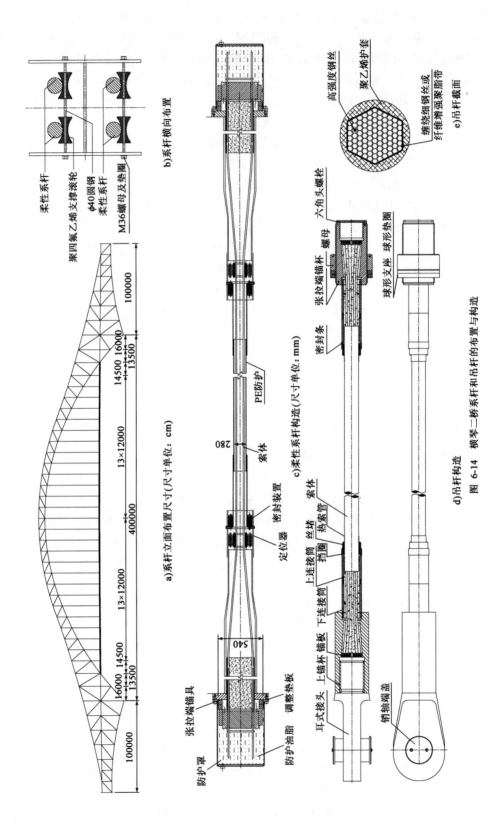

图 6-14 横琴二桥系杆和吊杆的布置与构造

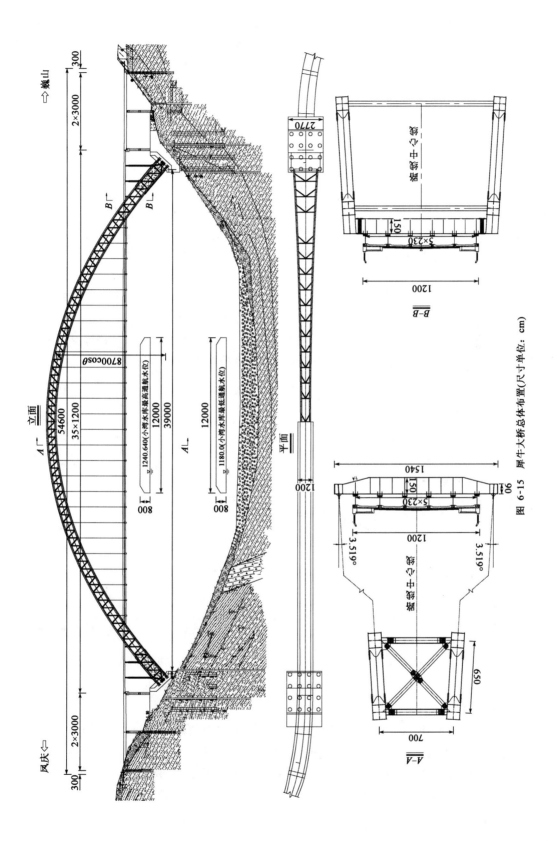

图 6-15 犀牛大桥总体布置(尺寸单位：cm)

上23道,桥面以下6道。桥面以上两拱肋间设置了13道交叉形横向联结系,间距为24m和18m。全桥共设置34道横梁,分别为标准吊杆横梁、肋间横梁和拱上立柱横梁,横梁间距为12m。在相邻吊杆横梁的吊杆位置处设置吊杆纵梁。吊杆采用等间距平行吊杆布置,吊杆标准间距为12m,全桥共52根吊杆。全桥共设六道立柱,立柱间距为12m。桥面系为钢-混凝土组合梁,跨径12m,采用35跨连续结构,全联长420m。

3)主要构造

(1)拱肋

拱肋为斜腹杆形桁架,节间长度为6m。上、下弦杆均采用带肋箱形截面,截面内宽1.2m,内高1.3m。主桁腹杆采用带肋箱形和"王"字形截面,除拱脚斜腹杆及肋间连接横梁处主桁腹杆设计为箱形截面外,其余腹杆均采用"王"字形截面。采用整体节点,在工厂内把杆件和节点板焊为一体,运到工地架设时在节点之外用高强度螺栓连接。根据结构受力需要,拱肋上、下弦杆截面采用24mm、28mm、32mm和36mm四种板厚。每个箱形截面均设置四道板式加劲肋,加劲肋外伸宽度为0.24m,采用24mm、28mm、32mm和36mm四种板厚。大桥采用缆索吊装法施工,主拱圈沿轴线共划分为35个节段,第一至第十七节段为一般节段,第十八节段为拱顶合龙段。第一至第三节段上弦杆水平投影长度分别为7.2m、10.5m和12m,下弦杆水平投影长度分别为5.4m、8m和10.5m;第四至第十七节段上、下弦杆水平投影长度均为12m,跨中合龙段水平投影长度为7m。拱肋典型节段及杆件截面示意如图6-16所示。

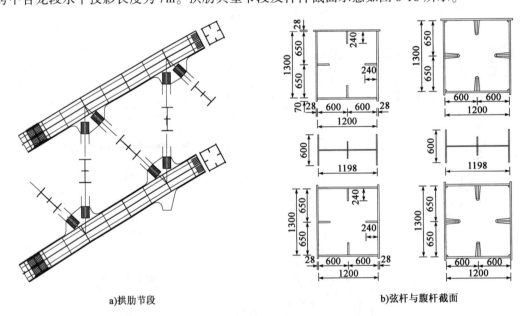

a)拱肋节段　　　　　　　　　　　　b)弦杆与腹杆截面

图6-16　拱肋典型节段及杆件截面示意(尺寸单位:mm)

(2)联结系

拱肋的上、下平纵联均为K形结构,斜杆为焊接工字形截面,截面高与宽均为0.48m,翼缘和腹板厚分别为16mm和12mm。撑杆分箱形和工字形两种截面,其中箱形截面高0.53m,内宽0.4m,翼缘及腹板厚均为16mm;工字形截面高与宽均为0.48m,翼缘和腹板厚分别为16mm和12mm。平联与主桁的连接是在主桁杆件中心线的上下两侧焊连两块连接板,平联的杆件和横撑杆均为对接拼接。平联平面布置如图6-17所示。

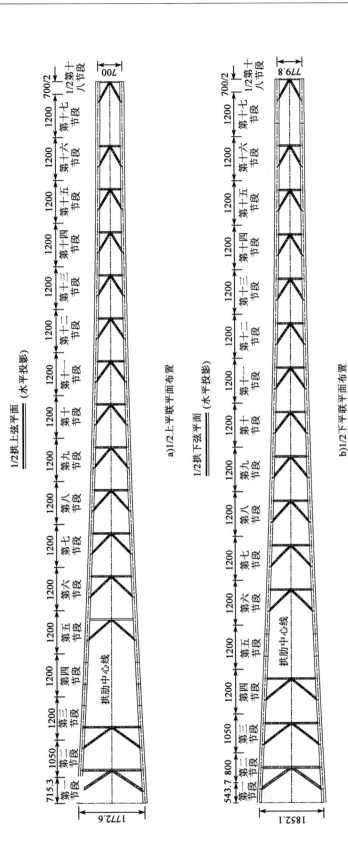

图6-17 平联平面布置（尺寸单位：cm）

横向联结系为交叉形,其上、下横杆均采用箱形截面,高0.53m,内宽0.4m,翼缘及腹板厚均为16mm;斜杆采用工字形截面,高与宽均为0.4m。斜杆与上、下横杆之间采用插入式螺栓连接。横联断面布置如图6-18所示。

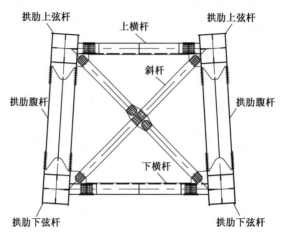

图6-18 横联断面布置

(3)吊杆及其纵、横梁

吊杆规格为PES7-85,材质为镀锌平行钢丝,钢丝直径7mm,标准强度1670MPa。吊杆构造如图6-19所示。

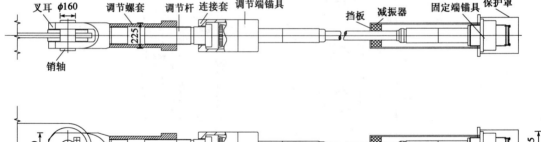

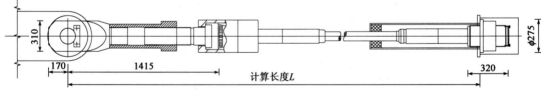

图6-19 吊杆构造(尺寸单位:cm)

吊杆横梁长度为15.4m,肋间横梁及拱上立柱横梁长度均为12.64m,采用单节段制造。横梁均为箱形截面,吊杆横梁高为0.9~1.5m,肋间及拱上立柱横梁高均为1.5m。横梁上翼缘宽0.82m,下翼缘宽0.72m,翼缘板厚为24mm,腹板厚为16mm;腹板设置竖向加劲肋,间距为1.15m,尺寸为180mm×16mm。肋间横梁与主桁腹杆、拱上立柱横梁与立柱均采用高强度螺栓连接。吊杆横梁构造如图6-20所示。

吊杆纵梁长度为10.6m,采用带肋箱形截面,截面高0.9m,宽0.732m,翼缘板及腹板厚均为16mm;翼缘板及腹板各设置一道加劲肋,尺寸为160mm×16mm。吊杆纵梁各块件在工厂制造时均为焊接连接,工地安装时,均采用高强度螺栓连接。吊杆纵梁构造如图6-21所示。

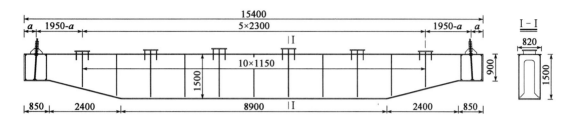

图6-20 吊杆横梁构造(尺寸单位:mm)

图6-21 吊杆纵梁构造(尺寸单位:mm)

(4)桥面系

桥面系纵、横梁均采用焊接工字形截面,截面尺寸相同。截面高0.8m,顶、底板宽分别为0.4m和0.44m,板厚分别为16mm和20mm,支点处底板加叠合钢板,板厚为20mm。钢筋混凝土桥面板采用分块预制,板厚20cm,吊装就位后,通过现浇8cm厚C50钢纤维混凝土与桥面板和湿接头形成整体,钢梁和钢筋混凝土桥面板通过布置在湿接头处的栓钉剪力键形成组合梁。桥面系布置如图6-22所示。

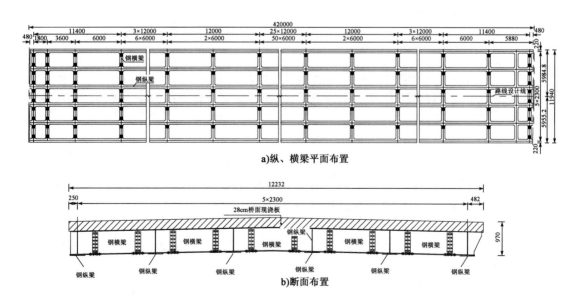

图6-22 桥面系布置(尺寸单位:mm)

6.2 钢斜拉桥

6.2.1 组成与特点

斜拉桥主要由索塔、主梁、斜拉索、墩台和基础等组成,在边跨内可根据需要设置辅助墩,如图 6-23 所示。主梁不仅直接承受车辆荷载的作用,还承受斜拉索的竖向分力和水平分力,在拉索支承范围内表现为压弯受力状态,在拉索支承范围外主要承受弯矩作用。拉索承受轴向拉力,无论是施工阶段还是成桥运营阶段均可以通过索力调整,使索塔和主梁处于合理的受力状态。主梁端部斜拉索的索力最大,可以有效约束塔顶位移,称为端锚索。索塔除了承受自重引起的轴力外,还要承受斜拉索传递的竖向分力和不平衡水平分力,其中不平衡水平分力使索塔受弯,因此,索塔同时承受巨大的轴力和较大的弯矩,属于以受压为主的压弯构件。主墩根据与索塔的连接关系不同,其受力状态也略有不同:塔墩固结的主墩为压弯受力状态,塔墩分离的主墩只受压。

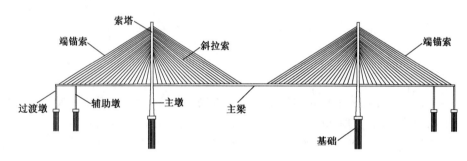

图 6-23 斜拉桥结构示意

斜拉桥具有以下特点:
①斜拉索通过主动张拉可以承担大部分恒载,使主梁内力大大减小,从而减小梁高,使设计更为经济。
②斜拉索的主动张拉增大了体系刚度,抗风稳定性好。
③钢主梁应力可行域较大,施工方法灵活,特别适合采用悬臂拼装施工来跨越山区峡谷、大江大河。

6.2.2 结构体系

斜拉桥可以根据外部约束(即边跨斜拉索的锚固方式)的不同、内部约束(即塔、墩、梁结合方式)的不同或构件刚度分配的不同形成不同的结构体系。

1)外部约束

根据斜拉桥边跨斜拉索锚固方式不同,可以分为自锚式斜拉桥、地锚式斜拉桥和部分地锚式斜拉桥。

自锚式斜拉桥的全部斜拉索均锚固在主梁上,无须修建锚碇,施工方便,主梁所受轴向力除跨中及梁端无索区外,都是轴向压力,其轴力分布如图 6-24 所示。

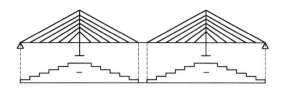

图6-24 自锚式斜拉桥主梁轴力分布示意

在受到地形条件限制,边中跨比很小时,可采用地锚式斜拉桥。已建成的地锚式独塔斜拉桥一般为单跨结构,索塔一侧的斜拉索集中锚固在岩体或锚块上,另一侧的斜拉索在主跨梁体内的水平分力由梁体传递到基础。日本主跨153m的秩父桥、西班牙主跨318m的卡斯提亚—拉曼查大桥(Castilla-La Mancha Bridge,图6-25)都是地锚体系的独塔斜拉桥。

a)全景

b)地锚

图6-25 卡斯提亚—拉曼查大桥(Castilla-La Mancha Bridge)

地锚式斜拉桥主梁的约束方式不同,受力也不同。如图6-26所示,当主梁两端固定、中间设铰时,斜拉索水平分力在主梁内产生轴向压力;当主梁两端可活动时,斜拉索水平分力在主梁内产生轴向拉力。

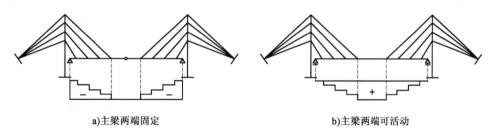

a)主梁两端固定   b)主梁两端可活动

图6-26 地锚式斜拉桥主梁轴力分布示意
▲-纵向固定支承;△-纵向活动支承

对于双塔斜拉桥,在桥台附近设置锚碇并将部分边跨斜拉索锚于锚碇上,如此将主梁的一部分轴向压力转移出去,就形成了双塔部分地锚式斜拉桥体系,其主梁所受轴力分布如图6-27所示,跨中部分区域承受拉力作用。中国郧阳汉江大桥为典型的三跨部分地锚式斜拉桥,跨径组成为43m+414m+43m,边跨设43m长的地锚。

采用部分地锚式斜拉桥可以显著降低主梁所受轴力以及索塔处主梁的轴力峰值,与自锚式斜拉桥相比,可以增大跨越能力,并且其锚碇规模比悬索桥相对要小很多,可以在千米以上的一定跨度范围内和自锚式斜拉桥及悬索桥展开竞争。

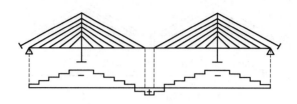

图 6-27 部分地锚式斜拉桥主梁轴力分布示意

2）内部约束

根据塔、墩、梁之间连接方式的不同,斜拉桥可分为四种不同的结构体系:飘浮体系、半飘浮体系(支承体系)、塔梁固结体系和塔梁墩固结体系(刚构体系),如图 6-28 所示。

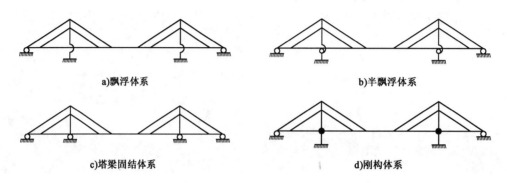

图 6-28 斜拉桥体系塔、墩、梁四种基本连接方式

飘浮体系为塔墩固结、塔梁分离,主梁在索塔处不设支座,仅在桥台或过渡墩、辅助墩上设置纵向活动支座。飘浮体系的优点是:满载时由于主梁在桥塔处没有竖向支承,不出现负弯矩峰值;温度内力较小;主梁各截面的变形和内力的变化较平缓,受力较均匀;地震时允许全梁纵向摆动,从而起到抗震消能作用。地震烈度较高地区应优先考虑选择这种体系。但是为了防止纵向风荷载和地震荷载使主梁产生过大的纵向摆动,通常在塔墩上设置对主梁的高阻尼水平弹性限位装置。由于拉索不能对主梁提供有效的横向支承,通常需要在塔柱和主梁之间设置横向支座以抵抗横向风荷载,并提高其振动频率,改善动力性能。飘浮体系斜拉桥悬臂施工时塔柱处主梁需临时固结,以抵抗施工中的不平衡荷载。

半飘浮体系为塔墩固结,主梁在索塔处设置竖向支承,纵向可以不约束或者设置弹性约束。对于较小跨径的斜拉桥,也有在塔墩上设置固定支座的情况。主梁在支座处出现负弯矩峰值,温度内力也较大。为了优化主梁受力,可在墩顶设置可调节高度的支座,并在成桥时调整支座反力。

塔梁固结体系斜拉桥的塔和梁固结并支承在桥墩上,梁和塔的内力与变形直接与主梁和塔柱的弯曲刚度比值有关。塔梁固接体系取消了承受很大弯矩的下塔柱部分,代之以一般桥墩,使塔柱和主梁的温度内力较小。但当中跨满载时,由于主梁在墩顶处的转角位移致塔柱倾斜,使塔顶产生较大的水平位移,继而显著增大了主梁的挠度和边跨的负弯矩,总体刚度较差。另外,由于上部结构的自重和活载反力均由支座传递,支座吨位大,养护和更换不方便,所以该体系目前很少采用。

塔梁墩固结体系,在索塔处不需要设支座,整体刚度大,但是温度内力大。该体系最适用于独塔斜拉桥。当主墩较高且具有合适的柔度时,大跨径的双塔斜拉桥也能采用塔梁墩固结体系,如主跨550m的福建长门大桥、主跨350m的广东新造珠江大桥。多塔斜拉桥的中塔也可采用塔梁墩固结体系来提高结构整体刚度,如宜昌夷陵长江大桥(38m + 38.5m + 43.5m + 2×348m + 43.5m + 38.5m + 38m)。

3)刚度分配

根据构件刚度分配的不同,斜拉桥可以分为常规斜拉桥和矮塔斜拉桥(也称部分斜拉桥)。

常规斜拉桥中主梁被视为具有多点弹性支承的梁,结构的竖向刚度主要由斜拉索提供。对于中等跨径斜拉桥,可通过降低索塔高度,增大主梁梁高,使主梁承担更多的荷载,斜拉索辅助其受力,从而成为另一种结构体系——部分斜拉桥体系,其主梁是以受弯为主、拉索辅助受力的压弯构件。瑞士的桑尼伯格大桥(Sunniberg Bridge,图6-29)是一座预应力混凝土主梁矮塔斜拉桥,芜湖长江大桥(图6-30)是一座公铁两用钢桁梁矮塔斜拉桥。

图6-29　桑尼伯格大桥(Sunniberg Bridge)

图6-30　芜湖长江大桥

6.2.3　总体布置

斜拉桥的总体布置需要确定桥跨、索塔、拉索及主梁的布置等。

1)桥跨布置

常见的桥跨布置有双塔三跨式、独塔双跨式、多塔多跨式等,如图6-31所示。有时根据需要还在边跨设置辅助墩。

(1)双塔三跨式

双塔斜拉桥是应用最为广泛的斜拉桥体系,从力学性能角度看,边跨缩短时,对索塔的锚固作用增大,结构整体刚度增大。《公路斜拉桥设计规范》(JTG/T 3365-01—2020)建议双塔斜拉桥的边中跨比宜为0.3~0.5。

双塔斜拉桥也可以采用不等高的索塔布置,通常称为子母塔或姐妹塔。

(2)独塔双跨式

独塔双跨式斜拉桥可以采用等跨对称布置或不等跨非对称布置。等跨对称布置时,由于一般没有端锚索,不能有效约束塔顶位移,如果用增大索塔的刚度来减小塔顶变位则不经济;跨径不对称布置时,可通过端锚索减小塔顶变位,比增大索塔刚度更有效。因此,独塔双跨式采用不对称布置较合理,边中跨比一般可取0.5~1.0。

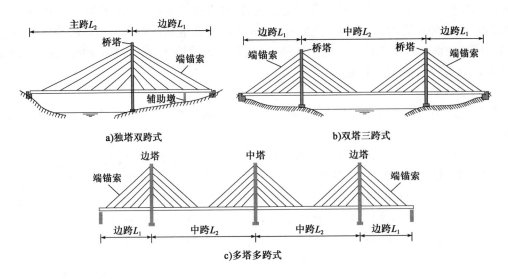

图 6-31 斜拉桥桥跨布置示意

(3) 多塔多跨式

多塔斜拉桥的各主跨跨径可不相同,其边跨与主跨比可参照双塔斜拉桥选用。多塔多跨式斜拉桥适用于需要多个大通航孔的大江大河、宽阔湖泊或海峡上,但由于中间塔顶没有端锚索来有效地限制它的变位,在活载作用下,将发生较大的塔顶偏位并带来主梁挠度和塔身弯矩过大问题,结构整体刚度差。实际工程中可以采取以下几种措施提高体系刚度:

①采用辅助索控制中间索塔的偏位,如中国香港的汀九大桥(图 6-32)。

②采用交叉索的布置形式,如英国的昆斯费里大桥(图 6-33)。

图 6-32 汀九大桥

图 6-33 昆斯费里大桥

③采用刚度较大的中间索塔,如希腊的瑞翁—安提里翁大桥(图 6-34)。

④降低中间索塔高度,如英国的默西通道桥(Mersey Gateway Bridge,图 6-35)。

(4) 辅助墩

对于大跨度斜拉桥,由于活载加载时过渡墩支座反力和端锚索应力变化均比较大,单靠调整边中跨比来协调上述两者之间的矛盾往往是很困难的。若在边跨适当位置处设置一个或多个辅助墩,不仅可以改善成桥状态下的静、动力性能(包括提高结构体系的整体刚度、减小跨中位移、分担横向地震力以及横向或斜向风荷载等),同时还可使边跨提前合龙,减小悬臂长度,特别是可提高最不利悬臂施工状态的风致稳定性,降低施工风险。

图6-34 瑞翁—安提里翁大桥

图6-35 默西通道桥(Mersey Gateway Bridge)

斜拉桥边跨设置辅助墩时需综合考虑以下几个方面的因素:是否有通航要求,结构体系静力和动力性能要求,施工组织方案与施工风险,上、下部结构经济性,边跨分孔与主引桥在跨径上的协调,桥址地形特点等。

辅助墩在边跨内可均匀布置(如法国诺曼底桥),也可以不均匀布置,即以主跨向边跨方向跨径逐步递减,以达到美学上的韵律感(如香港昂船洲桥)。大量的工程经验表明,每个边跨设置1~3个辅助墩较为适宜。

2) 索塔布置

(1) 索塔高度

索塔高度分两部分确定,桥面以下部分的高度由通航净空和地形地貌等条件确定,桥面以上部分的高度主要考虑航空限高、拉索倾角等因素。索塔高度的变化改变了拉索的水平倾角,从而改变结构的竖向支承刚度,影响塔、梁、索的内力状态和变形状况。

《公路斜拉桥设计规范》(JTG/T 3365-01—2020)根据大量已建桥梁的实际应用情况,建议双塔、多塔斜拉桥桥面以上的索塔高度与主跨跨径之比宜为1/6~1/3;独塔斜拉桥桥面以上的索塔高度与主跨跨径之比宜为1/3~1/1.5,斜拉桥最外侧斜拉索的水平倾角不宜小于22°。

(2) 索塔选型

索塔选型应综合考虑桥址周围环境特点、地震、风、船撞、恐怖袭击、火灾、下部基础规模等因素。索塔在造型上应清晰地表现竖向力的流畅传递和较强的稳定感,具有合理的比例,与其他构件达到良好的协调呼应关系。

索塔在顺桥向有单柱形、A形及倒Y形等几种,如图6-36所示。单柱形索塔构造简单,轻盈美观,施工方便,是常用的塔形;A形和倒Y形在顺桥向的刚度大,常用于多塔斜拉桥的中间塔,可以有效控制塔顶位移。

索塔在横桥向的形式有单柱形、双柱形、门形、H形、花瓶形、A形、倒Y形、宝塔形、钻石形等,如图6-37所示。单柱形塔承受横向水平力的能力差,通常用于主梁抗扭刚度较大的单索面斜拉桥。双柱及门式塔一般适用于桥面宽度不大的双索面斜拉桥。A形和倒Y形主塔的特点是结构横向刚度大,但构造、受力复杂,施工难度大。对于抗风、抗震要求较高的桥及大跨径或特大跨径斜拉桥,经常采用这类形式的索塔。

图 6-36 索塔在顺桥向的结构形式

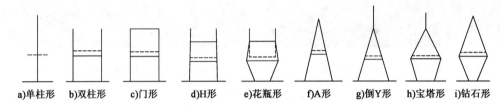

图 6-37 索塔在横桥向的结构形式

3)拉索布置

(1)拉索在空间的布置形式

拉索在空间的布置形式主要有单索面、平行双索面、空间双索面、多索面等,如图 6-38 所示。拉索在空间的布置形式应与主梁的形式相配合。

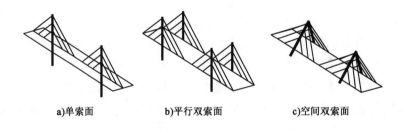

图 6-38 拉索在空间的布置形式

单索面斜拉桥往往可以使结构更加简洁,具有更好的美学效果。但是单索面不能给主梁提供扭转约束,要求主梁采用抗扭刚度较大的钢箱梁(如米约大桥)、钢-混凝土组合箱梁(如东海大桥)。

双索面斜拉桥应用最为广泛。双索面使主梁横向处于接近简支的受力状态。空间倾斜布置的双索面可以为主梁提供扭转约束,满足主梁的抗风需要。因此,开口截面主梁斜拉桥(如南浦大桥)及特大跨径斜拉桥(如苏通长江大桥)大多采用双索面布置。

多索面的斜拉索布置形式常用于活载较大的公铁两用斜拉桥或分体式钢箱梁。三索面布置配合三片桁的主梁,如沪苏通长江公铁大桥;四索面布置配合中间设有横梁连接的分体式主梁,如汀九大桥。

(2)拉索在索面内的布置形式

拉索在索面内的布置形式主要有竖琴形索面、辐射形索面、扇形索面,如图 6-39 所示。

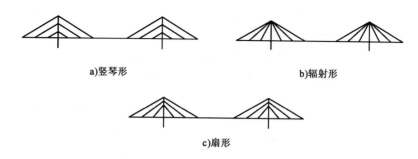

图 6-39 拉索在索面内的布置形式

①竖琴形：由于所有拉索的倾角完全相同，且拉索与索塔的锚固点分散布置，能够简化和统一斜拉索在主梁与索塔上的锚固构造。从外观上看，竖琴形索面简洁美观，无辐射形拉索的视觉交叉感。但竖琴形布置的拉索倾角较小且角度一致，拉索对主梁的支承效果差，拉索用量相应较多，故竖琴形布置一般用于中等跨径的斜拉桥中，如港珠澳大桥九洲航道桥。此外，无背索斜拉桥也经常采用竖琴形索面以使结构更加优美，如西班牙的阿拉米洛桥（Alamillo Bridge，图 6-40）、中国长沙洪山庙大桥等。

②辐射形：拉索与水平面的平均交角较大，拉索竖向分力对主梁的支承效果好，拉索用量最省。但辐射形索面的所有拉索集中锚固于塔顶，使塔顶构造非常复杂，给施工和养护带来困难；索塔的稳定性能也较竖琴形和扇形差。因此，辐射形拉索布置已很少采用。

③扇形：拉索在索面内呈扇形布置，既能提高拉索的竖向支承效率，又避免了拉索在塔顶集中锚固。扇形索面是目前最常用的拉索布置形式。

图 6-40 阿拉米洛桥（Alamillo Bridge）

(3) 拉索索距

斜拉索在主梁上的标准间距对于钢主梁或组合梁宜为 8~16m；对于混凝土主梁宜为 6~12m。索距对主梁受力影响较小，但决定了主梁节段的长度与重量，需要考虑运输和吊装能力的制约。

4) 主梁高度

影响斜拉桥梁高的因素很多，如索距、索面布置、跨径、截面形式、荷载等，实际情况中，斜拉桥梁高和跨径的关系离散性也很大，设计时需要根据具体情况确定。

6.2.4 主要构造

1) 索塔

索塔按材料不同可分为混凝土索塔、钢索塔、钢壳混凝土索塔和混合索塔。

与混凝土索塔相比，钢索塔自重轻、抗震性能、抗弯性能好，但由于结构阻尼小，容易产生涡激振动和驰振，且维修保养费用较高。钢壳混凝土索塔是指在钢壳内填充混凝土，并通过连接件形成组合截面共同受力的索塔。若在桥面以上或仅索塔锚固区采用全钢结构，其他部分采用混凝土结构，形成混合索塔，则既可充分发挥钢索塔锚箱与主体结构的一体化优势，确保索塔锚固区的安全耐久,又能适当控制下部结构重量和工程造价,但要做好钢混结合段的构造处理。

对于钢索塔的构造要求,应符合《公路钢结构桥梁设计规范》(JTG D64—2015)和《公路斜拉桥设计规范》(JTG/T 3365-01—2020)的相关规定。

(1)塔柱截面选型

索塔钢塔柱断面应主要考虑造型和抗风性能,宜选择风阻系数相对较小、气动性能较好的断面,以有效降低全桥风荷载,并保证索塔不发生驰振、涡振现象。

塔柱一般采用单室结构,截面较大时可采用多室结构。截面形式多采用矩形、箱形截面,少数采用T形或准十字形等其他箱形截面。考虑抗风需要,也可采用带切角的截面,或根据受力需要选用其他截面形式。例如,南京长江三桥钢索塔采用了带切角的矩形截面,进行了10种尺寸的切角形式气动外形比选,发现切角长宽比增大时,涡振响应有增大的趋势。最终选用了涡振响应最小的0.8m×0.7m的切角断面。图6-41所示为几座斜拉桥的钢索塔柱截面示意图。

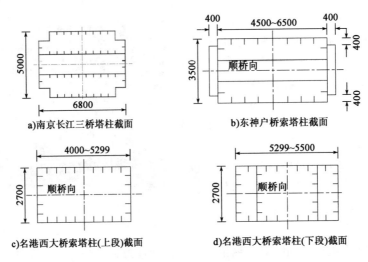

图6-41 典型斜拉桥的钢索塔柱截面(尺寸单位:mm)

(2)截面构造

钢索塔柱截面构造应满足下列要求:

①根据钢索塔在施工中与成桥后的受力状况,确定截面高度方向上壁板的厚度。

②加劲肋的尺寸与间距应满足结构局部稳定的要求。

③壁板间、壁板与加劲肋间焊缝根据受力和构造要求确定,对机加工的节段,离端面600~1000mm范围内需要加大焊缝尺寸。

(3)横隔板

横隔板应对塔柱壁提供足够的支撑刚度,防止壁板失稳。在满足对壁板加劲刚度要求的情况下,也可采用中间大部分挖空的横肋结构。横隔板还具有保持塔柱截面形状、提高塔柱抗扭能力的作用,其间距不宜大于4.5m。

(4)节段划分与连接

钢索塔柱节段划分应充分考虑节段运输的方便与节段安装时的设备吊装能力。

混合索塔根据结构受力需要和构造要求不同,钢塔柱和混凝土塔柱的连接位置可设在承台顶、下横梁顶或上塔柱中间。塔柱的连接应安全可靠,必要时可通过试验验证。

较矮的钢索塔柱节段之间可采用焊接的方式连接。当塔柱太高时,高空焊接作业不易保证焊接质量,因此,较高的钢索塔柱宜采用高强度螺栓与壁板端面接触共同受力的连接形式。考虑端面接触共同受力时,应在高强度螺栓拼接板上开设金属接触率检查孔。

2) 主梁

钢板梁、钢箱梁和钢桁梁均可作为斜拉桥的主梁,具体截面形式的选择需要考虑桥梁跨径、桥面宽度、索面布置、抗风稳定、施工方法等因素。钢主梁常用的截面形式如图 6-42 所示,钢-混凝土组合梁常用的截面形式如图 6-43 所示。

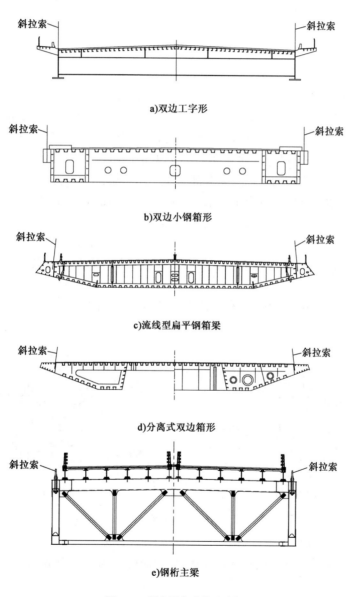

a) 双边工字形

b) 双边小钢箱形

c) 流线型扁平钢箱梁

d) 分离式双边箱形

e) 钢桁主梁

图 6-42 钢主梁典型截面示意

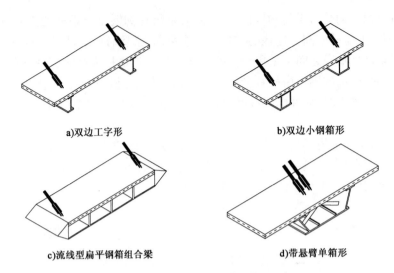

图6-43 钢-混凝土组合梁典型截面示意

钢板梁用作斜拉桥主梁,构造简单、传力明确、经济性好,但抗扭刚度小,不适合于沿海等强风环境。流线型扁平钢箱梁气动性能优异,适用于特大跨斜拉桥和强风环境;将流线型扁平钢箱梁的底板去掉一部分,形成分离式双边箱形截面可以提高经济性,同时也具有很好的抗风稳定性。钢桁梁刚度大,抗风稳定性好,便于布置双层桥面。

混合梁斜拉桥是指边跨的一部分或全部采用混凝土梁,主跨的大部分或全部采用钢梁或组合梁的斜拉桥。边跨采用混凝土主梁来平衡中跨主梁的重量,可以做到较小的边中跨比,提高结构刚度,对于特大跨斜拉桥更具技术经济优势。法国诺曼底大桥、日本多多罗大桥、中国香港昂船洲大桥等都是采用混合梁的工程实例。混合梁斜拉桥需在两种梁式交界处设置结合段,一般而言结合段宜选在主梁弯矩和剪力小而轴力较大的位置,并兼顾施工便利。

3)斜拉索

根据材料及制作方法的不同,目前常用的斜拉索可分为两类:平行钢丝斜拉索和钢绞线斜拉索,断面如图6-44所示。

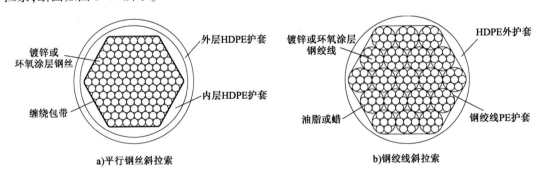

图6-44 斜拉索断面

(1)平行钢丝斜拉索

平行钢丝斜拉索是将若干钢丝平行并拢、扎紧而成,并配用冷铸镦头锚。为便于盘卷整索运输,要进行轻度扭绞,扭转角度为2°~4°。平行钢丝斜拉索整体在工厂内制造,质量易保证,安全可靠,安装工效高,但需要大吨位千斤顶整根张拉,特大跨径斜拉桥的长、重斜拉索运输、吊装和安装较困难。

(2)钢绞线斜拉索

平行钢绞线斜拉索一般在现场制作,配用夹片锚具,将钢绞线逐根穿过安装在斜拉索位置处的套管内,单根张拉,安装时起吊质量小、张拉力也小,可以采用小吨位千斤顶张拉斜拉索。因此,平行钢绞线索比较适合拉索运输、吊装和安装能力受到限制的斜拉桥,但单根张拉钢绞线斜拉索时索力控制难度较大,有时在单根张拉形成初应力后,再用大千斤顶调整索力。

无论是平行钢丝斜拉索还是钢绞线斜拉索,为了降低斜拉索发生风雨激振的可能性,通常对拉索表面做相应的处理。目前,常用的表面处理方法有凹坑与螺旋线。有关凹坑的分布与螺旋线布置的参数可通过风洞试验验证。

4)锚固构造

斜拉索的强大拉力直接作用于索塔和主梁的锚固区。因此,斜拉索锚固构造的设计要确保索、梁(或索、塔)连接可靠,传力明确,并具有足够的张拉操作空间,而且要便于运营期间斜拉索的养护和更换。

(1)斜拉索在主梁上的锚固

大跨度钢主梁斜拉桥中常见的索梁锚固形式主要有以下四种:锚箱式(承压式)、耳板式、锚管式和锚拉板式,如图6-45所示。

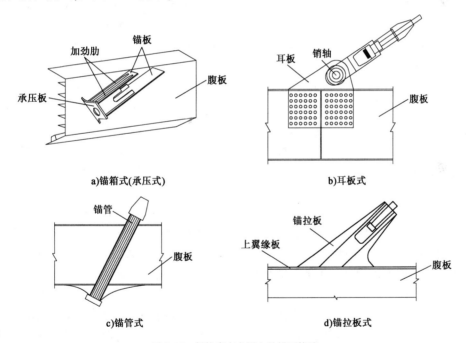

图6-45 斜拉索在主梁上的锚固构造

①锚箱式连接。

锚箱由锚板、承压板及加劲肋组成,索力经承压板传递给锚板后,通过锚板与主梁腹板间的焊缝传递给主梁。安庆长江大桥、苏通长江大桥均采用了锚箱结构。

②耳板式连接。

耳板式连接也称为销铰式连接。由主梁的腹板向上伸出耳板,斜拉索通过销轴锚固在耳板上,并将索力通过耳板传给主梁的腹板。诺曼底大桥和南京长江二桥均采用了耳板式连接。

③锚管式连接。

将主梁的腹板断开,焊接一根钢管,斜拉索锚固于钢管,索力由钢管传递给主梁腹板。日本的名港西大桥、生口大桥以及中国的汕头礐石大桥均采用了这种连接方式。

④锚拉板式连接。

锚拉板与主梁上翼缘板焊接,索力由锚拉板及其与翼缘顶面间的焊缝传递到钢主梁腹板。采用这种连接方式的有安纳西斯桥、青州闽江大桥、湛江海湾大桥等。

(2)斜拉索在索塔上的锚固

大跨度斜拉桥常用的索塔锚固构造主要包括钢锚拉杆和钢锚箱两种,其基本构造如图6-46所示。

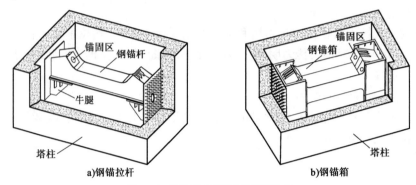

图6-46 斜拉索在索塔上的锚固构造

①钢锚拉杆。

钢锚拉杆(俗称"钢锚梁")支承于空心塔柱内部的塔壁牛腿上,斜拉索锚固在钢锚拉杆两端的锚固区。斜拉索的水平分力主要通过钢锚拉杆来平衡,因此钢锚拉杆实际上是以受拉为主的钢构件。这样塔壁仅承受斜拉索的不平衡水平力,有效地减小了塔柱在平面框架内的局部荷载及剪力、弯矩。斜拉索的垂直分力直接通过牛腿传递至塔壁。由于钢锚拉杆两端可做微小的自由移动和转动,温度引起的约束力较小。这种锚固构造受力明确、内力较小,使索塔锚固安全可靠。

早期的结构设计中都倾向于将钢锚拉杆搁置在混凝土牛腿顶面的聚四氟乙烯板上,金塘大桥首次提出了钢锚拉杆-钢牛腿的组合锚固构造[图6-46a)]。这种组合锚固结构既能适用于空间索面斜拉索,又能给施工带来便利。海黄大桥、荆岳长江大桥、赤石特大桥、厦漳大桥以及沪苏通长江公铁大桥均采用了类似的结构。

②钢锚箱。

钢锚箱通过剪力钉与混凝土索塔连接,斜拉索通过钢锚箱的垫板支承在塔壁的抗剪钢板上,不平衡索力直接通过抗剪钢板及顺桥向锚固索座传给塔壁。将斜拉索直接锚固在钢锚箱上,可以很容易抵抗拉应力,这种锚固方式成本较高,但可降低索塔高空作业强度,加快施工进度,是大跨径斜拉桥混凝土索塔锚固方式的发展方向。采用此结构形式的斜拉桥有俄罗斯岛大桥、诺曼底大桥、苏通长江大桥、昂船洲大桥、上海长江大桥等。

6.2.5 实桥示例——海黄大桥

1)概况

张掖至河南公路是《青海省高速公路网规划》(2009—2030年)布局方案"三纵、四横、十联"中的纵线之一,与京藏、连霍两条国家高速相接。牙什尕至同仁高速公路是张掖至河南公路的一段,位于青海省东部的黄南藏族自治州、海东地区。海黄大桥(图 6-47)为牙同高速的控制性工程,同时也是中国西北高原高寒地区跨度最大的斜拉桥。大桥跨越黄河公伯峡电站库区上游,距离坝址约 18.5km。

图 6-47 海黄大桥全景

海黄大桥采用的技术标准:计算行车速度为 80km/h,汽车荷载等级为公路—Ⅰ级,四车道高速公路,设计基本地震加速度为 $0.1g$,设防烈度Ⅷ度,通航净空标准为黄河库区航道Ⅵ级。

2) 总体布置与结构体系

海黄大桥平面位于直线段上,纵断面位于 1.3% 的单向纵坡直线段上。大桥全长 1000m,跨径布置为 (104 + 116 + 560 + 116 + 104)m,是一座双塔五跨组合梁斜拉桥,两边跨各设一个辅助墩。索塔为 H 形钢筋混凝土塔,桥面以上塔高 140m,塔跨比为 1/4。斜拉索采用平行双索面,扇形布置,梁上索距 12m 或 8m,塔上索距 2.5~3.5m。主梁采用双边"⊥"字形钢-混凝土组合梁,梁高 3.5m,高跨比为 1/160;全宽 28m。海黄大桥立面布置如图 6-48 所示。

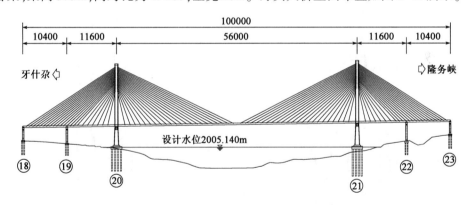

图 6-48 海黄大桥立面布置(尺寸单位:cm)

海黄大桥采用半飘浮体系,具体约束体系为:

竖向约束:主梁于每个过渡墩、辅助墩墩顶及主塔下横梁顶处设置纵向活动、竖向刚性的球形支座。

横向约束:主梁于每主塔处设 2 个横向抗风支座,布设在主梁与塔柱之间,将主梁横桥向荷载传递给塔柱;在过渡墩、辅助墩墩顶设置横向限位块,限制主梁梁端在地震等偶然荷载作用下产生过大的横向位移。

纵向约束:为了减小地震对结构的受力影响,每片边主梁于每个过渡墩及主塔下横梁处各设置一组黏滞型阻尼器,全桥共 8 套。

3)构造

(1)索塔及其基础

本桥采用 H 形索塔(图 6-49),塔身由上塔柱、中塔柱、下塔柱、上横梁、下横梁等组成。

20、21 号索塔总高度(塔座顶至塔顶)分别为 186.2m、193.6m,采用变截面箱形塔身,从上至下分为 3 段(上、中、下塔柱),上塔柱两塔均为 68.45m,中塔柱两塔均为 79m,下塔柱两塔分别为 38.75m、46.15m。上塔柱为等截面,截面尺寸为 8.0m×5.0m(顺×横),横桥向壁厚 0.8m,顺桥向壁厚 1.1m;中塔柱为变截面,截面尺寸由 8.0m×5.0m(顺×横)变化至 8.0m×6.0m(顺×横),横桥向壁厚由 0.8m 变化至 1.2m,顺桥向壁厚 1.3m;下塔柱为变截面,20 号索塔截面尺寸由 8.0m×6.0m(顺×横)变化至 11.0m×8.0m(顺×横),横桥向壁厚 1.2m,顺桥向壁厚 1.5m。

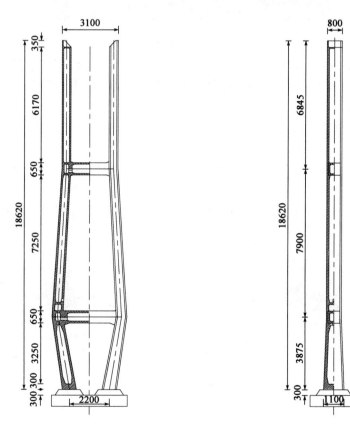

图 6-49　索塔构造(尺寸单位:cm)

索塔柱设有劲性骨架,以便于施工定位。上塔柱斜拉索锚固区的劲性骨架,施工时结合索导管的定位可做适当的调整。

为满足施工和检修的需要,在塔柱内设置检修楼梯,在下横梁处实心段以人洞通过。

单个索塔墩基础共 24 根钻孔桩,桩径 2.8m,20、21 号索塔基桩桩长分别为 50m、62m,顺桥向桩中心间距 7.0m,横桥向 7.5m。承台采用整体式,承台尺寸为 42m×25.5m(横×顺),高 6m,承台之上设 3m 厚塔座。索塔承台及基础构造如图 6-50 所示。

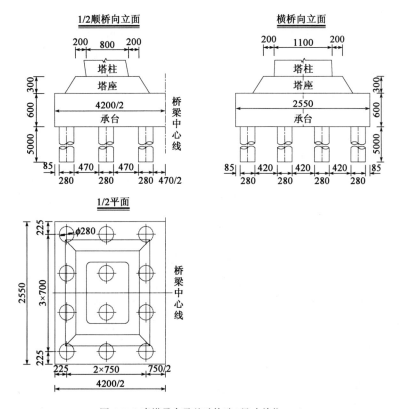

图 6-50 索塔承台及基础构造(尺寸单位:cm)

(2)主梁

主梁采用双边"工"字形钢板组合梁(图 6-51)。路线中心线处梁高 3.76m,边主梁中心线处梁高 3.5m。主梁全宽为 28.0m,由 1.75m(拉索锚固区)+0.5m(护栏)+11.0m(行车道)+0.5m(护栏)+0.5m(中央分隔带)+0.5m(护栏)+11.0m(行车道)+0.5m(护栏)+1.75m(拉索锚固区)组成。

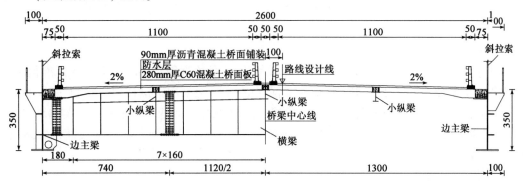

图 6-51 主梁标准横断面(尺寸单位:cm)

"工"字形边主梁、横梁、小纵梁通过摩擦型高强度螺栓连接形成钢梁段,架设预制桥面板,现浇混凝土湿接缝,通过焊接于钢梁顶面的焊钉形成组合梁体系。

①边主梁。

单侧边主梁采用"工"字形截面,下翼缘水平,上翼缘设 2% 单向横坡,采用直腹板。边主梁上翼缘顶缘距下翼缘底缘中心高为 2.7~3.0m。边主梁上翼缘宽 800mm，在不同区段采用了 50mm 和 60mm 两种不同的厚度；下翼缘采用 1300mm×60mm 和 1300mm×80mm 两种不同的截面，辅助墩支座位置局部变化为 1500mm×80mm。边主梁腹板厚度统一采用 40mm，设置两道 360mm×36mm 板式纵向加劲肋。标准节段边主梁在与横梁位置对应的腹板内外侧每隔 4.0m 设置一道横向加劲肋；外侧每 4.0m 间增设一道横向加劲肋，其间距为 2.0m。

②横梁。

横梁采用"工"字形截面。横梁与主梁顶底板均保持垂直，标准间距 4.0m。横梁上翼缘设双向 2% 横坡。上翼缘尺寸均为 600mm×24mm；下翼缘宽均为 800mm，厚度根据受力需要分为 32mm、40mm 及 50mm 三种；腹板厚度采用 16mm、20mm 两种。横梁腹板设一道纵向加劲肋和若干道横向加劲肋。加劲肋在横梁腹板两侧成对布置。横梁上翼缘、腹板及下翼缘与边主梁通过高强度螺栓连接。

③小纵梁。

为方便混凝土桥面板纵向现浇缝的浇筑及减小预制桥面板的尺寸，在横梁中部及距离主梁中心线 6.4m 两侧各设置一道小纵梁。小纵梁高 536mm，采用"工"字形截面，上翼缘宽 500mm，下翼缘宽 300mm，板厚采用 12mm、16mm 两种规格。小纵梁上翼缘与横梁顶板、小纵梁腹板与横梁上对应位置的横向加劲肋均采用高强度螺栓连接。

④混凝土桥面板。

混凝土桥面板分为预制部分和现浇部分，均采用 C60 混凝土。为了减小混凝土收缩、徐变对结构的影响，预制板要保证 6 个月以上的存放时间。

以主梁中心线对称布置四块预制板。主梁中心线侧预制板定义为内侧预制板，边主梁侧预制板定义为外侧预制板。内侧预制板和外侧预制板标准块平面尺寸分别为 600cm×350cm 和 56cm×350cm。为传递拉索的剪力，外侧预制板边主梁侧设置剪力键，剪力键突出 5cm。标准段内侧预制板厚度为 28cm，外侧预制板厚度在边主梁附近由 28cm 渐变至 50cm；辅助跨内侧预制板、外侧预制板厚度均为 80cm。28cm 厚预制桥面板最大吊装质量为 24.96t，80cm 厚预制桥面板最大吊装质量为 43.68t。

结合预制板尺寸、剪力键、纵向预应力孔道、齿块、泄水孔等布置，预制板分 38 种类型。全桥共 992 块。

(3) 斜拉索

斜拉索采用平行钢丝斜拉索。低松弛镀锌高强钢丝直径 7mm，抗拉强度标准值 f_{pk} = 1770MPa。斜拉索在主梁上采用锚拉板构造锚固，在索塔上采用钢锚杆构造锚固，张拉端设置在塔端。所有斜拉索两端在斜拉索套筒内均设置内置减振橡胶块。每根斜拉索梁端均安装外置阻尼器减振装置，外置阻尼器安装高度在桥面以上 3.5m 高度处。斜拉索表面设置防风雨振的双螺旋线。

(4) 锚拉板

锚拉板构造(图 6-52、图 6-53)主要由锚拉板、锚管、锚管上盘、加劲肋、锚垫板等组成。拉板与边主梁腹板顶缘对焊连接，锚拉板中部开孔安装锚具，为了补偿开孔部分对锚拉板截面的削弱以及增强其横向的刚度，在锚拉板的两侧焊接加劲板。锚管嵌于锚拉板上部的中间，锚管两侧通过熔透焊缝与拉板互相连接。锚垫板起承压及分配索力的作用，在锚管端部与之磨光顶紧，并在两端与拉板焊接。锚拉板板厚根据不同的拉索型号分为 60mm、50mm、44mm、40mm

四种类型,采用 Q390E 钢材。

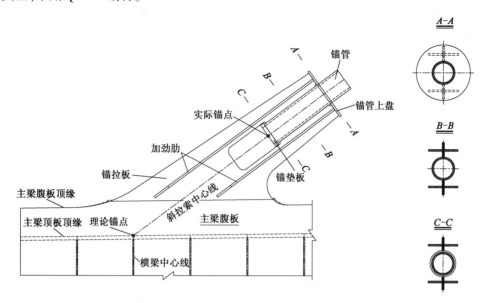

图 6-52　锚拉板构造示意

图 6-53　海黄大桥锚拉板

6.3　钢悬索桥

6.3.1　组成与特点

悬索桥由缆索系统(主缆、吊索、索夹、主索鞍、散索鞍等)、索塔、锚碇和加劲梁等组成,如图 6-54a)所示。主缆是悬索桥的主要承载构件,承受吊索传递的荷载及自身恒载等。索塔起支承主缆的作用,承受主缆力的竖向分力和不平衡水平力。锚碇是锚固主缆的构造物,支承于地基上或嵌固于岩体中。主索鞍是主缆在塔顶的转向装置,将主缆力传递给索塔。散索鞍在主缆进入锚碇过程中起分散主缆索股和转向的作用。加劲梁是供车辆行驶的传力构件,其自重及活载通过吊索传递给主缆。

对于跨径较小的悬索桥,主缆也可以直接锚固在加劲梁上,从而省去了锚碇,称为自锚式悬索桥,如图6-54b)所示。

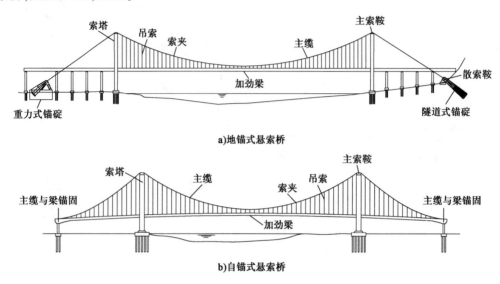

图6-54 悬索桥结构示意

悬索桥具有以下特点:

①特别适用于1000m以上的特大跨径桥梁。在跨越大江大河、深谷等不易修筑桥墩的地区,悬索桥通常为最具竞争力的方案。

②结构体系的刚度主要来自主缆的重力刚度,加劲梁的主要作用是传力,荷载大部分由主缆承担。

③属于柔性体系,在车辆和风荷载作用下容易产生较大的变形和振动,需要采取抑制风振的措施,如尽量不采用钢板梁而采用钢桁梁或流线型扁平钢箱梁等气动性能好的结构形式作为加劲梁。

6.3.2 结构体系

按照加劲梁在索塔处是否连续,悬索桥的结构体系可分为简支体系和连续体系,如图6-57所示。选择简支体系还是连续体系主要是从伸缩缝及加劲梁受力两个方面考虑。简支体系伸缩缝较多,但是伸缩量较小;而连续体系伸缩缝少,但是加劲梁纵向位移量大。简支体系在索塔处设置支座,对加劲梁受力有利;连续体系在索塔处一般不设吊索或支座,索塔两侧吊索间距较大,加劲梁内力也相应较大,一般都需要对该区段加劲梁进行加强设计。目前,大位移量的伸缩装置技术成熟,加劲梁多采用连续体系。

受地形限制,悬索桥也可以采用塔梁分离的结构体系,加劲梁直接支承于桥台上,如矮寨大桥(图6-55)。

悬索桥在汽车荷载、风荷载或温度作用等的作用下,加劲梁和主缆都将产生纵向、横向位移,且缆、梁位移不同步,容易引起吊索弯折,此外,风振作用还会引起吊索疲劳问题。在跨中及梁端附近由于吊索最短,这些现象最为明显。因此,可根据需要在跨中设置中央扣。此外,中央扣可提高悬索桥的抗风稳定性。中央扣可分为采用刚性索夹的刚性中央扣和采用短拉索的柔性中央扣,如图 6-56 所示。由于刚性中央扣安装复杂,一般较少采用。

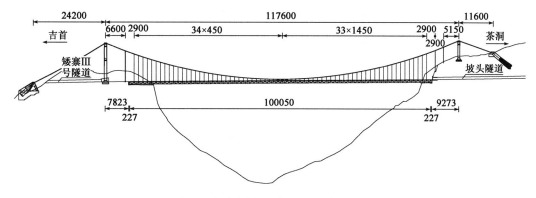

图 6-55　矮寨大桥立面布置(尺寸单位:cm)

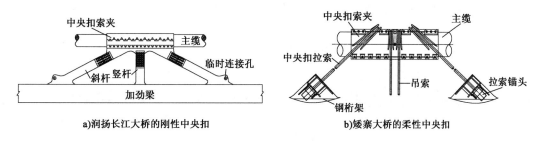

图 6-56　悬索桥的中央扣

6.3.3　总体布置

悬索桥的总体布置需要进行桥跨布置、缆索系统布置、索塔布置、锚碇及加劲梁形式选择。

1)桥跨布置

悬索桥的分跨应与周边环境相协调,并综合考虑桥位处的地形、地质、水文、河势、通航等条件,宜进行多方案比选,以寻求经济合理的最优方案。悬索桥常见的分跨形式有单塔双跨、双塔单跨、双塔双跨、双塔三跨、三塔双跨、多塔多跨等,如图 6-57 所示。此外,还有共用锚碇悬索桥,如日本本四联络线上的南备赞濑户大桥、北备赞濑户大桥和美国的旧金山—奥克兰海湾西桥(Western Span of the San Francisco-Oakland Bay Bridge,图 6-58)。

2)缆索系统布置

(1)主缆布置形式

主缆在横桥向的布置通常采用双主缆形式,但由于主缆太粗、架设困难或者工期限制等原因,也采用四主缆形式。

主缆在空间的布置形式可分为平面主缆和空间主缆。与平面主缆悬索桥相比,空间主缆悬索桥的设计、施工难度均较大。自锚式悬索桥较多采用空间主缆,如图 6-59 所示。为了追求景观效果,也有大跨度悬索桥采用空间主缆。

(2)主缆垂跨比(矢跨比)

悬索桥主缆的垂跨比,是指主缆在主跨内的垂度和主跨跨度的比值。已建成悬索桥的主缆垂跨比一般都为 1/11 ~ 1/9。减小垂跨比将增加结构竖向刚度、主缆拉力和锚碇规模、减小索塔高度和吊索长度。悬索桥的主缆垂跨比除了对结构整体刚度有影响以外，对结构振动特性(如竖向基频、扭转基频等)也有一定的影响。

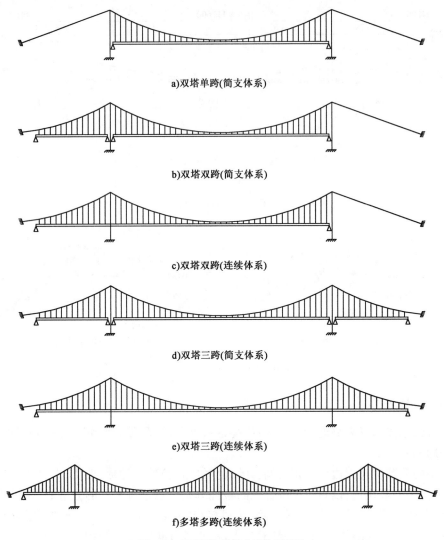

图 6-57 悬索桥加劲梁支承体系示意

图 6-58 旧金山—奥克兰海湾西桥

第6章 大跨钢桥

a)新旧金山—奥克兰海湾东桥(Eastern span replacement of the San Francisco–Oakland Bay Bridge)

b)永宗大桥

图 6-59 空间主缆悬索桥

(3)吊索布置

悬索桥吊索间距应综合考虑吊索材料用量、加劲梁运输架设条件以及加劲梁、吊索、索夹的受力情况等确定,通常为 10～20m。

平面主缆的吊索在顺桥向一般采用竖直布置方式,如图 6-60 所示。也有采用斜吊索布置形式的,如英国的塞汶桥、亨伯尔桥(图 6-61),但使用过程中发现斜吊索疲劳问题突出,近些年很少再采用。空间主缆悬索桥的吊索一般都是空间吊索,如图 6-59 所示。

图 6-60 矮寨大桥的竖吊索

图 6-61 塞汶桥的斜吊索

3)索塔布置

(1)索塔高度

悬索桥索塔在桥面以下部分的高度由通航净空、加劲梁高度和地形地貌等条件确定,桥面以上部分的高度应根据主缆垂度、桥面线形和航空限高等确定。

(2)索塔选型

当悬索桥采用平面主缆、垂直吊索时,悬索桥的索塔一般采用门形索塔,如图 6-62 所示。施工期间通过调整索塔主索鞍纵桥向位置,可以调整主缆在索塔上不平衡水平力,使得悬索桥门形索塔处于小偏心受压状态。门形索塔也有利于横向受力,根据横向联系设置方式可分为:

刚构式索塔:具有单层横梁或者多层横梁的门形索塔,外观明快简洁,既能用于钢索塔,又能用于混凝土索塔。

a) 刚构式　　　　　　　　b) 桁架式　　　　　　　　c) 组合式

图 6-62　索塔横向结构形式

桁架式索塔：除了有加强横向联系的横梁之外，在塔柱与塔柱之间还有若干组相互交叉的斜杆，形成桁架式结构。桁架式索塔一般用于钢索塔。

组合式索塔：由刚构式与架式组合成的混合式塔架，在桥面以上不设交叉斜杆，在桥面以下设置少量交叉斜杆，以改善塔的内力和用钢量。

当悬索桥采用空间缆索时，索塔横向结构形式也可采用独柱形或 A 形，如图 6-59 所示。

4) 锚碇形式选择

锚碇可分为重力式锚碇、隧道式锚碇和岩锚锚碇。锚碇形式的选择重点考虑两个问题：一是如何将主缆拉力有效地传递给锚碇；二是怎样结合地质、地形等条件，将锚碇设置在合适的地基之上。

重力式锚碇从受力机理上可分为完全重力式锚碇和重力嵌岩式锚碇。完全重力式锚碇完全以锚碇自重及其产生的基底摩阻力来平衡主缆拉力，不计锚前地基岩土的水平抗力，仅作为整体稳定性安全储备，如图 6-63a) 所示。重力嵌岩式锚碇以锚碇自重为主来平衡主缆拉力，同时考虑锚前岩体地基的水平抗力作用，如图 6-63b) 所示。重力嵌岩式锚碇一般不单设基础，锚体直接坐落在岩质地基上。

当地质、地形条件较好且适宜成洞时，可采用隧道式锚碇，如图 6-63c) 所示。隧道式锚碇的锚塞体可充分发挥围岩的承载能力，并通过锚塞体自重和围岩共同承担主缆拉力，节约材料、经济性好，对地形地貌和周围环境破坏小。因此，当锚址处地质条件较好、地形有利于桥跨及锚碇布置时，隧道锚是方案选择之一。隧道锚本身置于岩体内，受到岩隙水影响，需要重点考虑索股的防腐问题。

当岩体完整、强度高时，可采用岩锚[图 6-63d)]或带有预应力岩锚 + 锚塞体组合式隧道式锚碇（图 6-64）。岩锚的作用是利用高质量的岩体，将主缆拉力分散在单个岩孔中锚固，取消或减少锚塞体混凝土用量，可节约工程材料。但岩锚的围岩受力范围小、应力集中现象突出，对围岩强度要求更高。瑞典高海岸大桥和韩国光阳大桥采用的是典型的岩锚构造，其共同点是围岩强度和完整性非常好，完全利用围岩锚固即可满足受力要求。

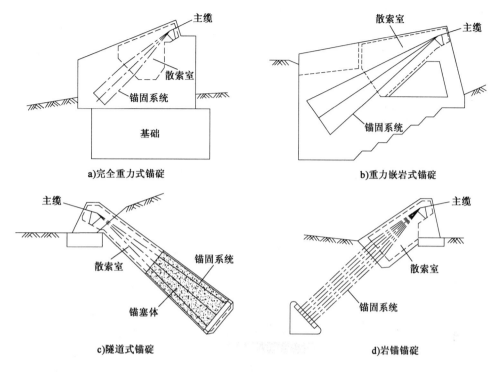

图 6-63 锚碇形式

5) 加劲梁形式选择

悬索桥加劲梁形式的选择应考虑结构强度、刚度、疲劳、抗风稳定性、施工架设等因素。大跨径悬索桥大多采用抗风性能好的钢箱梁和钢桁梁。钢板梁为开口截面，抗扭刚度小、空气阻力系数大，仅可用于中、小跨径悬索桥。

6.3.4 主要构造

1) 缆索系统

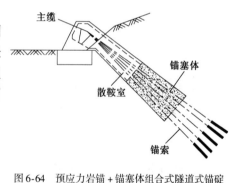

图 6-64 预应力岩锚+锚塞体组合式隧道式锚碇

(1) 主缆

大跨度悬索桥的主缆一般采用直径 5~5.3mm 的镀锌或镀锌铝高强度钢丝制作，近年来也有悬索桥使用 6mm 的高强度钢丝。

主缆的制作方法有空中纺丝法(AS 法)和预制平行钢丝束股法(PPWS 法)两种。空中纺丝法(AS 法)主缆的索股数较少，每股的丝数比较多，可以多达 300~500 丝，单股的锚固吨位比较大，锚碇的前锚面索股锚固数量少、间距大。预制平行钢丝束股法(PPWS 法)的主缆束股通常按照正六边形平行排列定型，每股丝数较少，总索股数量较多，索股间距小；索股采用工厂预制，现场架索的时间相对较短，气候因素影响小，成缆的效率高，中国的悬索桥主缆绝大多数采用 PPWS 法制作。

采用 PPWS 法时主缆索股排列形式及索股断面如图 6-65 所示。在主缆索股截面的左上角设有一根喷涂红色油漆的着色丝，其作用是在制作和架设索股过程中避免索股发生扭转。

在截面的右上角设有一根标准长度钢丝,此钢丝是每股预制平行钢丝束下料长度和标涂各标记点(如塔顶索鞍中心、跨中中点等部位)的依据,它是预先将钢丝展开伸直并通过精密测量刻记后制成的。

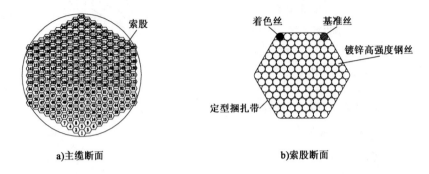

图 6-65　采用 PPWS 法时主缆索股排列形式及索股断面

采用 AS 法时主缆索股排列形式如图 6-66 所示。

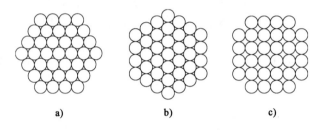

图 6-66　采用 AS 法时主缆索股排列形式

(2) 吊索及索夹

吊索是连接主缆与加劲梁的构件,将加劲梁传来的荷载传递给主缆,受轴向拉力。吊索材料一般采用镀锌钢丝绳或镀锌高强度钢丝。

吊索与主缆的连接可采用骑跨式或销接式,如图 6-67 所示。索夹和加劲梁之间的纵、横向相对位移较大时,宜采用骑跨式;主缆直径较小时,为避免吊索过大的弯折应力,宜采用销接式。骑跨式吊索的材料多采用镀锌钢丝绳,销接式吊索的材料多采用镀锌高强度钢丝。

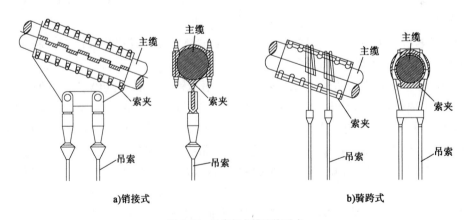

图 6-67　吊索与主缆连接形式

骑跨式吊索在主缆上的弯曲会产生弯折应力,为减小弯折应力,使吊索强度有适当的安全储备,需加大吊索骑跨主缆的弯曲半径。骑跨式吊索的弯曲半径不宜小于吊索直径的 7.5 倍。

吊索与加劲梁的连接可采用锚头承压式或销接式,如图 6-68 所示。采用销接式时,可在短吊索的销轴和加劲梁耳板之间设置关节轴承,以适应加劲梁横向摆动时吊索与加劲梁之间的转角,减小吊索的弯折应力,如舟山连岛工程的西堠门大桥和南京长江四桥均采取了此项构造措施。

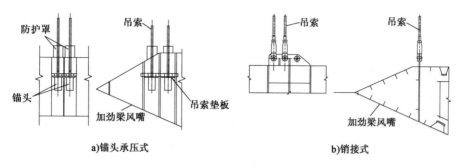

图 6-68 吊索与加劲梁连接形式

主缆在吊索处应设置索夹,在边跨无吊索段应设置紧固索夹,靠近索鞍段应设置锥形封闭索夹。紧固索夹一般每隔 10~20m 设置一个。

全桥宜采用相同类型的索夹。骑跨式索夹宜采用左右对合型,销接式索夹宜采用上下对合型。

(3) 索鞍

① 主索鞍。

主索鞍设置在索塔顶部。当主缆主跨和边跨的索股数量不等时,需设置锚梁将不等量索股锚固于主索鞍上。

根据采用材料及成型方法的不同,索鞍可设计为全铸式、铸焊组合式和全焊式。根据传力方式的不同,索鞍可设计为肋传力结构或外壳传力结构。当采用混凝土索塔时,主索鞍宜选择肋传力的结构形式,如图 6-69 所示。采用为钢索塔时,主索鞍宜选择外壳传力的结构形式,如图 6-70 所示。根据吊装需要,主索鞍可设计为整体式或分体式。

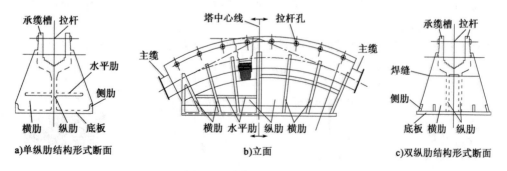

图 6-69 肋传力结构的主索鞍

为了防止应力集中对塔顶造成局部破坏,还应在索鞍底部设置一定面积和厚度的底板。主缆与索鞍之间靠摩擦力抵抗主缆不平衡水平力,索鞍保持相对固定。

由于悬索桥主缆的空缆线形与成桥线形有较大差别,因此,在主索鞍安装时,其位置一般要向边跨侧预偏适当距离或对索塔预拉。

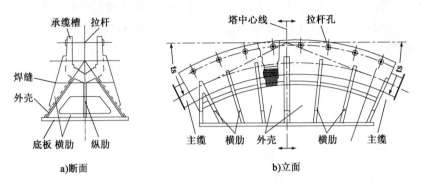

图 6-70 外壳传力结构的主索鞍

对于混凝土索塔,一般在安装主索鞍时,其位置向边跨侧预偏。在恒载施加的过程中,逐步有控制地向中跨顶推主索鞍,最终使主索鞍就位。因此,采用混凝土索塔的悬索桥主索鞍,需要设置适应鞍座顶推的滚轴式或滑动式移动摩擦副。主索鞍的顶推位移只是施工期间的一个过程,成桥后应将主索鞍与索塔固结。因此,适应于主索鞍顶推位移的运动装置是一个临时性结构,而滚轴式移动摩擦副结构相对复杂,故实桥中较少采用。

对于钢索塔,主索鞍安装时相对索塔可不预偏,可将索塔向边跨预拉,使塔顶向边跨有一预偏量,此预偏量应在索塔强度所允许的弹性变形范围内。在恒载施加过程中,逐步减小预拉力,最终使索塔位置恢复到设计位置。因此,采用钢索塔悬索桥的主索鞍,一般不设滚轴式或滑动式移动摩擦副。

②散索鞍。

散索鞍的构造如图 6-71、图 6-72 所示。鞍槽的截面形状需配合主缆钢丝索股的排列形状,具有将主缆钢丝束在空间扩散、定位作用。进口处截面布置同主索鞍,出口处截面布置应使主缆平顺过渡并将集中紧凑的主缆按一定规律散开成单股状,与锚碇内的锚固系统连接。

悬索桥成桥后,边跨的主缆线形的变化只能由散索鞍的移动摩擦副来解决。散索鞍下设置的移动摩擦副是一个永久性结构,其受力大小与主缆在散索鞍处的转角成正比。散索鞍下移动摩擦副形式的选择,需考虑其受力情况,通过计算确定。散索鞍可采用摆轴式、滚轴式或滑动式等移动摩擦副。

主缆在进入锚碇前不需要转向时也可以采用散索套(图 6-73)。

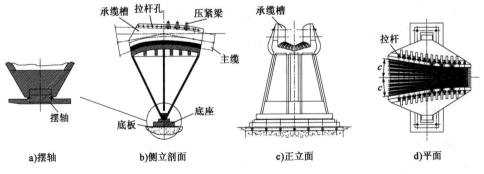

图 6-71 摆轴式散索鞍结构示意

图 6-72 摆轴式散索鞍(实桥)

图 6-73 散索套(实桥)

2) 索塔

悬索桥的钢索塔塔柱一般采用带有加劲肋的钢板组成的箱形截面,与斜拉桥的钢索塔不同,悬索桥的钢索塔没有复杂的拉索锚固构造,但塔顶需要直接承受主索鞍传递的集中力,通常需要加强设计。图 6-74 所示为几座钢索塔悬索桥的塔柱截面。

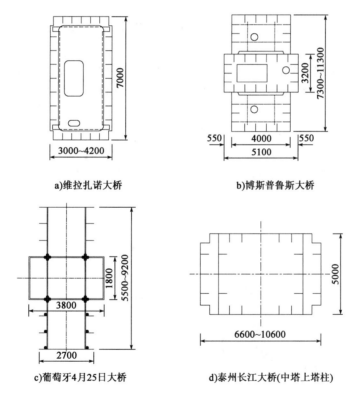

a) 维拉扎诺大桥　　　　b) 博斯普鲁斯大桥

c) 葡萄牙 4 月 25 日大桥　　d) 泰州长江大桥(中塔上塔柱)

图 6-74 悬索桥钢索塔柱截面示意(尺寸单位:mm)

3) 锚碇

(1) 重力式锚碇

重力式锚碇的锚体由锚块、锚固系统、散索鞍支墩、鞍部、前锚室(也称散索室)、后锚室等组成,如图 6-75 所示。主缆索股通过锚固系统锚固在锚块中,锚块直接承担并传递主缆拉力。散索鞍支墩起支承散索鞍的作用,鞍部是锚块和散索鞍支墩之间的重要传力构件,它使两者成

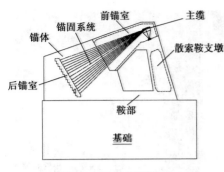

图 6-75 重力式锚碇构造

为整体共同受力。前锚室是保护散索鞍及散开段主缆索股的封闭结构，后锚室为锚固系统后端提供施工、检修、维护的操作空间。

根据前锚室的结构形式，重力式锚碇可分为实腹式锚碇[图6-63a)]和框架式锚碇[图6-63b)]。实腹式锚碇施工比较简单、受力可靠。框架式锚碇相对而言体量有所减小，结构通透，在景观和经济性上有一定优势。

重力式锚碇的基础可分为扩大基础、沉井基础、地下连续墙基础及复合基础，宜遵循下列原则进行选择：

①基岩埋深较浅、地形地质条件良好的陆地或浅水区宜采用扩大基础。

②表层地基土承载力不足，但在一定深度下有较好的持力层或平坦的基岩，可采用沉井基础。

③在陆地或浅水区、基岩埋置较深或锚址区，对地面变形有严格要求或防洪要求高时，可采用地下连续墙基础。

④当地质条件复杂，采用单一基础形式不能满足要求时，可采用复合基础。

(2) 隧道式锚碇

隧道式锚碇由锚塞体、隧洞支护结构、锚固系统、散索鞍支墩、前锚室、后锚室、防排水系统等组成，如图6-76所示。锚塞体嵌固在隧洞中，将主缆索股拉力传递给围岩。隧洞支护结构保证了隧洞安全，隧洞开挖后及时跟进施工的支护为初期支护，整个隧洞范围均设置。由于锚塞体范围后期被混凝土填充，因此，后期支护仅在锚室段设置。防排水系统的设置对于隧道锚及锚室内的索股、索鞍的耐久性至关重要。通常在初期支护里设置防水层、复合防水板将地下水隔绝，并在两期支护之间设置暗沟、盲沟或引水管，将渗水集中后抽走或向山体低处排走。

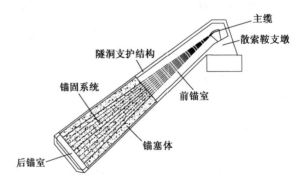

图 6-76 隧道式锚碇构造

4) 加劲梁

(1) 钢桁梁

钢桁梁截面抗扭刚度较大，迎风截面透空率较高，因而提供了良好的抗风稳定性，并可充分地利用截面空间提供双层桥面，以实现公铁两用或多车道布置。另外，钢桁梁可根据不同的地形、地貌条件灵活选择多种架设安装方法。

钢桁梁桥面结构可采用正交异性钢桥面板或混凝土桥面板。正交异性钢桥面板与钢桁架的结合形式,可采用图 6-77 所示的分离式和整体式。混凝土桥面板与钢桁架的结合形式宜采用分离式。图 6-78 为矮寨大桥钢桁梁断面,采用与钢桁架分离的混凝土桥面板。

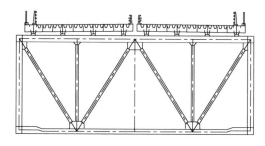
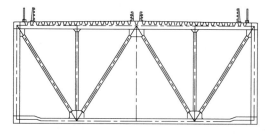

图 6-77　正交异性钢桥面板与钢桁架的结合形式

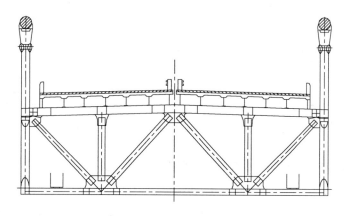

图 6-78　矮寨大桥横截面

(2) 钢箱梁

流线型扁平钢箱加劲梁不仅具有较小的空气阻力系数和优异的抗风稳定性,还有较高的抗扭刚度,大大提高了悬索桥的抗风稳定性。同时,正交异性钢桥面板既是钢箱梁的组成部分又是行车道板,与钢桁梁相比,有效地节省了用钢量。图 6-79 所示为几座代表性悬索桥的钢箱梁断面形式。

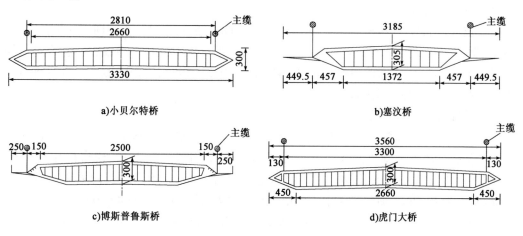

图 6-79　流线型扁平钢箱梁(尺寸单位:cm)

(3) 钢-混凝土组合梁

组合梁结构自重较大会增加造价,但是混凝土桥面板避免了钢桥面铺装易损问题和钢桥面板疲劳问题。目前国内已建成的钢板组合梁悬索桥有武汉鹦鹉洲长江大桥(主跨850m+850m)、云南良庆大桥(主跨420m)、宜昌至喜长江大桥(主跨838m)等。但是对于悬索桥结构体系,钢板组合梁为开口截面,抗扭能力弱,抗风问题导致其所能适应的跨度很难再提高。

图 6-80 所示为武汉鹦鹉洲长江大桥钢板组合梁。该桥加劲梁纵梁采用 2 根钢纵梁,梁高 1.8m;标准梁段纵向每隔 3m 设置 1 道横梁,横梁采用"工"形钢板梁,横梁中心梁高 1.258m;为改善加劲梁的抗风性能,在纵梁外侧设置"<"形作为风嘴。纵梁梁段之间采用高强螺栓连接,横梁与纵梁之间、纵梁与风嘴之间采用栓焊结合的连接方式。混凝土桥面板在工厂预制,通过桥位现浇湿接缝与钢梁连接成整体。

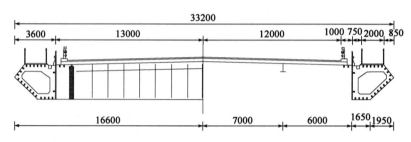

图 6-80 武汉鹦鹉洲长江大桥钢板组合梁(尺寸单位:mm)

6.3.5 实桥示例——南沙大桥坭洲水道桥(虎门二桥)

1) 概况

南沙大桥工程是广东省高速公路网规划中连接广州和东莞的重要东西向通道,路线起于广州市南沙区东涌镇,顺接国道主干线广州绕城公路南环段,同时与广珠北线高速公路连接,经广州市南沙区、番禺区,并先后跨越大沙水道、海鸥岛、坭洲水道后,穿越虎门港进入东莞市沙田镇,终点与广深沿江高速公路相接,于 2019 年建成通车。南沙大桥上游距珠江黄埔大桥约 20km,下游距虎门大桥约 10km。工程总长度 12.89km,由坭洲水道桥、大沙水道桥及引桥组成,坭洲水道桥采用主跨 1688m 的双跨悬索桥,大沙水道桥采用主跨 1200m 的单跨悬索桥。本例介绍坭洲水道桥。

主要技术标准为:八车道高速公路;设计速度 100km/h;桥梁设计基准期 100 年;桥面宽度 40.5m,其中行车道宽 2×(4×3.75)m+2×3m;桥面纵坡 2.5%;桥面横坡 2%;汽车荷载等级为公路—I级;桥址处运营阶段设计风速 34.4m/s,施工阶段设计风速 26.8m/s;通航净空尺度为单孔双向通航 1154m×60m。

2) 总体布置与结构体系

南沙大桥坭洲水道桥为双塔双跨悬索桥,跨径布置为(658+1688+522)m,其立面布置如图 6-81 所示。索塔为刚构式柔性塔。主缆横桥向采用双主缆形式,横桥向中心间距为42.1m,主缆中心距与主跨跨径比值为 1/40,垂跨比为 1/9.5。吊索顺桥向采用竖直布置方式,标准间距为 12.8m。加劲梁采用流线型扁平钢箱梁,梁高 4m,全宽 44.7m。

加劲梁的约束系统为:在西过渡墩和两个索塔处均设置横向抗风支座,在两个索塔处设置纵向限位阻尼装置,在西过渡墩和东塔处设置竖向拉压支座,加劲梁约束系统布置如图 6-82 所示。

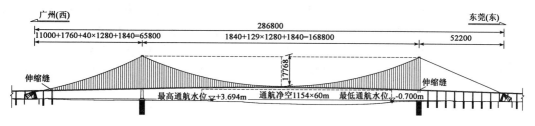

图 6-81 南沙大桥坭洲水道桥立面布置(尺寸单位:cm)

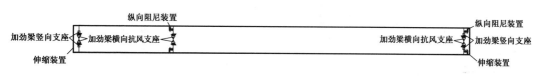

图 6-82 加劲梁约束系统布置

3）构造

（1）缆索系统

①主缆。

主缆采用预制平行钢丝索股。主缆断面如图 6-83 所示，索股断面如图 6-84 所示。每根主缆中，从西锚碇到东锚碇的通长索股有 252 股，西边跨另设 6 根索股（背索）在西主索鞍上锚固。每根索股由 127 根直径为 5.3mm 的锌铝合金镀层高强度钢丝组成。主缆在架设时竖向排列成尖顶的近似正六边形，紧缆后主缆为圆形。其索夹内直径为 1059（西边跨）和 1047mm（中跨及东边跨），索夹外直径为 1073（西边跨）和 1060mm（中跨及东边跨）。索股两端设索股锚头，索股锚头采用热铸锚，在锚杯内浇注锌铜合金，使主缆钢丝与锚杯相连。主缆紧缆完成后，先进行捆扎并安装索夹，待桥面系施工完成后，进行缠丝等防护工作。主缆在主索鞍鞍室及锚室入口等处采用喇叭形缆套密封防护，主缆上方设置主缆检修道。

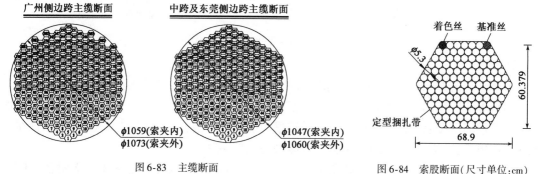

图 6-83 主缆断面　　　　　　　　图 6-84 索股断面(尺寸单位:cm)

②吊索及索夹。

本桥采用平行钢丝吊索、上下对合型索夹，吊索与索夹、钢箱梁为销铰式连接。除受力较大的塔侧长吊索和限位装置处吊索每侧吊点设 3 根吊索外,其余每侧吊点设 2 根吊索。吊索分为三类:第一类是西边跨靠近锚碇处的吊索,其下端锚固于过渡墩上,上端与索夹相连接,定义为限位吊索;第二类是受力较大和变形有特殊要求的塔侧长吊索和邻近限位装置吊索,定义为加强吊索;第三类是除限位吊索和加强吊索外的吊索,定义为普通吊索。吊索构造如图6-85所示。

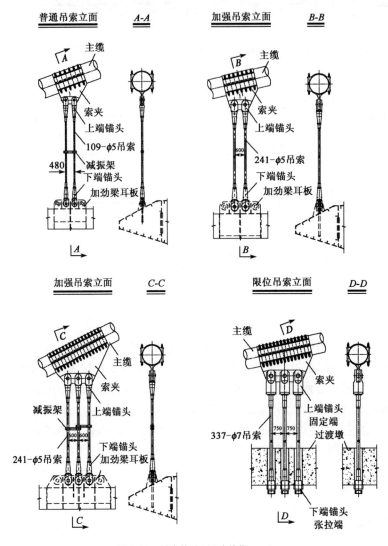

图 6-85　吊索构造(尺寸单位:mm)

③索鞍。

主索鞍构造如图 6-86 所示。主索鞍鞍体采用铸焊结合的混合结构;鞍槽用铸钢铸造,底座由钢板焊成。鞍体下设不锈钢板-聚四氟乙烯板滑动副,以适应施工中的相对移动。为增加主缆与鞍槽间的摩阻力,并方便索股定位,鞍槽内设竖向隔板,在索股全部就位并调股后,在顶部用锌块填平,并进行封水处理,再将鞍槽侧壁用拉杆夹紧。

边跨附加索股锚固于鞍顶的锚梁上。塔顶设有格栅底座,以安装主索鞍。格栅悬出塔顶以外,以便安置控制鞍体移动的千斤顶,鞍体就位后将格栅的悬出部分割除。为减轻吊装运输质量,将鞍体分成两半,吊至塔顶后用高强度螺栓连接。半鞍体吊装质量不超过110t。

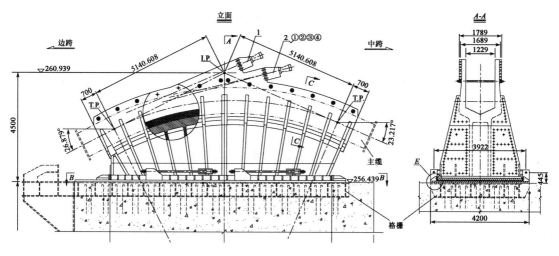

图 6-86 主索鞍构造(尺寸单位:mm)

散索鞍构造如图 6-87 所示。散索鞍鞍体采用铸焊结合的结构方案。鞍槽用铸钢铸造,鞍体由钢板焊成。为增加主缆与鞍槽间的摩阻力,并方便索股定位,鞍槽内设竖向隔板,在索股全部就位并调股后,在顶部用锌填块填平,并进行防水处理,上紧压紧梁,再将鞍槽侧壁用拉杆夹紧。

(2) 索塔

索塔采用群桩基础,单桩直径为 2.8m。东塔每个塔柱下横桥向及顺桥向均布设 6 排,共 32 根。承台布设为圆端哑铃型,平面总尺寸为 90.43m(横桥向)×34.8m(顺桥向),承台厚 7m,承台系梁宽 14m,与承台等厚。塔座为一个棱形台,东塔塔座底面为 21.0m(横桥向)×27.0m(顺桥向),顶面为 13.0m(横桥向)×19.0m(顺桥向),厚度为 4m,基础构造如图 6-88 所示。

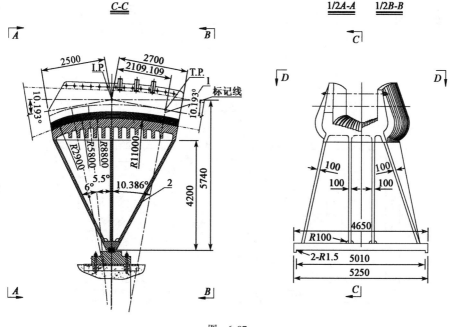

图 6-87

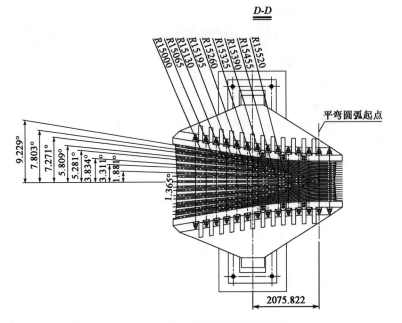

图 6-87 散索鞍构造(尺寸单位:mm)

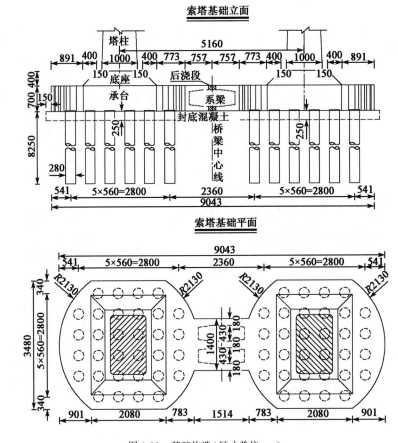

图 6-88 基础构造(尺寸单位:cm)

索塔是由塔柱、横梁组成的门式刚架结构。索塔有两个塔柱,三道横梁。塔柱为普通钢筋混凝土结构,横梁为预应力混凝土结构。索塔一般构造如图 6-89 所示。

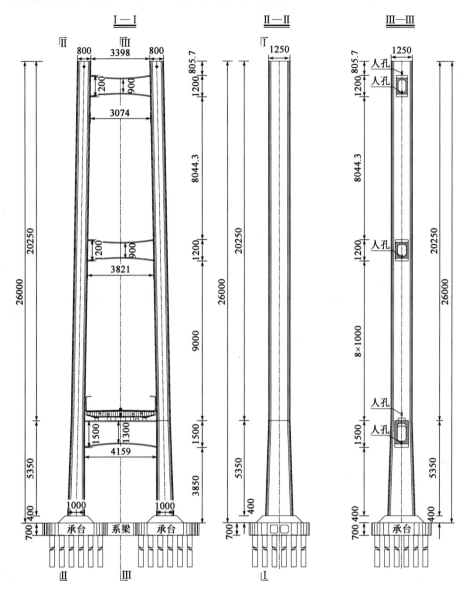

图 6-89 索塔一般构造(尺寸单位:cm)

门式塔塔高 260.0m,塔柱采用有两个对称轴的空心薄壁断面,塔柱在横梁、塔底等受力较大的区段设置加厚段,下横梁顶板设置纵向隔板,主索鞍下 7.5m 高度范围为实心段,塔柱底设置 3m 高实心段。为提升索塔景观效果及抗风性能,塔柱及横梁均采用带圆倒角箱形断面,塔柱四角设半径 1.5m 的圆弧形倒角,横梁四角设半径 0.5m 的圆弧形倒角。塔柱截面尺寸为:塔顶至下横梁范围均为 8m(横桥向)×12.5m(顺桥向),下横梁至塔底为 8m(横桥向)×12.5m(顺桥向)~10m(横桥向)×16m(顺桥向)。根据受力计算,壁厚分别采用 120cm(上塔柱)、160cm(中塔柱上端)和 220cm(中塔柱下端及下塔柱)。

索塔共设上、中、下三道横梁,为提高索塔整体美观,塔柱横梁采用圆弧形设计,上、中横梁中间高9m,端部高12m,中间由顶底面两段圆弧过渡,上横梁宽6.5m,中横梁宽7.5m,上横梁腹板及顶、底板厚1.0m,中横梁腹板及顶、底板厚1.2m;下横梁中间高13m,端部高15m,中间由底面圆弧过渡,下横梁顶面为直线,下横梁宽8.0m,腹板及顶、底板厚1.5m。

(3)锚碇

锚碇构造如图6-90所示。锚碇基础采用地连墙方案作为基坑开挖的支护结构。根据地质情况及锚体设计需要,地连墙采用外径为90m,壁厚为1.5m的圆形结构。地连墙施工完成后,采用逆作法分层开挖土体,分层施工内衬。内衬从上向下:0~6m深度内厚1.5m,超过6m深度厚2m。顶、底板厚6m,中间为填芯混凝土。为提高基础抗滑稳定性,基础内部均填充混凝土。锚体尾部悬出地连墙部分地基需进行处理,并在表面浇30cm厚混凝土垫层。

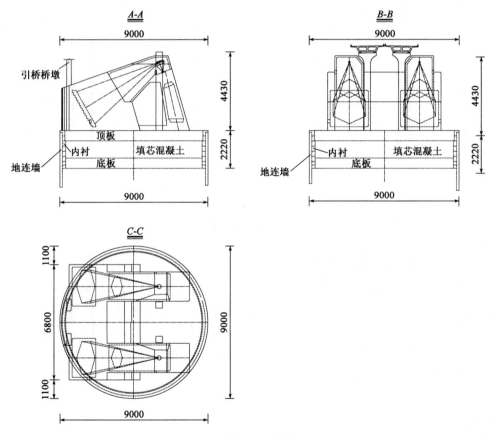

图6-90 锚碇构造(尺寸单位:cm)

锚体从功能、受力、施工等方面可分为锚块、散索鞍支墩、前锚室、后锚室等部分。散索鞍支墩主要承受由散索鞍传递的主缆压力,锚块主要承受预应力锚固系统传递的主缆索股拉力,前锚室、散索鞍支墩与锚块形成一个完整的空间受力结构,前锚室由底板、侧墙、顶板及前墙构成封闭空间,对主缆索股起保护作用。

(4)加劲梁

加劲梁采用流线型扁平钢箱梁,如图6-91所示。钢箱梁全宽44.7m(不含检修道、导流板),吊索锚固在风嘴上,顶板宽40.6m,风嘴宽2.1m,平底板宽31.3m,斜底板宽6.7m,风嘴外侧设置宽1.5m检修道和1m导流板,检修道及导流板主要作用是优化钢箱梁气动外形,不参与钢箱梁受力,仅承受自身质量及行人荷载,检修道和导流板在顺桥向梁段间设20mm分隔缝以适应变形,该部分与钢箱梁同时加工、架设。平底板两边设置检查车轨道及轨道导风板。

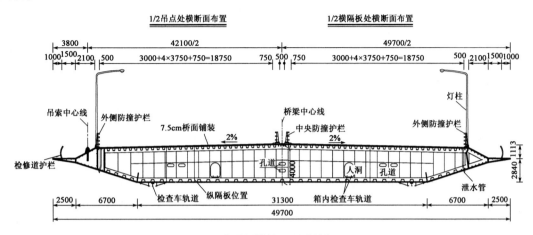

图6-91 加劲梁横断面(尺寸单位:cm)

钢箱梁梁高4m。标准梁段长12.8m,设置四道实腹式横隔板,间距3.2m;顶板U肋上口宽300mm,下口宽170mm,高280mm,U肋中心距600mm;底板U肋上口宽240mm,下口宽500mm,高260mm,U肋中心距1000mm。顶板在外侧重车道厚18mm,内侧快车道厚16mm,顶板U肋板厚8mm;底板厚10mm,斜底板厚10mm,底板U肋板厚6mm。塔根部梁段加厚顶底板以抵抗负弯矩。

标准横隔板由上、下两块板竖向组焊而成,上板兼作顶板横向加劲板,厚10(14)mm;下板为实腹式横隔板上设竖向、水平向加劲肋,与上板通过水平加劲熔透焊接,与底板和斜底板焊接。横隔板设置两个高1.5m的人洞及4处管线孔道,其中一侧人洞处设置检查车轨道。

为提高箱梁的耐久性,在钢箱梁内部设置抽湿机保证箱梁内部空气湿度小于50%。

思考题

1. 简述钢拱桥的结构组成、总体布置与一般构造的主要内容。
2. 钢拱桥结构体系还有哪些划分方法?请说明划分依据。
3. 斜拉桥的结构体系如何划分?不同的结构体系各有什么受力特点?
4. 如何提高多塔多跨斜拉桥体系的刚度?请结合具体桥例说明。
5. 简述悬索桥各组成部分的作用及受力特点。
6. 简述悬索桥的锚碇类型及各种锚碇的适用条件。

参 考 文 献

[1] 中华人民共和国行业标准.公路桥涵设计通用规范:JTG D60—2015[S].北京:人民交通

出版社股份有限公司,2015.

[2] 中华人民共和国行业标准.公路钢结构桥梁设计规范:JTG D64—2015[S].北京:人民交通出版社股份有限公司,2015.

[3] 中华人民共和国行业标准.公路钢管混凝土拱桥设计规范:JTG/T D65-06—2015[S].北京:人民交通出版社股份有限公司,2015.

[4] 中华人民共和国行业标准.公路斜拉桥设计规范:JTG/T 3365-01—2020[S].北京:人民交通出版社,2020.

[5] 中华人民共和国行业标准.公路悬索桥设计规范:JTG/T D65-05—2015[S].北京:人民交通出版社股份有限公司,2015.

[6] 肖汝诚.桥梁结构体系[M].北京:人民交通出版社,2013.

[7] 孟凡超.公路桥涵设计手册——悬索桥[M].北京:人民交通出版社,2011.

[8] 邵长宇.索承式组合结构桥梁[M].北京:人民交通出版社股份有限公司,2017.

[9] 王伯惠.斜拉桥结构发展和中国经验(上册)[M].北京:人民交通出版社,2003.

[10] 王伯惠.斜拉桥结构发展和中国经验(下册)[M].北京:人民交通出版社,2004.

[11] 小西一郎.钢桥,第四分册[M].北京:人民铁道出版社,1980.

[12] 小西一郎.钢桥,第五分册[M].北京:人民铁道出版社,1980.

[13] 张喜刚.多灾害作用下特大跨径桥梁结构设计指南[M].北京:人民交通出版社股份有限公司,2019.

[14] 伊藤学,川田忠树.超长大桥梁建设的序幕——技术者的新挑战[M].刘建新,和丕壮,译.北京:人民交通出版社,2002.

第 7 章
钢桥的制造与安装

7.1 零件的制造与组装

在钢桥设计与制造中,习惯上将具有独立编号的钢构件称为杆件。杆件是组成钢桥的基本单元,主要有板梁主梁、箱梁主梁、桁梁弦杆、腹杆、整体节点、纵梁、横梁、桥门楣梁、桥面板单元、锚箱和独立编号的拼接板及节点板等。零件是组成杆件的最小单元,包括主要杆件的盖板和腹板,箱梁的横隔板,板单元的面板、纵肋、横肋,拼接板及圆柱头焊钉等。零件的制造与组装主要包括零件加工、组装、焊接、杆件矫正、试拼装、涂装等工序。具体流程如图7-1 所示。

图 7-1 零件制造与组装流程

7.1.1 零件制造

1) 板材预处理

钢板进厂后需对其型号、数量、合格证书等项目进行复验,待复验合格后,对板材进行校平、除锈、喷涂底漆、烘干等预处理。校平后钢板的平面度应不大于1mm/m,表面除锈达到Sa2.5级,钢材表面粗糙度达到 $Rz = 40 \sim 60\mu m$。

2)放样、作样及号料

直接在钢板上划出零件的切割线称为放样,放样一般适用于较大的矩形零件;当相同零件数量较多时,为了提高生产效率,用薄铁皮或纸板制作适用于各种形状和尺寸的样板,用于在钢材上标出切割线的位置,此项工作称为作样。一般尺寸较小的零件制作下料样板,尺寸较大的矩形零件需要切角时制作切角样板,利用下料样板在钢板上划出零件的切割线称作号料。

放样、作样及号料应根据加工图和工艺文件进行,应预留制作和安装时的焊接收缩余量及切割、刨边和铣平等加工余量。对形状复杂、在图中不易确定尺寸的零件,应通过放样校对或利用计算机作图校对后确定。放样或号料前应检查钢料的牌号、规格和质量,主要受力零件下料时应使钢板的轧制方向与其主要应力方向一致。号料外形尺寸允许偏差应为±1mm,样板制作允许偏差应符合表7-1的规定。

样板制作允许偏差　　表7-1

项　目	允许偏差(mm)	项　目	允许偏差(mm)
两相邻孔中心线距离	±0.5	宽度、长度	+0.5,-1.0
对角线、两极边孔中心距离	±1.0	曲线样板上任意点偏离	1.0
孔中心与孔群中心线的横向距离	0.5	—	—

3)切割下料

切割是将放样和号料后的零件形状从原材料上下料分离。钢材的切割可以通过切削、冲剪、摩擦机械力和热切割来实现。常用的切割方法有机械切割、气割、等离子切割和火焰切割等。

切割前应将料面的浮锈、污物清除干净,钢料应放平、垫稳,割缝下面应留有空隙。切割工艺应根据其评定试验结果编制,切割表面不应产生裂纹。零件宜采用精密(数控、自动、半自动)仪器切割下料,在数控切割下料编程时除应考虑焊接收缩量之外,尚应考虑切割热变形的影响;剪切仅适用于次要零件或剪切后仍需加工的零件;手工气割仅适用于工艺特定的或切割后仍需加工的零件。采用剪切工艺时,钢板厚度不宜大于12mm,剪切边缘应平整,无毛刺、反口、缺肉等缺陷。剪切的尺寸允许偏差应为±2mm,边缘缺棱应不大于1mm,型钢端部垂直度应不大于2mm。采用手工气割时,零件尺寸允许偏差为±2mm。剪切和手工气割后不再进行机加工的切割边缘表面质量应符合表7-2的规定。

剪切和手工气割边缘允许误差　　表7-2

项　目	构件分类	允许偏差(mm)	备　注
自由边缘	主要构件	0.2	
	次要构件	0.5	
焊接边缘	主要构件	0.3	接头有顶紧要求时除外
	次要构件	0.6	

4)零件矫正与弯曲

零件在加工成型过程中,由于操作和工艺等原因会引起零件变形,需对其进行矫正。零件矫正前,剪切的反口应修平,切割的挂渣应铲净。零件矫正宜采用冷矫,冷矫时的环境温度不宜低于-12℃,矫正后的零件表面不应有明显的凹痕或损伤。采用热矫时,温度应控制在

600～800℃,矫正后零件应缓慢冷却,降至室温以前,不得锤击或用水急冷。零件矫正允许偏差应符合表7-3的规定。

零件矫正允许偏差 表7-3

零件	检查项目	允许偏差(mm)	备注
板件	平面度 f	$f \leqslant 1.0$	每米范围
	垂直度 f	$L \leqslant 8000, f \leqslant 2.0$	全长范围(L为板长)
		$L > 8000, f \leqslant 3.0$	
型钢	直线度 f	$f \leqslant 0.5$	每米范围
	角钢肢垂直度、平面度、工字钢、槽钢腹板垂直度、平面度 f	$f \leqslant 0.5$	联结部位
		$f \leqslant 1.0$	其余部位

为得到特定形状的零件,需利用相应的加工设备和模具把钢材弯制成一定的形状。主要受力零件冷作弯曲时,环境温度不宜低于-5℃,内侧弯曲半径不得小于板厚的15倍,小于者应热煨,热煨的加温温度、高温停留时间、冷却速率应与所加工钢材的性能相适应。冷作弯曲后的零件边缘不得产生裂纹。

5)零件加工

经过剪切或气割过的钢板边缘,其内部结构会发生硬化和变态,为了保证桥梁构件的质量,需要对边缘进行加工。此外,为了保证焊缝质量,考虑到装配的准确性,要将钢板边缘刨成或铲成坡口,并将边缘刨直或铣平。

零件边缘的加工深度不应小于3mm,当边缘硬度不超过HV350时,加工深度不受此限;加工面的表面粗糙度 Ra 不得大于 25μm,顶紧传力面的表面粗糙度 Ra 不得大于 12.5μm;顶紧加工面与板面垂直度偏差应小于0.01倍板厚,且不得大于0.3mm。零件应根据预留加工量及平直度要求,两边均匀加工,并应磨去边缘的飞刺、挂渣,使端面光滑匀顺。

6)制孔

制孔方法通常有钻孔和冲孔两种。钻孔是钢结构制造中普遍采用的方法,几乎可用于任何规格的钢板、型钢的孔加工,成孔的精度较高,对孔壁损伤较小。冲孔一般只能用于较薄的钢板和非圆孔的加工,且要求孔径一般不小于钢材的厚度。

螺栓孔应钻制成正圆柱形,孔壁表面粗糙度 Ra 不应大于 25μm,孔缘平整,且无损伤、无刺屑。螺栓孔不得采用冲孔、气割孔。螺栓孔的孔距允许偏差应符合表7-4的规定,有特殊要求的孔距偏差应符合设计文件的规定。

螺栓孔距允许偏差 表7-4

项目		允许偏差(mm)		
		主要杆件		次要杆件
		桁梁杆件	板梁杆件	
两相邻孔距		±0.4	±0.4	±0.4(±1.0)[2]
同一孔群任意两孔距		±0.8	±0.8	±0.8(±1.5)[2]
多组孔群两相邻孔群中心距		±0.8	±1.5	±1.0(±1.5)[2]
两端孔群中心距 l	$l \leqslant 11m$	±0.8	±4.0[1]	±1.5
	$l > 11m$	±1.0	±8.0[1]	±2.0

续上表

项目		允许偏差(mm)		
		主要杆件		次要杆件
		桁梁杆件	板梁杆件	
孔群中心线与杆件中心线的横向偏移	腹板不拼接	2.0	2.0	2.0
	腹板拼接	1.0	1.0	—
杆件任意两面孔群纵、横向错位		1.0	—	—

注:①连接支座的孔群中心距允许偏差。
②括号内数值为附属结构的允许偏差。

钢板梁、钢桁梁和钢箱梁零件加工尺寸允许偏差应符合表 7-5 的规定。

零件加工尺寸允许偏差   表 7-5

钢梁类型	名称	项目		允许偏差(mm)
钢板梁与钢桁梁	板梁主梁,桁梁的弦、斜、竖杆,纵梁,横梁,联结系杆件	盖板宽度	工形	±2.0
			箱形	+2.0,0
		腹板宽度		根据盖板厚度及焊接收缩量决定
	节点板,拼接板	孔边距		±2.0
	座板	长度、宽度	嵌入式	±1.0
			其他	±2.0
	拼接板	宽度		±2.0
	支承节点板、拼接板、角钢	支承边孔边距		+0.5,+0.3
	焊接接头板	孔至焊接边距离		根据焊接收缩量确定
	箱形杆件内横隔板	宽度	隔板尺寸≤1000mm	+0.5,+0.3
			隔板尺寸>1000mm	+1.0,0
		高度		+0,-1.0
		板边垂直度	隔板尺寸≤1000mm	不大于 0.5
			隔板尺寸>1000mm	不大于 1.0
	桥面板	长度、宽度		±2.0
钢箱梁	盖板	长度		按工艺文件
		宽度		+2.0,0
	腹板	长度		按工艺文件
		宽度		根据盖板厚度及焊接收缩量决定
	横隔板	宽度		+1.5,0
		高度		+2.0,0

7.1.2 组装

1)概念

桥梁钢结构构件遵照施工图的要求,把已加工完成的各零件或半成品杆件,装配组合为独立的成品,该方法称为组装。根据构件的特性以及组装程度,可划分为零件组装和杆件组装。

零件组装是装配的最小单元的组合,它是由两个或两个以上零件按施工图的要求装配成半成品的杆件。杆件组装是把零件或半成品结构构件按施工图的要求装配成独立的成品件。杆件组装不仅需要用焊接或紧固件连接的方式将加工的零件连接起来,还需要进行一定的端部加工、制孔等二次加工。

2)组装方法

组装方法的选择宜根据构件的结构特性和技术要求、制造厂的加工能力、机械设备等情况,选择能有效控制组装质量和生产效率高的方法进行组装。常用的组装方法有地样法、仿形复制装配法、立装法、卧装法和胎膜装配法,其特点及适用范围列于表 7-6 中。

桥梁常用组装方法及适用范围 表 7-6

名称	装配方法	适用范围
地样法	按 1:1 比例在装配平台上放装配件实样,根据装配件在实样上的位置组装	桁架、框架等少批量构件组装
仿形复制装配法	先用地样法组装成单面结构,并且必须定位点焊,然后翻身作为复制胎膜,在上装配另一单面结构,2 次组装	横断面互为对称的桁架结构
立装	根据构件的特点及其零件的稳定位置,选择自上而下或自下而上的装配	用于放置平稳、高度不大的结构,大直径圆管、桥塔等
卧装	构件放置平卧位置的装配	用于断面不大,但长度较长的细长构件,如拱肋
胎膜装配法	把构件的零件用胎膜定位在其装配位置上进行组装	用于制造构件批量大、精度高的产品,如钢箱梁

3)工艺要求

组装前应熟悉图纸和工艺文件,按图纸核对零件编号、外形尺寸和坡口方向,确认无误后方可组装。组装间隙应符合设计和工艺文件要求,当设计和工艺文件无规定时,组装间隙不宜大于 2mm。组装宜在组装平台、组装支承架或专用设备上进行,组装平台及组装支承架应有足够的强度和刚度,并应便于构件的装卸、定位等操作。在组装平台上宜画出构件的中心线、轮廓线和高程线等基准线,组装前应检查定位胎架的尺寸。采用先孔法的杆件,组装时必须以孔定位,用胎型组装时每一孔群定位不得少于 2 个冲钉,冲钉直径不得小于设计孔径 0.1mm。杆件应在胎架或平台上组装,U 形肋与桥面板宜采用自动定位组装胎架组装。大型杆件在露天进行组装时,工装的设计、组装及测量应考虑日照和温差的影响。

焊接构件组装时应预设焊接收缩量,并应对各部件进行合理的焊接收缩量分配。重要或复杂构件宜通过工艺性试验确定焊接收缩量。为了减少变形和简化装配工序,尽量先装配焊接成小件,并进行矫正,再将小件组装成整体构件。采用埋弧焊、CO_2 气体(混合气体)保护焊及低氢型焊条手工焊等方法焊接的接头,组装前应彻底清除待焊区域的铁锈、氧化铁皮、油污、水分等有害物,使其表面显露出金属光泽。清除范围如图 7-2 所示。

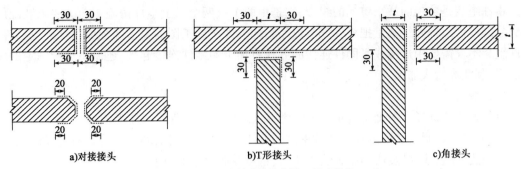

图7-2 除锈范围(虚线为清除范围)(尺寸单位:mm)

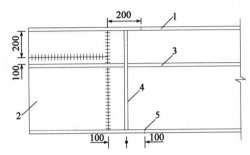

图7-3 焊缝错开的最小距离(尺寸单位:mm)
1-盖板;2-腹板;3-板梁水平肋或箱形梁纵肋;
4-板梁竖肋或箱形梁横肋;5-盖板对接焊缝

所有板单元和杆件应在胎架上进行组装,每次组装前均应对胎架进行检查,确认合格后方可组装。组装时应将相邻焊缝错开,错开的最小距离如图7-3所示。

杆件组装后应对首件构件进行检查,合格后可继续批量组装;在批量组装中,应随时检查构件组装质量,复查定位装置的正确性。待组装完成后,使用油漆在构件明显部位编号,写明构件位置及加工时间等关键参数。钢板梁、钢桁梁和钢箱梁的组装尺寸允许偏差应符合表7-7的规定。

组装尺寸允许偏差 表7-7

钢梁类型	项目		允许偏差(mm)
钢板梁与钢桁梁	对接高低差	板厚 $t \geq 25mm$	1.0
		板厚 $t < 25mm$	0.5
	对接间隙		1.0
	桁梁的箱形杆件宽度		±1.0(有拼接时)
	桁梁的箱形杆件对角线差		2.0
	桁梁的H形杆件和箱形杆件高度		+1.5,0
	盖板中心与腹板中心线的偏移		1.0
	组装间隙		1.0
	纵、横梁高度		+1.5,0
	板梁高度 h	$h \leq 2m$	+2.0,0
		$h > 2m$	+4.0,0
	盖板倾斜		0.5
	板梁、纵、横梁加劲肋间距	有横向联结	±1.0
		无横向联结	±3.0
	板梁腹板、纵、横梁腹板的局部平面度		1.0
	局部缝隙		不大于0.2

续上表

钢梁类型	项 目		允许偏差(mm)
钢箱梁	箱形梁盖板、腹板的纵肋、横肋间距		±1.0
	箱形梁隔板间距		±3.0
	箱形梁宽度		±2.0
	箱形梁高度 h	$h \leqslant 2m$	+2.0,0
		$h > 2m$	+4.0,0
	箱形梁横断面对角线差		3.0
	箱形梁旁弯		5.0

7.1.3 焊接与焊接检验

1)焊接

(1)一般要求

在工厂或工地首次焊接之前,或材料、工艺在施工过程中有变化时,必须分别进行焊接工艺评定试验。焊接工艺应根据焊接工艺评定报告编制,施焊时应严格遵守焊接工艺,不得随意改变焊接参数。焊接材料应根据焊接工艺评定确定,焊剂、焊条应按产品说明书烘干使用,对储存期较长的焊接材料,使用前应重新按标准检验。CO_2 气体保护焊的气体纯度应大于99.5%。焊接工作宜在室内或防风、防晒设施内进行,焊接环境的相对湿度应小于80%,焊接环境的温度,对低合金高强度结构钢不应低于5℃,普通碳素结构钢不应低于0℃。主要钢构件应在组装后24h内焊接。施焊时母材的非焊接部位严禁焊接引弧,焊接后应及时清除熔渣及飞溅物。多层焊接时宜连续施焊,且应控制层间温度,每一层焊缝焊完后应及时清理检查,应在清除药皮、熔渣、溢流和其他缺陷后,再焊下一层。

(2)定位焊要求

定位焊所采用焊接材料的型号应与焊件材质相匹配,施焊前应按施工图及工艺文件检查坡口尺寸、根部间隙等,如不符合要求应处理改正。定位焊焊缝应距设计焊缝端部30mm以上,焊缝长应为50~100mm,间距应为400~600mm,焊脚尺寸不得大于设计值的1/2。焊缝不得有裂纹、气孔、夹渣、焊瘤等缺陷,否则应处理改正;如有焊缝开裂应查明原因,清除后重焊。埋弧自动焊应在距设计焊缝端部80mm以外的引板上起、熄弧。焊接中不应断弧,如有断弧应将停弧处刨成1:5斜坡,并搭接50mm再引弧施焊,焊后搭接处应修磨圆顺。

(3)圆柱头焊钉焊接要求

圆柱头焊钉焊接的工艺参数应通过焊接工艺评定确定,并应采用确定的工艺参数在试板上焊接10个圆柱头焊钉,其中5个做拉伸试验,5个做弯曲试验,全部试验结果应符合《电弧螺柱焊用圆柱头焊钉》(GB/T 10433—2002)的规定。焊接前应清除圆柱头焊钉头部及钢板待焊部位的铁锈、氧化皮、油污、水分等有害物,使钢板表面显露出金属光泽。受潮的瓷环在使用前应在150℃的烘箱中烘干2h。圆柱头焊钉应平位施焊,在焊缝金属完全凝固前不得移动焊枪。当环境温度低于0℃,或相对湿度大于80%,或钢板表面潮湿时,不得焊接圆柱头焊钉。

2) 焊接检验

焊接完毕且待焊缝冷却至室温后,应对所有焊缝进行外观检查,焊缝不应有裂纹、未熔合、夹渣、未填满弧坑、漏焊等缺陷。焊缝经外观检测合格后方可进行无损检测,无损检测应在焊接完成24h后进行。箱形杆件棱角焊缝探伤的最小有效厚度为$\sqrt{2t}$(t为水平板厚度,以 mm 计),当设计有熔深要求时应符合相关规范要求。焊缝无损检测的质量分级、检验方法、检验部位和等级应符合表7-8的规定。进行局部超声波探伤的焊缝,当发现裂纹或较多其他缺陷时,应扩大该条焊缝探伤范围,必要时可延至全长。进行射线探伤或磁粉探伤的焊缝,当发现超标缺陷时应加倍检验。采用超声波、射线、磁粉等多种方法检验的焊缝,应达到各自的质量要求,该焊缝方可认为合格。焊缝的射线探伤应符合《焊缝无损检测 射线检测 第1部分:X 和伽玛射线的胶片技术》(GB/T 3323.1)的规定,射线透照技术等级采用 B 级,焊缝内部质量应达到Ⅱ级;磁粉探伤应符合《焊缝无损检测 焊缝磁粉检测 验收等级》(GB/T 26952)的规定。

焊缝无损检验质量等级及探伤范围　　　　　表7-8

焊缝名称			质量等级	探伤方法	检验等级	探伤比例(%)	探伤部位
横向对接焊缝(顶板、底板、腹板、横隔板等)			Ⅰ级	超声波探伤(UT)	B(单面双侧)	100	焊缝全长
纵向对接焊缝(顶板、底板、腹板等)					B		端部1m范围内为Ⅰ级,其余部位为Ⅱ级
T形接头和角接接头熔透角焊缝					B		焊缝全长
横隔板纵向对接焊缝			Ⅱ级		B		焊缝全长
部分熔透角焊缝					B		焊缝两端各1m
焊脚尺寸≥12mm 的角焊缝					A		焊缝两端各1m
纵向对接焊缝	顶板		Ⅱ级	射线探伤(RT)	B	10	中间250~300mm
	底板、腹板						焊缝两端各250~300mm
横隔板横向对接焊缝						5	下部250~300mm
横向对接焊缝(顶板、底板、腹板等)						10	两端各250~300mm,长度大于1200mm,中间加探250~300mm
梁段间对接焊缝	顶板十字交叉焊缝					100	纵、横向各250~300mm
	底板十字交叉焊缝					30	
	腹板					100	焊缝两端各250~300mm
连接锚箱或吊耳板的熔透角焊缝			Ⅱ级	磁粉探伤(MT)			焊缝全长
U形肋对接焊缝							焊缝全长
横隔板与腹板角焊缝							焊缝两端各500mm
U形肋与顶(底)板角焊缝						100	每条焊缝两端各1000mm,其中行车道范围的顶板角焊缝为两端各2000mm
横隔板与顶(底)板角焊缝							行车道范围总长的20%
腹板与底板角焊缝							焊缝两端各1000mm,中间每隔2000mm探1000mm
临时连接(含马板)							拆除临时连接的部位

圆柱头焊钉焊接后应获得完整的360°周边焊缝。圆柱头焊钉焊缝的宽度、高度等尺寸应满足要求:焊缝沿圆柱头焊钉轴线方向的平均高度应不小于$0.2d$(d为圆柱头焊钉直径);最小高度应不小于$0.15d$;在钢板侧焊趾的平均直径和应不小于$1.25d$。应随机抽取各部位圆柱头焊钉总数的3%进行30°弯曲试验,弯曲后圆柱头焊钉的焊缝和热影响区不应有肉眼可见的裂纹,检验合格的圆柱头焊钉可保留其弯曲状态。

7.1.4 杆件矫正

焊接完成后需要进行杆件矫正。冷矫的环境温度不应低于5℃,矫正时应缓慢加力,冷矫的总变形量不应大于变形部位原始长度的2%。时效冲击值不满足要求的拉力杆件,不得冷矫。热矫时加热温度应控制在600~800℃,严禁过烧,且不宜在同一部位多次重复加热。矫正后的板单元、杆件和梁段表面不应有凹痕和其他损伤。杆件矫正的允许偏差应符合表7-9的规定。

杆件矫正允许偏差 表7-9

钢梁类型	项目		允许偏差(mm)
钢板梁与钢桁梁	盖板对腹板的垂直度	有孔部位	盖板宽度≤600mm时,不大于0.5; 盖板宽度>600mm时,不大于1.0
		其余部位	1.5
	工形、箱形杆件的扭曲		3.0
	箱形杆件对角线差		边长<1000mm时,2.0; 边长≥1000mm时,3.0
	盖板平面度	有孔部位	0.5
		其余部位	1.0
	板梁,纵、横梁腹板的平面度 Δ		$\Delta \leqslant h/500$,且不大于5.0
	工形、箱形杆件的弯曲或纵、横梁的旁弯		$2.0(l \leqslant 4000\text{mm})$ $3.0(4000\text{mm} < l \leqslant 16000\text{mm})$ $5.0(l \geqslant 16000\text{mm})$
	板梁拱度	不设拱度	+5.0,-0
		设拱度	+10.0,-3.0
	纵、横梁拱度		+3.0,-0
钢箱梁	盖板对腹板的垂直度	有孔部位	1.0
		其余部位	3.0
	隔板弯曲	横向、纵向	2.0
	腹板平面度	横向	$h/250$
		有孔部位	2.0
		纵向	$l/500$
	盖板平面度	有孔部位	2.0
		横向	$S/500$
		纵向4m范围	4.0
	腹板平面度	横向	$h/250$,且不大于3
		纵向	$l_0/500$,且不大于5.0

续上表

钢梁类型	项目		允许偏差(mm)
钢箱梁	盖板平面度	横向	$S/250$,且不大于3
		纵向	$l_1/500$,且不大于5.0
	扭曲		每米不大于1,且每段不大于10

注：表中符号含义参见《公路桥涵施工技术规范》（JTG/T F50—2011）表19.7.2-1和表19.7.2-2中杆件简图。

7.1.5 试拼装

试拼装（或预拼装）是根据试拼图把相关的两个以上成品杆件，在工厂试拼场地上，按照杆件的空间位置拼装起来。试拼装时应合理选择基准面和几何形态，场地应平整、坚实；试拼装所用的支承胎架应经测量准确定位，并应符合工艺文件要求。试拼装应在胎架上进行，胎架应有足够的刚度，其基础应有足够的承载力。胎架顶面（梁段底）纵、横向线形应与设计要求的梁底线形相吻合。杆件和梁段应解除与胎架间的临时连接，处于自由状态。

板梁应整孔试拼装；简支桁梁的试拼装长度不宜小于半跨，且桁梁宜采取平面试拼装；连续梁试拼装应包括所有变化节点；对大跨径的钢梁，每批梁段制造完成后，应进行连续匹配试拼装，每批试拼装的梁段数不应少于3段，试拼合格后，应留下最后一个梁段并前移参与下一批次试拼装。钢桥墩和钢索塔的塔柱、钢锚箱应采取2节段立位匹配试拼装，合格后还应进行多节段水平位置的试拼装，每一批次的多节段水平位置试拼装应不少于5个节段。

试拼装时应使板层密贴，冲钉不宜少于孔眼总数的10%，螺栓不宜少于螺栓孔总数的20%；有磨光顶紧要求的杆件，应有75%以上的面积密贴，采用0.2mm的塞尺检查时，其塞入面积不应超过25%。试拼装时，应采用试孔器检查所有螺栓孔，桁梁主桁的螺栓孔应能100%自由通过较设计孔径小0.75mm的试孔器，桥面系和联结系的螺栓孔应100%自由通过较设计孔径小1.0mm的试孔器，板梁和箱梁的螺栓孔应100%自由通过较设计孔径小1.5mm的试孔器，方可认为合格。

试拼装检验应在无日照影响的条件下进行，并应有详细的检查记录。钢梁试拼装主要尺寸允许偏差应符合表7-10的规定。

钢梁试拼装主要尺寸允许偏差 表7-10

钢梁类型	项目		允许偏差(mm)
钢板梁	梁高 h	$h \leq 2m$	±2
		$h > 2m$	±4
	跨度	支座中心至中心	±8
	全长	全桥长度	±15
	主梁中心距		±3
	旁弯	桥梁中心线与其试拼装全长 L	$L/5000$
	两片梁相对拱度差		4
	平联节间对角线差		3
	横联对角线差		4
	主梁倾斜		5
	支点高低差	支座处三点水平时，另一点翘起高度	3
钢桁梁	桁高	上、下弦杆中心距离	±2
	节间长度		±2

续上表

钢梁类型	项 目		允许偏差(mm)
钢桁梁	旁弯	桥面系中线与其试拼装全长 L 的两端中心所连续直线的偏差	$L/5000$
钢桁梁	试拼全长	$L \leq 50m$	± 5
钢桁梁	试拼全长	$L > 50m$	$\pm L/10000$
钢桁梁	拱度(计算拱度)f	$f \leq 60mm$	± 3
钢桁梁	拱度(计算拱度)f	$f > 60mm$	$\pm 5f/100$
钢桁梁	对角线	每个节间	± 3
钢桁梁	主桁中心距		± 3
钢箱梁	预拼装长度(n 为梁段数)		$\pm 2n, \pm 20$;取绝对值较小的
钢箱梁	两相邻吊点纵距		± 3
钢箱梁	试拼装累加长度		± 20
钢箱梁	顶板宽	2 车道	± 5
钢箱梁	顶板宽	4 车道	± 6
钢箱梁	顶板宽	6 车道	± 8
钢箱梁	梁段中心线错位(梁段中心线与桥轴线偏差)		不大于1
钢箱梁	纵向竖曲线(沿桥中线测量隔板处高程)		$+10, -5$
钢箱梁	纵肋直线度(梁段匹配接口处)		不大于2
钢箱梁	板面高低差(梁段匹配接口安装匹配件后)		不大于1.5

7.1.6 涂装、验收、包装、存放与运输

钢桥的防腐涂装详见 7.4 节。

钢桥制造完成后应按施工图和相关规范进行验收。钢板梁、钢桁梁和钢箱梁的制造尺寸允许偏差应符合表 7-11 的规定。

钢梁制造尺寸误差　　　　表 7-11

钢梁类型	项 目		检 查 方 法	允许偏差(mm)
钢板梁	梁高 h	$h \leq 2m$	测量两端腹板处高度	± 2
钢板梁	梁高 h	$h > 2m$	测量两端腹板处高度	± 4
钢板梁	跨度		测量两支座中心距离	± 8
钢板梁	全长		测量全桥长度	± 15
钢板梁	纵梁长度		测量两端角钢背与背之间的距离	$+0.5, -1.5$
钢板梁	横梁长度		测量两端角钢背与背之间的距离	± 1.5
钢板梁	纵梁高度		测量两端腹板处高度	± 1.0
钢板梁	横梁高度		测量两端腹板处高度	± 1.5
钢板梁	纵、横梁旁弯		梁立置时在腹板一侧距主焊缝100mm 处拉线测量	3

续上表

钢梁类型	项　目			检查方法	允许偏差(mm)	
钢板梁	主梁拱度			梁卧置时在下盖板外侧拉线测量	不设拱度	+3，-0
					设拱度	+10，-3
	两片主梁拱度差			分别测量两片主梁拱度，求差值	4	
	主梁腹板平面度			用平尺测量(h为梁高或纵向加劲肋至下盖板间的距离)	小于$h/500$，且不大于8	
	纵、横梁腹板平面度				小于$h/500$，且不大于5	
	主梁、纵横梁盖板对腹板的垂直度	有孔部位		用直角尺测量	0.5	
		其余部位			1.5	
钢桁梁	主桁杆件	高度		测量两端腹板处高度	±1.0	
		盖板宽度		每2m测一次	±2.0	
		长度		测量全长	±5.0	
		工形件的盖板对腹板的垂直度	有孔部位	用直角尺测量	0.5	
			其余部位		1.5	
		弯曲		拉线测量	2($l\leq4000$mm) 3($4000<l\leq16000$mm) 5($l>16000$mm)(l为杆件长度)	
		扭曲		杆件置于平台上，四角中有三角接触平台，悬空一角与平台之间隙	3	
	联结系杆件	高度		测量两端腹板处高度	±1.5	
		盖板宽度		每2m测一次	±2.0	
		长度		测量全长	±5	
	纵横梁	纵梁高度		测量两端腹板处高度	±1.0	
		横梁高度			±1.5	
		盖板宽度		每2m测一次	±2.0	
		纵梁长度		测量两端角钢背至背之间的距离	+0.5，-1.5	
		横梁长度			±1.5	
		旁弯		拉线测量	3	
		上拱度		拉线测量	+3，-0	
		腹板平面度		用平尺测量	小于$h/500$，且不大于5	
钢箱梁	梁高h	$h\leq2$m		测量两端腹板处高度	±2	
		$h>2$m			±4	
	跨度			测量支座中心距离	±8	
	全长			—	±15	
	腹板中心距			测两腹板中心距	±3	
	盖板宽度				±4	
	横断面对角线差			测两端断面对角线差	4	
	旁弯				$3+0.1L$(L为跨度)	

续上表

钢梁类型	项　目	检 查 方 法	允许偏差(mm)
钢箱梁	拱度	—	+10,-5
	支点高度差	—	4
	腹板平面度	h为盖板与加劲肋或加劲肋与加劲肋之间的距离	小于h/250,且不大于8
	扭曲	每段以两端隔板处为准	每米不大于1,且每段不大于10

钢桥的杆件和梁段应在涂层干燥后对高强度螺栓连接部位进行包装,包装和存放应采取措施避免损坏摩擦面。拼接板、螺栓、螺母、垫圈等小件应分类装箱,并加标记。存放场地应坚实、平整、有排水设施。存放时,杆件或梁段的支承处不应产生不均匀沉降,所有支点均应受力均匀。运输应符合相应运输方式的有关安全规定。采用船舶运输时,装船前应进行稳定性验算,其抗倾覆稳定安全系数不应小于1.5。提供工地抗滑移系数试验用的试件,应随同杆件或梁段运至工地。在包装、存放和运输过程中,应采取有效措施,保证杆件或梁段不变形、不损坏、不散失。

7.1.7　制造与组装实例

1)桥梁概况

东莞东江大桥位于东莞市莞深高速公路与北五环路共线段上,跨越东江南支流。大桥为双层公路桥,上层为莞深高速公路,双向六车道加紧急停车带,设计行车速度100km/h,公路—Ⅰ级荷载,下层为北五环路城市快车道,双向八车道,设计行车速度80km/h,城—A级荷载。

主桥上部结构为双层刚性悬索加劲三跨连续钢桁梁桥,主桥立面与横断面布置如图7-4所示。大桥主桥全长432m,跨度布置为(112+208+112)m,主桁立面为带竖杆的三角形桁架,桁高10m,节间长度8m,中间支点处上加劲弦中心到上弦中心高度28m,上加劲弦采用二次抛物线,上弦与上加劲弦之间用吊杆连接。主桁横向采用三桁结构,桁间距为2×18m。主桁三片桁间仅在中间支点上加劲弦与上弦间的大竖杆处设有横向联结系,其他位置处竖杆与横梁联结成横向框架。主桁杆件为箱形截面整体节点结构,杆件之间采用高强度螺栓连接。桥面系采用纵、横梁支承桥面板体系,纵梁与横梁采用工字形截面,桥面板为钢筋混凝土结构。

主桁上弦、上加劲弦杆及斜腹杆采用对称箱形截面,下弦杆采用不对称箱形截面,中间支点大竖杆采用内外加劲的箱形截面,竖杆、吊杆及小斜腹杆采用H形截面。上、下平联杆件相交于小节点横梁中点,与横梁一起成K形,在小节点横梁两边对称设置。平联杆件均设计成箱形,与主桁和横梁相连处变成H形。

2)零件加工制造与组装

组成东江大桥的基本单元主要有弦杆(上弦杆、下弦杆、加劲弦杆)、腹杆(斜腹杆、竖腹杆)、吊杆、平联杆、横联杆、纵梁、横梁、桥面板以及连接板等。单元划分应在满足运输和吊装条件的情况下,杆件长度尽可能地长,弦杆杆件单元应包含节点且避免在节点处断开和方便杆件连接等条件。待加工厂中将基本单元制造完成,各项指标都满足施工规范要求后,运至现场存放或直接架设安装。

钢 桥

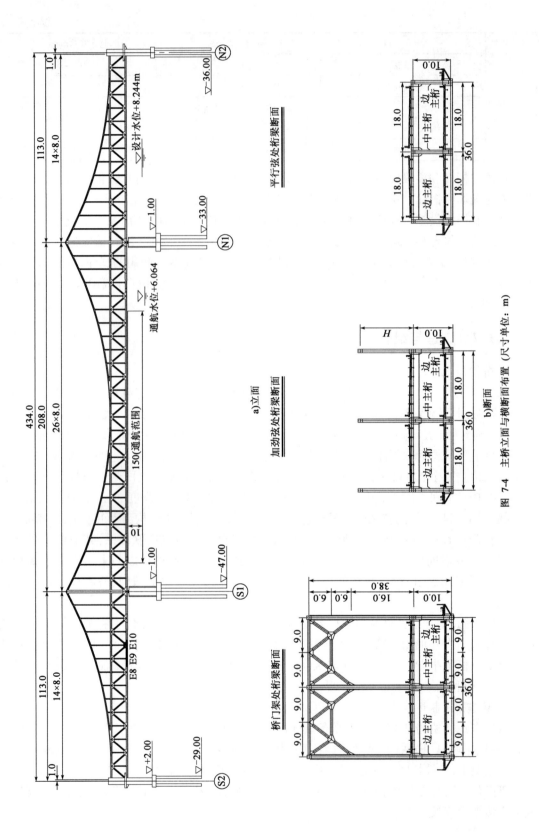

图 7-4 主桥立面与横断面布置（尺寸单位：m）

针对本桥钢梁的结构形式,钢构件制造采用先孔法和后孔法相结合的方案。对影响全桥线型的主桁杆件采用后孔法或局部先孔法制造,其余杆件采用先孔法制造。对于采用先孔法制造的杆件,在首批杆件制造时应先采用局部先孔法,即先只钻一端的孔群,另一端孔群待杆件焊接完毕后再钻,同时摸索杆件的焊接收缩量,将各种板厚组合的杆件收缩量确定后,才能采用两端全部先孔的制造方案。以主桁上、下弦杆为例,采用局部先孔法,先钻大节点一端的孔群,待杆件拼焊完毕后利用整体覆盖式模板钻其余孔群。

横梁连接板、平联节点板、小节点竖杆拼接板等均采用先钻孔、后拼焊的方案,拼焊时采用专门的定位模具,确保各孔群之间的相对位置。

以中主桁下弦杆单元 E8-E10[图 7-4a)中黑实线部分]为例,介绍杆件的加工制造方法。E8-E10 的构造如图 7-5 所示,加工制造示意如图 7-6 所示,加工制造实例如图 7-7 所示。

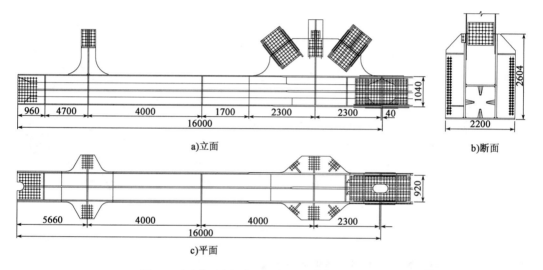

图 7-5 中主桁下弦杆单元 E8-E10 的构造(尺寸单位:mm)

①板材预处理。准备好制作盖板、腹板、加劲肋、隔板和节点板等所需要的钢板,并进行钢板除锈、矫正、清理等工作。

②放样、作样、号料以及切割下料。上、下盖板,腹板,加劲肋采用多头直条切割机切割下料,腹板大节点板、横隔板、各类接头板、节点板等异型板采用数控切割机下料,对各零件下料产生的变形及缺陷进行调校和处理。钢板下料示意如图 7-6a)~图 7-6e)所示。

③零件机加工。上、下盖板铣两长边,腹板铣一长边,横隔板铣四边,平联节点板铣一长边,节点处立柱、吊杆接头盖板铣两直角边,腹板、上下盖板开坡口。

④板料对接。上下盖板、腹板分别对接、调校,对接示意如图 7-6f)、图 7-6h)所示。

⑤制孔。腹板及上、下盖板用模板先钻一头孔,腹板及上、下盖板拼焊纵向加劲肋,并对焊接产生的变形进行调校;对腹板及上、下盖板的长度进行测量,划线切除两端多余的长度;开节点大隔板各焊接边的坡口;利用覆盖式模板钻节点大隔板、平联节点板、立柱、吊杆及横梁接头板孔群,开各节点板和接头板焊接边的坡口。零件制造示意如图 7-6g)~图 7-6m)所示。

⑥组装。盖板上画出横隔板的拼装线,按基线组拼横隔板,依次拼装两侧的腹板,完成横隔板与上盖板、腹板之间所有焊缝的焊接;拼装下盖板,焊接箱形杆件的所有剩余焊缝;用整

体覆盖式模板钻杆件另一端的孔群;以节点孔群系统线为基准,完成其他板件的定位与焊接。如图7-6n)~图7-6t)所示。

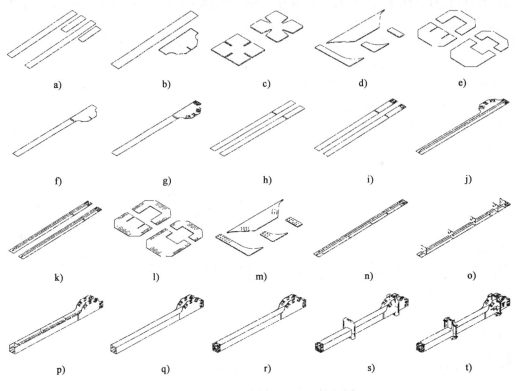

图7-6 中主桁下弦杆单元E8-E10制造示意

图7-7 杆件加工制造

⑦试拼装。试装采用平面辗转局部试装法,分主桁、桥面系(包括下平联)、桥门架等部分进行试装。主桁部分试装分三次进行,其中边跨中桁、中跨边桁和加劲弦中跨边桁各试装一次,每次试装长度不小于64m,且三次试装总长度不小于216m;上、下平联各试装一次,每次试装不少于64m;桥门架试装一架。

⑧涂装。将杆件喷砂处理至设计要求表面粗糙度,对杆件表面进行清理至设计要求清洁度,对高强度螺栓摩擦面部位按设计要求进行涂装,对杆件其余外露表面按设计要求喷涂油漆。

⑨验收、包装、存放和运输。按要求对涂装完毕的杆件进行编号,对高强度螺栓摩擦面进行包装防护,对拼接板、填板等小件按包装图进行包装,按发运清单顺序进行发运。

7.2　工地架设安装

钢桥工地架设安装施工方法主要分为支承架设法、悬臂拼装法、顶推施工法和大型构件整体安装法。

7.2.1　支承架设法

支承架设法主要有落地支架架设法和缆索支承架设法,适用于梁桥、拱桥、斜拉桥和悬索桥等的施工。

1)落地支架架设法

落地支架架设法是指采用脚手架、钢管桩等临时支承物支承架设钢桥的方法。以钢梁桥为例,根据运输条件和吊装能力等,将每跨钢梁沿纵桥向划分为若干个梁段,梁段拼接处设临时墩,梁段间进行现场拼接,施工示意如图7-8所示。采用该方法施工的桥梁,成桥内力与一次成桥内力较为接近。该施工方法无须大型起吊和运输设备,施工控制难度较小,适用于桥面距离地面较近,地基条件较好的情况。通常,落地支架法施工工期较长,现场工作量大,在城市里需要考虑支架对交通的影响,在河道中需要考虑泄洪和通航条件,且施工期间可能受到洪水或漂流物等的威胁。

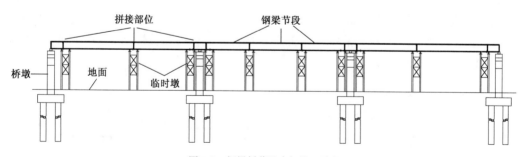

图7-8　钢梁桥落地支架施工示意

支架为临时结构,承受桥梁的大部分恒载,因此,必须具有足够的强度、刚度和稳定性。支架的基础应可靠,构件结合要紧密。为了使结构的线形满足设计要求,支架应设置预拱度。同时,支架上要设置落架设备,落架时要对称、均匀,避免使主梁出现局部受力过大。该方法同样适用于跨径较小的拱桥、斜拉桥和自锚式悬索桥的施工。

2)缆索支承架设法

缆索支承架设法是指利用缆索作为主要承重结构进行钢构件吊装架设的一种施工方法,主要有缆索吊装法、缆载吊机吊装法和轨索滑移法,多用于拱桥和悬索桥的施工。

缆索吊装法是以缆索系统作为临时承重结构,吊装钢梁或拱肋节段,直至加劲梁或拱肋合龙的施工方法,特别适用于山区和峡谷地区拱桥与悬索桥的施工。拱桥缆索吊装施工,通常需要斜拉悬臂法来配合实现,即利用缆索系统吊装拱肋节段,吊至安装位置后再利用拉索固定,在跨中合龙,形成受力结构后,再利用拱肋的承载能力施工拱上立柱、吊杆、桥面系以及附属结构等。拱桥缆索吊装施工示意如图 7-9 所示。采用该方法施工的钢拱桥有大宁河特大桥(主跨 400m)和成贵高铁鸭池河特大桥(主跨 436m)等。对于跨越峡谷的悬索桥,当无法利用悬索桥主缆架设加劲梁或采用主缆施工控制难度大时,需要架设独立于主缆之外的缆索吊装系统吊装加劲梁,采用该方法施工的有普立特大桥(主跨 628m)和金安金沙江大桥(主跨 1386m)等。

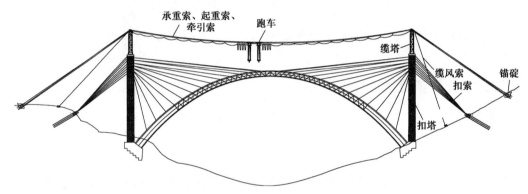

图 7-9 拱桥缆索吊装施工示意

轨索滑移法利用悬索桥的主缆作为承重结构,吊索作为传力结构,各吊索吊点架设通长的平行轨索,轨索通过吊架支承在永久吊索上,利用牵引系统使梁段沿轨索逐段运输至跨中,由跨中逐段向两岸架设直至全桥贯通。该方法同样适用于山区和峡谷地区悬索桥加劲梁的施工,如矮寨特大桥(主跨 1176m)。

缆载吊机吊装法是以架设就绪的悬索桥主缆为承重结构,采用专门的缆载吊机吊装加劲梁。该方法适用于跨越大江大海,且运输条件好的大跨度悬索桥加劲梁施工。悬索桥缆载吊装法施工示意如图 7-10 所示。采用该方法施工的悬索桥有杨泗长江港大桥(主跨 1700m)和西堠门大桥(主跨 1650m)等。

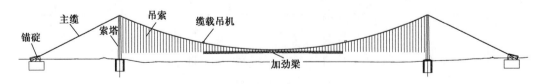

图 7-10 悬索桥缆载吊机吊装法施工示意

7.2.2 悬臂拼装法

悬臂拼装法是指从桥墩(台)开始,向外逐段悬臂拼装梁段成为一体的施工方法。悬臂拼装法适用条件有:①桥下不宜采用水运或不能搭设支架的桥位,如桥墩较高、跨度较大的桥梁;通航不能中断、水深流急、漂浮物或流冰较多的跨河桥等;②悬臂架设施工过程中的结构受力状态与成桥运营时的受力状态相似的桥梁,如连续梁桥、悬臂梁桥等。

钢梁在悬臂拼装过程中,如果悬臂过长,会导致自由端挠度过大,造成结构线形不良;或者悬臂支承处附近杆件应力过大,甚至超过容许范围,造成局部区段杆件屈服、失稳等。为避免上述问题,需要从增强结构刚度、减小悬臂长度、严格控制施工荷载及调整安装方法等方面采取措施。

悬臂拼装法可以分为全悬臂、半悬臂和平衡悬臂拼装法。以钢梁桥为例,全悬臂拼装法通过在桥台或边跨处设平衡梁或锚固梁进行压载配重来平衡悬臂端倾覆力矩,从而进行单侧悬臂延伸,中间不设临时墩,如图7-11a)所示。当桥梁跨度较大,无法采用全悬臂法进行施工时,可以从桥梁两侧向中间悬拼,最后在跨中合龙,称为半悬臂法,如图7-11b)所示。平衡悬臂拼装施工从桥跨的中间桥墩开始,同时向两个方向对称平衡施工,直至桥梁合龙,如图7-11c)所示。

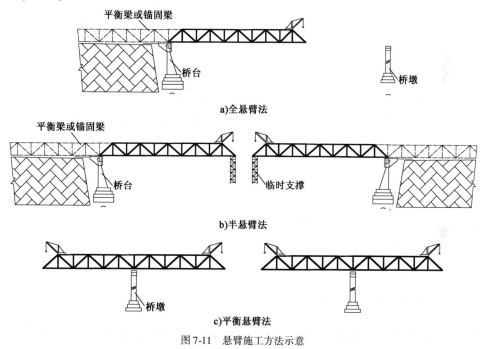

图7-11 悬臂施工方法示意

悬臂拼装法同样适用于拱桥拱肋和斜拉桥加劲梁架设。采用悬臂拼装施工的拱桥有朝天门长江大桥(主跨552m)、卢浦大桥(主跨550m)等,斜拉桥有苏通长江大桥(主跨1088m)、沪苏通长江公铁大桥(主跨1092m)等。

7.2.3 顶推施工法

顶推施工法是在桥台后设置拼装场地,分节段拼装构件,通过水平千斤顶施力,将桥梁沿桥纵轴方向向前顶推出拼装场地,之后拼接一段,纵向移动一段,跨越各中间桥墩,直达对岸。顶推施工的主要优点是对桥下交通影响小,无须大型起重设备,以及高空作业少等。其缺点是顶推钢梁悬臂所能承受的弯矩有限,并且桥梁施工期和运营期的内力相差较大,更适合于跨数较多的桥梁。

采用顶推法进行钢梁架设的方法宜满足以下要求:①台后有足够大的拼装场地,且与桥轴线方向一致;②顶推桥梁线形须是直线或半径恒定的曲线;③顶推梁宜为等高梁;④大跨度桥梁顶推过程中应为封闭的横截面,以保证结构的抗扭刚度和稳定性。

在顶进过程中,梁的每个截面都需要经历最大正、负弯矩阶段,甚至经历几次正负交替。为减小顶推过程中主梁的内力,进而达到节省材料,降低施工成本或加大顶推跨度的目的,通常在主梁的前端设置临时性结构——导梁。导梁主要有钢板梁和钢桁梁两种结构形式。

以钢梁桥为例,顶推施工流程一般为:准备顶推系统→拼接钢导梁→设置顶推过程中的滑块→拼装梁段→首轮顶推→循环拼装、顶推→拆除导梁、安装支座和落梁,完成体系转换。顶推施工示意如图7-12所示。

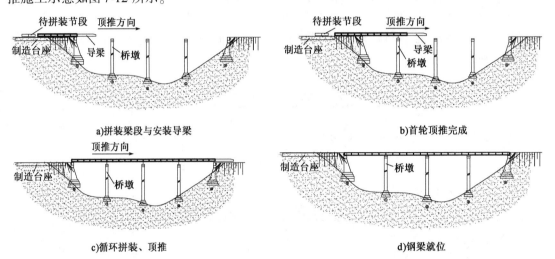

图7-12 顶推施工示意

顶推施工法同样适用于拱桥、斜拉桥和悬索桥的加劲梁的架设安装。采用顶推施工法的拱桥有杭州九堡大桥(主跨210m)等,斜拉桥有法国米约大桥(主跨342m)等,悬索桥有长沙三汊矶湘江大桥(主跨328m)等。

7.2.4 大型构件整体安装法

大型构件整体安装法是施工过程中采用专门的机械设备将钢梁整孔吊装或者大节段整体吊装,主要分为架桥机和浮吊架设法、转体施工法等。

1)架桥机和浮吊架设法

对于中小跨径的桥梁,如高架道路、跨海大桥非通航孔桥等,在运输和吊装能力允许的条件下,常常用架桥机和浮吊架设钢梁。陆地上常采用架桥机架梁,跨江、跨海大桥非通航孔桥常采用浮吊法架梁。除架桥机和浮吊外,还可以根据桥梁的规模、吊装重量等选择汽车吊、龙门吊等设备架梁。架桥机和浮吊架设法主要用于梁桥的施工,如平潭海峡公铁两用大桥深水区非通航孔桥(80m和88m简支钢桁梁桥)、港珠澳大桥深水区非通航孔桥(6×110m钢箱连续梁桥)等。浮吊法在拱桥、斜拉桥的架设安装中也有应用。

2)转体施工法

钢桥的转体施工是指在河流的两岸或适当的位置,充分利用地形条件,使用支架先将半桥拼装完成,之后以桥梁结构本身为转动体,使用专门的机具设备,分别将两个半桥转体到桥位轴线位置,最后合龙成桥。其特点有:可利用地形,方便拼装;施工不影响交通;施工设备少,装置简单;施工工序简单,施工迅速。该方法可在深水、峡谷地形中采用,同时也适于平原区及城市跨线桥。根据桥梁结构的转动方法,可分为竖向转体、水平转体及平竖结合转体三种施工方法。

以钢梁桥为例,转体施工多用于跨线桥,采用下方转体球铰结构及后期连续千斤顶,转体施工使两个处于交角或平行的半桥转体到位,并合龙成桥。设计要点在于,其转角连接处,既要满足强度要求,又要满足转动要求。一般而言,桥墩位置就是施工时的转动支承和旋转轴,在桥梁完成转体后,进行结构体系转换。

转体施工法同样适用于拱桥和斜拉桥的架设安装。采用转体施工法的拱桥有沪苏通长江公铁大桥天生港专用航道桥(主跨336m)等,斜拉桥有四平市东丰路上跨铁路立交桥(主跨169m)等。

7.2.5 工地架设安装实例

东莞东江大桥钢桁梁架设采用落地支架法和悬臂拼装法相结合的方案。两边跨采用支架法拼装,利用栈桥上横跨主桁的龙门吊机分别从 S2 和 N2 号墩向 S1 和 N1 号墩进行边跨平弦杆件的架设;然后利用上层平面上拼装的两台桅杆式架梁吊机分别向跨中继续悬臂架设主跨平弦部分杆件,到主跨跨中合龙;两台架梁吊机再从跨中后退,进行加劲弦及吊杆的架设。吊装最重杆件质量约59t。主要施工流程示意和施工现场分布如图 7-13 和图 7-14 所示。

1) 钢桁梁架设总体方案

①南北两岸边跨112m平弦部分钢梁采用临时支墩拼装,如图 7-13a)所示。

②边跨平弦部分钢梁架设完成后,继续从南北两岸往跨中全伸臂拼装钢梁,直至合龙。由于悬拼跨度大,且为了便于跨中合龙而调整钢梁,需在跨中设临时墩以辅助架设,如图 7-13b)所示。

③主跨钢梁合龙后,两台架梁吊机均后退交错架设钢加劲弦和吊杆,直至加劲弦杆合龙,如图 7-13c)、图 7-13d)所示。

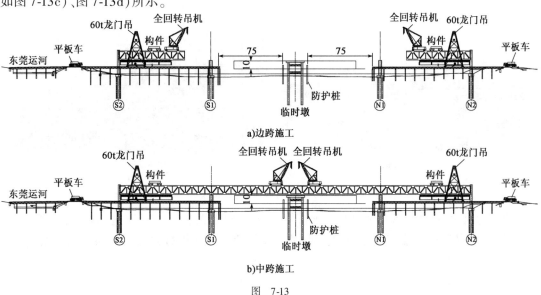

图 7-13

钢 桥

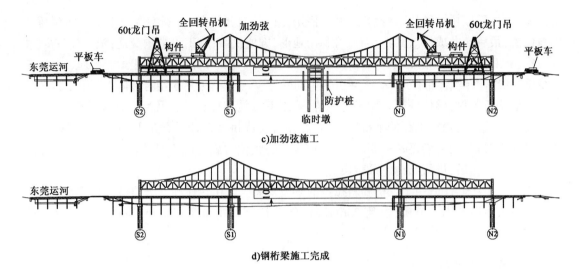

c) 加劲弦施工

d) 钢桁梁施工完成

图 7-13 主桥主要施工流程示意(尺寸单位:m)

a) 边跨施工

b) 中跨施工

c) 加劲弦施工

d) 钢桁梁施工完成

图 7-14 主桥主要现场施工过程

架设边跨时,钢梁由60t平板车从预拼场运至架梁位栈桥上,然后通过边跨60t龙门吊机进行架设。主跨全伸臂悬拼架设采用锚固在桥梁上弦的60t桅杆式架梁吊机,上弦顶面纵梁上铺设走道,吊机可沿轨道移动;钢梁由60t平板车从预拼场运至施工栈桥上,然后利用架设边跨的60t龙门吊机作为提升站,将钢梁提升至上弦侧边的运梁台车上,由运梁台车将钢梁运至待架位置。

2）钢梁悬臂拼装工艺要点

①伸臂架设过程中,为保证钢梁的拱度和钢梁中线及架设的横向稳定性,主桁高强度螺栓终拧不得落后于拼装位两个节间,上、下平联、横向联结系不得落后三个节间。

②主跨平弦部分钢梁伸臂拼装到96m时,主桁节点高强度螺栓紧随其后终拧50%。然后通过临时墩和S1(N1)号墩墩顶起顶装置和横移装置调整钢桁梁高度与横向位置,并在合适的温度条件下拼装合龙段杆件,使平弦钢梁合龙。合龙后立即解除S1号墩活动支座约束,N1号墩保持固定支座状态。

③每架设一个节间必须进行一次中线和挠度测量,严格控制拼装质量。

④在安装跨中悬臂的节间之前,清除伸臂部位多余杂物,尽可能减少多余施工荷载,以保证钢梁悬臂纵向倾覆稳定,悬臂拼装抗倾覆稳定系数不小于1.3。

⑤架梁吊机在钢梁上弦沿边缘第二根纵梁行走,每次行走8m(一个小节间),完成1/2大节间的架设。架梁时停留在节点横梁上,将前后支点均进行锚固。

7.3 混凝土桥面板施工

钢-混凝土组合桥梁的施工可采用钢梁与混凝土桥面板分步施工的方法,即将钢梁先行架设就位,再施工桥面板。钢梁的工地架设安装详见7.2节。本节主要介绍混凝土桥面板施工的两种方法,即现浇和预制安装施工。

7.3.1 现浇施工

根据使用的模板类型,桥面板现浇施工分为两类:固定模板施工和移动模板施工。

1）固定模板施工

当在固定模板上进行混凝土现浇时,有以下两种施工方案:①模板支承于落地支架;②模板固定于钢梁上。

方案①的优点是混凝土的湿重未作用在钢梁上,在拆除模板后,混凝土的自重由钢-混凝土组合梁承受。该方法的缺点是需要支架落地,适用于主梁距离地面较近的桥梁。当主梁离地面很高或桥下无支撑条件时,宜采用方案②。对于方案②,应在钢梁加工制造时提前设好固定模板的构造,且要保证荷载能从模板传递到钢梁,不引起钢梁应力超限或者失稳。钢-混凝土组合梁桥面板固定模板施工实桥示例如图7-15a)所示。

2）移动模板施工

移动模架法是利用移动模架支撑用于浇筑混凝土板的模板,具有机械设备少,施工灵活等特点。模板吊架在滑轨上移动,滑轨支撑在未浇筑混凝土区域的钢梁上翼缘和已浇筑的混凝土板上。混凝土每次浇筑的长度可以根据结构受力与现场条件、工期等确定,通常一次浇筑长度为8~20m。当混凝土板采用移动模板进行浇筑时,板和梁的组合作用从混凝土固化便开始生效。钢-混凝土组合梁桥面板移动模板施工实桥示例如图7-15b)所示。

《公路钢混组合桥梁设计与施工规范》(JTG/T D64-01—2015)规定混凝土桥面板现浇施工应符合以下规定:①混凝土的现浇时机和程序应符合要求;②混凝土板现浇可利用钢梁支承

安装支架模板,并应在桥面板混凝土达到规定的强度后拆除;支架与钢梁之间可采取栓接形式,在钢梁上焊接临时连接板,支架安装、拆除过程中应避免损伤钢梁及表面防腐涂层;③浇筑桥面板混凝土前,应清除钢梁上翼缘和连接件上的锈蚀、污垢,保持表面清洁;④在湿接缝混凝土达到85%设计强度前,不应进行吊机移动、大型构件吊装等作业。

a)固定模板施工

b)移动模板施工

图7-15 混凝土桥面板现浇施工

3)混凝土浇筑顺序

混凝土浇筑顺序不同,所引起的钢梁和混凝土板受力状况也不相同,同时对施工要求也有差别,按浇筑顺序可分为顺序浇筑法和间断浇筑法两种。

顺序浇筑,即从桥头至桥尾按顺序依次不间断浇筑混凝土。顺序浇筑示意如图7-16a)所示,图中编号为浇筑次序,多用于简支梁桥面板施工。间断浇筑法先浇筑跨中,后浇筑支座处混凝土,浇筑顺序如图7-16b)所示。该方法后期的浇筑荷载在先期已结硬的桥面板中产生的应力很小,而且位于支座处的桥面板在恒载作用下不会出现拉应力。

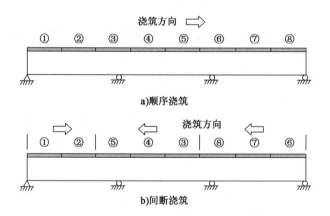

图7-16 三跨连续梁混凝土板浇筑顺序示意

7.3.2 预制安装施工

混凝土桥面板预制施工是在预制场进行混凝土板分块或全宽预制,然后将这些预制单元安装于钢梁之上,最后浇筑预制板之间的接缝或桥面板预留剪力槽,使桥面板与钢梁形成组合结构共同受力,图 7-17 所示的港珠澳大桥浅水区非通航孔桥的桥面板即采用预制安装施工的方法。预制板可以在工厂制作,也可以在现场制作。

a)桥面板吊装

b)吊装就位

图 7-17 港珠澳大桥浅水区非通航孔桥的预制桥面板施工

预制桥面板可以采用专用设备安装。专用设备一般由自行式作业吊车和在临时轨上沿全桥行走的运输车组成,作业吊车跨越整个桥宽,它从运输车上提取预制板,然后把预制板安置到位。在选择预制桥面板安装方法时,应该结合桥梁所在地的自然条件、机具设备能力与费用、工期要求等因素综合比较确定。

《公路钢混组合桥梁设计与施工规范》(JTG/T D64-01—2015)规定混凝土桥面板预制应符合下列要求:①桥面板安装前,宜存放 6 个月以上。②桥面板预制及存放台座基础宜选择坚实地基,对软质地基应进行加固。③桥面板底模、侧模宜采用刚度较大的钢模,保证接缝平顺,板面平整,转角光滑,并定期校正;底模制作安装精度:平整度不应大于 2mm,长宽尺寸允许偏差应为 ±3mm。④为保证连接件与钢筋的精准匹配,应在底模上严格标出桥面板钢筋位置,并宜在板各边标示出至少 3 排焊钉等连接件的相对位置。⑤侧模应开有钢筋定位槽口,侧模制作安装精度:对角线长度允许偏差应为 ±3mm,钢筋预留槽位置允许偏差应为 ±3mm。⑥桥面板预制混凝土强度达到 2.5MPa 时,板四周和板顶面应人工凿毛保证粗集料出露,凿毛深度不宜小于 5mm。⑦预制板尺寸允许偏差:长宽为 ±3mm,厚度为 ±5mm,连接钢筋预埋位置 ±5mm;桥面板沿板长方向支承面平整度应控制在 2m 范围内小于 2mm。

混凝土桥面板运输与安装应符合下列规定:①预制板的存放支点宜和吊点位置相吻合;同时 4 个支点应严格调平,保证在同一平面内;②混凝土强度达到 85% 后方可吊装,应采用四点起吊,并配置相应的吊具,防止吊装受力不均产生裂纹;③吊装和移运过程中应避免碰撞湿接缝钢筋,并应保证湿接缝混凝土浇筑质量;④桥面板安装允许偏差应为 ±5mm,相邻两板错开量应小于 3mm。

湿接缝施工应符合下列规定:①湿接缝浇筑前,应对安装过程中变形的连接钢筋予以校正和调直,对损伤的连接件予以修补;②连接钢筋应焊接,并应通过垫块保证连接钢筋的保护层厚度;③湿接缝混凝土浇筑应防止干缩裂纹;④湿接缝混凝土应保湿、保温养护不少于 7d;当气温低于 5℃ 时,宜采用热水拌和混凝土,浇筑完成后应及时覆盖保温;⑤湿接缝混凝土强度达到 85% 设计强度前,不得在其上进行施工作业。

连接件处混凝土施工应符合以下要求:①应保证混凝土填充密实并与连接件良好接触,对受混凝土收缩影响的部位宜采用微膨胀混凝土,必要时可掺入纤维,提高其抗裂性能;②配置混凝土用的粗集料宜采用5~20mm连续级配碎石,集料最大粒径不应超过25mm;混凝土应有良好的工作性、和易性和流动性;③混凝土浇筑过程中应保证连接件周围混凝土的密实性,对直立焊钉,宜采用平板式振捣器;④混凝土原材料除应满足相关规范对水泥、集料、水、外加剂、混合料的具体要求外,尚应针对连接构件对混凝土浇筑带的影响,采取相应措施保证混凝土密实度、强度和耐久性;⑤连接件处混凝土宜保湿养护7d以上。

7.3.3 混凝土桥面板施工实例

海黄大桥为主跨560m的斜拉桥,加劲梁采用双边"上"字形钢-混凝土组合梁,大桥详细资料见6.2.5节。桥面板为预制钢筋混凝土板,分块吊装,吊装完成后,现浇桥面板间湿接缝,待钢梁与桥面板形成整体后,张拉桥面板预应力。桥面板施工具体步骤为:①桥位附近开辟预制场,预制桥面板,存梁时间不少于6个月;②桥面板运输至桥面吊机附近,桥面吊机吊钩与桥面板临时吊点连接,起吊桥面板;③回转桥面吊机,起升桥面吊机扒杆,避免桥面吊机碰撞已安装斜拉索;④桥面吊机回转至桥面板安装位置,缓慢下放桥面板,并精确调位;为确保桥面板的纵横向预应力孔道能够准确对接,在桥面板预制时,以模板为基准设置纵横向基准线,安装时确保相邻桥面板的基准线在一条直线上。同时,由于桥面板与横梁搭接区域比较小,仅为50mm,为确保安全,桥面板精调完毕后,立即与相邻钢构件进行焊接固定;⑤浇筑湿接缝C60微膨胀钢纤维混凝土;⑥张拉预应力。预制桥面板施工步骤如图7-18所示。

a)预制桥面板　　b)运输桥面板　　c)吊装桥面板

d)湿接缝　　e)湿接缝钢筋焊接　　f)湿接缝混凝土浇筑

图7-18　海黄大桥预制桥面板施工

7.4 防腐涂装

涂装防腐由于施工便捷、防腐效果好,是目前应用较广的钢桥防腐方式。公路和铁路钢桥的防腐涂装现已形成相应的技术标准,分别为《公路桥梁钢结构防腐涂装技术条件》(JT/T 722—2008)和《铁路钢桥保护涂装及涂料供货技术条件》(Q/CR 730—2019)。本节主要介绍钢桥涂装分类、涂装体系、涂装工艺及方法、维修涂装和重新涂装。

7.4.1 涂装分类

1) 涂层保护年限分类

在涂层体系保护年限内,涂层95%以上区域的锈蚀等级不大于 ISO 4628 规定的 Ri2 级,无气泡、剥落和开裂现象。按保护年限分为两类:普通型保护年限为10~15年,长效型保护年限为15~25年。

2) 腐蚀环境分类

腐蚀环境分类符合 ISO 12944-2 的要求,见《公路桥梁钢结构防腐涂装技术条件》(JT/T 722—2008)附录 A。

3) 涂装部位分类

按涂装部位分为七类:外表面,非封闭环境内表面,封闭环境内表面,钢桥面,干湿交替区和水下区,防滑摩擦面和附属钢构件(包括防撞护栏、扶手护栏及底座、灯座、泄水管、钢路缘石等)。

4) 涂装阶段分类

按涂装阶段分为三类:①初始涂装:新建桥梁钢结构的初次涂装(包含两年缺陷责任期内的涂装);②维修涂装:桥梁在其运营全过程中对涂层进行的维修保养;③重新涂装:彻底地除去旧涂层、重新进行表面处理后,按照完整的涂装规格进行的涂装。

7.4.2 防腐涂装体系

涂料防腐体系由底漆、中间漆和面漆组成。底漆是最里层的涂料,主要作用是增加钢材与涂层之间的附着力,并形成封闭环境,防止钢材腐蚀;中间漆是中间层的涂料,主要作用是增加油漆的漆膜厚度,提高涂层的耐久性和使用年限;面漆是最外层的涂料,主要起装饰和保护作用。

底漆的防腐涂料分为普通涂料和重防腐涂料。目前在钢桥中多采用以富锌漆为底漆的重防腐涂料涂装体系。在重防腐涂料涂装体系中,富锌底漆对钢铁起阴极保护作用和屏蔽作用,即当中间漆和面漆完全失效后,腐蚀介质直接对富锌涂层起作用,富锌涂层以均匀腐蚀速率被腐蚀消耗;当局部锌颗粒被腐蚀后露出钢铁基体时,此时富锌涂层靠牺牲其余锌颗粒来保护钢铁不被腐蚀。中间漆和面漆可以增加涂层的厚度,对钢铁和富锌涂层起封闭作用,推迟和阻止富锌涂层及钢铁的腐蚀过早发生。面漆涂层直接暴露在腐蚀介质环境中,本身还具有耐腐蚀和耐老化等优良性能。

目前,防腐涂装已形成较为完整的体系,我国《铁路钢桥保护涂装及涂料供货技术条件》(Q/CR 730—2019)给出了7种钢桥涂装体系,见表7-12。《公路桥梁钢结构防腐涂装技术条件》(JT/T 722—2008)按不同的腐蚀环境和不同的结构部位给出了23种涂装体系,详见规范表1~表7。

铁路钢桥涂装体系（Q/CR 730—2019） 表 7-12

涂装体系	涂料(涂层)名称	每道干膜最小厚度(μm)	至少涂装道数	总干膜最小厚度(μm)	适 用 部 位
1	特制红丹酚醛(醇酸)防锈底漆	35	2	70	桥栏杆、扶手、人行道托架、墩台吊篮、围栏和桥梁检查车等桥梁附属钢结构
1	灰铝粉石墨(或灰云铁)醇酸面漆	35	2	70	桥栏杆、扶手、人行道托架、墩台吊篮、围栏和桥梁检查车等桥梁附属钢结构
2	电弧喷铝层	—	—	200	钢桥明桥面的纵梁、上承板梁、箱型梁上盖板
2	环氧类封孔剂		1	—	钢桥明桥面的纵梁、上承板梁、箱型梁上盖板
2	棕黄聚氨酯盖板底漆	50	2	100	钢桥明桥面的纵梁、上承板梁、箱型梁上盖板
2	灰聚氨酯盖板面漆	40	4	160	钢桥明桥面的纵梁、上承板梁、箱型梁上盖板
3	无机富锌防锈防滑涂料	80	1	80	栓焊梁连接部分摩擦面
3	电弧喷铝层	—	—	100	栓焊梁连接部分摩擦面
4	环氧沥青涂料	60	4	240	非密封的箱形梁和箱形杆件内表面
4	环氧沥青厚浆涂料	120	2	240	非密封的箱形梁和箱形杆件内表面
5	特制环氧富锌防锈底漆或水性无机富锌防锈底漆	40	2	80	钢梁主体，用于气候干燥、腐蚀环境较轻的地区
5	云铁环氧中间漆	40	1	40	钢梁主体，用于气候干燥、腐蚀环境较轻的地区
5	灰铝粉石墨醇酸面漆	40	2	80	钢梁主体，用于气候干燥、腐蚀环境较轻的地区
6	特制环氧富锌防锈底漆或水性无机富锌防锈底漆	40	2	80	钢梁主体、支座，用于腐蚀环境较严重的地区
6	云铁环氧中间漆	40	1	40	钢梁主体、支座，用于腐蚀环境较严重的地区
6	灰色丙烯酸脂肪族聚氨酯面漆	40	2	80	钢梁主体、支座，用于腐蚀环境较严重的地区
7	特制环氧富锌防锈底漆或水性无机富锌防锈底漆	40	2	80	钢桥主体，用于酸雨、沿海等腐蚀环境严重、紫外线辐射强、有景观要求的地区
7	云铁环氧中间漆	40	1	40	钢桥主体，用于酸雨、沿海等腐蚀环境严重、紫外线辐射强、有景观要求的地区
7	氟碳面漆	35	2	70	钢桥主体，用于酸雨、沿海等腐蚀环境严重、紫外线辐射强、有景观要求的地区

7.4.3 涂装工艺及方法

1）表面处理

①结构预处理。构件在喷砂除锈前应进行必要的结构预处理，粗糙焊缝打磨光顺，焊接飞溅物用刮刀或砂轮机除去，焊缝上深为 0.8mm 以上或宽度小于深度的咬边应先进行补焊再打磨；锐边用砂轮打磨成曲率半径为 2mm 的圆角；切割边的峰谷差超过 1mm 时，打磨到 1mm 以下；表面层叠、裂缝、夹杂物，须打磨处理，必要时补焊。

②除油。表面油污应采用专用清洁剂进行低压喷洗或软刷刷洗，并用淡水枪冲洗掉所有残余物；或采用碱液、火焰等处理，并用淡水冲洗至中性，小面积油污可采用溶剂擦洗。

③除盐分。喷砂钢材表面可溶性氯化物含量应不大于 7μg/cm²。超标时应采用高压淡水冲洗。当钢材确定不接触氯离子环境时，可不进行表面可溶性盐分检测；当不能完全确定时，

应进行首次检测。

④除锈。根据表面粗糙度要求,选用合适粒度的磨料喷射清理。热喷锌(铝),钢材表面粗糙度为 Rz60~100μm;喷涂无机富锌底漆,钢材表面粗糙度为 Rz50~80μm;喷涂其他防护涂层,钢材表面粗糙度为 Rz30~75μm。喷砂完工后,除去喷砂残渣,使用真空吸尘器或无油、无水的压缩空气,清理表面灰尘;一般情况下,涂料或锌、铝涂层最好在表面处理完成后 4h 内施工于准备涂装的表面;当所处环境的相对湿度不大于 60% 时,可以适当延时,但最长不应超过 12h;不管停留多长时间,只要表面出现返锈现象,应重新除锈。

2)工艺要求

①涂装环境。施工环境温度为 5~38℃,空气相对湿度不大于 85%,并且钢材表面温度大于露点 3℃;在有雨、雾、雪、大风和较大灰尘的条件下,禁止户外施工。施工环境温度在 -5~5℃ 范围内时,应采用低温固化产品或采用其他措施。

②涂料配制和使用时间。涂料应充分搅拌均匀后方可施工,推荐采用电动或气动搅拌装置。对于双组分或多组分涂料应先将各组分分别搅拌均匀,再按比例配制并搅拌均匀。涂料的使用时间按产品说明书规定的适用期执行。在 -5~5℃ 的低温环境中进行施工时,涂料本身的温度需符合产品说明书的规定。

③涂覆工艺。涂覆方法分为:①大面积喷涂应采用高压无气喷涂施工;②细长、小面积以及复杂形状构件可采用空气喷涂或刷涂施工;③不易喷涂到的部位应采用刷涂法进行预涂装或第一道底漆后补涂。涂覆间隔:按照设计要求和材料工艺进行底涂、中涂和面涂施工。每道涂层的间隔时间应符合材料供应商的有关技术要求,超过最大重涂间隔时间时,进行拉毛处理后涂装。

3)质量要求

①外观。涂料涂层表面应平整、均匀一致,无漏涂、起泡、裂纹、气孔和返锈等现象,允许轻微桔皮和局部轻微流挂;金属涂层表面均匀一致,不允许有漏涂、起皮、鼓泡、大熔滴、松散粒子、裂纹和掉块等,允许轻微结疤和起皱。

②厚度。施工中随时检查湿膜厚度以保证干膜厚度满足设计要求。干膜厚度采用"85-15"规则判定,即允许有 15% 的读数可低于规定值,但每一单独读数不得低于规定值的 85%。对于结构主体外表面可采用"90-10"规则判定。涂层厚度达不到设计要求时,应增加涂装道数,直至合格为止。漆膜厚度测定点的最大值不能超过设计厚度的 3 倍。

③附着力。当检测的涂层厚度不大于 250μm 时,各道涂层和涂层体系的附着力按划格法进行,不大于 1 级;当检测的涂层厚度大于 250μm 时,附着力试验按拉开法进行,涂层体系附着力不小于 3MPa。用于钢桥面的富锌底漆涂层附着力不小于 5MPa。

7.4.4 维修涂装和重新涂装

1)涂膜劣化评定

涂层投入使用后,按照桥梁运行管理单位的规定定期检查,进行涂层劣化评定,评定方法依据 ISO 4628。根据漆膜劣化情况,选择合适的维修或重涂方式。

2)维修涂装

维修涂装要求如下:①当面漆出现 3 级以上粉化,且粉化减薄的厚度大于初始厚度的 50%,或由于景观要求时,彻底清洁面涂层后,涂装与原涂层相容的配套面漆 1~2 道;②当涂膜处于 2~3 级开裂,或 2~3 级剥落,或 2~3 级起泡,但底涂层完好时,选择相应的中间漆、面漆,进行维修涂装;③当涂膜发生 Ri2~Ri3 锈蚀时,彻底清洁表面,涂装相应中间漆、面漆。

3) 重新涂装

重新涂装要求如下:①当涂膜发生 Ri3 以上锈蚀时,彻底的表面处理后涂装相应配套涂层;②当涂膜处于 3 级以上开裂,或 3 级以上剥落,或 3 级以上起泡时,如果损坏贯穿整个涂层,应进行彻底的表面处理后,涂装相应配套涂层。

4) 工艺要点

根据损坏的面积大小,钢桥外表面可分为以下三种重涂方式:①小面积维修涂装。先清理损坏区域周围松散的涂层,延伸至未损坏区域 50~80mm,并应修成坡口,表面处理至 Sa2 级或 St3 级,涂装低表面处理环氧涂料 + 面漆;②中等面积维修涂装。表面处理至 Sa2½ 级,涂装环氧富锌底漆 + 环氧(云铁)漆 + 面漆;③整体重新涂装。表面处理至 Sa2½ 级,按照《公路桥梁钢结构防腐涂装技术条件》(JT/T 722—2008)4.2.1 要求的涂装体系进行涂装。

钢桥内表面维修或重新涂装底漆宜采用适用于低表面处理的环氧底漆,并宜采用浅色高固体分或无溶剂环氧涂料。海洋大气腐蚀环境和工业大气腐蚀环境下的旧涂层须采用高压淡水清洁后,再喷砂除锈。处于干湿交替区的钢构件,在水位变动情况下涂装时,应选择表面容忍性好的涂料,并能适应潮湿涂装环境的涂层体系;处于水下区的钢构件在浸水状态下施工时应选择可水下施工、水下固化的涂层体系。

7.4.5 防腐涂装实例

以海黄大桥为例,介绍该桥的防腐涂装体系和涂装工艺。

依据大气腐蚀环境、局部腐蚀因素以及钢结构各部件的工作和维修条件,所有钢构件外表面(含预制板、现浇板与钢梁接触部分)应涂装防腐。与现浇桥面板相接触的加劲梁表面、与混凝土接触的钢锚梁及牛腿表面,为保证与混凝土可靠结合,不做涂装,仅做表面预处理,在施工混凝土之前清除相应部位氧化皮、浮锈及各类污物即可。本桥涂装防腐体系按长效型设计,要求保护年限至少达到 20 年。涂装面采用乳白色,以与陡峻的地形、宽阔的水面等自然景观相协调。

1) 防腐涂装体系

(1) 加劲梁钢结构涂装体系(表 7-13)

海黄大桥加劲梁钢结构涂装体系　　表 7-13

涂　层	每道干膜最小厚度(μm)	至少涂装道数	总干膜最小厚度(μm)	适用部位
环氧富锌底漆	80	1	80	钢构件内表面、外表面、检修道、检修爬梯;工地接头、螺母垫圈等补涂区域
环氧云铁中间漆	70	2	140	
氟碳树脂面漆	40	2	80	
总干膜	—		300	

(2) 梁上拉索锚具防护

锚具露出锚板的部分直接暴露在大气中,为防止外露锚具长期受空气中湿气的影响发生锈蚀,影响锚具的使用和将来的索力调整及换索工作,采用以下处理方法:在锚具外露部分的表面涂刷一层锚具专用防护油脂,然后在锚具外加盖防护罩。

(3)螺栓连接摩擦面处理

采用电弧喷铝。表面净化处理到无油、干燥,喷砂≥Sa3.0级,$Rz = 50 \sim 100 \mu m$,电弧喷铝涂层厚度大于$150 \mu m$。涂层抗滑移系数出厂前不小于0.55,工地连接时不小于0.45。

2)涂装施工工艺要求

涂装质量取决于合理的涂装设计和施工工艺与质量,为了确保涂层的使用年限,涂装施工工艺与质量应严格控制。施工方应制定合理详细的涂装工艺施工细则,并建立有效的质量保证体系,这里仅列出涂装施工预处理及喷砂作业的基本要求。

①涂装前的预处理。钢材的表面处理是保证钢结构防腐蚀涂层寿命的首要因素。表面处理不但要形成一个清洁的表面,以消除引起金属腐蚀的隐患,而且要使该表面的粗糙度适当,以增加涂层与基体金属之间的附着力。

②喷砂作业的环境条件。钢板表面温度高于露点3℃以上,露天作业相对湿度低于85%。相对湿度高于85%时,在条件许可时可进行初步喷砂,但必须在涂装前进行扫砂处理,达标以后尽快喷涂底漆。

③喷砂前应除去焊渣、起鳞、割孔、焊孔等表面缺陷,打磨圆顺所有锐角、尖角($R = 2mm$)和毛刺,去除表面油污,经检验合格后方可进行喷砂作业。

④磨料。喷砂所用的磨料应符合《铸钢丸》(GB 6484)、《铸钢砂》(GB 6485)标准规定的钢丸、钢砂或使用无盐分无污染的石英砂。

⑤喷砂工艺要求。喷砂除锈等级应达到《涂装前钢材表面锈蚀等级和除锈等级》(GB/T 8923)的Sa2.5级;对于分段、对接处和喷砂达不到的部位,采用动力工具机械打磨除锈,至少达到St3级。涂装前钢材表面的粗糙度要求:按《涂覆涂料前钢材表面处理》(GB/T 13288)标准规定,达到$Rz = 40 \sim 80 \mu m$粗糙度要求。符合该标准粗糙度样板$Ra6.3 \sim Ra12.5 \mu m$粗糙度要求。喷砂期间,如果磨料受到灰尘污染,应立即进行尘砂分离。如果受潮,则应停止使用,更换新砂,或干燥达到要求后再使用。

⑥检验与喷涂:喷砂完工后,除去喷砂残渣,使用真空吸尘器或无水分的压缩空气,吹去表面灰尘,经质量自检,并取得监理工程师认可,合格后必须在4h内喷漆。

思考题

1.简述钢桥零件制造与组装的主要流程和工艺。

2.简述钢桥工地架设安装的主要方法及其适用范围。

3.简述混凝土桥面板施工的主要方法及其适用范围。

4.简述钢桥的防腐涂装体系、涂装工艺及方法。

5.城市、平原地区、山区和跨江跨海桥梁的施工各有何特点?请从钢桥的制造、运输、架设安装、防腐涂装等方面回答。

6.以一座已建成的钢桥为例,从零件的制造与组装、工地架设安装等方面进行钢桥施工全过程分析。

参 考 文 献

[1] 中华人民共和国行业推荐性标准.公路桥涵施工技术规范:JTG/T 3650—2020[S].北京:人民交通出版社股份有限公司,2020.

[2] 中华人民共和国行业推荐性标准.公路桥涵施工技术规范:JTG/T F50—2011[S].北京:人民交通出版社,2011.

[3] 中国铁路总公司企业标准.铁路钢桥制造规范:Q/CR 9211—2015[S].北京:中国铁道出版社,2015.

[4] 中华人民共和国国家标准.钢结构焊接规范:GB 50661—2011[S].北京:中国标准出版社,2011.

[5] 中华人民共和国行业推荐性标准.公路钢混组合桥梁设计与施工规范:JTG/T D64-01—2015[S].北京:人民交通出版社股份有限公司,2015.

[6] 中华人民共和国行业标准.铁路钢桥保护涂装及涂料供货技术条件:Q/CR 730—2019[S].北京:中国铁道出版社,2019.

[7] 中华人民共和国行业标准.公路桥梁钢结构防腐涂装技术条件:JT/T 722—2008[S].北京:人民交通出版社,2008.

[8] 中铁九桥工程有限公司.公路桥梁施工系列手册:桥梁钢结构[M].北京:人民交通出版社,2014.

[9] 徐伟等.桥梁施工[M].北京:人民交通出版社,2013.

[10] 拉伯特,赫特.钢桥:钢与钢-混组合结构桥梁概念和结构设计[M].葛耀君,苏庆田,译.北京:人民交通出版社,2014.

[11] U.S. Department of Transportation. Steel Bridge Design Handbook[M]. Washington, 2015.